조사 통계학

Survey Statistics

김규성 지음

자유아카데미

서문

조사는 조사연구를 학문적 도구로 사용하는 사회학, 경제학, 경영학, 정치학, 심리학, 환경공학 등의 분야에서 정보를 얻기 위한 매우 유용한 수단이며, 조사통계학은 유한모집단을 연구대상으로 확률표집에 기초한 표본선정과 추론이 핵심인 통계학의 한 분야이다. 즉, 조사연구와 통계학의 접점에 위치하는 학문이 바로 조사통계학이다. 이 책은 이러한 조사통계학의 전반적인 내용을 설명하기 위하여 집필되었으며, 이 책을 통해 조사통계학을 공부하고자 하는 학부생, 대학원생, 그리고 기관에서 직접 통계업무를 담당하는 연구자에게 조사의 전반적인 과정과 조사통계학의 원리를 단계별로 알기 쉽게 설명하고자 한다.

이 책은 총 6개의 장으로 구성되어 있다. 제1장에서는 조사의 개념과 조사과정, 조사오차, 조사품질의 내용을 개괄적으로 다루고 19세기 후반부터 발전하기 시작한 현대적인 조사통계학 이론의 역사를 간단하게 소개한다. 제2장에서는 표본설계와 질문지 설계, 데이터 수집 방법을 다룬다. 제1절 표본설계에서는 조사프레임과 확률 및 비확률표집 방법을 소개하고, 제2절 질문지 설계에서는 질문지 설계 과정과 질문 유형, 질문 표현 등 질문지 작성에 필요한 기본적인 내용을 설명하며, 제3절 데이터 수집에서는 면접조사, 전화조사, 컴퓨터지원 조사, 웹조사 등을 공부한다. 제3장에서는 확률표집의 개념과 추정의 기본 원리를 설명한다. 조사통계학에서 추론의 근거는 확률표집에 기초한 추정치의 표집분포이고, 추정 방법은 가중치를 이용한 π추정법이다. 단순확률표집, 계통표집의 표본선정 방법을 구체적으로 소개한 뒤 선정된 표본에서 획득한 조사데이터를 이용하여 모총계, 모평균, 모비율, 분위수 등을 추정하는 방법을 설명한다. 제4장에서는 복합설계로서 층화표집과 클러스터 표집 그리고 복합조사를 소개한다. 층화표집에서는 층을 나누는 방법, 각 층에 표본을 배정하는 방법 그리고 층화표본을 이용한 모수추정을 주요하게 다룬다. 클러스터 표집에서는 단계적으로 표본을 선정하고 단계별 표본선정 확률을 이용하여 모수를 추정하는 방법을 소개한다. 클러스터로 인해 발생하는 효과에도 주목할 필요가 있다. 제5장의 추정에서는 기본 원리인 π추정법의 토대 위에 보조정보를 이용하여 추정의 효율을 높이기 위한 가중치 보정 방법을 설명하고, 비추정, 회귀추정, 일반회귀추정, 보정추정 방법을 소개한다. 유한모집단 분위수에 대한 논의는 제3절에서 다루고 분산추정은 제4절에서 다룬다. 분산추정법으로는 선형화 방법, 랜덤그룹 방법, 재표집 방법과 복제법을 설명한다. 신뢰구간 구축에서 분산추정치는 핵심적인 요소이므로 분산추정은 모수추정과 함께 조사통계학 이론의 핵심을 담당한다. 마지막으로 제6장에서는 데이터 수집 과정에서 획득된 정보가 데이터 편집과정과 무응답 처리를 거쳐 분석에 적절한 형태의 통계표 및 공용 마이크로데이터가 만들어지기까지의 데이터 처리 과정을 소개한다. 조사데이터는 응답자의 신원 및 기밀 정보를 포함하므로 통계표 및 공용 마이크로데이터 보급 전에 응답자의 노출 여부를 검토하는 과정을 거쳐야 한다. 이를 위한 통계적 노출조절의 몇 가지 기법을 소개한다. 조사데이터의 정보량을 줄이지 않으면서 노출 위험을 조절하는 것이 관건이다. 최근에 급증하는 비확률표본의 활용에 대한 논의와 행정데이터의 활용성에 대한 논의는 제3절에서 다룬다.

좋은 책을 위해 최선을 다했지만 부족한 부분이 있을 수 있다. 이 점은 양해를 바라며, 출간 후에 나올 수 있는 수정 사항 등은 자유아카데미 홈페이지(www.freeaca.com) 자료실에 제공할 예정이니 참고 바란다.

이 책이 나오기까지 많은 사람의 도움을 받았다. 권순필, 장동민 군은 원고를 꼼꼼하게 읽어보고 교정을 보았으며, 임종호 교수는 원고 향상에 귀중한 조언을 주셨다. 투박했던 원고는 자유아카데미 편집부를 거치며 더 읽기 편한 책이 되었다. 도움을 주신 모든 분께 감사드린다. 그리고 젊은 감성으로 원고를 검토해준 사랑하는 수란, 지운, 현종에게 고마움을 전한다. 사랑하는 가족의 관심과 성원은 늘 힘이 된다.

정보화 사회에서 조사통계학의 역할은 날이 갈수록 중요해지고 있다. 아무쪼록 이 책이 독자들에게 조사통계학에 대한 이해의 폭을 넓혀주는 계기가 되기를 바란다. 또한, 조사연구 업무를 수행하는 연구자들에게는 조사 관련 업무를 좀 더 수월하게 수행하도록 도와주는 책이 되기를 기대한다.

2023년 4월

김 규 성

차례

제 1 장

서론

제1장
서론

1.1 조사 소개

1.1.1 조사의 개념

우리가 살아가고 있는 사회의 정치, 경제, 사회, 문화, 환경 등 각 분야에서 빠르고 정확한 정보에 대한 수요가 계속 증가하고 있다. 조사는 관심 분야에 대한 정보가 없거나 불충분할 때 관련 정보를 얻기 위하여 시작되는 경우가 많으며, 이러한 상황에서 조사는 정보를 수집하는 강력한 도구이다. 특히, 정부기관, 국가 연구기관, 리서치 회사, 기업, 대학 등에서 조사를 필요로 하는 경우가 많다.

조사는 간단히 **표본**[1]으로부터 정보를 수집하는 방법이라고 말할 수 있다. 여기에서 표본은 연구하고자 하는 **모집단**[2]의 일부분을 말한다. 좀 더 구체적으로 말하면, **조사**[3]란 관심 있는 특성 사항에 대하여 잘 정의된 개념과 방법, 절차를 이용하여 모집단의 일부 혹은 전체로부터 조직적이고 체계적으로 정보를 수집하고, 그러한 정보를 유용한 요약 형태로 만드는 모든 활동을 말한다[4]. 조사는 상호 연관된 여러 과정으로 구성된다. 조사목적의 정의, 조사 프레임의 선택, 표본설계 및 질문지 설계, 데이터 수집 및 처리, 데이터 분석 및 제공, 그리고 문서화 등의 과정으로 구성된다. 이러한 조사의 과정이 반드시 순차적일 필요는 없다. 일부는 동시에 진행될 수도 있고, 일부는 다른 시점에서 반복될 수도 있다.

조사의 대상이 되는 모집단이 반드시 사람으로 구성될 필요는 없다. 모집단 **구성단위**는 가정, 사업체, 학교 또는 병원도 될 수 있다. 일반적으로 정보는 모집단 단위를 관측하거나 질문을 통하여 수집된다. 데이터 수집을 일관되고 일정한 방식으로 수행하기 위해 질문지가 사용된다.

모집단에 대한 정보를 얻는 한 가지 방법은 모집단의 모든 구성단위에 대한 데이터를 수집하는 것인데, 이러한 조사를 **센서스** 또는 **완전계수**[5]라고 한다. 이 접근 방식에는 전체를

---

1) 표본(sample)
2) 모집단(population)
3) 조사(survey)는 센서스와 표본조사를 통칭하는 용어이나 보통 표본조사를 의미한다.
4) Statistics Canada 2010, 1쪽.

셀 수 있다는 장점이 있는 반면, 몇 가지 단점도 있다. 단점을 하나씩 살펴보면 다음과 같다. 첫째, 매우 비싸다. 많은 사람을 조사하려면 면접원 등 많은 인력과 기타 자원이 필요하다. 둘째, 많은 양의 데이터를 수집하고 처리해야 하므로 시간이 오래 걸린다. 이는 조사결과의 적시성에 나쁜 영향을 미치게 되고, 시기적절하지 않은 정보는 유용성이 낮아진다. 셋째, 대규모 조사는 사람들의 응답 부담을 증가시킨다. 많은 사람이 조사에 참여를 요청받으므로 응답 부담이 크고, 응답 부담이 크면 조사에 협력하려는 경향이 줄어들 수 있다.

표본조사[6]는 센서스가 갖는 많은 문제에 대한 대안적 방법이다. 표본조사는 모집단의 일부인 표본에서만 정보를 수집한다. 표본으로 선정되지 않은 단위에 대한 정보는 얻을 수 없지만, 표본이 확률적인 방식으로 선택되면 모집단 전체에 대해 추론할 수 있다. 이 확률적 선택 메커니즘의 작동 방식을 명확하게 알 수 있고, 표본으로 선택될 확률을 계산할 수 있다면 표본조사 결과를 통해 전체 모집단에 대해 신뢰할 수 있는 결론을 유도할 수 있다.

1.1.2 조사의 유형 및 특성

조사에는 여러 유형이 있는데 대부분은 모집단의 특성, 행동 및 태도를 측정하는 것을 목표로 하는 **일회성 조사**이다. 그러나 여러 번 반복 수행하며 시간의 흐름에 따른 변화를 측정하는 **반복조사**[7]도 다수 수행된다. 종종 일회성 조사로 시작되었어도 필요에 의해 반복조사로 바뀌기도 한다.

조사 시점을 기준으로 한 시점에서 모집단에 대한 정보를 수집하는 조사를 **횡단면 조사**[8]라고 하고, 동일한 질문지를 사용하여 여러 시점에서 반복하는 조사를 **종단면 조사**[9]라고 한다. 종단면 조사에서는 시간의 경과에 따라 모집단 단위에서 발생하는 태도나 행동의 변화를 연구자가 분석할 수 있다. 종단면 조사의 종류로는 **경향조사**[10], **코호트 조사**[11], **패널조사**[12] 등이 있다. **경향조사**는 반복적인 횡단면 조사로 분류되기도 하는데, 시점이 다르면 표본을 다르게 구성하여 수행되는 반복조사이다. **코호트 조사**는 모집단의 일부 그룹에 초점을 두는 조사로, 가장 흔한 코호트는 출생 코호트이다. 코호트 조사의 공통적인 특징은 하나의 중심적인 사건이나 특징이 그룹의 모든 구성원에게 거의 동시에 발생했다는 점이다. **패널조사**에서는 연이은 시점에서 같은 사람에게 같은 질문을 반복한다. 이런 유형의 조사는 비용이

5) 완전계수(complete enumeration)
6) 표본조사(sample survey)
7) 반복조사(repeated survey)
8) 횡단면 조사(cross-sectional survey)
9) 종단면 조사(longitudinal survey)
10) 경향조사(trend survey)
11) 코호트 조사(cohort survey)
12) 패널조사(panel survey)

많이 들고 수행이 힘들지만, 인과관계나 개인의 행동 변화 연구에는 가장 적합하다.

조사대상에 따라 조사의 유형을 구분할 수도 있다. **소비자 조사**에서는 제품이나 서비스에 대한 소비자의 구매 습관 혹은 만족도 등을 조사한다. 이 조사를 통하여 소비자의 습관을 파악할 수 있고 회사의 마케팅 전략에 정보를 제공할 수 있다. **여론조사**는 사회적, 경제적 혹은 문화적 태도를 묻는 조사이다. 이 조사는 연구자나 정책 결정자에게 매우 중요한데, 문화적 가치, 정치적 태도, 사회적 선호를 감지할 수 있게 하기 때문이다. **선거여론조사**는 국민에게 그들의 투표 행태를 묻는다. 따라서 정당별로 선거 전략에 영향을 미칠 수 있다.

또한, 데이터 수집 방법에 따라 조사의 유형을 구분할 수도 있다. 전통적인 방법으로는 표본으로 선택된 사람, 가정 또는 기업에 우편으로 발송된 조사 질문지를 응답자가 작성한 후 우편으로 회신하는 **우편조사**가 있다. **면접조사** 또는 **전화조사**를 할 수 있고, **컴퓨터 지원 면접조사** 또는 **컴퓨터 지원 전화조사** 방법을 사용할 수도 있다. 이메일, 인터넷과 같은 통신 기술이 데이터 수집에 사용될 수 있다. 그리고 둘 이상의 방법을 사용하는 **혼합모드** 방법도 사용될 수 있다. 데이터 수집 과정에서 조사데이터를 안정적으로 얻을 수 있는 비용-효과적인 방법이 필요하다.

데이터 수집 모드의 품질은 조사데이터의 품질에 영향을 미치는 중요한 요소이다. 데이터 수집 모드에 따라 **측정오차**가 다르게 나타날 수 있다. 조사의 품질에 영향을 미치는 또 다른 중요한 문제는 **무응답**이다. 대부분의 조사에서 일부 표본 단위는 전체 항목 혹은 일부 항목에서 데이터를 제공하지 않는다. 그 이유는 접촉이 되지 않았거나, 일부 항목에 대한 답변을 거부했기 때문이다. 조사에서 무응답이 발생하면 이로 인한 **편향**이 발생할 수 있다.

마지막으로 대부분의 국가에는 의사 결정자 및 기타 사용자에게 지속적인 정보를 제공하는 정부기관, 일반적으로 국가 통계기관이 있다. 정부기관에서 생산되는 통계를 일반적으로 **공식통계**[13]라고 한다.

조사의 규모와 복잡성은 다양하다. 조사는 전체 인구를 대상으로 할 수도 있고, 18세 미만 어린이나 65세 이상과 같은 일부만을 대상으로 할 수도 있다. 대규모 조사에서는 수만 가구나 가구원이 표본으로 조사될 수 있다. 표본조사의 대표적인 특징은 관심의 대상인 모집단의 모든 단위가 조사되는 것이 아니라 모집단의 일부인 표본 단위에서만 이루어진다는 점이다. 표본조사와 관련한 주요 문제는 표본이 모집단과 다를 수 있다는 점에 있다. 표본에서 도출한 집계, 추정, 분석 결과 등은 모집단 전체에서 계산한 것과 다를 수 있다. 표집오차가 작은 추정치를 제공하거나 혹은 하위 모집단의 추정이나 분석을 하려고 할 때 **표본크기**는 커질 수 있다. 그러나 표본크기가 작은 소규모 조사도 비록 제한된 범위 내이지만 여전히 유용한 정보를 제공할 수 있다.

13) 공식통계(official statistics)

1.1.3 모집단

실제 모집단은 개별적인 실제 단위로 구성되며, **유한모집단**과 **무한모집단**의 두 가지 범주로 구분할 수 있다. 유한모집단은 유한개의 단위로 구성되고, 단위 총수를 알 수 있거나 셀 수 있으며, 개별 단위에 첨자를 지정할 수 있다. 반면, 무한모집단은 무한개의 단위로 구성되고, 단위를 셀 수 없거나 단위에 첨자를 지정할 수 없다. 무한모집단은 대부분 추상적인 개념이며, **가상모집단**을 설정하여 그 특성을 설명한다.

유한모집단은 유한개의 단위로 구성되지만, 크기를 정확히 알 수 없거나 개별 구성단위를 유일하게 식별할 수 없는 경우도 포함한다. 예를 들어 연못의 물고기나 바다의 고래는 유한모집단을 구성하지만, 정확한 크기나 개별 물고기나 고래를 식별하기는 어렵다. **고정모집단**은 개별 단위에 고유하게 레이블을 지정할 수 있는 유한모집단을 말한다. 확률표집에서는 단위가 식별되어야 하고, 식별된 단위에 연락을 취해야 하므로 **조사프레임**은 고정모집단을 전제로 한다.

가상모집단은 구성단위의 모임으로 정의되는 것이 아니라 구성단위를 설명하는 규칙으로 정의된다. 이는 가상모집단이 기존 또는 잠재적 구성원이 소유하고 있는 특징을 통해 정의됨을 의미한다. 가상모집단에서 그 구성원을 식별하거나 나열하는 것은 불가능하다. 결과적으로 가상모집단을 완전히 열거하는 것은 불가능하며 어떤 특성의 총합을 추정하는 것도 불가능하다. 가상모집단에서의 추론은 일반적으로 추상적인 원인 메커니즘을 밝히는 것을 목표로 한다. 반면 고정모집단에서의 추론은 모집단 특성을 추정하는 것을 목표로 한다. 고정모집단과 가상모집단의 차이점은 가정된 확률구조에서 나타난다. 고정모집단에서는 표본 단위의 측정값과 모집단 특성치는 모두 상수이고, 관측치에는 확률분포가 부여되지 않는다. 추론의 확률적 요소는 표집확률에 의해 유도된다. 반면, 가상모집단에서 관측값은 알려진 확률분포 $f(y)$를 갖는 것으로 가정되고 표본데이터 $y_1, y_2, \cdots, y_n$을 얻을 확률은 확률분포에서 계산된다.

1.1.4 표본설계

목표모집단은 추론의 대상이 되는 이상적인 모집단이다. 그런데 모집단에 대한 불완전한 정보, 모집단 구축 비용, 또는 모집단 일부에 도달하지 못하는 등의 다양한 이유로 목표모집단에서 표본을 선정하지 못할 수 있다. **조사모집단**은 조사 가능성이 있는 단위의 모임을 말하고, **조사프레임**은 조사모집단 단위를 일목요연하게 나열한 리스트를 말한다. 실제로 표본은 조사프레임에서 선정된다. 조사프레임에서는 포함범위와 관련된 다양한 문제가 발생할 수 있다. 예를 들어, 조사프레임은 목표모집단의 일부를 포함하지 않을 수 있고, 반대로 목표모집단의 일부가 아닌 다른 단위를 포함할 수 있으며, 같은 단위를 두 번 이상 포함할 수 있다. 단일 조사프레임이 목표모집단에 대한 적절한 포함범위를 제공하지 못하는 경우 **다중프레임**을 고려할 수 있다.

조사프레임에서 중요한 정보는 표집설계 및 무응답 조정에 사용할 수 있는 정보이다. 중요한 정보가 변수의 형태일 때 **설계변수** 또는 **보조변수**라고 한다. 보조변수는 모집단의 모든 단위에 대해 사용 가능한 것으로 가정되지만, 일부 경우에는 모집단 평균 또는 모집단 총계와 같은 요약 통계로만 이용되기도 한다. 표본은 조사프레임에 기록된 연락처를 통해 접촉되므로, 조사프레임에서 사용할 수 있는 연락처는 중요한 정보이다. 설계, 추정 및 분석에서 이러한 보조변수를 능숙하게 활용하는 것은 매우 중요하다.

본질적으로 표본조사는 대상 모집단의 모든 단위를 조사하지 않는다. **표집설계**는 모집단에서 표본을 선택하는 과정을 말하며, 그 중요성만큼 상당히 다양한 표집설계가 개발되었다. 공식통계나 고품질 통계를 제공해야 하는 조사에서 일반적으로 채택되는 표집 방법은 **확률표집**이다. 확률표집의 주요 요소는 조사프레임과 **확률표본**이고, 확률표집에서 모집단의 각 단위는 알려진 양수의 **포함확률**을 갖는다. 포함확률이 모두 같을 필요는 없다. 변동성이 더 큰 그룹에서 표본을 더 많이 선택하거나, 추정량의 분산 축소를 위해, 혹은 비용 감소를 위해 의도적으로 포함확률을 다르게 할 수 있다. 일반적으로 조사 목표를 달성하는 데 효과적인 확률표본설계를 구현하려면 모집단에 대한 정보가 필요하다.

단순확률표집은 가장 기본적인 표집법으로, 지정된 크기의 각 표본은 동일한 선택 기회를 갖는다. 이 방법은 모집단의 각 단위에 동일한 포함확률을 제공한다. **층화확률표집**에서 모집단은 여러 층으로 분할되고, 각 층에서 독립적으로 확률표본이 선정된다. 각 층에서 표집 비율이 동일한 경우 모집단의 각 단위는 동일한 포함확률을 갖는다. 일반적으로 표집 비율은 층별로 다르다. 모평균 및 모총계를 추정할 때 관심변수의 변동성이 큰 층에서 더 큰 표집 비율을 갖는 것이 유리하다. 단위당 조사비용이 더 낮은 층에서 더 높은 표집 비율을 사용하면 비용이 절감된다. 모집단의 특정 그룹에 대해 추정 또는 분석이 필요한 경우, 이러한 그룹을 층으로 만들고 필요한 정확도를 달성하기 위해 표본 크기를 지정할 수 있다. 조사 목표를 달성하기 위해 각 층에 배정되는 표본수를 결정하는 것은 표본설계 개발의 주요 요소이다. **클러스터**는 여러 개의 모집단 단위를 하나로 묶은 것을 말하며, **클러스터 표집**은 클러스터가 표집 단위인 표집법을 말한다. 클러스터 표집에서는 먼저 클러스터를 표본으로 선정하고, 선택된 클러스터의 모든 단위를 조사한다. 이때 클러스터를 **기본표집단위**라고 한다. 만일 선택된 클러스터 표본 내의 단위들을 전부 조사하지 않고 일부만 표집한 후 조사하면 이러한 표집법을 **2단계 클러스터 표집**이라고 한다. 이러한 표집 절차를 반복하면 **다단계 클러스터 표집**[14]이라고 한다. 다단계표집에서 모집단 단위의 전체 리스트는 필요하지 않고, 대신 기본표집단위 리스트와 선택된 기본표집단위 내의 단위 리스트만 필요하다. 기본표집단위 크기에 비례하는 확률표집 방법이 다단계표집에서 자주 사용되는데, 이를

14) 다단계 클러스터 표집(multi-stage cluster sampling)

크기비례 확률표집[15]이라고 한다.

많은 조사에서 확률표집 방법 대신 **비확률표집** 방법이 사용된다. 비확률표집에서는 단위를 선정하는 확률 메커니즘이 없거나, 확률 메커니즘이 있더라도 표집확률이 알려져 있다. 혹은 일부 단위에 대해 포함확률이 0일 수 있다. 예를 들어, 조사구를 확률표집한 후, 선정된 조사구에서 미리 할당된 수만큼 가구를 편의적으로 선택하면 이는 비확률표본에 해당한다. 가구가 비확률적 방법으로 선정되었기 때문이다. 확률표집된 가구에서 응답 거절이 발생하면 이 가구는 우발적으로 비확률표본이 될 수 있다. 표본데이터를 제공할 확률이 0이 되기 때문이다. 또는 비용이나 혹은 다른 실제적인 문제로 인해 조사 범위가 목표모집단의 일부로 제한될 수 있다. 이러한 경우도 비확률표집에 해당된다. 만일 제한된 모집단에 대한 추론으로 충분하다면 실제적인 문제는 없다. 그리고 제한된 모집단에서 얻은 표본의 결과를 원래 목표모집단으로 확대하여 적용하려 한다면, 제한된 조사를 전체 모집단의 부분 조사로 간주할 수도 있다.

1.1.5 조사데이터 분석

조사의 주요 결과는 합계, 평균, 범주의 비율, 중앙값 및 분위수와 같은 표본 추정치이다. 이러한 추정치들은 모총계, 모평균, 모비율, 모집단 분위수 추정에 사용된다. 이외에도 조사 결과는 변수 간의 관계를 파악하려는 더 복잡하고 정교한 분석에 사용될 수 있다. 일반적으로 사용되는 분석은 회귀분석, 로지스틱 분석, 범주형 분석, 생존분석 등이다. 변수 간의 관계는 통계 모형으로 설명되며, 관심 있는 결과는 통계 모형의 모수추정치와 모수에 대한 추론이다. 추론의 대상이 모총계, 모평균과 같은 모집단 특성치인 경우와 회귀계수와 같은 연구 모형의 모수인 경우를 구분하는 것은 중요하다. 전자의 경우와 같이 조사대상 기간이 정해진 모집단 특성치 추론에는 **기술적 분석**이 유용한 반면, 후자와 같이 일반적인 모집단 모형 추론에는 **해석적 분석**이 적절하다.

기술적 분석에서는 표집오차와 비표집오차를 구분한다. **표집오차**[16]는 표본으로 유한모집단 일부만 선택되기 때문에 발생하는 오차이다. 이로 인해 표본에서 얻는 추정치와 유한모집단을 전수조사했을 때 얻은 값에서 차이가 발생한다. 표집오차가 아닌 다른 모든 오차나 변동성의 원인을 **비표집오차**[17]라고 한다. 여기에는 **포함오차**[18], **측정오차**[19], **무응답 오차**[20], **처리오차**[21] 등이 포함된다. 해석적 분석에서 표집오차의 개념은 기술적 분석과는 다르게 설명된다.

15) 크기비례 확률표집(probability proportional to size sampling, PPS sampling)
16) 표집오차(sampling error)
17) 비표집오차(non-sampling error)
18) 포함오차(coverage error)
19) 측정오차(measurement error)
20) 무응답 오차(non-response error)
21) 처리오차(processing error)

조사데이터는 **이상치**, **영향력 있는 관측치**, 측정오차 등의 영향을 받는다. 통계 모형에 기초한 해석적 분석은 모형가정 위반, 설명변수 누락 및 통계 모형 오지정 등의 영향을 받는다. 이러한 문제는 분석 및 결론에 영향을 미치므로 실제 문제에서 고려되어야 한다.

조사데이터를 기반으로 하는 해석적 분석은 일반통계학의 해석적 분석과 원리적인 차이가 없으나, 데이터 생성 과정을 보는 관점에 차이를 보인다. 일반통계학의 해석적 분석에서는 데이터가 지정된 분포에서 독립적이고 반복적으로 생성되었다고 가정한다. 그러나 이러한 **독립성**과 **동일성 분포 가정**은 실제 상황에서는 충족되지 않는 경우가 많으므로 **데이터 생성 과정**을 해석적 분석에 반영할 필요가 있다. 조사데이터는 경제학, 사회학, 경영학, 의학 등 다양한 분야에서 통계 모형 적합성 검정에 사용되는데, 종종 연구자는 조사데이터의 특성을 무시하고 기존의 해석적 방법을 적용한다. 그러나 올바른 해석적 분석을 하려면 표본선택, 무응답, 그리고 조사데이터의 다른 특성을 고려할 필요가 있다.

1.2 조사과정

1.2.1 조사설계

조사과정의 첫 번째 단계는 **조사설계** 단계로, 데이터를 수집하기 전에 몇 가지 중요한 결정을 내려야 한다. 첫째, **조사목적**을 설정하고, 둘째, 조사대상을 명확히 한다. 결과적으로 조사대상은 결론이 적용되는 모집단이다. 셋째, 일반적인 연구 질문을 추정할 모집단 특성으로 변환하여야 한다. 이 모집단 특성이 질문지의 내용을 결정한다. 넷째, 적절한 표본을 선택하기 위해서는 표집 방법을 설계하고, 요구되는 결과의 정확도를 얻을 수 있는 표본크기를 결정한다.

조사설계에서 가장 먼저 할 일은 조사목적을 설정하는 일이다. 조사목적을 통해 광범위한 정보의 요구사항을 파악하고, 조사에서 사용되는 조작적 정의, 그리고 다루게 될 특정 주제와 분석계획을 파악한다. 이 단계에서 조사에 포함할 내용과 제외할 내용을 결정한다. 조사목적을 설정할 때 고려해야 할 중요한 질문은 다음과 같다.

- 조사의 전반적인 요구사항은 무엇인가?
- 누가 데이터를 사용하고, 어떻게 사용할 것인가?
- 조사에서는 어떤 정의를 사용할 것인가?
- 조사에서 다루어야 할 구체적인 주제는 무엇인가?
- 추정치에 요구되는 정밀도는 얼마인가?
- 운영상의 제약은 무엇인가?

조사프레임은 조사모집단의 단위를 식별하고 연락하는 수단을 제공한다. 프레임은 목록 형식으로 구성되며 실제 목록, 개념적 목록, 지리적 목록 등이 있다. **실제 목록**은 데이터 파일, 컴퓨터 인쇄물 또는 전화번호부와 같이 실제로 존재하는 목록을 말한다. **개념적 목록**은 개념적으로 존재하는 목록으로서, 예를 들면 지정된 날에 오전 9시에서 오후 8시 사이에 쇼핑센터 주차장에 진입하는 모든 차량 목록을 들 수 있다. **지리적 목록**은 지리적 영역으로 구성되고, 지리적 영역 내에서 가구, 사업체 등이 지리적 목록의 단위에 해당한다. 선택된 조사프레임은 조사모집단을 결정하고 데이터 수집, 표본선정 및 추정, 조사비용 및 조사 결과의 품질에 영향을 미친다.

질문지는 응답으로부터 어떤 주제에 관한 정보를 얻도록 설계된 질문을 모아놓은 것이다. 질문지는 데이터 품질에 큰 영향을 미친다. 질문지 설계 과정에서 직면하는 문제는 질문 내용의 결정, 질문 내용을 이해하기 쉽게 표현하는 것, 질문 배열 등이다. **질문지 설계**의 목적은 응답자가 질문을 잘 이해하고 후속적인 데이터 처리와 분석에 적합한 형태로 정확한 대답을 쉽게 할 수 있도록 하는 질문지를 만드는 것이다. 질문지 설계에 몇 가지 잘 정립된 원칙이 있기는 하지만, 좋은 질문지를 만들기 위해서는 독창성, 경험 및 테스트가 중요하다. 질문지는 조사에 사용되는 유용한 측정 도구이지만 완벽하지는 않다. 따라서 질문하고 답변하는 과정에서 여러 문제가 발생할 수 있다. 질문지 설계에서는 예상치 않게 발생할 수 있는 문제에 세심한 주의를 기울여야 한다.

표본을 선정하는 방법은 **확률표집**과 **비확률표집**으로 구분된다. 확률표집에서는 단위들이 모집단에서 랜덤하게 선택되고 각 단위의 추출확률을 계산할 수 있다. 따라서 신뢰할 수 있는 추정치를 표집오차 추정치와 함께 생산할 수 있고, 이를 근거로 모집단에 관한 추론이 가능하다. 비확률표집에서는 단위들이 주관적인 방법으로 모집단에서 선택되므로 비확률표본을 이용하여 모집단에 관해 추론할 때에 연구자는 그 표본이 모집단을 잘 대표할 수 있다고 가정해야 한다. 이는 주관적인 표본선택 방법을 고려할 때 종종 위험한 가정이다. 비확률표집은 빠르고 쉽게, 그리고 저렴한 방법으로 단위를 선택하는 방법을 제공한다. 반면 확률표집은 비확률표집보다 더 복잡하고, 더 오래 걸리며, 일반적으로 비용이 더 많이 든다.

확률표본을 선택하는 방법은 여러 가지가 있다. **표집설계**의 선택은 조사프레임, 단위의 가용성 및 조사비용과 같은 요인에 따라 달라진다. 표본크기는 조사비용, 조사를 완료하는 데 걸리는 시간, 필요한 면접원 수 및 기타 중요한 운영상의 고려사항에 직접적인 영향을 미친다. 표본크기 결정에 완벽한 해법은 없으며, 가능한 많은 요구사항을 충족시키는 것이 최선이다. 가장 중요한 요구사항은 추정량의 품질과 운영상의 제약이다.

1.2.2 데이터 수집

데이터 수집은 조사에서 선택된 조사단위에서 필요한 정보를 실질적으로 모으는 과정을 말한다. 전통적으로 많은 조사는 **종이 질문지**를 사용했다. 면접원이 응답자를 방문해서 질문하고 종이 질문지에 답변을 기록하는 것으로 **면접조사**를 완료할 수 있었다. 면접조사에서 수집된 조사데이터의 품질은 대체로 좋은 경향이 있었다. 그러나 면접조사는 일반적으로 면접원이 여러 명 필요하고 먼 거리를 이동해야 하므로 비용과 시간이 많이 소요된다. 따라서 **전화조사**가 종종 대안으로 사용되었다. 전화조사에서 면접원은 응답자에게 전화로 인터뷰하므로 이동할 필요가 없다. 그러나 전화조사가 항상 가능한 것은 아니다. 전화로 연결되는 사람에게만 연락할 수 있고, 너무 길거나 복잡한 질문지는 사용이 어렵기 때문이다.

최근에는 종이 질문지가 **전자 질문지**로 대체되는 경향이 있다. **컴퓨터 지원 인터뷰 방법**을 사용하면 조사속도를 높이고 수집된 데이터의 품질을 개선하며 면접원의 작업을 단순화할 수 있다. 컴퓨터 지원 인터뷰 방법의 장점은 현장에서 응답을 직접 입력하여 처리 가능한 데이터로 만드는 **데이터 캡처**에 있다. 또 다른 장점은 유효하지 않거나 일관성이 없는 데이터를 종이 질문지를 사용할 때보다 훨씬 더 쉽게 식별할 수 있는 점이다.

컴퓨터 지원 인터뷰 방법은 **컴퓨터지원 면접조사**(CAPI)[22], **컴퓨터지원 전화조사**(CATI)[23], 및 **컴퓨터지원 자기기입조사**(CASI)[24]의 형태로 구분된다. 인터넷이 조사에 더 많이 사용되면서 **컴퓨터지원 웹조사**(CAWI)[25]도 증가하고 있다. 컴퓨터 지원 웹 인터뷰는 컴퓨터 지원 자체 인터뷰의 특수한 경우로 볼 수 있다.

1.2.3 데이터 편집

종이 질문지를 통해 데이터를 수집하는 경우, 완성된 질문지는 광범위한 데이터 처리 과정을 거친다. 고품질 통계를 생산하려면 데이터 오류를 제거하는 것이 중요한데, 조사과정에서 이 단계를 **데이터 편집**[26]이라고 한다. 이 단계에서 세 유형의 오류를 찾아낼 수 있다. **유효성 오류**는 기록된 답변이 유효한 영역을 벗어날 때 발생한다. 예를 들어 348세로 기록된 사람은 일반적인 나이의 범위를 벗어나므로 유효성 오류로 볼 수 있다. **일관성 오류**는 기록된 일련의 답변이 서로 상충할 때 발생한다. '나이가 8세인 사람'과 '결혼 상태가 기혼'인 경우는 드문 일이 아니지만, 이 두 답변을 한 사람이 제공한 것이라면 분명 둘 중 하나는 잘못된

22) 컴퓨터지원 면접조사(computer assisted personal interviewing, CAPI)
23) 컴퓨터지원 전화조사(computer assisted telephone interviewing, CATI)
24) 컴퓨터지원 자기기입조사(computer assisted self-interviewing, CASI)
25) 컴퓨터지원 웹조사(computer assisted web interviewing, CAWI)
26) 데이터 편집(data editing)

답변인 것이다. **경로 오류**는 면접원이나 응답자가 지정된 질문 경로를 따르지 않거나, 경로를 건너뛰는 경우 발생한다. 질문지 경로를 올바르게 따르지 않으면 관련 없는 질문에 답변하거나 혹은 관련 질문에 답변하지 않는 상태가 발생할 수 있다.

데이터는 수집된 후 응답에 숫자 값을 할당하는 코딩 과정과 컴퓨터가 읽을 수 있는 형태로 데이터를 변환하는 캡처 과정을 거친다. 컴퓨터 지원 방법을 사용하는 경우, 현장에서 코딩과 캡처 작업이 동시에 수행될 수 있다. 데이터 코딩 및 캡처는 비용과 시간이 많이 들지만, 데이터 처리 과정에서 개입된 오류는 최종 조사결과에 영향을 미칠 수 있으므로 데이터 품질 제고에 매우 중요한 활동이다.

데이터 편집은 결측값, 타당하지 않은 값, 불일치 값 등과 같은 오류 가능성이 있는 데이터 레코드를 식별하기 위한 점검 과정이다. 편집의 목적은 최종 조사데이터가 완전하고 일관되며 유효한지 확인하고, 이를 통해 조사과정과 조사된 데이터를 더 잘 이해하는 것이다. 편집은 현장에서 면접원이 수행하는 간단한 수동 검사에서부터 컴퓨터 프로그램이 수행하는 복잡한 검증에 이르기까지 다양하다. 어느 정도 편집을 수행할지는 모든 레코드를 완벽하게 만드는 것과 편집을 위해 소비되는 시간과 비용 자원의 사이에서 합리적으로 절충하여 결정한다.

일부 편집에 실패한 데이터 오류는 응답자 후속 조치나 질문지 재검토를 통하여 수정되지만, 이러한 방식으로 모든 데이터 오류를 수정하는 것은 불가능하므로 나머지 데이터 오류는 종종 **대체**[27]로 처리한다. 대체는 결측되었거나, 타당하지 않거나 혹은 일치하지 않는 데이터 오류를 해결하기 위하여 대체 값을 결정하고 할당하는 과정이다. 데이터 오류는 조사 결과에 영향을 미칠 수 있으므로 데이터 품질을 향상시킬 수 있는 적절한 대체 방법을 선택하기 위해 주의를 기울여야 한다. 일부 대체 방법은 변수 간의 관계를 유지하지 못하게 하거나 데이터의 기본 관계를 왜곡할 수 있다. 선택한 대체 방법의 적합성은 조사 유형, 조사목적 및 오류의 성격에 따라 다르다.

1.2.4 무응답 처리

데이터 편집 후 얻은 결과는 편집규칙으로 오류를 감지할 수 없는 무결점의 데이터 파일이다. 그러나 이 파일은 아직 충분하지 않다. 표본에서 **단위 무응답**이 발생하면 편집된 데이터는 모집단을 온전히 대표하지 못할 수 있기 때문이다. 일부 표본 단위에서 단위 무응답이 발생하여 필요한 정보를 얻지 못하면, 모집단 특성과 관련하여 편향된 결과가 초래될 수 있다.

단위 무응답을 처리하기 위해 **가중치 보정** 절차를 거치는 경우가 많다. 응답 레코드에 부여된 설계가중치에 **무응답 보정계수**를 곱하는 방식으로 설계가중치를 보정한다. 무응답

27) 대체(imputation)

보정계수는 성별, 연령, 결혼 여부 및 지역과 같은 보조적 특성의 가중표본 분포를 이러한 특성의 알려진 모집단 분포와 일치시키는 방식으로 계산된다. 일부 문항의 답변이 결측된 **항목 무응답**의 경우 대체 처리를 수행할 수 있다. 적절한 모형을 사용하여 결측된 값에 대한 예측치를 계산하고 무응답 항목에 결측값 대신 예측치를 할당한다. 자세한 내용은 제6장에서 다룬다.

1.2.5 데이터 분석

추정은 표본으로부터 수집된 정보에 기초하여 모집단에 대한 결론을 도출할 수 있도록 모집단의 특성값을 구하는 것을 말한다. 추정은 데이터 수집, 코딩, 캡처, 편집 및 대체 이후 단계에서 이루어진다. 추정 대상은 총계, 평균, 비율, 분위수 등이다.

표본 단위에 부여되는 **가중치**는 표본 단위가 대표하는 모집단 단위의 평균을 나타내는 수치로, 추정의 기초가 된다. 초기의 **설계가중치**는 표집설계에 의하여 결정된다. 다음으로 무응답 단위를 보정하고, 모집단 정보를 기준으로 사후층화 보정을 거친 후 최종가중치가 만들어진다. 모총계는 응답 단위에서 조사값에 최종가중치를 곱한 후 이들의 합으로 추정할 수 있다.

표본조사에서 **표집오차**가 발생하는 이유는 모집단의 일부인 표본에서 계산한 표본 특성치가 모집단 특성치와 일치하지 않기 때문이다. 데이터의 품질을 나타내기 위해 항목별로 추정치에 대한 표집오차의 크기가 이용자에게 제공되어야 한다.

데이터 요약과 함께 조사에 제기된 질문에 명확하게 답을 제공하기 위해 **데이터 분석**을 수행하는데, 먼저 데이터를 요약하기 위해 빈도 분포, 평균과 같은 통계표, 차트 및 다양한 요약 측도를 구하는 작업을 수행한다. 다음으로 더 심층적인 분석을 위해 회귀분석, 분산분석 또는 카이제곱 검정 등의 통계적 추론을 수행한다. 데이터 분석은 조사데이터만으로 수행하거나, 조사추정치를 다른 조사 또는 다른 출처의 데이터에서 얻은 결과와 비교하는 것으로 수행할 수 있다. 데이터 분석에서는 분석 결과가 질문 항목, 그리고 조사목적에 명시된 문제들과 연관되어야 한다. 데이터 분석은 조사의 가장 중요한 단계 중 하나이고, 분석 결과의 품질은 실질적으로 전체 조사의 유용성에 영향을 미친다.

1.2.6 데이터 보급

데이터 보급은 조사결과를 보도자료, 텔레비전이나 라디오 인터뷰, 책자, 혹은 인터넷이나 마이크로 데이터 파일 같은 전자 매체 등을 통하여 이용자에게 공개하는 것을 말한다. 조사를 통하여 정보를 얻는 방식에는 많은 시간과 비용이 요구된다. 조사의 결과는 귀중한 정보로 가득 찬 조사데이터 파일이다. 최종 조사결과를 이용자에게 알리고 전달하는 것은 매우 중요하다. 조사결과는 이용자들이 손쉽게 찾을 수 있고 이해할 수 있으며 해석하기 쉽게 제공되어야 한다. 데이터를 보급하기 전에 데이터 **품질평가**가 수행되어야 한다. 품질평가는 조사결과 품질의 평가와 해석에 도움을 주며, 사용자가 데이터의 유용성을 직접 판단할 수 있게 한다. 품질평가는 또한 조사 개선을 위한 귀중한 정보를 제공한다.

데이터 보급 과정에서 응답자의 개인 정보는 보호될 수 있도록 주의를 기울여야 한다. 응답자의 민감한 정보를 노출하지 않고 조사데이터를 사용자에게 제공할 수 있어야 한다. **통계적 노출조절**[28)]은 제공되는 조사데이터에서 응답자의 기밀이 노출되지 않도록 취해진 조치를 말한다. 예를 들어 개인에 대한 정보가 노출될 위험이 있는 통계표의 셀을 찾아내고, 해당 셀을 제거하거나 수정할 수 있다. 노출조절 방법을 선택하기 전에 조사 결과에 미치는 영향과 개인의 노출 위험에 대해 다양한 방법을 비교, 검토해야 한다.

1.3 조사오차

1.3.1 소개

연구자는 조사를 수행할 때 조사결과의 품질에 부정적인 영향을 미칠 수 있는 다양한 종류의 원인에 직면하게 된다. **조사오차**[29)]는 조사과정에서 발생하는 오차를 말하며 다양한 원인에 의해, 다양한 출처에서 발생한다. 따라서 연구자는 조사계획 및 설계 단계에서 조사오차를 예측하고 가능한 예방조치를 취해야 한다. 그리고 조사실행 단계에서 품질관리 기술을 사용하여 조사오차의 영향을 제어하고 최소화해야 한다. 조사오차의 원인이 있는 경우 추정치의 정확성에 대한 불확실성이 개입된다. 이 불확실성은 추정치의 분포에서 실제 모집단 모수값으로부터 체계적인 **편향**을 유발하거나, 모수의 실제 값 주변에서 **변동**을 증가시키는 방식으로 나타난다. 조사오차의 궁극적인 결과는 조사추정치와 추정할 모집단 모수 간의 불일치이다.

추정해야 하는 모집단 모수를 θ라고 하고 이 모수에 대한 추정량을 $\hat{\theta}$라고 하자. 추정량의 바람직한 성질 중 하나는 추정량이 편향되지 않아야 한다는 것이다. 이는 추정량의 기댓값이 모수의 값과 같아짐을 의미한다.

$$E(\hat{\theta}) = \theta \tag{1.3.1}$$

28) 통계적 노출조절(statistical disclosure control, SDC)
29) 조사오차(survey error)

이러한 추정량을 **비편향 추정량**이라고 한다. 추정량의 기댓값이 모수와 일치하지 않으면 편향이 있다고 한다. **편향**은 추정량의 기댓값과 실제 모수값의 차이로 정의된다.

$$B(\hat{\theta}) = E(\hat{\theta}) - \theta \tag{1.3.2}$$

추정량의 또 다른 바람직한 속성은 분산이 가능한 한 작아야 한다는 것이다. **추정량의 분산**은 추정치와 추정량 기댓값 차이의 제곱의 기댓값으로 정의된다.

$$Var(\hat{\theta}) = E[(\hat{\theta} - E(\hat{\theta}))^2] \tag{1.3.3}$$

분산이 작은 추정량을 **정밀**하다고 한다.

정밀한 추정량이라도 편향될 수 있기에 분산 자체의 값만으로는 추정치가 실제 모수값에 얼마나 가까운지를 나타내는 좋은 지표가 아니다. 더 나은 지표는 **평균제곱오차**[30]인데, 이는 추정치와 실제 모수값 차이의 제곱의 기댓값으로 정의된다.

$$MSE(\hat{\theta}) = E[(\hat{\theta} - \theta)^2] \tag{1.3.4}$$

이 정의를 풀어보면 평균제곱오차에 대한 다른 표현이 나온다.

$$MSE(\hat{\theta}) = Var(\hat{\theta}) + B^2(\hat{\theta}) \tag{1.3.5}$$

이 식으로부터 평균제곱오차는 불확실성의 두 가지 원인, 즉 분산성분과 편향 성분을 모두 포함한다는 것을 알 수 있다. 비편향 추정량의 경우 평균제곱오차는 분산과 같다. 작은 평균제곱오차는 분산과 편향이 모두 작은 경우에만 달성될 수 있다.

조사오차의 원인은 다양하지만 두 가지 광범위한 범주인 **표집오차**와 **비표집오차**로 구분할 수 있다[31](그림 1.1).

30) 평균제곱오차(mean square error, MSE)

31) Bethlehem 2009, 180쪽. 이 분류법은 키쉬(Kish 1966)가 제공한 분류법의 확장된 버전이다.

그림 1.1 조사오차의 분류

표집오차는 모집단 전체가 아닌 일부인 표본만을 조사한 후 모집단 모수를 추정함으로 인해 발생하는 오차이다. 모수를 추정할 때 모집단의 완전계수가 아니라 표본에 기초함으로써 표집오차가 유발된다. 만일 전체 모집단이 관찰되면 표집오차는 사라진다. 표집오차는 **추정오차**[32]와 **선택오차**[33]로 나눌 수 있다.

추정오차는 확률표본을 이용함으로써 발생하는 오차로 추정치와 모수의 차이가 추정오차이다. 표본을 새로 선택할 때마다 추정치가 달라지므로 추정오차가 다르게 나타나며, 추정오차는 표집설계를 통해 제어할 수 있다. 예를 들어, 표본 크기를 늘리거나 잘 선택된 보조변수의 값에 비례하는 선택확률을 취함으로써 추정오차를 줄일 수 있다. 추정치 계산에 잘못된 선택확률을 사용하면 **선택오차**가 발생한다. 예를 들어, 조사프레임에서 어떤 단위가 여러 번 선택되는 경우 실제 선택확률은 예상 선택확률과 다를 수 있고, 선택오차가 발생한다. 조사프레임에 대한 철저한 검토가 없다면 선택오차를 피하기는 어렵다. 표집오차를 정량화하기 위해 일반적으로 사용되는 측도는 **표집분산**이다. 표집분산은 동일한 설계에서 서로 다른 표본 추정치들의 산포를 나타낸다. 확률표본설계의 경우 추정치의 표집분산은 표본단위에서 측정된 특성치의 차이를 기반으로 추정될 수 있고, 추정된 표집분산은 선택된 표본에 따라 달라질 수 있다. 표집분산이 크면 추정치의 정밀도가 떨어지고 따라서 신뢰도가 낮아진다.

---

32) 추정오차(estimation error)
33) 선택오차(selection error)

표집분산의 주요 문제는 모수추정치의 크기에 대한 표집분산의 크기이다. 표집분산의 크기에 영향을 미치는 요인은 다음과 같다.

- **모집단 변동성** : 모집단 단위의 특성이 다양할수록 표집분산은 커진다.
- **응답률** : 표본 크기가 감소함에 따라 표집분산은 증가한다. 무응답은 표본크기를 실질적으로 줄이므로 무응답은 표집분산을 증가시킨다. 또한 무응답은 편향을 유발할 수 있다.
- **표집설계 및 추정 방법** : 일부 표집설계는 동일한 표본 크기의 추정 방법에 대해 다른 설계보다 표집분산을 더 작게 할 수 있다.

비표집오차는 표집오차를 제외하고 거의 모든 조사단계에서 발생하는 나머지 오차를 말하며, 주로 조사프레임 생성, 측정, 응답, 데이터 처리 과정 등에서 발생한다. 모집단 전체를 조사하더라도 비표집오차는 발생할 수 있다. 질문에 대한 답변을 얻는 과정에서 발생하는 응답오차 등이 그렇다. 비표집오차는 **관측오차**와 **비관측오차**로 구분할 수 있다.

관측오차는 답변을 얻고 기록하는 과정에서 발생하는 오차를 말한다. **과대포함 오차**는 조사프레임에는 포함되었지만 목표모집단에 속하지 않는 단위로 인해 발생한다. **측정오차**는 응답자가 질문을 이해하지 못하거나, 정답을 말하고 싶지 않거나, 혹은 면접원이 답변을 기록할 때 발생하는 오차이다. 면접 효과, 질문 표현 효과 및 기억 효과 등이 측정오차에 영향을 준다. 측정오차로 인해 실제 값과 조사에서 기록된 값 사이에 차이가 발생한다. **데이터 처리오차**란 코딩, 데이터 캡처, 편집, 대체 과정에서 발생하는 오차를 의미한다.

조사설계에서 의도했던 측정을 수행할 수 없을 때 **비관측오차**가 발생한다. **과소포함**은 목표모집단의 단위가 조사프레임에 없을 때 발생한다. 이러한 단위는 접촉되지 않으므로 원천적으로 데이터를 제공할 수 없다. 또 다른 비관측오차는 표본으로 선택된 단위가 필요한 정보를 제공하지 않아서 발생하는 **무응답 오차**이다. **포함오차**는 조사프레임에서 모집단 단위의 누락, 잘못된 포함, 중복, 오분류 등으로 인하여 발생하는 오차를 말하며, 관측오차와 비관측오차가 모두 연관되어 있다.

비표집오차는 **랜덤오차**와 **체계적 오차**로 구분되기도 한다. **랜덤오차**는 변동성을 나타내는 오차로서, 충분한 크기의 표본이 선정될 경우 효과가 거의 상쇄된다. 반면 **체계적 오차**는 한 방향으로 나타나는 경향이 있는 오차로서, 표본 전체에 걸쳐 누적되고 최종 결과에 편향을 유발한다. 표집분산이나 랜덤오차와는 달리 표본의 크기가 증가해도 편향은 줄어들지 않는다.

조사설계 단계에서 예방조치를 취하면 일부 오차는 피할 수 있다. 그러나 일부 오차는 여전히 남아 있다. 따라서 수집된 데이터에 오차가 있는지 확인하고 가능한 경우 이러한 오차를 수정하는 것이 최선이다. 이러한 활동을 **데이터 편집**이라고 한다. 데이터 편집은 측정오차, 처리오차 및 과대포함 오차를 탐색하고 수정하는 데는 적합하다. 선택오차, 과소포함 오차, 무응답 오차 등은 다른 처리 방식이 필요하다. 다른 처리 방식 중 하나는 레코드의 개별 값을 수정하지 않고 추정 절차에서 조정된 가중치를 사용하는 것이다.

1.3.2 조사편향

조사의 목적은 표본에서 얻은 정보를 이용하여 목표모집단 특성치를 추정하는 것이다. 모집단 특성치와 조사결과 혹은 추론결과의 편차를 **조사편향**이라고 한다. 조사편향은 표본선정, 측정, 추정 과정에서 발생하며 각 단계에서 선택편향, 응답 편향 및 무응답 편향, 그리고 추정 편향이 발생한다.

완벽한 표본은 전체 모집단의 모든 특성을 반영하는 **모집단의 축소판** 같은 표본이다[34]. 그런데 복잡한 모집단에 대해 그러한 완벽한 표본은 존재할 수 없다. 존재하더라도 전체 모집단을 측정하지 않고는 완벽한 표본인지 알 수 없다. 그러나 표본에서 모집단의 관심 특성을 알려진 정도의 정확도로 추정할 수 있으면 **좋은 표본**이라고 한다. 좋은 표본은 가능한 한 **선택편향**이 없는 표본이다. 선택편향은 목표모집단의 일부가 조사프레임에 속하지 않을 때 발생한다. 더 일반적으로는 일부 모집단 단위가 조사자의 의도와 다른 비율로 선정될 때 선택편향이 발생한다고 한다. 일부 유형의 단위가 과대 대표되거나 과소 대표되면 표본은 선택편향이 있다고 볼 수 있다.

예제 1.3.1.

여론조사는 종종 다음 선거에서 어떤 후보가 승리할지 예측하기 위해 실시된다. 목표모집단은 다음 선거에서 투표할 사람들이고, 전화조사의 조사모집단은 전화로 연락이 되면서 다음 선거에서 투표할 것으로 판단되는 사람들이다. 전화가 없는 사람은 조사프레임에서 제외되고, 조사프레임에 속한 사람 중에 선거 대상자가 아닌 사람은 조사 적격 대상자가 아니다. 조사프레임에 속하는 사람 중에는 연락이 닿지 않는 사람이 있을 수 있고, 응답을 거부하는 사람도 있을 수 있다. 이러한 개별 상황이 모두 **선택편향**을 유발한다.

34) Lohr 2010. 3쪽.

예제 1.3.2. **리터러리 다이제스트의 선택편향**[35)]

미국 여론조사의 역사는 1820년대로 거슬러 올라가는데, 초기에는 표본선정에 많은 관심을 기울이지 않았다. 따라서 결과의 정확성을 예측하기가 어려웠다. 1920년대에 갤럽은 신문 기사에 대한 독자의 관심을 평가하는 새로운 방법을 고안했는데, 이른바 **할당표집** 방법이었다. 이 방법은 모집단을 대표하는 그룹의 사람들을 조사하는 것으로, 전국에서 수백 명의 면접원이 할당된 다양한 유형의 응답자를 조사하였다.

갤럽의 방식은 당시 최고의 여론조사 기관이었던 리터러리 다이제스트 잡지의 방식과 매우 대조적이었다. 이 잡지는 전화번호부와 자동차 등록부에서 얻은 주소를 기반으로 정기적인 우편조사를 실시하였다. 조사의 표본 크기는 2백만 명 정도로 매우 컸다. 1936년의 대통령 선거에서 두 가지 방식의 우열이 판명되었다. 갤럽은 프랭클린 루즈벨트가 새 대통령이 될 것이라고 정확하게 예측한 반면, 리터러리 다이제스트는 앨프 랜던이 이길 것이라고 예측했다. 리터러리 다이제스트는 랜던이 55%, 루즈벨트가 41%를 얻을 것으로 예측했는데, 실제 선거에서 루즈벨트는 61%, 랜던은 37%를 얻었다.

어떻게 그렇게 큰 표본을 기반으로 한 예측이 그렇게 틀릴 수 있을까? 예측 실패의 원인은 리터러리 다이제스트가 사용한 표집 메커니즘의 치명적인 결함에 있었다. 자동차 등록부와 전화번호부는 그 당시에 대표적인 조사프레임이 아니었다. 1930년대에 자동차와 전화는 일반적으로 중산층과 상류층의 소유였고, 부유한 미국인들은 공화당에 투표하는 경향이 있었다. 그리고 부유하지 않은 미국인들은 민주당에 투표하는 경향이 있었다. 결과적으로 리터러리 다이제스트 표본에서 공화당 지지자는 과도하게 대표되었다. 다른 원인으로는 조사의 낮은 응답률도 있었다. 천만 건의 질문지가 우편으로 발송되었고 230만 건이 반환되었는데, 이는 엄청난 수의 표본이지만 응답률은 25% 미만이었다. 대규모 표본일지라도 대표성이 없으면 선택편향을 유발할 수 있다.

이 역사적인 실수의 결과로 리터러리 다이제스트 잡지는 1937년에 발행을 중단했다. 그리고 여론조사에서 표본선택은 더 과학적인 방법에 의존해야 한다는 교훈을 남겼다.

표본의 특정 개인이 다른 사람보다 응답 가능성이 크고, 응답하지 않는 사람의 잠재적 응답이 응답자의 응답과 상당히 다를 경우 **무응답 편향**이 발생한다. 무응답 편향의 근원은 **자기선택 편향**이다. **응답 편향**은 응답자가 오해의 소지가 있거나 진실하지 않게 질문에 답할 때 발생한다. 응답 편향의 가장 일반적인 형태는 소위 **사회적 바람직성 편향**이다.

35) Lohr 2010, 8쪽.

1.3.3 포함범위 오차

포함범위 오차[36]는 목표모집단과 조사프레임이 일치하지 않을 때 발생하는 오차로서 목표모집단에 있는 단위가 조사프레임에서 누락되거나, 잘못 포함되거나, 중복하여 포함되거나 혹은 잘못 분류될 때 발생한다[37]. 포함범위 오차는 조사에서 생산되는 모든 추정치에 영향을 주기 때문에 가장 중요한 오차로 볼 수 있다.

목표모집단과 조사프레임의 불일치는 **포함범위 편향**을 유발한다. 포함범위 오차의 가장 흔한 경우는 목표모집단의 일부 단위가 조사프레임에서 누락되는 **과소포함**이다. 조사프레임이 과소포함일 때 N 단위인 목표모집단의 평균은 $\overline{Y}_N$으로 표기하고, $N_F(\leq N)$ 단위인 조사프레임의 평균은 $\overline{Y}_F$로 표기하자. 그리고 목표모집단에는 포함되지만 조사프레임에서는 누락된 $(N-N_F)$단위의 평균을 $\overline{Y}_{NF}$로 표기하자. 그러면 과소포함으로 인한 **포함범위 편향**은 다음과 같이 계산된다.

$$\overline{Y}_F - \overline{Y}_N = (1-\frac{N_F}{N})(\overline{Y}_F - \overline{Y}_{NF}) \tag{1.3.6}$$

따라서 포함범위 편향은 조사프레임에 속하는 단위들의 평균과 그렇지 않은 단위들의 평균이 비슷하거나, $\overline{Y}_F \approx \overline{Y}_{NF}$, 혹은 조사프레임의 **포함률** N_F/N이 높을 때 작아진다. 일반적으로 과소포함으로 인한 포함률이나 편향은 추정하기 어렵다. 조사프레임에 속하지 않아야 하는 단위가 포함되었다면 해당 단위는 쉽게 식별할 수 있다. 불가피하게 과소포함은 외부 정보를 사용하여 평가된다.

조사 모드에 따라 사용되는 조사프레임이 다르기 때문에, 조사 모드는 포함률에 큰 영향을 미친다. 먼저 **지역 프레임**은 일반적으로 가장 높은 포함률을 보인다. 지역 프레임은 관심 지역에서 지리적 기본표집단위로 구성된다. 현장 면접원은 표본으로 선정된 기본표집단위의 주택 목록을 작성하고, 작성된 목록에서 주택을 확률적으로 선택한다. 일반적으로 지역 프레임을 구성하는 데 비용이 가장 많이 소요된다. 우편조사 또는 이메일 조사의 조사프레임은 실제 주소 목록 또는 이메일 주소 목록이다. 조사프레임의 포함범위는 목록의 완전성과 정확성에 따라 다르다. 조사프레임에 목표모집단의 모든 주소가 포함되어 있더라도 우편 주소를 이동했거나 변경했을 수 있으므로 주소가 틀릴 수 있다. 이메일 조사는 모든 사람이 이메일을 사용하는 조직을 대상으로 하는 조사에 적합하다. 우편 및 이메일 조사에서는 질문지가 응답자에게 도달하지 못할 위험이 있다. 다른 가족 구성원이 우편 질문지를 폐기할

36) 포함범위 오차(coverage error)
37) Statistics Canada 2010, 31쪽.

수 있고, 이메일은 스팸 필터에 의해 삭제될 수 있기 때문이다. 전화조사에서는 전화번호부가 조사프레임인데, 전화번호부 프레임은 불완전하거나 전화번호가 올바르지 않을 수 있기에 포함률이 높지 않을 수 있다. 전화번호부 대신 **임의번호걸기**[38] 프레임을 사용할 수 있다.

인터넷 조사는 비용이 저렴해서 매력적이지만 목표모집단에 대한 적절한 포함범위를 확보하기가 쉽지 않다. 인터넷을 사용하여 데이터를 수집할 때 신뢰할 만한 방법은 우편, 전화 또는 영역 프레임에서 표본을 선택하고, 다른 모드로 표본 개인에게 연락한 다음 인터넷을 통해 조사 응답을 받는 방법이다. 불행히도 확률표본을 수집하는 인터넷 조사는 드물다. 또한 인터넷 조사에서는 포함범위를 평가하기가 어렵다. 웹사이트 방문자가 자발적으로 참여하는 인터넷 조사는 신뢰하기 어려우며, 표본이 자원자로 구성되기 때문에 조사의 포함범위를 알 수 없다. 일부 자원자는 결과에 영향을 미치기 위해 여러 번 조사에 참여할 수 있다. 표본 구성이 모집단의 인구통계학적 구성과 일치하도록 사후층화를 통해 가중치를 조정하여 부여하더라도, 통제되지 않은 다른 변수는 특성이 다를 수 있다.

무응답과 마찬가지로 과소포함 및 과대포함 문제를 처리하는 가장 좋은 방법은 이를 사전에 방지하는 것이다. 조사설계 단계에서 포함범위를 개선하기 위한 조치를 취할 수 있다. 먼저 조사프레임을 확인하여 중복을 제거하고, 외부 자료와 비교하여 조사프레임에서 누락된 목표모집단의 단위를 확인한다. 또한 조사프레임의 포함률이 높은 조사 모드를 선택하고, 다중프레임 조사를 고려할 수 있다. 사후층화는 포함범위 편향을 부분적으로 완화할 수 있다. 그러나 무응답 조정과 마찬가지로 조사프레임에 포함되지 않는 사람에 대한 데이터를 얻지 않는 이상, 사후조정이 포함범위 편향을 실제 보상하는지는 알기 어렵다.

1.3.4 무응답 오차

무응답은 단위 무응답과 항목 무응답으로 구분된다. **단위 무응답**[39]은 모든 항목에서 응답하지 않는 무응답을 말하고, **항목 무응답**[40]은 응답자가 일부 항목에서 응답하지 않는 무응답을 말한다. 단위 무응답은 집에 아무도 없거나, 조사에 선정된 사람이 참가를 거부하거나 혹은 참가할 수 없을 때 발생한다. 항목 무응답은 일부 항목에서 응답자가 질문에 대한 답을 모르거나, 응답을 거절하거나, 혹은 질문지에서 잘못된 경로를 따를 때 발생한다.

조사에서 무응답은 몇 가지 문제를 일으킬 수 있다. 문제의 근본 원인은 무응답자와 응답자가 서로 다른 특성을 가질 수 있다는 점인데, 만일 무응답이 적절하게 수정되지 않으면 무응답으로 인한 무응답 편향이 발생한다. **무응답 편향**은 응답자 평균의 기댓값과 모평균의

38) 임의번호걸기(random digit dialing, RDD)
39) 단위 무응답(unit non-response)
40) 항목 무응답(item non-response)

차이로 정의된다. 만일 모집단 단위들이 잠재적 응답자와 무응답자로 구분되고 크기가 각각 N_R, N_{NR} ($N_R + N_{NR} = N$)이라고 하자. 그리고 응답자의 모평균을 $\overline{Y}_R$이라고 하고, 무응답자의 모평균을 $\overline{Y}_{NR}$이라고 하자. 또한 응답자의 표본평균을 $\overline{y}_R$로 표기하고 근사적으로 $E(\overline{y}_R) \approx \overline{Y}_R$이라고 하자. 그러면 **무응답 편향**은 다음으로 정의된다[41].

$$E(\overline{y}_R) - \overline{Y}_N \approx (1 - \frac{N_R}{N})(\overline{Y}_R - \overline{Y}_{NR}) \tag{1.3.7}$$

따라서 무응답 편향은 응답자들의 평균과 잠재 무응답자들의 평균이 비슷하거나, $\overline{Y}_R \approx \overline{Y}_{RF}$, 혹은 **응답률** N_R/N이 높을 때 작아진다.

과소포함과 마찬가지로 무응답으로 인한 편향을 평가하는 것은 어렵다. 경우에 따라 외부 출처에서 무응답자에 대한 정확한 데이터를 얻을 수 있을 때 무응답으로 인한 편향을 평가할 수 있다. 조사프레임에 각 개인에 대한 실질적인 보조정보가 있으면 잠재적인 무응답 편향을 평가하는 것 외에도 조사프레임 정보를 사용하여 무응답 단위에 대한 가중치 조정군 또는 대체군을 구성한 후 가중치 조정 및 대체에 활용할 수 있다.

응답성향 프레임워크에서 무응답 편향은 각 단위의 응답 성향 ϕ_k와 관심 변수 y_k 사이의 관계에 따라 달라진다. 만일 ϕ_k와 y_k에 상관성이 없으면 응답 단위만을 사용하여 모집단 평균을 추정하여도 무응답 편향은 거의 발생하지 않으며, 응답 성향을 정확하게 추정하는 모형이 있으면 무응답 편향도 줄일 수 있다. 그런데 유감스럽게도 무응답 데이터가 없으므로 응답 성향이 응답과 상관관계가 있는지, 또는 응답 모형이 타당한지를 알지 못한다. 그러나 무응답에 대해 여러 모형을 적합시키고 민감도 분석을 통하여 모형가정을 검토해 볼 수 있다[42].

경험적 연구에 의하면 무응답 편향이 발생하더라도 반드시 무응답률과 상관관계가 있는 것은 아니다[43]. 일부 연구에서는 상대적으로 응답률은 높지만 무응답 편향이 크게 나타나고, 다른 연구에서는 응답률은 낮지만 무응답 편향이 작은 경우도 있다. 일반적으로 응답률은 높을수록 좋고, 완전한 응답은 가장 좋다. 그러나 역설적으로 때때로 응답률을 높이려는 노력이 무응답 편향을 증가시킬 수도 있다. 예를 들면, 응답률을 높이기 위해 취한 조치가 ϕ_k와 y_k 사이의 상관관계를 증가시킬 수 있다. 조사에서 주어지는 사례금은 저소득층의 응답 성향을 증가시켜 결과적으로 소득 추정에 더 큰 편향을 초래할 수 있다.

---

41) Lohr 2010, 332쪽.
42) Little and Rubin 1987.
43) Groves 2006.

조사에서 응답자의 조사 참여와 조사 협력을 증가시키는 방안에 관한 많은 연구가 수행되었다. 조사결과가 어떻게 사용되는지에 대한 설명과 사례금은 경우에 따라 조사 협력을 끌어낼 수 있다. 공인된 기관에서 조사를 수행할 경우 사람들은 조사에 참여할 가능성이 더 크며, 조사에 참여할 기회가 선택된 소수에게만 주어진다고 믿으면 잠재적 응답자는 조사에 참여할 가능성이 더 크다. 또한, 면접원에게 호감이 가면 조사에 더 쉽게 참여할 수 있다. 사람들은 다양한 이유로 조사 참여를 선택하므로 응답을 요청하는 유연한 접근 방식이 도움이 된다. 그러나 최선의 노력에도 불구하고 일부 무응답은 발생할 수 있다. 따라서 데이터 수집 후 사후적으로 무응답을 보정하는 작업이 필요하다.

조사 모드에 따라 응답률이 다른 경향이 있다. 응답률을 비교한 연구에 의하면 일반적으로 면접조사의 응답률이 가장 높고, 전화조사는 두 번째로 높으며, 우편조사는 가장 낮은 응답률을 보였다[44]. 또한 면접원이 관리하는 질문지보다 자체 기입식 질문지에서 더 많은 항목 무응답이 보고되었다[45].

1.3.5 측정오차

조사에서는 흔히 단위 k의 관심 특성인 y_k가 오차 없이 측정된 고정된 값이라고 가정된다. 그러나 측정오차가 있는 경우 y_k는 단위 k에 대한 진정한 특성값이 아니다. 대신 참값 μ_k가 있고 y_k는 조사에서 얻어진 μ_k의 측정값으로 볼 수 있다. **측정오차**는 응답자가 제공한 응답값 y_k과 참값 μ_k 간의 차이를 말한다. 측정오차는 면접원, 응답자, 질문지, 데이터 수집 방법 그리고 측정 기법 등에 의해 발생할 수 있다.

면접원은 응답의 편향과 변동성에 영향을 미칠 수 있으며, 면접원 효과는 데이터 수집 방식에 따라 다르게 나타난다. 면접원은 종종 응답자에게 질문을 잘 설명함으로써 응답률을 높이고 정확성을 향상시킬 수 있다. 그러나 일부 응답자는 면접원이 있으면 의도적으로 **사회적으로 바람직한 응답**을 제공할 수 있다. 또한 일부 면접원은 응답자에게 특정 응답을 유도할 수 있다. **응답자**는 의도적으로 혹은 실수로 조사에 부정확한 정보를 제공할 수 있다. 범죄 경험 조사에서 응답자는 자신에게 발생한 범죄 피해를 축소 응답하거나, 응답하지 않을 수 있다. 측정오차를 줄이는 첫 번째 단계는 주요 원인을 파악하는 것이다. 측정오차의 가장 큰 요소가 면접원의 변동성인 경우 표준화된 면접 절차를 사용하여 변동을 줄일 수 있다. 만일 응답자가 질문을 잘못 해석하면 더 나은 질문을 작성하고 테스트해야 한다.

---

44) Hox and deLeeuw 1994.
45) Tourangeau et al. 2000.

1.3.6 데이터 처리오차

데이터 처리는 데이터 수집 과정에서 얻어진 조사 응답을 통계표 및 데이터 분석에 적합한 형태로 변환하는 것을 말한다. 데이터 처리는 데이터 수집 후와 추정 전의 모든 데이터 처리 활동을 포함하는데, 이 과정에는 코딩, 데이터 캡처, 편집, 대체 등이 포함된다. 데이터 처리는 시간이 오래 걸리고 자원 집약적이며 잠재적으로 여러 오차의 원인이 된다. 이러한 처리 과정에서 발생하는 모든 오차를 **처리오차**라고 한다[46].

코딩은 일반적으로 데이터 캡처 및 처리를 용이하게 하기 위하여 응답 범주에 수치를 할당하는 과정이다. 응답이 기록될 때 **코딩 오차**가 발생할 수 있다. 개방형 질문은 응답을 분류하는 기준을 정해야 하므로 코딩 오차가 발생하기 쉽다. 예를 들어 어떤 식당에 자주 가는 이유를 물었을 때, 응답자는 그 식당의 음식이 맛있기도 하거니와 저렴하기도 하기 때문이라고 대답할 수 있다. 조사자는 이 응답을 분류할 범주 기준을 정하고 각 범주에 수치를 할당해야 한다. 데이터 캡처는 종이 질문지 응답 등을 컴퓨터 언어로 변환하는 것을 말한다. 이 과정에서 발생하는 오차를 **캡처 오차**라고 한다. 컴퓨터 지원 데이터 수집 방식을 사용하면 코딩 오차 및 캡처 오차를 크게 줄일 수 있다.

편집은 잠재적 오류가 포함된 것으로 보이는 데이터 레코드를 찾아서 결측값, 타당하지 않은 값, 일관성이 없는 값을 식별해서 수정하는 절차이고, **대체**는 식별된 데이터 문제를 해결하기 위하여 대체 값을 결정하고 할당하는 절차이다. 두 가지 절차는 매우 밀접하게 연결되어 있기에 편집과 대체로부터 발생하는 오차는 종종 동시에 발생한다. 대부분의 조사기관은 데이터의 내적 불일치를 제거하고 명백한 오류를 수정하기 위해 데이터 파일을 편집한다. 또한 일부에서는 결측값 대신에 대체값이 입력되고, 공용 데이터 파일은 종종 응답자의 기밀을 보호하기 위해 **통계적 노출조절** 기법이 적용된다. 따라서 응답 내용이 한 위치에서 다른 위치로 교환되기도 하고, 일부 응답은 수정될 수도 있다. 일반적으로 편집은 데이터 수집 단계에서 발생하는 오류를 제거한다. 그러나 과도하게 편집되면 추가 오류가 발생할 수 있다.

1.3.7 총조사 오차

한 종류 오차의 원인을 줄이면 실제로는 다른 오차를 증가시키는 일이 발생할 수 있으며, 이것이 실제로 어떻게 상호 작동하는지에 대해서는 알려진 바가 별로 없다. 예를 들면, 면접원의 적극적인 노력으로 일부 완고한 무응답자가 조사에 대한 답변을 제공할 수 있다. 그러나 그러한 응답이 정확하다는 보장은 없다. 유사하게, 응답률을 높이기 위한 사례금이

46) Statistics Canada 2010, 33쪽.

정확성 측면에서 어떻게 영향을 미칠 수 있는지는 분명하지 않다. 대부분 조사에서 다양한 오차가 발생하고 오차는 서로 관련이 있으므로 조사설계 단계에서 가능한 모든 오차 원인을 총체적으로 고려하는 접근이 필요하다[47].

초기의 확률표집이론은 비표집오차를 고려하지 않았고, 표집오차가 모집단의 모수추정 및 신뢰구간 계산에 영향을 미치는 유일한 주요 오차라는 가정에 의존하였다. 그러나 네이만과 그의 동료들은 이것이 과소평가된 오차한계로 이어질 수 있고, 실제로는 비현실적인 가정임을 이해하였다[48]. 네이만 이전에 비표집오차의 영향은 비교적 초기에 인구조사에서 논의되었다. 또한 피어슨은 그보다 훨씬 더 일찍 관찰자 오차에 대해 논의하였다[49]. 1944년 데밍은 표집오차 이외의 오차 원인에 대한 유형을 발표하였다. 조사의 유용성에 영향을 미칠 수 있다고 생각되는 13가지 원인을 나열하였는데, 이 유형에는 후원자 편향과 같이 오늘날 자주 언급되지 않는 일부 오차가 포함되었다. 그러나 포함범위 오차와 같이 현재 더 많은 관심을 받는 다른 오차들은 포함되지 않았다. 데밍은 총조사 오차를 명시적으로 언급하지 않았지만 몇 가지 오차 원인에만 집중하는 것의 한계를 강조하고 축적된 경험을 바탕으로 체계적인 편향 및 변동성 이론의 필요성을 강조하였다[50].

마할라노비스는 면접원의 변동성을 추정하는 데 사용할 수 있는 **상호침투방법**을 개발하였다[51]. 초기에 인식된 또 다른 오차 원인은 무응답이었다. 한센과 후르비쯔는 무응답자층에서 추적조사 방법을 제안하였다. 추적조사 표본에 100% 참여한다는 기본 가정은 현실적이지 않았지만, 이를 통해 최소한 무응답층의 특성을 대략 추정할 수 있었다[52].

초기의 **총조사 오차** 접근 방식은 전체 오차가 아닌 한두 개 오차 원인과 함께 표집오차에 집중하였다. 이에 대한 대응으로 두 가지 전략이 개발되었다. 하나는 오차 원인을 식별하고 이를 제어하거나 최소화하는 것이고, 다른 하나는 총조사 오차를 분해하여 오차 구성요소의 크기와 궁극적으로 이들의 조합을 추정할 수 있는 **조사오차 모형**을 개발하는 것이었다. 총조사 오차의 영향을 최소화하기 위해 특정 오차 원인에 초점을 맞추는 전략에는 몇 가지 문제점이 지적되었다. 첫째, 엄격한 통제는 비용과 시간이 많이 소요된다. 둘째, 한 번에 하나의 오차 원인을 조사하는 관행은 차선책일 수 있다. 일부 오차는 다른 오차보다 더 심각할 수 있으며, 이러한 상대적 중요성은 조사마다 다르게 나타난다. 셋째, 모든 오차는 서로 연관되어 있으므로 동시에 최소화할 수 없다. 예를 들어, 무응답률을 줄이려고 시도하면 측정오차가 증가할 수 있다.

---

47) Biemer and Lyberg 2003.
48) Biemer eds. 2017.
49) Pearson 1902.
50) Biemer eds. 2017.
51) Mahalanobis 1946.
52) Hansen and Hurvitz 1946.

1970년대에 저명한 조사기관들 사이에는 조사를 설계할 때 모든 주요 오차 원인을 고려해야 한다는 데에 암묵적인 동의가 이루어졌다. 당시 조사오차에 대한 작업의 문제점 중 하나는 프로세스 관점의 부재와 지속적인 개선에 대한 고려 부족이었다. 예를 들어, 개선 작업은 종종 프로세스 관점을 고려하지 않았고 오류를 측정하고 줄이는 데 집중되었다. 1980년대에 품질관리가 대중화되었고, 통계기관은 두 가지 이유로 통계 생산에 **품질관리**를 도입하였다. 첫째, 통계가 사용하기 적합해야 한다는 점을 인정하기 시작하였고, 그러기 위해서는 통계를 사용하는 이용자를 좀 더 공식적인 방식으로 인식해야 한다는 점이 강조되었다[53]. 둘째 이유는 비용이었는데, 통계 생산은 비용이 많이 들었기 때문에 비용 효과적인 결과를 가져오는 프로세스 변경이 요구되었다.

통계 작성에 품질관리 원칙이 도입되면서 조사품질과 조사오차 사이에는 상호관계가 있다는 인식이 자리 잡았다. 무응답률이 조사의 정확도를 나타내는 유일한 지표가 될 수 없는 것과 마찬가지로 정확도는 조사품질의 유일한 지표로 간주될 수 없다고 인식되었다. 관련성 및 정확성 이외의 차원, 특히 접근성 및 적시성 차원이 사용자에게 중요한 것으로 인식되었고, 정확한 통계라도 접속이 어렵거나 너무 늦게 공표되는 경우 사용이 제한될 수 있음이 인정되었다. 품질의 다양한 차원을 명확히 하는 **품질 프레임워크**가 개발되었다. 첫 번째 프레임워크는 스웨덴 통계청[54]에 의해 제작되었으며 그 이후로 많은 기관이 뒤를 이었다. 예를 들어 캐나다 통계청의 프레임워크에는 **관련성**, **정확성**, **적시성**, **접근성**, **해석가능성**, **일관성**이라는 6가지 차원이 있고[55], 유럽의 통계기관인 유로스텟은 품질과 관련된 7가지 차원을 개발하였다[56].

비머는 총조사 품질을 최적화하고 정확성을 넘어선 품질 차원을 포함하는 더 큰 설계 전략의 일부로 **총조사 오차 패러다임**을 공식 정의하였다[57]. 품질 차원은 중첩되고 상호 관련되어 있으며, 모두 다른 상황에서 중요할 수 있다. 그러나 시의적절하고 일관성 있으며 비교 가능한 통계라 하더라도 정확하지 않으면 거의 쓸모가 없기 때문에, 데이터 정확성이 데이터 품질의 가장 중요한 차원임은 분명하다.

총조사 오차 프레임워크[58]는 데이터 수집 방법의 품질이나 가치를 평가하는 데 유용하다. 이 프레임워크에서 조사의 오차 원인은 여러 가지가 있으며, 이는 **비관측 오차와 관측오차**의 두 가지 주요 그룹으로 나눌 수 있다. **총조사 오차**[59]는 포함범위 오차, 무응답 오차, 측정오차, 처리오차, 표집오차의 합으로 간주할 수 있다. 오차는 조사추정치의 분산 또는 편향에

53) Dalenius 1985.
54) Felme et al. 1976.
55) Statistics Canada 2009.
56) Eurostat 2000.
57) Biemer 2010.
58) Deming 1944; Kish 1965; Groves 1989.
59) Andersen et al. 1979.

영향을 미치는지에 따라 분류될 수도 있으며, 둘 다 평균제곱오차에 기여한다. **총조사 오차** 관점은 주어진 자원 범위 내에서 추정량의 평균제곱오차를 최소화하는 것을 목표로 한다. 따라서 **비용**과 **시간**도 조사의 품질을 평가하는 중요한 요소이다.

1.4 조사품질

1.4.1 소개

많은 조사에서 보고되는 추정치의 오차한계는 전적으로 표집오차를 기반으로 한다. 그러나 비표집오차가 통제되지 않으면 조사결과는 쓸모없게 될 수도 있다. 비표집오차는 종종 교재에서는 언급되지만, 일반적으로 불확실성을 측정한 보고서에는 포함되지 않는다. 달레니우스는 표집오차만 보고하고 비표집오차를 무시하는 관행은 작은 일에 구애되어 큰일을 소홀히 하는 것이라고 언급한 바 있다[60]. 비표집오차는 종종 크기를 알 수 없고 다루기 힘든 경우가 많다.

조사 전체를 고려한 조사설계 및 분석에 대한 접근 방식은 산업 품질 개선 방법을 개발한 선구자 중의 한 명인 데밍[61]으로부터 나왔다. 데밍은 조사 추정치의 품질에 영향을 미칠 수 있는 요소를 고려한 최초의 사람 중 한 명이다. 데밍은 면접원의 변동성, 조사 방식, 질문지 설계, 표집 변동성, 무응답 및 기타 원인으로 인한 조사의 오차에 대해 논의하였다[62].

전통적으로 **조사품질**은 데이터 정확성의 함수라는 점만 강조되었다. 그러나 사용자는 추정치의 정확성에만 관심이 있는 것이 아니므로 훨씬 더 광범위한 품질 정의를 사용할 필요성이 생겼다. 사용자에게는 관련성 있고, 시의적절하고, 일관성 있고, 접근가능하고, 비교가능한 데이터가 필요하다. 일부에서는 정확성이 없으면 다른 품질 기능은 무의미하기 때문에 정확성이 가장 중요하다고 주장하지만, 그것이 전부는 아니다. 예를 들어, 아무리 정확한 데이터라도 너무 늦게 발표되면 쓸모가 없어진다.

1.4.2 조사품질

조사의 품질은 품질 개선에 대한 데밍의 아이디어에서 출발한다[63]. **조사품질**은 단순히 '사용하기에 적합함'으로 정의할 수 있다. 다소 모호하지만 이 정의는 조사데이터의 다양한

---

60) Lohr 2010.
61) Edward Deming 1900–1993.
62) Deming 1944.
63) Deming 1986.

목적을 담고 있다. 조사의 맥락에서 이는 조사데이터가 의도한 목적을 달성하는 데 필요한 만큼 정확하고, 필요할 때 이용 가능하며, 조사를 수행한 사람들이 접근할 수 있어야 한다는 요구사항으로 해석된다.

많은 통계기관은 품질에 대한 요구사항에 대처하는 방법으로 품질 차원을 정의하였다. 예를 들어 캐나다 통계청의 **품질**은 데이터의 **'사용 적합성'**으로 정의된다. 사용 적합성은 분산 및 편향의 통계적 품질 개념뿐만 아니라 통계 정보를 얼마나 효과적으로 사용할 수 있는지를 결정하는 관련성 및 적시성과 같은 기타 특성을 포함한다. 캐나다 통계청은 관련성, 정확성, 적시성, 접근성, 해석 가능성 및 일관성의 6가지 차원 측면에서 통계 정보 품질의 '사용 적합성'을 정의한다[64].

- **관련성 :** 통계 정보의 관련성은 고객의 실제 요구를 충족시키는 정도를 말한다. 관련성 평가는 사용자의 다양한 요구에 따른 주관적인 문제이다. 통계기관의 과제는 주어진 자원 제약하에서 중요한 요구를 최대로 충족시키는 프로그램을 생성하는 것이다. 이를 위해 기존 및 잠재적 사용자의 상충되는 요구를 저울질하고 균형을 맞추는 것이 필요하다.
- **정확성 :** 통계 정보의 정확성은 정보가 측정하도록 설계된 현상을 정확하게 설명하는 정도이다. 일반적으로 통계 추정치는 오차 측면에서 특성화되며 전통적으로 편향과 분산 요소로 분해된다. 또한, 잠재적으로 부정확성을 유발할 수 있는 주요 오차 원인이 설명될 수 있다.
- **적시성 :** 통계 정보의 적시성이란 해당 정보의 조사대상 기준 시점과 정보 결과를 사용할 수 있는 시점 사이의 지연을 의미한다. 일반적으로 적시성은 정확성과 상충 관계가 있다. 또한, 정보의 적시성은 관련성에 영향을 미친다.
- **접근성 :** 통계 정보의 접근성이란 사용자가 통계기관에서 통계 정보를 쉽게 얻을 수 있는 정도를 의미한다. 여기에는 정보의 존재를 확인하는 용이성과 정보에 접속할 수 있는 형식 또는 매체의 적합성이 포함된다. 정보 비용은 또한 사용자의 접근성 측면일 수 있다.
- **해석가능성 :** 통계 정보의 해석가능성은 통계 정보를 적절하게 해석하고 활용하는 데 필요한 보충 정보와 메타데이터의 가용성을 반영한다. 이 정보는 일반적으로 기본 개념, 사용된 변수 및 분류, 데이터 수집 및 처리 방법, 통계 정보의 정확성 표시 등을 포함한다.
- **일관성 :** 통계 정보의 일관성은 시간이 지남에 따라 광범위한 분석 프레임워크 내에서 다른 통계 정보와 성공적으로 통합될 수 있는 정도를 반영한다. 표준 개념, 분류 및 대상 모집단의 사용은 조사 전반에 걸쳐 공통 방법론을 사용하는 것과 마찬가지로 일관성을 촉진한다.

유로스탯은 7가지 품질 차원을 가지고 있다[65].

64) Statistics Canada 2009.
65) Eurostat 2000.

- **통계의 관련성** : 통계 결과는 사용자 요구를 충족해야 한다.
- **추정의 정확성** : 추정치는 모집단 특성의 실제 값에 가까워야 한다.
- **통계의 적시성과 정시성** : 결과가 유용하려면 신속하게 배포되어야 한다. 표본조사가 전수조사보다 선호되는 이유 중의 하나는 표본조사를 훨씬 더 빠르게 완료할 수 있기 때문이다. 이것은 아마도 가장 중요한 사용자 요구사항일 것이다.
- **정보의 접근성 및 명확성** : 통계 결과는 사용자가 접근할 수 있고, 적합한 형태로 제공될 때 가치가 높다. 데이터 사용자가 결과를 해석할 수 있도록 충분한 문서가 제공되어야 한다.
- **비교가능성** : 많은 조사는 시간 경과에 따른 추정치 비교 목적이 있다. 조사는 이러한 비교가 의미 있도록 수행되어야 한다.
- **일관성** : 단일 출처의 통계는 기본 개념이 더 복잡한 방식으로 결합될 수 있을 때 일관성이 있다. 여러 출처의 통계는 공통의 정의, 분류 및 방법론적 표준을 기반으로 하는 경우 일관성이 있다.
- **완전성** : 통계 공표 범위는 사용자 집단의 필요와 우선순위를 반영해야 한다.

품질 차원은 중첩되고 상호 관련되어 있다. 하나의 지표로 모든 것을 통합하는 효과적인 통계 모형을 구축하는 것은 매우 어렵다. 달성된 특정 품질 차원이 다른 차원보다 더 높은 전체 품질을 제공하는지 결정하기 어렵다. 또 다른 중요한 문제는 품질과 비용의 관계이다. 조사비용은 품질 차원은 아니지만 조사설계 결정에 중요한 역할을 한다. 품질 차원의 제약조건(즉, 특정 수준의 정확도, 일정, 완성도 등)에서는 가장 저렴한 설계를 선택해야 한다. 반면, 고정된 예산에서는 품질 차원을 높이는 설계를 선택해야 한다. 따라서 비용은 조사설계와 관련된 모든 효율성 기준의 구성요소이다.

1.4.3 품질관리

수용 가능한 수준의 품질을 달성하는 것은 궁극적으로 조사 목표, 데이터의 주요 용도, 비용, 조건 및 상황과 연관이 있다. 품질의 요소가 복잡한 관계를 형성하기 때문에 품질의 한 측면을 다루거나 수정하기 위해 취한 조치는 품질의 다른 요소에 영향을 미치는 경향이 있다. **품질관리**는 관심 품질 특성을 측정하여 표준과 비교하고, 표준에 도달하지 못한 경우 시정 조치하여 품질이 설정된 수준 이상인지 확인하는 데 사용되는 기술이다. 품질의 한 요소인 정확성에 중점을 두며, 코딩, 데이터 캡처 및 편집과 같은 활동에도 적용된다. 품질관리는 측정할 수 있고 허용 가능 여부를 판단할 수 있는 항목에만 적용되고, 측정 불가능한 경우 품질관리가 불가능하다. 때로는 측정이 가능한 곳에서 품질관리를 구현하는 데 과도한 비용과 시간이 소요될 수 있다. **통계적 품질관리**는 표준에 대해 측정하고 주어진 품질 수준을 달성하기 위해 통계적 기법을 적용하는 것이다. 조사과정에서 발생할 수 있는 오차를 제어하고 최소화하기 위해 조사 예산의 일부를 품질관리에 사용하는 것이 좋다.

1.5 조사통계 이론의 발전

1.5.1 조사의 시작

조사의 뿌리는 고대 국가로까지 거슬러 올라간다. 고대 국가에서는 병역과 과세를 위해 인구가 얼마나 되는지 아는 것은 매우 중요한 문제였다. 알려진 최초의 농업 인구조사는 이미 바빌론 시대(기원전 3000년)에 수행되었다. 즉, 첫 번째 조사는 글쓰기 기술이 발명된 직후에 수행되었다. 이집트 통치자들이 통계를 수집한 기록이 있으며, 로마에서도 정기적으로 사람과 재산에 대한 인구조사가 수행되었다. 이 조사는 시민의 정치적 지위 확립 및 국가에 대한 군역 및 납세 의무 평가에 사용되었다. 이스라엘 백성의 수를 헤아려 베들레헴에서 그리스도를 탄생시킨 예는 아주 유명하다. 고대 중국에서는 그 지방의 수입과 군사력을 파악하기 위하여 주민의 수를 헤아렸다[66].

중세에는 인구조사를 수행하려는 시도가 드물었다. 가장 유명한 사례는 영국 왕 윌리엄 정복자의 명령에 따라 실시된 영국 인구조사이다. 둠스데이 북의 편집은 1086년에 시작되었는데, 이 책에는 해당 국가의 각 장원과 마을에 대한 풍부한 정보가 기록되어 있다. 국가통계에 대한 또 다른 흥미로운 사례는 서기 1000년에서 1500년 사이에 남아메리카에 존재했던 잉카 제국에서 찾을 수 있다. 잉카족은 문자가 없었지만 잉카의 각 부족에는 **퀴푸카마욕**[67]이라는 고유한 통계학자가 있었다. 그는 부족 사람 수, 집의 수, 라마의 수, 기혼자 수, 군대에 징집될 수 있는 젊은이의 수 등을 기록하였다. 이 모든 사실은 색깔이 있는 밧줄로 묶는 체계인 **키푸스**[68]에 기록되었다. 정기적으로 키푸스는 왕국의 수도인 쿠스코로 배달되어 모든 부족 통계가 국가통계로 집계되었다. 퀴푸카마욕과 키푸스 시스템은 훌륭하게 작동했지만 불행히도 제국의 몰락과 함께 사라졌다.

근세의 초기 인구조사는 1666년 캐나다에서 이루어졌다. 뉴프랑스(나중에 퀘벡)의 계획자인 장 탤론은 1608년 퀘벡 건국 이후 인구 증가를 측정하기 위하여 식민지의 공식 인구조사를 실시하였다. 사람의 이름, 나이, 성별, 결혼 여부, 직업을 포함하여 3,215명이 기록되었다. 유럽의 첫 번째 인구조사는 북유럽 국가에서 실시되었다. 스웨덴-핀란드의 인구조사는 1746년에 이루어졌고, 덴마크-노르웨이에서는 1769년에 이루어졌다. 스웨덴 인구조사에서는 스웨덴 인구가 예상보다 훨씬 적은 것으로 나타났는데, 이 결과는 스웨덴 정부에 의해 기밀로 선언될 정도로 우려와 당혹감을 불러일으켰다. 당시 정부는 작은 인구 규모가 공개되면 다른 국가의 공격을 받을 수 있다는 두려움을 가지고 있었다.

---

66) Kuusela 2011.
67) Quipucamayoc, Bethlehem 2009.
68) quipus, Bethlehem 2009.

인구조사는 수 세기 동안 직관적으로 수행되었고, 1900년경까지는 특정한 조사표집 이론이 개발되지는 않았다.

1.5.2 그란트와 라플라스의 인구추정

1900년이 되기 오래전, 유럽에서 인구조사로 인구 총수를 집계하는 것이 불가능하다고 간주될 때 인구 규모 추정은 많은 과학자의 마음을 사로잡았다. 일부 유럽 국가에서 사용된 방법인 **정치산술**은 1650년에서 1800년 사이에 성공적으로 사용되었다. 정치산술은 비율 추정과 유사한 아이디어를 기반으로 하는데, 출생률, 가족 규모, 가구당 평균 인구수, 과학자들의 개인적인 관찰을 통해 인구 규모를 추정할 수 있었다. 이러한 추정치 중 일부는 훗날 인구조사를 통해 매우 정확한 것으로 확인되었다[69].

모집단 일부의 정보만을 사용하여 모집단 전체에 대해 진술하고자 하는 최초의 문서화된 시도는 영국 상인 **그란트**에 의해 이루어졌다. 당시 런던시민의 수에 대해 경험에 의한 여러 수치가 언급되고 있었는데, 그란트는 이 수치에 의심을 품고 나름의 방법으로 런던시민의 수를 추정하려고 시도하였다. 그의 유명한 소책자[70]에서 그란트는 표본을 기반으로 런던시민의 수를 추정하는 방법을 설명하고 있다. 그란트의 방법은 17세기 초 영국에서 교회가 출생, 세례, 결혼, 매장에 대한 기록을 보관할 의무가 있었다는 사실에 근거한다. 그는 등록부가 잘 보관된 교회 표본에서 가족을 조사하였다. 그는 평균적으로 11가구에서 1년에 3번의 매장이 있다는 사실을 알아냈다. 이 비율이 모든 교회에서 어느 정도 일정하다고 가정하여 런던의 연간 총매장 건수가 약 13,000건임을 알아낸 후 그는 가족의 총수가 약 48,000이라고 결론지었다. 이 추정은 비 추정이 사용된 문서화된 첫 번째 사례이다. 그리고 평균적인 가족 규모를 부부 2명과 자녀 3명, 그리고 하인이나 동거인 3명을 더하여 8명으로 간주하고 런던 인구를 384,000명으로 추정하였다. 이러한 방법으로 추정된 런던 인구는 일반적으로 통용되던 수치의 1/3에 불과하였다.

그란트의 조사에서 교회의 교구가 표집 단위였는데, 몇 교구를 어떻게 선정하였는지에 대한 구체적인 언급은 없다. 단지 사망자 수와 거주민의 수에 대한 기록을 잘 보관하고 있는 교구를 표본으로 하였을 것이라고 짐작된다[71]. 그란트는 가족당 매장 횟수, 가족 규모와 같은 평균이 시간과 공간에 따라 다르다는 사실을 알고 있었지만 이를 대비하지는 않았다. 그란트 시대에는 이러한 변동을 고려하는 추정 방법이 알려지지 않았다. 또한, 런던시민 추정치 384,000명의 신뢰도에 대한 언급도 없다. 그란트가 사용한 표본은 비확률표본이고

69) Bellhouse 1998.
70) Graunt (1662). 사망 통계표에 대한 자연적이고 정치적인 관찰.
71) Bethlehem 2009, 6쪽.

가족 규모 8명은 통념에 근거한 주관적인 수치이므로 그란트가 제시한 추정치의 신뢰도를 측정하기 어렵다.

그러나 그란트는 두 가지 새로운 개념을 제시하는 공헌을 하였다. 첫째, 그란트는 일부 인구나 사회지표가 시간적으로나 공간적으로 안정성이 유지된다는 사실을 관찰하고 런던 인구 계산에 적용하였다. 그가 관찰한 지표에 따르면 가족당 사망자 수는 3/11명이고 평균 가족 규모는 8명이었다[72]. 둘째, 평균을 사용하여 총계를 추정하는 방법을 제시하였다. 가족당 사망자 비율과 가족 규모를 이용하여 가족의 수를 추정한 다음 인구수를 추정하였다.

표본조사를 통하여 통계수치가 제공된 또 다른 사례는 그란트 이후 100여 년 후에 나타났다. 프랑스의 저명한 수학자인 **라플라스**가 제공한 프랑스 인구추정이 그 사례이다[73]. 라플라스는 프랑스 인구를 파악하고자 했고 이를 위하여 그란트가 사용한 방법과 유사한 방법을 시도하였다. 라플라스의 계획은 소규모 행정구역을 표본으로 추출하여 표본의 전체 인구를 계산한 다음 이 정보와 프랑스 출생 등록 정보를 결합하여 전국 인구를 추정하는 것이었다. 초기 인구통계학적 연구를 기반으로 라플라스는 1년 동안의 거주자 대 출생자의 비율이 상대적으로 안정적이라고 가정하였다. 또 다른 필수 가정은 인구에서 가임기 여성의 비율이 안정적으로 유지된다는 것이었다.

라플라스는 프랑스 전역에서 30개 지역을 선정하였고, 선정된 지역에서 다시 공동체를 선정하였다. 그 과정에서 두 가지 선정기준이 고려되었다. 첫째, 모든 종류의 서로 다른 기후가 고려되었는데, 이는 출산율에 대한 기후의 영향을 보상하기 위함이었다. 두 번째 고려사항은 정확한 정보를 제공하는 지방정부였다. 라플라스가 사용한 표집 방법은 2단계 클러스터 표집에 가까운데, 공동체를 유의적으로 선정했다는 점이 특징이다[74].

1800년부터 1802년까지 3년 동안 출생한 신생아 수는 남자 110,312명, 여자 105,287명으로 총 215,599명이었다. 연평균 $215{,}599/3 \approx 71{,}866.3$명이 출생한 셈이다. 따라서 신생아 1명당 거주민 수는 $2{,}037{,}615/71{,}866.3 \approx 28.352$명으로 계산되었다. 따라서 만일 프랑스에서 한해 1,000,000명이 출생한다고 가정했을 때 라플라스의 신생아 1명당 거주민의 수 28.352명을 적용하면 거주민 총수는 28,352,000명으로 추정된다[75].

그란트에 비하여 라플라스가 더 진보한 점은 추정치의 신뢰도를 언급했다는 점이다. 라플라스는 '그렇다면 결정된 추정치가 주어진 오차한계를 넘어서 모집단 참값으로부터 벗어날 확률은 얼마인가?'하는 물음을 던졌다. 이 물음에 대한 답이 1812년 소책자에 구체적으로는 제시되어 있지 않지만, 베들레헴[76]에 의하면 라플라스는 중심극한정리를 이용하여 그의 추정량이 정규분

72) Bethlehem 2009, 6쪽.
73) Laplace 1814, 영역본 1951.
74) Kuusela 2011.
75) Laplace 1814, 영역본 1951.
76) Bethlehem 2009, 7쪽

포를 따름을 증명하였고 이를 통하여 오차한계를 계산하였다고 한다. 그러나 그가 사용한 지역 공동체 표본은 중심극한정리에서 가정하는 확률표본이 아니라 기후와 지방정부의 협조를 고려한 비확률표본이기 때문에 적절한 적용이었는지는 의심이 남는다. 그란트나 라플라스의 방법은 확률 개념에 기초하지 않았고 후속 연구로 이어지지 않았다. 다만, 표본만으로도 모집단 총계를 추정할 수 있다는 사례를 제시한 것에 역사적인 의의가 있다.

1.5.3 키애르의 대표 표본

라플라스 이후 19세기 후반까지 정부기관이나 민간기관에서 일반적으로 채택한 전국 수준의 조사방법은 완전계수 방법이었다[77]. 일부 표본조사가 있기는 했으나 매우 예외적인 경우였고 조사지역 전체를 세어 보는 완전계수 방법이 대부분이었으며 퀘틀레 같은 저명한 학자들도 대부분 완전계수 방법을 지지하였다[78]. 왜냐하면 인구모집단은 너무 이질적이어서 **완전계수**[79]만이 진정으로 인구모집단을 대표할 수 있다는 개념이 지배적이었기 때문이다. 그러나 19세기 후반과 그 이후 수십 년 동안 널리 퍼진 견해는 부분 조사가 완전계수를 대신할 것으로 본다는 것이었다. 이러한 분위기에서 완전계수에 이의를 제기하고 나선 대표적인 사람이 노르웨이 통계청의 키애르[80]였다. 그는 노르웨이에서 수많은 조사를 성공적으로 수행하면서 유용한 정보를 얻기 위해 항상 전체 인구를 조사할 필요는 없다고 생각하였다. 그는 만일 표본이 **모집단의 축소판**으로서 모집단 특성을 그대로 반영할 수 있다면 완전계수가 아닌 부분 조사만으로도 유용한 정보를 제공할 수 있다고 주장하였다. 키애르의 **대표 방법**은 노르웨이 인구의 축소판인 표본을 유의적으로 선택하려는 사려 깊은 접근 방식이었다.

그러나 키애르는 이러한 **대표 표본**을 어떻게 선정하는지에 대해서 구체적으로 기술하지 않았다. 그의 방법은 다음과 같이 해석될 수 있다[81]. 첫째, 키애르는 사회, 경제 조사에서 지역, 마을, 도시의 구역, 도로, 그리고 이어서 가구를 계통적으로 선정하는 것을 생각하였다. 둘째, 선정 과정의 모든 수준에서 충분한 표본 크기를 확보할 것을 주장하였다. 셋째, 다양한 기준으로, 특히, 지리적으로 표본은 산재할 것을 강조하였다. 이를 현대 용어로 바꾸면 키애르의 표본은 다단계 클러스터 표집 후 가구를 계통 선정한 것이다. 그리고 표본 크기는 공표단위 기준으로 하위 영역의 통계 생산에 충분한 크기이다.

불행하게도 그의 대표 방법에 대한 아이디어는 너무 주관적이었고, 확률론적 엄밀함이 부족하여 완전계수만이 유용한 정보를 제공할 수 있다는 당시의 보편적인 믿음에 맞서기에

77) Bellhouse 1988, 2쪽.
78) Stigler 1986, 164쪽.
79) 완전계수(complete enumeration)
80) Anders Kiaer, 1838~1919. 노르웨이 통계청의 초대 청장.
81) Kruskal & Mosteller 1980.

는 역부족이었다. 그리고 표본선정에서 확률표집과 유사한 언급을 하기는 하였으나 확률표집 이론으로 발전시키지는 못했다. 그럼에도 불구하고 키애르는 자신의 대표 표본방법에 대한 논문을 국제통계기구 회의에서 계속 발표하였다[82].

1.5.4 유의선정과 확률표집

부분 조사에 필요한 표본선정 방법을 실증적으로 연구한 사람은 영국의 경제학자인 **보울리**였다[83]. 1903년 국제통계기구 베를린 회의에서 루시엔 마치[84]는 랜덤 선정이 부분 조사에 사용되기 위한 객관적인 근거를 제공할 수 있다고 하였는데, 보울리는 랜덤 선정을 도입한 후 중심극한정리를 제시하고 이를 적용하는 실증연구를 하였다[85]. 또한 보울리는 영국의 도시 레딩에서 수행한 빈곤 관련 조사에서 계통표집 방법을 적용하였다[86]. 보울리는 1926년에 확률표집과 유의선정에 관한 이론적인 모노그래프를 발표하였는데, 확률선정 방법에서는 각 조사단위의 포함확률을 동등하게 하고 신뢰도 유지를 위하여 추정치에 유의한 편차가 나지 않도록 표본수를 충분히 크게 하고 있다. 또한 유의선정에서는 클러스터 표본을 선정하였는데, 선정기준은 공변량 변수에 관한 표본과 모집단의 유사성이었다. 그는 표본 특성치와 모집단 특성치를 비교함으로써 대표성 있는 표본 여부를 판단하였다. 그밖에 모노그래프는 비례배정을 한 층화표집, 조사변수와 공변량 변수의 상관관계를 이용한 추정 방법 등을 소개하였다. 그러나 보울리가 제안한 유의선정 이론은 분명하게 기술되어 있지 않아 해독이 쉽지 않다[87]. 보울리는 조사변수와 공변량의 상관관계를 이용하여 유의선정 이론을 정밀하게 전개하려고 시도하였으나, 불행하게도 유의표본 선정방법을 분명하게 기술하지는 못하였다[88]. 보울리의 1926년 모노그래프를 계기로 확률표집 방법과 유의선정 방법은 각각의 이론적 근거가 연구자들에게 받아들여져 표준적인 방법으로 채택되었다[89]. 이후 **네이만**[90]이 논문을 발표한 1934년까지 심각한 비판에 직면하지는 않았다.

1895년에 발표된 키애르의 대표 방법이 30년이 지난 1926년, 보울리가 논문을 발표한 이후에야 널리 받아들여진 이유는 현실적인 측면과 이론적인 측면으로 나누어 설명할 수 있다. 현실적인 측면으로는 표본조사 수요가 폭발적으로 증가한 것을 지적할 수 있다. 제1차 세계대전 이후에 각국 정부는 많은 정보가 필요해졌으며 또한 정부통계에 대한 수요도 폭발적

82) Brewer 2013.
83) Arthur Lyon Bowley, 1869~1957, 영국의 수리 경제학자.
84) Lucien March.
85) Bowley 1906.
86) Bowley 1913.
87) Neyman 1934.
88) Kruskal & Mosteller 1980.
89) Bellhouse 1988, 7쪽.
90) Jerzy Neyman 1894-1981, 폴란드 통계학자.

으로 증가하였다. 이러한 수요는 시간과 비용이 많이 드는 완전계수보다 더 신속하게 수행되는 표본조사로 조사 패턴이 바뀌는 흐름을 견인하였다. 이론적인 측면에서 보자면 키애르는 대표 표본의 표집 방법에 대한 명시적인 설명을 하지 않았고 이론적 프레임워크를 제공하지 않아 표집으로 인한 불확실성 정도를 계산할 수 없었다. 이에 비하여 보울리는 확률표집과 유의선정 방법을 명시적으로 제안하였고, 확률표집에서는 중심극한정리를 이용하였으며 유의선정에서는 공분산 관계를 이용하는 등 나름의 이론적 프레임워크를 제공하였다.

1.5.5 균형표집

균형표본은 유의선정의 주요 방법이었다. 공변량 변수로 인구, 사회, 경제, 지리적 변수들이 이용되었고 이들 변수를 기준으로 모집단과 동일한 평균을 갖는 **균형표본**을 선정하였다. 균형표본 방법은 공변량 변수의 평균만 모집단과 비교하면 되므로 유의표본 선정방법 중 실행이 수월한 방법이다. 지니와 갤바니는 1921년 이탈리아 총조사에서 214개 행정구역 중 29개 구역을 7개 변수를 기준으로 표본평균이 모집단 평균과 근접하도록 선정하였다. 그들은 '균형표본은 주요 인구통계학적, 사회적, 경제적 특성에 관해서 나라 전체를 대표하게 될 것이다'라고 하였다[91].

그러나 이러한 균형표본 방법이 늘 성공적인 것은 아니었다[92]. 지니와 갤바니의 사례에서는 표본선정에 포함되지 않는 대부분의 다른 변수에서 균형표본의 평균과 모평균이 서로 유사하지 않음이 발견되었다. 균형표본 선정에 포함되지 않는 다른 변수들에 대해서는 그 일치도가 매우 낮았다. 이 사례는 유의선정된 균형표본이 대표성 있는 표본이 되지 못할 수 있음을 보여주고 있다. 즉, 균형표본 방법은 기준 변수에 대해서는 표본평균과 모평균이 일치하지만, 기준 이외의 다른 변수에 대해서는 표본평균이 모평균과 상당히 다를 수도 있기에 표본이 모집단의 축소판이어야 한다는 표본의 대표성 개념을 충족시키지 못하는 결과가 초래되는 것이다.

네이만은 조사변수와 조절변수 사이에 선형관계가 성립할 때 유의선정은 잘 이루어진다고 설명하였다. 그리고 균형표본에서 조절변수의 표본평균이 모집단 평균과 같아지더라도 조사변수와 조절변수의 선형성은 만족하지 않는 경우로 지니와 갤바니의 예를 반례로 제시하였다. 즉, 조사변수와 조절변수 사이에 선형성 가정이 만족하지 않으면 유의표본 활용이 적절하지 않으므로 유의표본의 활용 범위는 매우 제한적이라는 것이다.

확률표집이론이 주류 이론으로 자리를 잡아감에 따라 균형표본 방법에 대한 비판은 좀 더 구체화되었다. 첫째, 지니와 갤바니의 사례에서 보듯이 균형표본은 비록 조절변수에 대해서는 선택편향을 제거할 수 있다고 하더라도 표본선정에 관여되지 않는 다른 변수에 대해서는

91) Gini and Galvani 1929.
92) Bellhouse 1988.

선택편향에 자유롭지 못한 한계가 있다. 둘째, 균형표본에 대한 확률구조가 분명하지 않아 추론의 근거가 희박하다는 점에서 비판이 제기되었다. 따라서 이에 대한 대응으로 균형표본을 확률적으로 뽑는 방법과 균형표본에 확률구조를 부여하는 방법의 연구가 이어졌다.

균형표본을 확률적으로 선정하는 방법으로 **기각표집** 방법과 **균형표집** 방법이 제안되었다. **기각표집법**은 예이츠[93] 등이 제안한 방법으로, 확률표본을 뽑는 작업을 반복적으로 시행하여 표본평균과 모평균을 비교한 후 두 평균의 차이가 가장 작은 표본을 균형표본으로 사용하는 방법이다. 이 방법은 많은 표본추출시행을 필요로 하는 단점이 있으나, 이렇게 표본을 뽑으면 균형표본 선정에 관여하지 않는 변수들에 대해서는 확률표집을 한 결과가 되어 선택편향이 제거되는 장점이 있다. **균형표집법**[94]은 드빌과 틸이 제안한 방법으로 균형표본을 뽑는 방법을 체계적으로 일반화한 것이다. 종래의 개별 균형표본 선정 방식은 먼저 표본을 뽑아서 평균을 비교해 본 후 표본평균이 모평균과 동일하면 균형표본으로 채택하고 그렇지 않으면 선정을 다시 하거나 혹은 처음부터 평균이 일치하는 조사단위를 찾는 것이다. 이를 체계화한 균형표집법은 먼저 조절변수를 기준으로 표본평균과 모평균으로 같게 놓은 균형조건을 만든 후 균형조건을 만족하는 모든 표본으로 이루어진 균형표집 설계를 만든다. 그리고 이 설계를 이용하여 표본을 뽑는다. 이렇게 표본을 뽑은 방법을 **큐브 방법**이라고 한다. 기각표집법과 균형표집법은 다소의 차이는 있으나 균형표본을 확률적으로 뽑음으로써 연구자의 선택편향을 배제하고 표본추출확률로 통계적 추론의 근거를 제공한다는 공통점이 있다. 그리고 균형표집법은 비록 균형표본에서 시작하였지만 확률표집의 성격을 도입함으로써 유의선정과 확률표집의 특징을 동시에 갖는 표집법으로 볼 수 있다.

1.5.6 네이만의 확률표집

보울리의 확률표집은 완전한 프레임과 동등한 선택확률을 강조하였다. 허백은 농산물 조사에서 랜덤표집의 필요성을 인식하였고 두 가지 중요한 관찰을 하였다. 첫째, 랜덤표집은 표본 선정 시 개인 편향을 방지한다는 것이고, 둘째, 표본 크기는 지정된 오차한계를 만족하도록 결정할 수 있다는 것이다[95]. 이러한 배경에서 확률표집 이론의 기초를 다진 사람은 1934년에 유한모집단에 대한 통계적 추론의 기본 이론을 수립한 논문을 발표한 네이만이다. 네이만 그는 정규분포 신뢰구간에 기반한 대규모 확률표본으로부터의 추론을 제안하였다. 네이만의 이론은 모집단이 무엇이든 간에 표본의 크기가 충분히 크면 모든 가능한 표본에 기초하여 관심변수의 모집단 평균에 대한 신뢰구간 진술에서 오류 빈도가 미리 지정한 한도

93) Yates 1946.
94) Deville & Tille 2004.
95) Rao 2005.

를 초과하지 않는 것이다. 그리고 그는 이러한 신뢰구간 진술을 만족하는 표집 방법은 대표성이 있다고 하였다. 이로써 유의선정 대신 확률표집을 사용하면 더 이상 모집단에 대한 사전 가정을 할 필요가 없어졌다.

확률화는 과학에 대한 통계학의 가장 중요한 기여 중 하나로 평가되는데, 첫째로 확률화는 연구자의 주관적 선정을 배제하여 선택편향의 가능성을 제거하기 때문이고, 둘째로 확률화 분포가 통계적 추론의 기초를 제공하기 때문이다[96]. 확률표집을 사용하면 선택편향 문제는 발생하지 않고 조사변수와 조절변수 간의 선형성 가정 문제도 발생하지 않는다. 네이만의 기여는 그가 발명한 신뢰구간에 국한되지 않는다. 그는 균형표본보다 층화확률표집이 더 바람직하다는 것을 보였는데, 왜냐하면 균형표본은 기본 모형 가정이 위반될 때 성능이 떨어질 수 있기 때문이다. 네이만은 층화확률표집에서 모평균의 최량선형추정량을 찾아냈다. 그 추정량은 각 층에 표본수를 최적배정한 후 층별 표본평균들을 가중평균하여 구한 것이다. 이 과정에서 최량선형추정량은 효율성의 개념을, 최적배정은 불균등 표본추출확률의 개념을 확률표집이론에 도입하는 성취가 나왔다. 또한 확률화에 의한 표본추출분포로부터 추정량의 신뢰구간을 계산하는 원리가 제시됨으로써 확률화에 의하여 표본추출은 물론 통계적 추론까지 동시에 하는 이론체계가 정립되었다. 네이만은 추정량의 분산을 계산하여 표집오차를 측정할 수 있음을 보여주었다. 그러나 다른 비표집오차 원인은 특별히 언급하지 않았다.

네이만이 제시한 추론은 표집설계에서 유도된 확률분포에 근거하기 때문에 **설계기반 추론**이라고 한다. 설계기반 추론은 유한모집단에서 시작하여 주어진 표집설계에 의해 해당 모집단에서 생성할 수 있는 모든 가능한 표본에 대한 조사 추정치의 표본분포를 기반으로 한다. 표집전략은 표집방법과 사용할 추정량의 조합으로 구성된다. 비용은 효율적인 표집전략의 중요한 고려사항이다. 1930년대에는 사회, 경제적 정보에 대한 수요가 급격히 증가했으며 완전계수에 비해 더 낮은 조사비용, 더 빠른 조사속도 측면에서 확률표집 조사의 이점이 전 세계적으로 인정되었다. 이로 인해 확률표집에 기반하여 대규모 모집단을 대상으로 하는 조사의 수와 유형이 증가하였다. 네이만의 확률표집 이론은 거의 보편적으로 받아들여졌으며 조사를 수행하는 많은 국가통계기관이 채택함으로써 표본조사의 주류 이론으로 자리를 잡게 되었다. 또한, 사회과학 및 공식통계의 경험적 연구를 위한 표준 도구가 되었다. 이때 추정량의 정밀도는 표본 비율이 아닌 표본 크기에 의해 크게 결정된다는 사실도 인식되었다.

1.5.7 설계기반 추론의 발전

설계기반 추론은 유한모집단을 토대로 한다. 이 추론의 기본 가정은 유한모집단의 모든 단위는 양수의 알려진 선택확률로 선택되고, 모든 표본 단위는 조사에 정확하게 응답하며,

96) Smith 1983.

가중치가 분석에 사용되어 불균등한 선택확률을 보상한다는 것이다. 초기에는 이러한 가정에서 벗어나는 경우가 미미했으며 설계기반 추론의 추정치는 일반적으로 만족스러운 근삿값으로 간주되었다[97]. 그러나 이러한 가정이 성립하더라도 설계기반 추론에는 한계가 있다. 예를 들어, 조사는 데이터 수집 시점의 모집단과 관련된 반면, 사용자는 일반적으로 현재 시점의 추정치를 원한다.

1940년대에는 표집오차가 전체 오차와 동의어가 아니라는 사실이 널리 알려졌다. 표집오차 외에 다른 오차 추정치를 공식적으로 도입한 최초의 학자는 인도의 통계학자 **마할라노비스**였다. 그는 농업 조사에서 현장 작업자에 의해 도입되는 오차를 추정하는 방법을 개발하였다. 미국 인구조사국의 한센과 그의 동료들은 **총조사오차**에 대한 모형을 제시하였다. 이 모형에서 추정치의 총조사오차는 해당 추정치의 평균제곱오차로 측정된다. 이 모형에서 표집오차는 단지 한 유형의 오차일 뿐이며 표집오차만을 기반으로 한 조사오차 추정치는 전체 오차를 과소평가하게 된다는 것을 명시적으로 보여주었다[98]. 그러나 초기의 표집이론 개발에서는 모총계와 모평균 및 관련 표집오차를 추정에 중점을 두었기 때문에 무응답 오차, 포함오차, 측정오차와 같은 비표집오차는 대부분의 이론 연구에서 다루어지지 않았다.

1940년대에 확률표집 이론은 코크란, 예이츠, 한센 등과 같은 후속 통계학자에 의해 더욱 발전되고 정제되었다. 다양한 모집단에 대한 체계적인 표본추출의 특성에 관한 많은 연구가 이루어졌다. 확률표집은 조사표집의 필수 요소가 되었다. 이론적으로 매우 매력적이지만 실제 상황에서 이를 구현하는 것은 그리 간단하지 않았다. 수백만 인구에서 수천 명의 표본을 어떻게 랜덤하게 선택할 것인가? 수천 개의 난수를 생성하는 방법은 무엇인가? 티펫[99]이 발표한 최초의 난수표가 사용되면서 비로소 실제 난수 표본선택이 쉬워졌다. 확률표집을 위한 난수 발생 문제를 피하기 위해 종종 계통표본이 선택되었다. 계통표집의 정밀도에 대한 최초의 이론적 연구는 1944년에 수행되었다[100]. 마할라노비스는 일찍이 1937년에 인도에서 작물 조사를 위해 **다단계표집설계**를 사용하였다. 그의 고전적인 1944년 논문[101]은 조사의 효율적인 설계를 위해 비용 및 분산 함수를 엄격하게 정의하였다. 미국 인구조사국의 조사 통계학자들은 1940년~1960년 기간 동안 표본조사 이론과 방법론 개발에 실제적인 기여를 하였다. 한센과 후르비쯔[102]는 각 층 내에서 크기에 비례하는 확률로 기본 표집단위를 뽑고, 선택된 표집단위에서 고정된 수의 2차 단위를 뽑는 **층화 2단계 클러스터 표집**의 기본 이론을 개발하였다. 클러스터의 불균등 확률 선택은 동일하지 않은 클러스터 크기에서

97) Kalton 2019.
98) Hansen et al. 1964.
99) Tippet 1927.
100) Madow & Madow, 1944.
101) Mahalanobis 1944.
102) Hansen & Hurvitz 1943.

발생하는 변동성을 제어하여 상당한 분산 감소로 이어질 수 있다.

1950년대에 총계와 평균에 대한 설계기반 추론의 이론적 프레임워크는 표본데이터가 조사변수 값과 단위 첨자로 구성된다는 전제하에 구축되었다. 호르비쯔와 톰슨은 확률표집하에서 포함확률에 반비례하는 가중치가 부여되는 추정량을 도출하였다[103]. 이에 의하면 표본 포함확률이 알려지고 양수인 경우 항상 신뢰할 수 있는 비편향 추정치를 생산하는 것이 가능하다. 이로써 조사표집의 고전 이론은 1952년에 어느 정도 완성되었다. 고담베[104]는 단위 첨자 및 선정된 표본에 의존하는 가중치를 사용하는 일반적인 선형추정량을 고려하고, 이러한 형태의 추정량 중에는 최량추정량이 존재하지 않음을 보였다. 확률표집에 기반한 이론적 결과에서 신뢰구간에 대한 정당성을 제공하기 위해 중심극한정리가 사용되었다. 단순확률표본에 대한 초기 중심극한정리는 매도우[105]의 정리이다. 하엑[106]은 단순확률표집과 기각표집에 대한 중심극한정리를 제공하였다. 빅켈과 프리드만[107]은 층화 확률표집에 대한 중심극한정리를 제공하였다. 1950년대 이전에는 모집단 총계와 평균을 추정하는 데 주요 초점을 맞추었다. 미국 인구조사국의 **우드러프**[108]는 일반 표집설계에 적용할 수 있는 분위수의 **신뢰구간**을 구하는 방식을 개발하였다.

1.5.8 모형기반과 모형지원 추론

확률표집이론 개발 초기부터 모집단에 대한 확률모형이 추정 과정에 도입되었다. 1970년대 들어 가능도 함수를 통해 표본조사 이론을 주류 통계 추론과 통합하려는 시도가 있었다. **모형기반 추론**은 표본데이터에 기반한 대안적 추론방법이다. 이 접근 방식에서는 모집단 구조가 지정된 **초모집단 모형**을 따라야 하고, 가정된 모형에서 유도된 분포가 추론의 기초를 제공한다[109]. 주어진 표본에 대한 초모집단 모형의 조건부 추론은 모집단이 초모집단에 부합할 때 매력적일 수 있다. 그러나 모형이 잘못 지정된 대규모 표본에서는 이 추론이 제대로 수행되지 않을 수 있다[110].

모형지원 추론은 설계기반 추론과 모형기반 추론의 바람직한 기능을 결합하려는 하이브리드 추론 방식이다[111]. 모형지원 추론에서는 비록 추정량의 정밀도는 모집단에 가정된 모형의 적절성에 따라 다르지만, 조사 추정치의 정밀도는 표집설계에서 유도된 표집분포에서 계산

103) Horvitz and Thompson 1952.
104) Godambe 1955.
105) Madow 1948.
106) Hajek 1960, 1964.
107) Bickel & Freedman 1984.
108) Woodruff 1952.
109) Brewer 1963; Royall 1970.
110) Hansen, Madow and Tepping, 1983.
111) Cassel, Särndal and Wretman 1977.

된다. 이 추론에서는 외부의 보조데이터를 사용하고, 보조데이터를 사용하는 방법에 따라 비 추정량, 회귀추정량[112] 등이 유도되며, 더 일반적으로는 일반회귀추정량이 도출된다. 이 추론은 대규모 표본에 유용하며 가정된 모형의 타당성과 관계없이 유효한 설계일치 추론이 가능하다. 그러나 추정량의 효율성은 가정된 모형이 실제 모집단 구조에 근접하는 정도에 따라 다르다.

1.5.9 분산추정과 무응답 처리

1930년대와 1940년대에 분산추정은 비용이 매우 많이 들고 거의 불가능한 작업이었다. 복합설계를 기반으로 한 조사의 분산 추정치를 직접 계산하는 경우는 드물었고, 오히려 단순확률표본의 오차 추정치에 1.25 또는 1.5의 배수를 적용하는 간단한 경험칙이 적용되었다. 이 배수는 유사한 표본설계에서 얻은 유사한 추정치에 대한 표준오차의 직접 계산에서 얻은 결과를 기반으로 하였다.

복합표본의 단순 평균 및 비율에 대한 분산추정에 일반적으로 사용된 초기의 방법은 테일러 급수를 이용한 선형화 방법이었다. 다단계표집의 각 계층에서 2개의 기본 표집단위를 선택했을 때 계산이 단순해진다는 사실이 밝혀졌고, 나중에는 더 복잡한 통계를 위해 선형화 방법이 개발되었다[113]. 분산추정을 위한 간단한 복제 방법은 마할라노비스에 의해 개발되었다. 그는 4번의 복제로 분산추정을 시도하였다[114]. 이 방법에는 합리적으로 신뢰할 수 있는 분산 추정치 생성을 위해 상당수의 복제가 필요하다는 현실적인 한계가 있었으나 절반표본을 기반으로 하는 **랜덤그룹 방법**과 **균형반복 복제**[115]의 개발로 극복되었다. **잭나이프**와 **붓스트랩**은 복합설계에 사용하기 위해 보다 최근에 개발되었다[116]. 고전적인 설정에서 붓스트랩[117]의 사용은 불균등한 확률표본과 유한모집단에 곧바로 적용되지는 않는다. 대신 조사표본을 이용한 잭나이프 방법과 수정된 붓스트랩 방법이 있다[118]. 복제방법을 사용하는 분산 추정치를 계산하기 위한 컴퓨터 프로그램이 개발됨으로써 오늘날 이러한 방법은 널리 사용되고 있다.

조사 초기에는 **결측데이터 보정**에 거의 주의를 기울이지 않았다. **단위 응답률**은 높았고 간단한 무응답 가중치 조정이 사용되었다. 그리고 항목 무응답은 대체로 무시되었고, 모든 항목에 응답한 사람들에 대해서만 추정치가 계산되었다. 설계기반 추론에서 결측 데이터 보정이 필요하다는 사실은 대체로 무시되었다. 모든 항목을 완료한 응답자로 분석을 제한하

112) Cochran 1977.
113) Woodruff 1971.
114) Mahalanobia 1946.
115) MaCarthy 1966, 1969.
116) Durbin 1959, Rao et al. 1992.
117) Efron 1979.
118) Rao & Wu 1988.

는 것은 결측 데이터가 완전히 확률적으로 결측되었다는 것을 암시적으로 가정하는 것이다. 이후에 단위 무응답을 보상하기 위한 가중치 부여 방식과 항목 무응답 값을 채우는 대체 방식이 발전하였다.

단위 무응답을 수정하는 초기 방법은 무응답자와 '가까운' 사람을 찾아서 대체 응답자로 인터뷰하는 것이었다. 분석 단계에서 이루어지는 보통의 수정 방법은 사후층화 방법이다[119]. 단위 무응답 처리를 위하여 가중치 보정 방법이 개발되었으며, 항목 무응답을 처리하기 위한 다양한 형태의 대체 방법도 개발되었다. 초기에 개발된 대체법은 1947년 미국 상주인구조사에서 사용된 **핫덱 대체** 절차였다. 컴퓨팅 능력의 향상과 이론적 발전으로 대체 방법은 조사표본의 항목 무응답을 처리하는 표준이 되었다[120].

1.5.10 데이터 수집 모드

조사 초기에는 종이와 연필을 이용한 인터뷰가 사회조사를 위한 데이터 수집의 지배적인 방법이었다. 계속되는 컴퓨터 혁명은 이러한 상황을 바꾸어 놓았다. 컴퓨터지원 인터뷰는 복잡하게 프로그램된 건너뛰기 패턴을 이용하여 더 복잡한 질문지를 사용할 수 있게 했으며 데이터 수집 시 편집을 용이하게 하였다. 전화번호의 포함범위가 충분히 높은 수준으로 올라갔을 때 컴퓨터 지원 전화 인터뷰는 훨씬 저렴한 비용으로 인해 인기를 얻었다. 실무자들은 전화번호를 효율적으로 표집하기 위한 일련의 방법을 개발했으며 랜덤번호걸기는 한동안 매우 널리 사용되었다. 태블릿은 컴퓨터 지원 개인 인터뷰를 위한 노트북을 대부분 대체했으며 스마트폰은 데이터 수집의 대중적인 수단이 되었다.

최근에는 웹 기반 조사가 데이터 수집 방식으로 많이 사용된다. 기존 접근 방식을 사용하여 표준 방식으로 사람을 표집하고 지정된 URL을 사용하여 응답하도록 요청한다. 인터넷에 연결되지 않은 사람을 포함하여 웹에서 응답하지 않는 사람은 다른 수집 모드를 사용하여 후속 조치를 취할 수 있다. 응답률이 감소함에 따라 이러한 혼합 모드 조사는 점점 인기를 얻고 있다. 전통적인 표집설계로 데이터수집을 위해 웹을 사용하는 것 외에도 다양한 유형의 웹조사가 있다[121]. 이러한 방법은 매우 큰 표본을 저렴한 비용으로 제공하고 응답을 매우 빠르게 제공할 수 있는 큰 매력이 있다. 그러나 산출된 추정치의 품질은 다소 의심스럽다. 현재 많은 관심을 받는 데이터 수집 모드는 조사에 대한 추가 또는 대체로서 행정데이터를 사용하는 것이다. 조사 데이터와 함께 행정 데이터를 사용하는 것은 새로운 것은 아니지만 앞으로 확장될 가능성이 크다.

---

119) Deming 1953; Kalton 1983.
120) Kim and Shao 2013; Little and Rubin 2014.
121) Schonlau and Couper 2017.

1.5.11 조사의 미래

한 세기 동안 조사의 다양한 측면에서 중요한 발전이 이루어졌고, 정부, 학계, 기업 및 일반 사용자에게 가치 있는 정보를 제공하였다. 정책입안자 및 연구자들의 조사데이터에 대한 수요가 나날이 증가하고 있고, 사용자의 요구사항은 훨씬 더 정교해지고 있다. 조사현장에서는 더 빠른 컴퓨팅이 모든 측면에 영향을 미칠 것으로 예상된다. 더 복잡한 편집 및 대체 알고리즘이 개발될 것이고, 데이터 수집에서 출판까지의 시간이 단축될 것이다. 조사데이터에 대한 더 복잡한 분석이 수행될 것이고, 데이터는 다양한 형태로 제공될 것이다. 수집된 조사데이터와의 외부 데이터는 매칭 기법을 통하여 활용 영역이 넓어질 것이다[122].

현대의 커뮤니케이션 방법과 소셜 미디어는 방대한 양의 데이터를 생산한다. '빅데이터'라는 용어는 잘 정의되어 있지는 않지만 대부분은 소셜 미디어 데이터가 빅데이터의 일부라는 데 동의할 것이다. 현대 사회의 일부인 소셜 미디어는 그 자체로 사회 과학자들의 관심 대상이 된다. 따라서 이러한 데이터의 색인과 요약이 생성될 것이고, 조사표집은 이러한 데이터에서 통계 제품을 만드는 데 큰 역할을 할 것이다. 문제의 핵심은 일부 유형의 빅데이터를 유용한 형태의 데이터로 변환하는 것이다[123]. 비확률표본은 네이만의 확률표집 시대에서도 조사표집의 일부 기능을 담당하여 왔다. 특히 할당표집은 비용상의 이유로 마케팅 연구 및 기타 영역에서 일반적으로 사용되어 왔다[124]. 할당 방법은 의견과 태도에 대해 확률표본과 종종 일치하지만 소득, 교육 및 직업과 같은 특성에서는 편향된 표본을 생성할 가능성이 있다[125]. 비용 문제 때문에 웹 기반 조사 등에서는 비확률표본의 활용이 늘어나고 있다[126].

입증된 유용성에도 불구하고 조사의 미래는 두 가지 중요한 과제에 직면해 있다. 첫째는 응답률의 감소와 확률표본을 기반으로 한 조사비용의 증가이다. 결과적으로 사용자는 값비싼 확률표본 기반 조사 결과의 정확성에 의문을 제기하고 비용이 덜 드는 대안을 찾을 것이다. 둘째, 저비용 웹 기반 대안의 출현과 행정 데이터 자원의 사용이다[127]. 이러한 환경에서 조사의 발전에는 응답자를 모집하는 방법에 대한 새로운 생각과 커뮤니케이션 기술을 적용하는 새로운 방법, 그리고 조사와 비조사 데이터를 혼합하는 새로운 접근 방식의 개발이 필요하다. 앞으로 조사데이터는 행정기록 및 비정형 데이터를 포함하여 다양한 출처에서 형성된 정보 생산물의 구성 요소 중 하나가 될 수 있다[128].

122) Rao and Fuller 2017.
123) Rao and Fuller 2017.
124) Sudman 1966, 1976.
125) Cochran 1977.
126) Rao and Fuller 2017.
127) Kalton 2019.
128) Miller 2017.

연습문제

1 종단면 조사의 종류를 설명하라.

2 모집단의 종류를 설명하라.

3 확률표집법의 종류를 설명하라.

4 표집오차의 종류를 나열하고 각각을 설명하라.

5 비표집오차의 종류를 나열하고 각각을 설명하라.

6 데이터 수집 방법을 설명하라.

7 데이터 편집이 필요한 세 유형의 오류를 설명하라.

8 표본 단위에 부여되는 가중치의 의미를 설명하라.

9 식 (1.3.4)로부터 식 (1.3.5)가 유도됨을 보여라.

10 조사프레임이 과소포함일 때 포함범위 편향은 식 (1.3.6)과 같이 됨을 보여라.

$$\overline{Y}_F - \overline{Y}_N = (1 - \frac{N_F}{N})(\overline{Y}_F - \overline{Y}_{NF})$$

11 단위 무응답과 항목 무응답의 차이점을 설명하라.

12 무응답 편향이 식 (1.3.7)과 같음을 보여라.

$$E(\overline{y}_R) - \overline{Y}_N \approx (1 - \frac{N_R}{N})(\overline{Y}_R - \overline{Y}_{NR})$$

13 조사편향의 발생 원인을 설명하라.

14 우리나라 통계청(www.kostat.go.kr)의 통계품질지표를 설명하라.

15 그란트의 런던인구 추정법과 라플라스의 프랑스 인구 추정법의 공통점과 차이점을 설명하라.

16 키애르가 제시한 '대표 표본'의 의미를 설명하라.

17 유의표본과 확률표본의 차이점을 설명하라.

18 균형표본을 선정하는 방법을 설명하라.

19 설계기반 추론과 모형기반 추론의 차이점을 설명하라.

20 모형기반 추론과 모형지원 추론의 차이점을 설명하라.

21 반복복제 분산추정법의 종류를 나열하라.

제 2 장

표본설계와 데이터 수집

제2장

표본설계와 데이터 수집

2.1 표본설계

2.1.1 서론

표본설계는 **조사목적** 설정으로부터 시작된다. 조사목적은 처음에는 모호하고 추상적 개념에서 시작될 수 있다. 조사를 통해 일반적인 질문에 대한 답을 얻고자 하므로, '사람들은 거리에서 안전하다고 느끼는가?' 혹은 '국내 고용상황에 변화가 있었는가?'와 같은 질문에서 시작된다. 이렇게 시작된 일반적인 질문은 더 구체적인 조사 언어로 바꾸어야 한다. 고려되어야 할 측면을 예를 들면 다음과 같다.

- 조사해야 하는 모집단의 정확한 정의(**목표모집단**)
- 측정해야 할 항목(**변수**) 및 추정해야 할 항목(인구 특성)에 대한 사양
- 표본이 선택되는 리스트(**조사프레임**)
- 표본선정 방법(**표본크기** 및 **표집설계**)

초기 단계에 이러한 고려사항에 주의를 기울이는 것이 중요하다. 잘못된 결정은 조사의 모든 후속 과정에 영향을 미치기 때문이다.

조사목적이 명확하게 정의되면 표본설계를 고려한다. 표본설계 시 고려해야 하는 주요 사항은 다음과 같다.

- 표본조사를 할 것인가 아니면 센서스를 할 것인가?
- 조사프레임은 무엇인가?
- 조사에서 오차의 주요 원인은 무엇인가? 그리고 이러한 오차가 결과에 어떤 영향을 미치는가?
- 표본선정은 어떻게 할 것인가?

조사에는 센서스와 표본조사가 있다. **센서스**는 모집단의 모든 단위로부터 정보를 수집하는 반면, **표본조사**는 모집단의 일부 단위에서만 정보를 수집한다. 수집된 정보는 두 경우 모두 모집단 전체 혹은 모집단의 일부 영역에 대한 특성치 계산에 사용된다. **조사오차**는 **표집오차**와 비표집오차라는 두 가지 유형으로 나뉜다. 표집오차는 표본조사에서만 발생하고

센서스에서는 발생하지 않는다. 비표집오차는 표본조사와 센서스 모두에서 여러 가지 이유로 발생하며 **포함범위 오차**, **측정오차**, **무응답 오차**, **처리오차** 등이 있다.

센서스와 표본조사 중 하나를 선택하는 기준으로 조사오차, 조사비용, 적시성, 모집단 크기, 소지역 추정, 조사프레임 등을 고려할 수 있다. 표집오차는 모든 표본조사의 본질적인 요소이다. 표집오차의 크기는 표본크기, 표집설계 그리고 추정방법으로 조절할 수 있다. 일반적으로 센서스에서는 표본조사보다 더 많은 비표집오차가 발생한다. 센서스에서는 모집단의 모든 단위가 조사되기 때문에 표본조사보다 조사비용이 더 많이 든다. 비교적 짧은 기간 내에 조사데이터를 수집, 처리하고 결과를 생성해야 하는 경우가 종종 있는데, 센서스는 모집단 전체의 데이터를 수집하기 때문에 표본조사보다 시간이 더 많이 필요하다. 큰 모집단에서 센서스는 고비용이므로 일반적으로 표본조사가 선호된다. 반면, 모집단 크기가 작을 경우에는 센서스가 더 바람직할 수 있다. 예를 들어, 소규모 지리적 영역이나 인구가 적은 지역에서는 센서스가 선호될 수 있다. 또한 조사프레임을 구축하거나, 전국 수준의 혹은 특정 영역의 벤치마크 정보를 얻을 때 센서스가 실시된다.

종합적으로 보면 조사비용, 적시성 측면에서는 표본조사가 유리하고, 소지역 추정 및 조사프레임 구축에는 센서스가 유리하다는 사실을 알 수 있다.

2.1.2 조사프레임

일반적으로 모집단은 조사대상들의 모임으로 정의한다. 모집단은 개념 모집단과 실제 모집단으로 구분되는데, 조사와 관계된 모집단은 일반적으로 실제 모집단이다. 실제 모집단은 실제 존재하는 단위들로 구성되므로 개별 단위에 대한 식별이 가능하고 단위 목록 작성이 가능하다. 표본설계에서 정의되어야 할 첫 번째 모집단인 **목표모집단**은 조사목적에서 필요로 하는 정보가 요구되는 모집단을 말한다. 그런데 목표모집단을 구성하는 단위를 실제로 파악하기 위해서는 추가적인 조작적 정의가 필요하다. 예를 들면, 모집단을 구성하는 단위의 종류, 단위의 지리적 위치, 단위가 존재하는 기간 등이다. **조사모집단**은 실제 조사대상이 되는 모집단을 말하는데, 이는 목표모집단과 일치하지 않을 수도 있다. 그러나 이상적으로 두 모집단은 매우 유사해야 한다. 조사결과에 기초한 결론은 조사모집단에 적용되는 것이므로, 조사모집단은 명시적으로 분명하게 정의되어야 한다.

예제 2.1.1.

가계소득 및 지출조사를 고려하자. 조사대상을 2022년 10월 30일 현재 국내에 거주하는 사람으로 하면, 이들의 모임이 조사목적에 부합하는 목표모집단이 된다. 그러나 실제 조사대상이 되는 사람은 2022년 10월 30일 기준으로 등록센서스에서 파악된 사람으로 한정된다. 조사모집단은 등록센서스에서 파악된 사람으로만 구성된다.

조사모집단이 정해지면 모집단의 단위에 접근하는 수단이 필요하다. **조사프레임**(혹은 **표집프레임**)은 조사모집단에 속하는 단위들의 목록을 말하며, 조사프레임을 통하여 모집단 단위를 식별하고 접촉하게 된다. 조사프레임은 실제적으로 조사모집단을 규정한다. 예를 들어, 전화조사에서 전화번호부에 번호가 없는 가구나 개인은 접촉할 수가 없다. 이들은 조사모집단에서 제외된다.

조사프레임에는 두 가지 주요 범주가 있다. 하나는 리스트 프레임이고 다른 하나는 영역 프레임이다. **리스트 프레임**은 조사모집단의 모든 단위들의 개념적인 리스트 혹은 물리적 리스트를 말한다. 그리고 **영역 프레임**은 조사모집단의 단위들이 지역적 영역으로 구성된 경우이다. 지리정보시스템의 가구나 건물을 조사모집단으로 사용하는 경우 영역 프레임의 예가 된다. 조사프레임은 모집단 단위에 접근하기 위한 수단이 될 뿐만 아니라, 확률표집에서는 단위의 포함확률 계산의 토대가 된다. 조사에서 단위는 표집단위와 보고단위로 구분된다. **표집단위**는 표본으로 추출되는 단위를 말하고, **보고단위**는 통계정보를 제공하는 단위를 말한다. 예를 들어 가구조사에서 가구를 선정한 후 가구원에게 응답을 받았다면 표집단위는 가구이고 보고단위는 가구원이 된다. 통계 결과는 가구 및 가구원 기준으로 작성될 수 있다.

조사프레임은 목표모집단의 정확한 표현이어야 한다. 목표모집단과 다른 조사프레임에서 표본이 선택되는 경우 조사에서 잘못된 결론이 도출될 위험이 있다. 조사프레임에는 과소포함, 과대포함, 중복, 오분류 등의 잠재적인 결함이 있을 수 있다(그림 2.1).

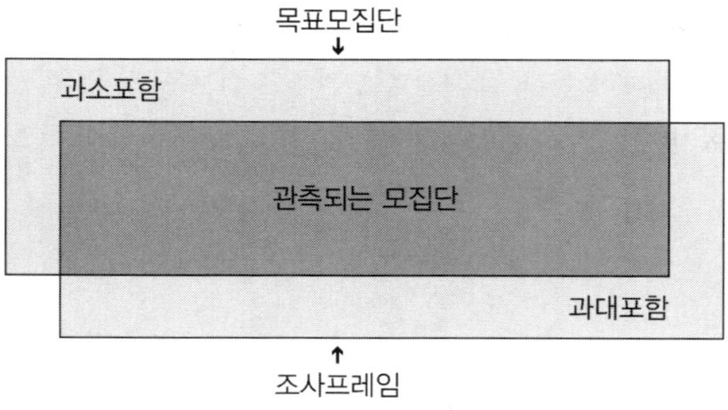

그림 2.1 목표모집단과 조사프레임

첫 번째 잠재적 결함은 **과소포함**으로, 목표모집단의 일부 단위가 조사프레임에 없을 때 발생한다. 이러한 단위는 표본으로 선택될 수 없다. 과소포함의 예는 인터넷을 통해 응답자를 선정하는 온라인 조사에서 들 수 있다. 이 경우 인터넷에 액세스할 수 없는 사람들로 인해 과소포함이 발생한다. 과소포함은 심각한 결과를 초래할 수 있다. 조사프레임 외부의 단위가 조사프레임 내부 단위와 체계적으로 다른 경우 모집단 모수의 추정치가 심각하게 편향될 수 있다. 종종 과소포함의 존재를 감지하기가 쉽지 않다는 것이 현실적인 문제이다.

두 번째는 **과대포함**이다. 과대포함은 목표모집단에 속하지 않는 단위가 조사프레임에 존재할 때 발생한다. 그러한 요소가 표본에 선정되고 조사데이터가 분석에 사용되는 경우 모집단 모수의 추정치가 영향을 받을 수 있다. 조사에서는 특정 시점의 모집단 상태를 측정한다. 이러한 시점이 조사기준일이 된다. 따라서 조사프레임은 기준 시점의 모집단 상태를 반영해야 한다. 그런데 보통 프레임은 조사 기준 시점 이전에 구축되기 때문에 기준 시점에는 존재하지 않는 단위가 프레임에는 여전히 포함되어 있을 수 있다. 예를 들어 사람이 사망하거나 회사가 폐업하는 경우 과대포함이 발생한다.

동일한 단위가 조사프레임에 두 번 이상 나타날 때 **중복**이 발생한다. 예를 들어, 기업 리스트에 동일한 기업이 서로 다른 이름으로 중복 등록되어 있을 수 있다. 중복 등록은 모집단의 크기를 과대평가하는 경향이 있으며 추정치에 편향을 일으킬 수 있다. **오분류**는 프레임의 분류변수가 잘못 기록되어 있을 때 발생한다. 예를 들어 소매업 사업체가 도매업으로 분류되어 있으면 오분류된 것이다. 오분류가 심하면 매우 비효율적인 표집으로 이어진다. 소매업 분류에서 선정된 사업체가 실제는 도매업 사업체이면 이 단위는 소매업에서 제외되기 때문에 추정의 비효율이 발생한다.

2.1.3 표집

조사의 기본 원리는 표본에서만 관심 특성을 측정하는 것이다. 따라서 표본은 모집단 전체에 유효한 결론을 도출할 수 있는 방식으로 선정되어야 한다. 표본을 선정하려면 조사프레임과 표본선정 절차라는 두 가지 요소가 필요하다. 먼저 조사프레임을 구축하고 다음에 표본을 선정한다. 문제는 표본을 선정하는 방법이다. 표본을 선정하는 좋은 방법과 나쁜 방법은 무엇인가? 흔히 표본은 **대표성**이 있어야 한다고 하는데 그게 무슨 뜻인가?

크루스칼과 모스텔러[129]는 과학 및 통계 문헌에서 '대표'가 무엇을 의미하는지에 대해 광범위하게 검토하였다. 그들은 **'대표 표본'**에 대해 다음과 같은 의미를 찾았다[130].

---

129) Kruskal and Mosteller 1979a, 1979b, 1979c.
130) Kruskal and Mosteller 1980.

- **데이터에 대한 정의되지 않은 일반적인 찬사 :** 이는 증거 없이 데이터가 정상이라는 일반적인 보증에 불과하다. 이러한 '대표'의 의미는 정확한 의미를 설명하지 않고 일반적으로 미디어에서 사용된다.
- **선택적인 힘의 부재 :** 의식적으로든 무의식적으로든 선택 과정에서 특정 단위나 단위 그룹이 선호되지 않는다.
- **모집단의 축소판 :** 표본은 모집단의 축소판으로 볼 수 있다. 표본은 모집단과 동일한 특성을 갖는다. 표본 비율은 모든 면에서 모집단 비율과 유사하다.
- **전형적이거나 이상적인 경우 :** 표본은 모집단의 '전형적인' 단위로 구성된다. 이들이 '대표 단위'이다. 이 의미는 아마도 벨기에 통계학자 케틀레에 의해 소개된 '평균 사람'의 개념으로 거슬러 올라간다.
- **모집단의 범위 :** 모집단에 존재하는 변동은 표본에서도 발생해야 한다. 따라서 표본에는 비정형 요소도 포함되어야 한다.
- **엄밀히 말해서 모호한 용어 :** 처음에는 용어가 무엇인지 설명하지 않고 단순히 사용된다. 나중에 그것이 무엇을 의미하는지 설명한다.
- **특정 표집 방법의 적용 :** 모집단의 각 요소에 동일한 선택 확률을 제공하는 확률 표집 형식을 사용해야 한다.
- **좋은 추정이 허용되는 것 :** 모집단의 모든 특성과 변동성은 표본에서 다시 찾아야 하므로 모집단 모수의 신뢰할 수 있는 추정치를 계산할 수 있다.
- **특정한 목적을 위해 충분히 좋은 것 :** 매우 드물거나 없는 것으로 생각되는 현상이 특정 빈도로 발생함을 보여주는 모든 표본이 해당된다.

이같이 '대표'라는 용어에는 다양한 의미가 있다. 하지만 이 책에서는 한 가지 방식으로만 사용된다. 즉, 표본의 상대 분포가 모집단의 상대 분포와 동일한 경우 표본을 그 변수에 대해 **대표 표본**이라고 한다. 예를 들어, 표본의 남성과 여성의 비율이 모집단의 남성과 여성의 비율과 같을 경우, 표본은 성별 변수에 대해 대표성이 있다.

표집(혹은 **표본추출**)은 모집단 전체에 대한 추론을 위하여 단위의 정보를 수집할 목적으로 모집단에서 일부 단위를 선택하는 것을 말한다. 표집에는 **비확률표집**과 **확률표집**의 두 가지 유형이 있다. 비확률표집은 주관적인 방법으로 모집단에서 표본 단위를 선택하는 것을 말한다. 이 방법은 빠르고, 쉽고 저렴한 표본 선택법을 제공하는 장점이 있다. 그러나 표본에서 모집단에 대한 추론을 하려면 표본이 모집단을 대표한다고 가정해야 하는데, 이는 비확률표본에서는 종종 위험한 가정이다. 또한 모집단 단위가 표본에 선택될 확률을 결정하는 것이 불가능하므로, 신뢰할 수 있는 추정치와 표집오차 추정치를 계산할 수 없다. **확률표집**은 확률화 원리 또는 기회의 원리에 기초하여 모집단에서 단위를 선택하는 것을 말한다. 확률표집은 비확률표집에 비하여 더 복잡하고, 시간이 오래 걸리며 대체로 비용이 더 많이 든다. 그러나 모집단의 단위가 랜덤하게 선정되고 각 단위의 포함확률을 계산할 수 있기에 표집오차 추정치와 함께 신뢰할 수 있는 추정치를 산출할 수 있는 장점이 있다.

2.1.4 비확률표집

비확률표집은 주관적 방법을 사용하여 모집단에서 단위를 선택하는 방법이다. 비확률표집에서는 완전한 조사프레임이 필요하지 않으므로 빠르고 쉽게 그리고 저렴하게 표본 단위를 선정할 수 있다. 비확률표집의 문제점은 표본의 결과를 모집단으로 일반화하는 것이 가능한지가 불분명하다는 점이다. 그 이유는 비확률표집으로 모집단에서 단위를 선택하면 선택편향이 발생할 수 있기 때문이다. 그럼에도 불구하고 비확률표집은 아이디어 생성 도구나 확률표본조사를 위한 예비 단계 혹은 확률표본조사의 후속 단계에 유용하게 사용될 수 있다. 비확률표집의 유형으로는 **편의표집, 우발적 표집, 유의 선정, 자원자 표집, 판단표집, 할당표집, 눈덩이 표집, 네트워크 표집** 등이 있다.

편의표집[131]은 접촉하기 쉬운 단위를 표본으로 선정하는 방법이다. 표본선택 기준은 표본을 얻는 용이성과 관련이 있는데, 잠재적 참가자를 쉽게 찾거나 모집할 수 있는 것이 주요 고려사항이다. 스포츠, 음악 행사 등에서 모집하는 이벤트 표집이나, 쇼핑몰 앞에서 고객에게 접근하여 참가자를 모집하는 쇼핑몰 표집, 거리에서 사람들을 조사에 참여시키는 거리 표집, 웹 방문자를 팝업창에서 모집하는 가상공간 표집, 친구, 동료, 지인 등을 모집하는 사회적 유대 표집 등도 모두 편의표집의 일종이다. 자원자 표본, 눈덩이 표집 등도 편의표집으로 볼 수 있다. 편의표집은 표본 모집이 용이한 장점이 있는 반면, 추론을 뒷받침하는 이론이 뚜렷하지 않은 단점이 있다.

우발적 표집[132]에서는 목적 없이 임의적인 방식으로 표본 단위가 선택되고 사전에 표집계획이 거의 없거나 필요하지 않다. 또한 모집단이 균질하다고 가정한다. 모집단 단위가 균질하면 임의의 단위를 표본으로 선택할 수 있다. 우발적 표집의 예는 거리의 행인 인터뷰를 들 수 있는데, 면접원은 거리에서 우연히 지나가는 사람을 아무나 인터뷰한다. 불행하게도, 모집단이 균질하지 않다면 우발적 선택은 면접원과 표본추출 시점에 지나가던 사람의 성향에 영향을 받는다.

유의선정[133]은 '대표 표본'을 찾으려는 연구자의 판단이나 아이디어를 따르는 표집 방법으로, 사전에 결정한 몇 가지 명시적 기준에 의해 표본을 선정하는 방법이다. 유의선정은 특정 대상 그룹에 대한 정보가 필요한 상황에서 매우 유용할 수 있다. 유의표집의 일반적인 형태는 전문가를 대상으로 하는 표집이다. 특정 분야에서 전문 지식을 갖춘 전문가들이 유의적으로 선택된다.

자원자 표집[134]에서 표본은 모두 자원자이다. 일반적으로 자원자는 조사목적에 적합한

---

131) 편의표집(convenience sampling)
132) 우발적 표집(haphazard sampling)
133) 유의선정(purposive selection)
134) 자원자 표집(volunteer sampling)

사람 중에서 선별되어야 한다. 예를 들어, 윤리적인 이유로 특정 건강 상태를 가진 사람에게 조사 참여가 요청될 수 있다. 이때 자원자 표본이 필요하다. 이 방법은 선택편향의 영향을 받지만 때때로 필요한 방법이다. 자원자 표집은 심리학이나 마케팅 연구에서 자주 사용되는 표집 기법이다. 그리고 대부분의 인터넷 조사는 자원자 표집을 사용한다. 자원자 표본이 되는 참가자는 종종 주제에 관심이 있거나 혹은 그들의 참여에 대해 받는 금전적 보상 등에 매료되어 조사에 참여한다.

판단표집[135]에서는 모집단 구성과 행동에 대한 기존 정보를 기반으로 표집이 이루어진다. 모집단에 대한 지식을 가진 전문가가 모집단의 어떤 단위를 선택해야 하는지 결정한다. 즉, 전문가는 대표적인 표본으로 판단되는 단위를 주관적으로 선택한다. 판단표집은 전문가의 견해에 영향을 받으며, 전문가가 가지고 있는 모든 선입견이 표본선정에 반영되기 때문에 이러한 선입견이 정확하지 않으면 큰 편향이 개입될 수 있다. 그러나 포커스 그룹 인터뷰 대상자를 선택하거나 질문지의 특정 문항을 테스트하기 위한 심층 인터뷰와 같은 탐색적 연구에서 유용할 수 있다.

할당표집[136]은 비확률표집의 일반적인 형태 중 하나이다. 모집단의 하위 영역에서 목표표본 크기를 지정하고, 각 영역에서 지정된 표본크기를 만족하도록 표본 단위를 선택하는 방법이다. 일반적인 할당표집 설계는 1차 표집 단위를 확률표집하고, 1차 표집 단위 내에서 면접원은 성별, 연령 및 사회 계층과 같은 통제 변수에 할당된 수의 사람을 인터뷰한다. 할당변수의 통제 목적은 모집단의 대표 표본을 생성하는 것이다. 할당표본을 기반으로 하는 모집단 추론은 표본으로 선택된 단위가 선택되지 않은 단위들과 유사하다는 가정을 전제로 한다. 그러나 이러한 가정은 대부분 타당하지 않다. 할당표집은 하위 영역으로 단위가 그룹화된다는 점에서 층화확률표집과 유사해 보인다. 그러나 영역 내에서 단위를 선정할 때 층화확률표집에서는 단위가 랜덤하게 선택되는 반면, 할당표집에서는 할당 수만큼만 단위가 편의적으로 선택된다.

눈덩이 표집[137]은 일반적으로 접근하기 어려운 모집단에서 표본 단위를 선정할 때 사용되는 방법이다. 연구자가 모집단에서 희귀 속성을 갖는 개인을 찾고자 하는데, 속성을 가진 개인 중 일부의 존재를 알고 있으며 연락할 수 있다고 가정하자. 한 가지 접근 방식은 해당 개인에게 연락하여 희귀 속성을 가진 다른 사람을 알고 있는지 묻고, 소개받은 사람에게 연락하는 것이다. 이런 식으로 계속 소개를 받아 해당 속성을 가진 사람들 표본이 언덕 아래로 굴러떨어지는 눈덩이처럼 커지기를 희망한다. 눈덩이 표집은 시각 장애인, 청각 장애인, 희귀병 환자 등과 같이 조직된 그룹에 속하지 않는 개인이나 음악가, 화가 또는

135) 판단표집(judgement sampling)
136) 할당표집(quota sampling)
137) 눈덩이 표집(snowball sampling)

시인과 같이 조사프레임에서 쉽게 식별되지 않는 소규모 또는 전문화된 개인의 모집단에 유용하다. 그러나 눈덩이 표집은 비확률표집 방법으로 일부 개인 또는 하위 그룹은 표집 기회가 없을 수 있다. 눈덩이 표집 기반의 추론에는 일반적으로는 충족되기 어려운 강력한 모형가정이 필요하다.

네트워크 표집[138]은 목표모집단이 매우 희소하여 원하는 표본수만큼 확률표집을 하기에는 너무 큰 비용이 들어가는 경우의 대안적 방법이다. 특히 조사대상이 사회적으로 연결된 하위 모집단일 때 유용하다. 초기에 소수의 적격한 표본단위를 식별하고, 충분한 신뢰를 구축한 후 첫 번째 응답자 네트워크를 통해 다른 적격한 단위에 연결한다. 원하는 표본 크기 달성될 때까지 순차적 연결한다. 확률표집과 비확률표집의 조합도 사용될 수 있다. 일반적으로 초기 단계는 확률표집을 기반으로 하고, 마지막 단계는 비확률표집, 보통 할당표집을 사용한다. 예를 들어 지리적 영역은 확률표집 설계를 사용하여 선정하고, 선정된 표본 영역에서는 개인을 할당표집할 수 있다.

2.1.5 확률표집

표본으로 모집단 추론을 가능하게 하려면 표본이 선택편향의 영향을 받지 말아야 하는데, **확률표집**에서는 모집단 단위를 랜덤하게 선택함으로써 선택편향을 피한다. 확률표집에는 두 가지 주요 기준이 있다. 첫째, 모집단의 모든 단위는 양수의 포함확률을 가져야 하고, 이러한 포함확률은 계산될 수 있어야 한다. 둘째, 표본 단위는 지정된 포함확률에 부합하도록 확률 메커니즘으로 선택되어야 한다. 확률표본을 추출하려면 모집단의 각 단위에 지정된 포함확률을 실제로 제공하는 선택 절차가 필요하다. 단위는 편향 없이 선택되어야 하는데, 사람은 그러한 표본을 직접 선택하기가 매우 어렵다. 의식적이든 무의식적이든 선호도가 영향을 미칠 수 있기 때문이다.

표본을 편향 없이 선택하는 한 가지 방법은 **난수표**를 사용하는 것이다. 난수의 첫 번째 테이블은 티펫[139]에 의해 출판되었다. 난수표에는 고른 분포를 보이는 숫자가 포함되어 있다. 표본을 선택하려면 난수표에서 **임의의 시작점**을 선택해야 한다. 그 시점부터 필요한 만큼의 숫자를 가져온다. 〈그림 2.2〉는 그러한 난수표의 일부를 보여준다.

---

138) 네트워크 표집(network sampling)

139) Tippet 1927.

06966	75356	46464	15180	23367	31416	36083	38160	44008	26146
62536	89638	84821	38178	50736	43399	83761	76306	73190	70916
65271	44898	09655	67118	28879	96698	82099	03184	76955	40133
07572	02571	94154	81909	58844	64524	32589	87196	02715	56356
30320	70670	75538	94204	57243	26340	15414	52496	01390	78802
94830	56343	45319	85736	71418	47124	11027	15995	68274	45056
17838	77075	43361	69690	40430	74734	66769	26999	58469	75469
82789	17393	52499	87798	09954	02758	41015	87161	52600	94263
64429	42371	14248	93327	86923	12453	46224	85187	66357	14125
76370	72909	63535	42073	26337	96565	38496	28701	52074	21346

그림 2.2 난수표 예제

1에서 550까지의 숫자에서 표본을 추출한다고 가정하자. 이를 위해 난수표에서 세 자리 숫자의 그룹을 가져온다. 이렇게 하면 세 자리 숫자가 생성된다. 값 000과 550 초과는 무시된다. 예를 들어, 〈그림 2.2〉의 난수표는 열 단위로 처리된다고 하면 다섯 자리의 각 열 중 처음 세 자리만 사용하면 된다. 그러면 다음과 같은 일련의 숫자가 생성된다.

069, 625, 652, 075, 303, 948, 178, 827, 644, 763, ...

1~550의 범위를 초과하는 (625, 652, 948, 827, 644, 763)를 제거하면 수열이 다음으로 줄어든다.

069, 075, 303, 178

이들이 표본으로 선택될 단위의 번호들이다.

모집단에서 규모가 큰 표본을 선정하는 경우 난수표를 이용한 표본 선택은 여전히 번거롭고 시간이 오래 걸린다. 컴퓨터가 표본을 뽑도록 하는 것은 좋지만, 컴퓨터는 결정론적 기계이므로 난수를 생성할 수 없음을 인식해야 한다. 탈출구는 **의사 난수**를 사용하는 것이다. 대부분의 컴퓨터 또는 컴퓨터 프로그래밍 언어에는 의사 난수를 생성하는 알고리즘이 있다. 이러한 알고리즘은 결정적인 숫자 수열을 생성한다. 의사 난수 생성기는 대부분 다음과 같은 알고리즘을 사용한다.

$$u_{k+1} = f(u_k)$$

의사 난수 u_{k+1}은 이전 숫자 u_k를 입력값으로 하여 함수 f의 값으로 계산된다. 의사 난수 알고리즘을 처음 사용하는 경우 **초기값** u_0를 지정해야 한다. 초기값 u_0는 첫 번째 난수 u_1을 계산하는 데 사용되고, u_1은 두 번째 값 u_2를 계산하는 데 사용된다. 따라서 동일한 초기값을 사용하면 동일한 수열의 난수가 생성된다.

확률표본설계에는 다양한 유형이 있다. 가장 기본적인 설계는 단순확률표집이며, 계통표집, 크기비례 확률표집, 클러스터 표집, 층화표집, 다단계표집, 다중표집 등이 있다. 표집방법은 주어진 상황에 맞게 선택한다. 조사목적이 단순히 모집단 전체의 추정치를 제공하는 것이고 층화가 부적절한 경우에는 단순확률표집이 유용하다. 조사비용이 많고 모집단이 클러스터로 그룹화되어 있는 경우라면 클러스터 표집이 선호된다. 만일 지역, 연령대 또는 사업체 규모와 같은 하위 영역의 추정이 필요한 경우 층화표집이 유용하다.

대부분의 표본설계는 표집효과를 높이기 위하여 조사프레임에 있는 보조정보를 사용한다. 조사프레임이 이전 센서스 또는 행정데이터에서 구축된 경우 표집에 사용할 수 있는 풍부한 보조정보가 있을 수 있다. 예를 들어, 가구조사의 경우 가구원 수, 가구원 연령, 가구원 성별 등을 표집에 이용할 수 있다. 사업체 조사에서는 사업체의 산업 분류, 규모 등을 표집에 활용할 수 있다. 보조정보를 이용하여 표집을 개선하기 위해서는 보조정보와 조사변수 사이에 상관관계가 있어야 한다.

확률표집의 주요 장점은 각 단위가 랜덤하게 선택되고 각 단위의 포함확률이 계산되기 때문에 신뢰할 수 있는 추정치와 추정치의 표집오차가 산출될 수 있다는 점이다. 따라서 모집단에 관한 추론을 할 수 있다. 확률표집설계를 사용하면 상대적으로 작은 표본으로 대규모 모집단에 관한 추론을 유도할 수 있다. 반면, 확률표집의 주요 단점은 비확률표집보다 더 어렵고, 시간이 오래 걸리며 비용이 더 많이 든다는 점이다. 확률표본은 비확률표본보다 모집단 전체에 걸쳐 지리적으로 더 분산되는 경향이 있으므로 일반적으로 표본 크기는 더 크고, 데이터 수집 비용은 더 들며 표본 관리는 더 어렵다. 그러나 국가기관의 경우 확률표본에서 추론을 수행하여 얻는 이점이 이러한 단점보다 훨씬 더 크다.

단순확률표집은 크기가 같은 모든 가능한 표본은 동일한 선택확률을 갖는 표본선정 방법이다. 결과적으로 표본의 각 단위는 동일한 포함확률을 갖는다. 단순확률표집은 가장 기본적인 표집 방법으로, 표본선정을 위한 보조 정보는 필요하지 않다. 반면, 조사프레임에 보조정보가 있더라도 이 정보를 표본선정에 사용하지 않으므로 추정치가 통계적으로 덜 효율적일 수 있다. 그리고 대면조사의 경우 표본이 지리적으로 널리 퍼질 수 있어 조사비용이 더 많이 들 수 있다.

계통표집에서는 정렬된 모집단에서 일정한 간격으로 단위가 선택된다. 이때 필요한 것은 **표집간격**과 **랜덤시작**이다. 계통표집은 조사프레임을 사용할 수 없을 때 단순확률표집의 대안

방법으로 사용될 수 있다. 단순확률표집과 마찬가지로 조사프레임의 보조정보는 필요하지 않으며, 단순확률표집보다 더 잘 퍼진 표본이 선정될 수 있다. 또한 계통표집은 하나의 난수만 필요하므로 표본추출이 매우 간단하다. 반면, 표집 간격이 모집단의 일부 주기성과 일치하는 경우 나쁜 표본이 선정될 수 있다. 그리고 개념적인 프레임이 사용되는 경우 최종 표본 크기를 미리 알 수 없다. 또한, 표집에 하나의 난수만 사용되므로 표집분산의 비편향 추정량을 구할 수 없는 단점이 있다.

확률비례표집에서는 단위의 크기에 비례하는 확률로 단위가 선택된다. 단위의 크기가 다르면 각 단위의 포함확률은 서로 달라진다. 크기 측도가 정확하고 관심 변수가 단위의 크기와 상관이 있는 경우 확률비례표집은 추정의 정밀도를 크게 높일 수 있다. 사업체 조사의 경우 종종 확률비례표집을 사용하며, 여기에서 크기 측도는 사업체 규모이다. 확률비례표집의 주요 장점은 보조정보를 사용하여 통계적 효율성을 향상시킬 수 있는 점이다. 단순확률표집이나 층화표집과 비교하여 표집분산을 감소시킬 수 있다. 확률비례표집을 사용하려면 모든 단위의 크기 측도가 포함된 양질의 조사프레임이 필요하다. 만일 크기 측도가 부정확하거나 안정적이지 않으면 이 방법은 부적절하다.

클러스터 표집은 프레임에서 모집단 단위의 그룹인 클러스터를 랜덤하게 선택하는 방법이다. 클러스터 표집은 2단계로 이루어진다. 첫째, 모집단 단위를 클러스터로 그룹화한다. 둘째, 클러스터 표본을 선정하고, 선정된 클러스터 내의 모든 단위를 조사한다. 일반적으로 클러스터 표집은 단순확률표집보다 덜 효율적인 방법이지만 몇 가지 이유로 사용된다. 첫째, 모집단 단위가 분산되어 있고 면접조사가 수행되는 경우 클러스터를 표집하면 단순확률표본보다 덜 흩어지므로 데이터 수집 비용을 크게 줄일 수 있다. 둘째, 모집단에서 개별 단위보다는 클러스터를 표집하는 것이 더 실용적인 경우가 있다. 예를 들어 가구조사에서 개인을 직접 표집하는 것보다 가구를 표집하는 것이 더 실용적이다. 그리고 클러스터 자체에 대한 추정치를 생산할 수 있다.

자연적인 클러스터 모집단이나 개념적 클러스터 모집단에 적용하기 쉽고, 클러스터 기준의 추정치를 생산할 수 있는 점 또한 클러스터 표집의 장점이다. 만일 클러스터 내의 단위들이 이질적이면 단순확률표집보다 통계적으로 더 효율적일 수 있다. 반면, 클러스터 내의 단위가 동질적이면 단순확률표집보다 통계적으로 덜 효율적일 수 있다. 그리고 일반적으로 최종 표본 크기가 표본선정 전에 정해지지 않는다는 단점이 있다.

층화표집은 모집단을 층이라고 하는 동질적이면서 상호 배타적인 그룹으로 분할한 후, 각 층에서 표본을 독립적으로 선정하는 방법이다. 층화를 하는 주요 이유는 첫째, 단순확률표집이나 계통표집보다 더 효율적인 표집전략을 만드는 것이다. 둘째, 분석이 수행되어야 하는 특정 영역에 대한 적절한 표본크기를 사전에 보장하는 것이다. 셋째, '나쁜' 표본이 뽑히는 것을 방지하는 것이다. 층화표집을 구현하기 위해서는 조사프레임의 모든 단위는 층화에 사용될 수 있는 고품질의 보조정보를 가지고 있어야 한다. 층화변수와 상관성이 없는 조사변수에 대해서는 단순확률표집보다 통계적으로 덜 효율적인 표집전략이 될 수 있다.

다단계표집은 둘 이상의 연속 단계에서 표본을 선정하는 표집법이다. 첫 번째 단계에서 선택되는 단위를 **기본표집단위**라고 하고, 두 번째 단계에서 선택되는 단위를 **2차 표집단위**라고 한다. 2단계 표집에서 2차 표집단위는 보통 모집단의 개별 단위이다. 다단계표집은 일반적으로 일단계 표집의 비효율성을 극복하기 위하여 영역 프레임과 함께 사용된다. 조사변수와 관련하여 클러스터가 동질적일 때 다단계표집은 일단계 클러스터 표집보다 통계적으로 더 효율적인 표집전략이 될 수 있다. 그리고 개인 면접의 경우 면접원의 이동 시간과 비용을 크게 줄일 수 있다. 또한 전체 모집단에 대한 리스트 프레임이 필요하지 않다. 필요한 것은 표본선정의 각 단계에서 사용할 수 있는 양질의 단계별 프레임이다. 다단계표집의 단점은 일반적으로 단순확률표집보다 통계적으로 덜 효율적이라는 점이다. 그리고 추정치와 표집분산을 계산하는 방식이 좀 더 복잡할 수 있다.

2.1.6 반복조사 설계

반복조사는 일정 기간의 모집단 관심 특성의 경향이나 변화를 계속하여 연구하는 것이다. 반복조사의 표본설계에서는 시간이 지남에 따라 표집전략의 통계적 효율성이 저하될 가능성을 고려해야 한다. 예를 들어, 층화변수를 선택할 때 단기적으로는 더 효율적이지만 시간이 지남에 따라 변화가 많은 변수는 피하는 것이 좋다. 대신 시간 흐름에 안정적인 변수를 층화변수로 선택하는 것이 반복조사에서는 더 안정적이다. 반복조사에서는 일반적으로 향후 설계에 유용한 정보를 많이 알아낼 수 있는 장점이 있다. 통계적 효율성을 높이는 데 필요한 층화변수 및 층 경계의 적절성, 표본배정 방법 등의 다양한 표본설계 요인을 반복조사에서는 시간이 지남에 따라 연구할 수 있다. 일회성 조사에서는 효율적인 설계에 필요한 정보가 제한적인 경우가 많다. 반복조사의 유형 중 **패널조사**는 여러 시점에 걸쳐 동일한 표본 단위에서 데이터를 수집한다. 이러한 조사는 일반적으로 유사한 크기의 일련의 독립 표본조사를 수행하는 것보다 더 정확하게 주어진 모집단의 특성 변화를 측정한다. 조사를 반복해야 하는 경우 일련의 독립 표본조사보다는 패널조사를 수행하는 것이 좋다.

반복조사의 장점은 다음과 같다. 반복조사는 변화 추정치에 대한 표집분산을 줄일 수 있다. 예를 들어, 두 달의 실업자 수의 차이를 추정하려 할 때 반복조사의 차이 추정치의 분산이 독립 표본조사의 차이 추정치의 분산보다 더 작다. 그리고 반복조사에서는 시간 경과에 따른 응답자의 행동에 대한 정보를 얻는 데 사용할 수 있고, 응답자가 질문지를 더 잘 이해하게 되므로 응답오차를 줄일 수 있다. 또한, 조사 개발, 컴퓨터 시스템 프로그래밍, 직원 교육 등이 장기간에 걸쳐 수행되므로 이러한 비용을 절감할 수 있다.

여러 번의 독립 표본조사 대신 패널조사를 사용하는 경우의 몇 가지 단점은 다음과 같다. 추정, 무응답 처리 등이 더 복잡하고, 조사 예산은 패널의 수명 동안 보장되어야 한다. 모집단에서 시간이 지남에 따라 새로운 단위의 추가 및 기존 단위의 탈락이 계속 발생하므로 표본의 대표성을 지속적으로 유지하기가 더 어렵다. 그리고 응답오차는 오히려 증가할 수 있다. 예를 들어 질문지에 대한 사전 지식이 있는 응답자 중 일부는 인터뷰 속도를 높이려다 질문에 잘못 답변할 수도 있다. 시간이 지남에 따라 **패널마모**가 발생하고, 모집단 단위의 구성이 변할 수도 있다. 예를 들어 시간이 지나면서 가구 구성원의 조합이 변한다. 만일 초기에 선정된 표본이 불량 표본인 경우, 패널조사에서는 계속 사용해야 하는 불리함이 있다.

2.2 질문지 설계

2.2.1 개요

조사에서 조사목적을 달성하기 위해서는 조사목적에 부합하는 연구 문제를 만들고, 연구 문제는 조사에서 측정할 수 있는 조사변수로 변환되어야 한다. 그리고 조사변수 값을 응답받기 위한 질문을 만들어야 한다. **질문지**는 응답자로부터 조사목적에 맞는 정보를 얻기 위해 설계된 질문들을 모아놓은 것을 말한다. 조사에서 질문지는 정보를 얻기 위한 **측정 도구**이다. 그러나 완벽한 도구는 아니다. 사람의 체중은 체중계로 측정하는데, 이러한 물리적 측정 장치는 일반적으로 매우 정확하다. 그러나 질문지는 상황이 다르다. 응답자의 행동이나 태도를 간접적으로 측정할 뿐이다. 질문지는 데이터 수집 과정에서 중심적인 역할을 하고, 수집된 데이터에 영향을 미치며 결과적으로 데이터 품질에도 큰 영향을 미친다.

질문은 사실적 질문과 비사실적 질문으로 구별될 수 있다[140]. **사실적 질문**은 사실과 행동에 관한 질문이고, **비사실적 질문**은 응답자의 태도와 의견에 관한 질문이다. 사실적 질문에는 항상 응답자가 답을 가지고 있다. 예를 들어,

Q. "당신의 급여는 얼마입니까?",
Q. "주택을 소유하고 있습니까, 아니면 임대하고 있습니까?"

140) Kalton and Schuman 1982.

사실적 질문에 대한 참값은 적어도 이상적으로는 응답자에게 질문하는 것 이외의 다른 수단에 의해서도 알아낼 수도 있다. 비사실적 질문은 응답자의 태도와 의견을 묻는다. 예를 들어

Q. "당신은 다음 선거에서 어느 후보를 지지합니까?"

이러한 비사실적 질문에 대한 참값은 없다. 대답은 응답자의 마음속에 존재하며 다른 수단에 의해서 측정되지 않는다.

응답자로부터 질문에 응답받는 과정은 다음과 같이 나누어 볼 수 있다[141]. 먼저, 응답자가 질문을 잘 이해해야 한다. 그리고 질문에 답할 정보를 결정한다. 다음으로, 과거의 일을 기억하거나, 그 자리에서 적절한 의견을 구상한다. 그런 다음 적합한 형식으로 질문에 대한 답을 제공한다. 응답자는 응답을 주저하거나 응답을 거부할 수 있다. 민감한 주제에는 답변을 거부할 수 있으며, 사회적으로 바람직하도록 답변을 변경할 수 있다. 이러한 모든 사실이 질문지를 측정 도구로 하여 정보를 얻는 과정을 복잡하게 만든다.

질문은 조사목적에 부합해야 하고, 답변은 데이터 분석에 유용한 정보를 제공해야 한다. 질문은 응답자가 쉽게 이해하고 정확하게 답변할 수 있도록 설계되어야 한다. 이를 위해서 질문지를 신중하게 설계하고 검토할 필요가 있다. 질문지를 완성하기 전에 사전 테스트, 포커스 그룹 인터뷰 등을 거치는 것이 좋다. 때때로 질문지 설계는 기술이 아니라 예술이라고 한다. 질문지 설계에 대한 오랜 경험으로 여러 가지 유용한 규칙이 만들어졌다.

2.2.2 질문지 설계

질문지 설계는 대체로 데이터 이용자와 컨설팅, 유사 질문지 검토, 질문지 초안 작성, 질문지 테스트 및 수정, 그리고 질문지 완성의 절차를 거친다. 먼저 조사기획 단계에서 데이터 이용자와 협의한다. 데이터가 어떻게 사용되는지 명확하게 이해하면 이용자의 요구를 충족하는 질문지 개발에 도움이 된다. 다른 조사는 유용한 정보 출처이다. 이전 조사나 유사한 다른 조사에서 사용한 질문지를 검토하면 질문지 초안 작성에 도움을 얻을 수 있다. 질문지 초안을 작성할 때 조사목적과 함께 고려해야 할 요소는 다음과 같다.

- **데이터 수집 방법** : 질문지의 길이와 질문 양식은 데이터 수집 방법에 따라 달라질 수 있다. 예를 들면, 자기기입 조사의 질문지는 면접원 지원 방법보다 더 간단해야 하고, 관련 정보가 질문지에 포함되어야 한다. 면접원 지원조사의 질문지는 전화조사보다 더 많은 응답 범주를 사용할 수 있다.

141) Schwarz et al. 2008.

- **응답자 특성 :** 질문 작성에는 응답자의 특성이 고려되어야 한다. 질문에 사용된 용어나 언어의 복잡성이 응답에 영향을 미칠 수 있다. 일반인을 대상으로 하는 조사의 질문은 모든 응답자가 쉽게 이해할 수 있어야 한다.
- **응답 부담 :** 응답자의 심적 부담, 응답에 필요한 시간과 노력 등이 고려되어야 한다. 질문의 수는 최소한으로 하고, 각 질문은 질문지에 포함된 이유가 있어야 한다.
- **주제의 복잡성 :** 복잡한 주제를 다루는 질문에는 주의 깊은 질문 표현이 필요하다. 면접관이 질문을 설명하고 응답자가 질문에 정확하게 답변하는 데 도움이 된다.
- **일관성 :** 질문에서 사용되는 용어나 문구는 연구자가 의도한 것과 응답자가 알고 있는 것이 같아야 한다.
- **정보의 기밀성 :** 응답자 정보의 기밀성은 질문이 작성되는 방식에 직접적인 영향을 미칠 수 있다. 질문지에는 응답 데이터의 기밀성을 보호하는 방법에 대한 안내 문구가 포함되어야 한다.

본격적으로 데이터를 수집하기 전에 응답자에 대한 사전 테스트를 하는 것이 중요하다. 문제가 있을 수 있는 특정 집단에 대한 특정 질문을 사전에 테스트하는 것도 중요할 수 있다. 질문에 답하는 것은 복잡한 과정이며, 그 과정에서 다양한 오류가 발생할 수 있다. 그러므로 사전 테스트를 통해 질문의 어려움과 오류를 찾아낸다. 그리고 질문지 사전 테스트를 바탕으로 질문지 초안을 수정한다. 질문지 사전 테스트는 소규모 비확률표본을 기반으로 하며, 비공식 테스트, 인지 방법 테스트, 포커스 그룹 인터뷰 등의 방법을 활용할 수 있다. 질문지 설계는 반복적인 과정으로 질문지 개발 및 테스트 전반에 걸쳐 지속적인 변경이 이루어진 후에 최종 질문지가 완성된다.

2.2.3 질문 유형

질문의 유형에는 **개방형**과 **폐쇄형**의 두 가지 유형이 있다. **개방형 질문**은 응답자가 자신의 의견이나 수치를 자유롭게 응답하게 하는 질문으로, 응답 범주가 응답자에게 제공되지 않는다. 다음은 그 예이다.

> Q. "현재 우리나라가 직면한 가장 중요한 문제는 무엇입니까?"
> A. ____

반면 **폐쇄형 질문**은 응답 범주가 나열되는 질문이다. 응답자는 응답 범주 중에서 답변을 선택한다. 예를 들어보자.

> **Q.** 다음 중 현재 우리나라가 직면한 가장 중요한 문제는 무엇입니까?
>
> **A.** ☐ 실업률　　　　　☐ 경제/경기 침체
> ☐ 국가 부채　　　　☐ 세금
> ☐ 범죄/폭력　　　　☐ 환경
> ☐ 기타

개방형 질문에서 응답자는 폐쇄형 질문에서 제공되는 응답 범주의 영향을 받지 않고 답변할 수 있다. 그러나 이렇게 하면 질문을 다른 방식으로 해석할 수 있기 때문에 개방형 질문은 일반적으로 질문의 범위를 확장하는 경향이 있다. 반면 폐쇄형 질문에서 응답 범주는 질문이 어떻게 해석되어야 하는지에 대한 단서를 응답자에게 제공한다.

개방형 질문의 장점은 응답자에게 자기표현이나 설명의 기회를 제공한다는 것이다. 이것은 잘 이해되지 않거나 매우 광범위한 문제를 조사할 때 유용하다. 따라서 질문 개발 및 테스트에 개방형 질문이 자주 사용된다. 개방형 질문의 또 다른 장점은 응답자의 정확한 나이와 같은 정확한 수치 데이터를 얻는 데 사용할 수 있다는 것이다. 기업조사에서는 수익과 비용에 대한 정확한 금액을 요구하는 경우가 많다. 특정 유형의 데이터 분석에는 정확한 수치 데이터가 필요하기 때문이다.

개방형 질문의 다른 용도는 폐쇄형 질문에 대한 후속 조치로 사용되는 것이다. 예를 들어 폐쇄형으로 다음과 같은 질문을 할 수 있다.

> **Q.** "고객에 대한 서비스를 개선하기 위한 제안 사항이 있습니까?"
>
> **A.** ☐ 있다.　　　　☐ 없다.

응답자가 '있다'라고 대답하면 후속적인 개방형 질문을 할 수 있다.

> **Q.** "그렇다면 제안 사항은 무엇입니까?"
>
> **A.** ________________________________

자유롭게 응답하는 개방형 질문에는 단점이 있다. 응답 범주의 도움 없이 질문 의도를 파악하고 답변해야 하므로 응답 부담이 생긴다는 점이다. 자기기입식의 경우 답변을 기록하는 데 시간이 오래 걸린다. 응답자의 답변을 수집 후 데이터 처리 및 분석을 용이하게 하기 위해 모든 응답을 분류하고 숫자 코드를 할당하는 후속 작업이 수반된다. 일반적으로 개방형 질문은 폐쇄형 질문보다 비용과 시간이 많이 필요하며 데이터 처리 과정에서 오류가 발생하기 쉽다. 수치 응답인 개방형 질문은 폐쇄형 질문보다 답변하기가 더 어렵고, 데이터 캡처 중에 오류가 발생하기 쉽다.

폐쇄형 질문은 질적 변수를 측정하는 데 주로 사용된다. 가능한 응답 범주가 변수의 수준이 된다. 응답자는 목록에서 하나를 선택하면 된다. 물론 이렇게 하려면 목록에 가능한 모든 답변이 포함되어야 한다. 폐쇄형 질문에는 많은 장점이 있다. 가장 중요한 것은 응답자에게 부담이 적고, 데이터 수집 및 캡처가 더 저렴하고 쉽다는 점이다. 응답자가 자신의 말로 진술하기보다 단순히 적절한 응답 범주를 선택하기 때문에 응답이 더 빠르고 쉽다. 응답 범주가 질문의 초점을 나타내기 때문에 응답자는 의도한 대로 질문에 대답할 가능성이 더 높다. 답변이 더 일관되고 이미 그룹화되어 있기 때문에 폐쇄형 질문을 사용하여 수집된 데이터를 분석하기가 더 쉽다. 또한, 질문이 여러 조사에 사용되는 경우 동일한 응답 범주를 사용하면 조사 간의 비교가 쉽다.

폐쇄형 질문에는 몇 가지 단점이 있다. 질문지를 개발할 때 응답 범주를 구성하는 노력이 필요하다. 응답 범주는 상호 배타적이고 포괄적이어야 한다. 응답 범주가 명확하지 않으면 응답자는 개방형 질문보다 더 많은 문제에 직면할 수 있다. 폐쇄형 질문에는 응답 범주가 나열되어 있으므로 응답자는 본인의 생각과 무관하게 응답 범주 중 하나를 선택해야 하는 의무감을 느낄 수 있다. 의견을 묻는 질문인 경우 자신의 의견과 일치하지 않는 범주를 선택해야 하거나, 해당 의견이 없어도 의견을 표현하도록 강요할 수 있다. 다른 잠재적인 문제는 응답 범주가 응답자의 가능한 답변을 제한하여 문제를 지나치게 단순화할 수 있다는 점이다.

폐쇄형 질문에는 여러 종류가 있다. 가장 자주 사용되는 질문은 이항선택형 질문, 다항선택형 질문, 체크리스트 질문 그리고 순위 및 상대 평가 질문 등이다.

이항선택형 질문은 폐쇄형 질문의 가장 간단한 형태로 응답 범주가 2개인 질문이다. 응답자를 두 개의 그룹으로 나누는 데 사용되며, 종종 '예/아니오' 질문으로 표현된다. 이항선택형 질문은 응답자가 자신과 무관한 일련의 질문은 피하도록 하는 **선별 질문**으로도 사용된다. 질문지에서는 **건너뛰기 패턴**이라고 한다. 다음이 바로 그 예이다.

> **Q.** "어제 담배를 피웠습니까?"
> **A.** □ 예 □ 아니오 ------------- 21번 질문으로 이동

다항선택형 질문은 응답자에게 다항범주 리스트에서 하나를 고르게 하는 질문이고, **체크리스트 질문**은 범주 리스트에서 하나 이상의 응답을 고르게 하는 질문이다. 어떤 질문은 응답자에게 다항선택형 질문인지 체크리스트 질문인지 명확하지 않을 수 있다. 따라서 안내가 포함되어야 한다. '기타' 범주는 일반적으로 범주 목록을 포괄적으로 하기 위하여 제공된다. 다음 질문은 다항선택형의 예이다.

> **Q.** "살고 있는 주택은 어떤 유형입니까? (하나만 선택)"
> **A.** □ 아파트 □ 연립주택 □ 단독주택 □ 기타

다음 질문은 체크리스트 선택형의 예이다.

> **Q.** "휴가 기간 동안 어떤 유형의 숙박 시설에 머물렀습니까? (숙박한 시설 모두 선택)"
> **A.** □ 호텔 □ 모텔 □ 캠핑 □ 친구나 친척 집 □ 기타

다항선택형 질문과 체크리스트 질문에서 응답 범주의 리스트는 상호 배타적이고 포괄적이어야 한다. 다음의 예를 보자.

> **Q.** "나이가 몇 살입니까?"
> **A.** □ 20-30 □ 30-40 □ 40-50 □ 50 이상

이 예제의 범주는 상호 배타적이지 않고 일부가 겹친다. 그리고 19세 이하의 응답자는 응답 범주가 없으므로 리스트가 포괄적이지 않다. 개선된 응답 범주의 구성은 다음과 같다.

> **Q.** "나이가 몇 살입니까?"
> **A.** □ 20 미만 □ 20-29 □ 30-39 □ 40-49 □ 50 이상

폐쇄형 질문의 또 다른 유형은 응답자가 응답 범주를 정렬하도록 요청받는 **순위질문**이다. 예를 들어,

> **Q.** "다음은 일자리를 찾는 방법의 리스트입니다. 효과적이라고 생각하는 방법의 순서대로 순위를 매기십시오(가장 효과적 1, 두 번째로 효과적 2 등)."
>
> **A.** ____ 이력서 제출 ____ 신문 또는 인터넷 광고
> ____ 정부 고용센터 ____ 기타(적어 주세요)
> ____

응답자들은 순위가 매겨질 범주가 서로 매우 다르거나, 전화로 인터뷰를 진행하는 경우 범주에 순위를 매기는 것이 부담스러운 경우가 많다. 순위질문의 다른 문제점은 순위 간격의 크기를 알 수 없으며 같을 가능성이 없다는 것이다. 1과 2 사이의 간격은 2와 3 사이의 간격과 동등하게 해석될 수 없다. 또한 응답자가 리스트의 모든 선택 항목의 순위를 매기지 못할 수도 있다. 응답자가 몇 개(예: 세 개 이하)만 순위를 매기리라고 예상하는 것이 합리적이다.

평가질문에서 응답자는 자신의 답변을 평가하도록 요청받는다. 예를 들어,

> **Q.** "고객 서비스에 얼마나 만족하십니까?"
>
> **A.** □ 매우 만족 □ 만족 □ 불만족 □ 매우 불만족

평가 질문을 구성할 때 고려사항이 있다. 첫째, 등급 척도에는 몇 개의 범주가 있어야 하는가? 범주의 수는 단지 두 개일 수도 있고, 또는 5개 범주일 수도 있다. 둘째, 등급 척도에 중립 범주 포함 여부 문제가 있다. 예를 들어, 만족하지도 불만족하지도 않을 경우 중립 범주가 없으면 응답자는 어느 하나를 선택해야 한다. 반면에 중립 범주가 제공되면 응답자는 그것을 선택하는 경향이 있다. 셋째, 평가 질문을 만들 때 '모름/의견 없음' 또는 '해당 없음'과 같은 범주를 포함할지 여부이다.

2.2.4 질문 표현

질문은 응답자가 분명하고 이해하기 쉽게 구성한다. 질문 표현이 다음 같은 경우 조사 응답자는 부정확한 데이터를 제공할 수 있다.

- 응답자가 질문 단어의 의미를 이해하지 못하는 경우
- 응답자가 질문지 설계자의 의도와 다르게 단어를 해석하는 경우
- 질문에 있는 개념에 익숙하지 않은 경우

응답자가 질문에 사용된 단어의 의미를 쉽게 이해할 수 있다면 응답하기가 훨씬 수월하다. 그리고 응답자가 질문을 명확하게 이해한다면 더 기꺼이 정보를 제공할 수 있다. 따라서 질문지를 설계자의 의도대로 응답자가 질문을 이해할 수 있게 만드는 것이 매우 중요하다. 질문 문항 표현으로 인한 문제를 방지하고 명백한 실수를 피하는 데 도움이 될 수 있는 몇 가지 경험 법칙이 있다.

1) 단순하게 표현하기

응답자와 분명하게 의사소통하는 좋은 방법은 단순하고 일상적인 단어를 사용하여 용어가 응답자에게 친숙하도록 하는 것이다. 다음 질문은 단순하고 일상적인 언어를 사용하지 않는 예이다.

Q. "폐렴구균 예방접종을 받은 적이 있습니까?"

폐렴구균이라는 의학 용어를 정확히 모르는 사람들은 이 질문에 답하기를 머뭇거릴 것이다. 결과적으로 많은 사람이 정확한 답변을 제공하지 못할 것이다. 더 나은 표현은 다음과 같다.

Q. "독감 예방접종을 받은 적이 있습니까?"

질문 문항은 가능한 한 짧아야 한다. 질문 문항이 길면 응답자는 일부를 생략하여 질문의 의미를 변경할 수 있다. 또한, 긴 문항은 응답자의 피로를 유발하여 응답 동기를 감소시킬 수 있다.

2) 응답자에게 익숙한 표현 사용하기

질문은 응답자에게 익숙한 단어나 문구를 사용한다. 특히 질문지 설계자는 익숙하지만, 응답자는 익숙하지 않은 표현 사용을 주의해야 한다. 예를 들어 식료품 가격 인상 속도에 관심이 있다.

Q. "식료품 가격이 작년보다 빠른 속도로 오르고 있다고 생각합니까?"

이 질문은 가격 상승 속도를 묻고 있지만, 응답자는 가격이 올랐는지를 묻는 것으로 해석하기 쉽다.

3) 구체적인 표현 사용하기

질문은 응답자가 질문에 필요한 것을 정확히 이해할 수 있도록 가능한 한 구체적이어야 한다. 질문에는 누가, 언제, 어디서, 무엇을, 왜, 어떻게 등을 명시적으로 지정한다. 언뜻 보기에 다음 질문은 간단해 보일 수 있다.

> Q. "당신의 소득은 얼마입니까?"

그러나 곰곰이 생각해 보면 이 질문에 대답하기가 쉽지 않다. 첫째, 소득의 주체가 분명하지 않다. 응답자 개인 소득인지 혹은 응답자의 가구 소득인지 등을 분명히 해야 한다. 둘째, 요청된 소득의 기간이 분명하지 않다. 월 소득이지, 연 소득인지, 혹은 지정 기간의 소득인지를 명시한다. 셋째, 소득의 범위는 불분명하다. 소득공제 전 소득인지, 혹은 공제 후 수령액인지를 분명히 한다. 다음이 좀 더 분명한 질문이다.

> Q. "공제 전 모든 출처에서 받은 작년 가구의 총소득은 얼마입니까?"
> Q. "작년 귀하의 공제 전 총가구 소득은 얼마입니까? 급여 및 기타 모든 출처에서 받은 소득을 포함하십시오."

질문 문항을 응답자가 다르게 해석할 수 있는 경우, 그들의 답변을 비교하는 것은 무의미하다. 소득에 대한 질문에서 공제 전인지 혹은 공제 후인지에 따라 금액이 달라지므로 이에 대한 언급이 없으면 응답자는 자의적으로 선택할 것이다. 시간이나 빈도에 관하여 부정확한 단어는 피하는 것이 좋다. 예를 들어

> Q. "최근에 영화관에 간 적이 있습니까?"

이 질문에서 최근은 응답자에 따라 지난주를 의미할 수도 있고, 지난달을 의미할 수도 있다. 이 질문은 기간을 특정하여 개선할 수 있다.

> Q. "지난주에 영화관에 간 적이 있습니까?"

그러나 이 문항도 약간의 혼란은 있다. '지난주'는 지난 7일을 의미할 수도 있고, 지난 월요일 이후의 기간을 의미할 수도 있기 때문이다.

약어는 기술, 과학, 법률, 기업 등 전문적 저술에서 흔히 볼 수 있다. 질문에서는 불필요하고 생소할 수 있는 약어는 피하는 것이 좋으며, 약어를 사용할 때에는 응답자가 익숙한 문맥에서 사용하는 것이 좋다. 사용되는 약어는 항상 먼저 설명되어야 한다.

4) 적용 가능한 질문하기

조사에서는 응답자의 부담을 최소화하는 것이 매우 중요하다. 이를 위해 응답자와 자신과 관련된 질문만 받도록 질문을 설계한다. 이는 응답자가 참여하는 인터뷰 시간을 줄이고 조사비용을 낮춘다. 다음 질문을 보자.

Q. "현재의 직업은 무엇입니까?"

이 질문은 고용된 사람들에게만 적용되는 질문이다. 고용되지 않은 사람에게 이 질문을 던지면 응답자의 응답 의욕이 떨어질 수 있다. 따라서 응답자가 고용되어 있는지를 묻는 선별 질문을 선행하고, 고용되었다고 응답한 사람에게만 질문한다. 또한, 질문지 설계자는 응답자가 질문에 답할 수 있는 여건이 되는지, 혹은 충분한 지식이 있는지 고려해야 한다. 그렇지 않으면 응답하지 않거나 잘못된 답변을 할 수 있다.

5) 회상 질문 피하기

과거에 발생한 사건을 회상해야 하는 질문은 응답오차의 원인이 된다. 그 이유는 사람들이 **기억오차**를 범하기 때문이다. 예를 들어

Q. "지난 1년 동안 병원에 몇 번이나 방문했습니까?"

간단한 질문이지만 분명하게 대답하기 어렵다. 회상 질문은 기억으로 인한 어려움을 겪을 수 있다. 이것은 응답자들이 사건이 실제로 발생한 것보다 더 일찍 또는 늦게 발생한 것으로 보고하는 경우에 발생한다. 기억은 여러 사건을 과소평가하는 것보다 과대평가하는 경우가 더 많다고 한다.

6) 유도 질문 피하기

유도 질문은 중립적인 방식으로 묻지 않고 응답자를 특정 답변 방향으로 이끌 수 있는 질문이다. 예를 들어,

Q. "대부분 의사는 담배가 폐암을 일으킨다고 합니다. 동의하십니까?"

대부분 의사가 하는 말에 동의하지 않는 것은 사회적으로 바람직하지 않음을 시사한다. 암묵적으로 동의를 유도하는 질문이다. 응답자가 아직 결정하지 못한 사안이나 주제에 관한 의견을 물을 때 질문지 설계자는 때때로 추가 정보를 제공할 수 있다. 이러한 정보는 객관적이고 중립적이어야 하며, 특정 방향으로 응답자를 유도하는 영향을 주면 안 된다.

7) 민감한 질문 피하기

민감한 질문은 가능한 피해야 한다. 민감한 질문에 대해 응답자는 부정확한 답변을 제공하거나 답변 제공을 거부할 수 있다. 응답자는 사회적으로 바람직하지 않은 답변은 피하는 경향이 있다. 대신 사회적으로 더 수용 가능한 응답을 제공할 수 있다. 민감한 주제에 대해 응답 가능성을 높이고 보다 정직한 응답을 촉진하는 방식으로 질문할 수 있다. 동일 주제에 관하여 덜 민감한 일련의 질문에 민감한 질문을 포함하면 민감도가 떨어진다. 정확한 값의 응답을 민감하게 받아들이는 경우, 값의 범위를 지정하면 민감도가 낮아진다.

8) 이중 질문 피하기

하나의 질문에서 두 가지를 묻는 것을 **이중 질문**이라고 한다. 이러한 질문은 일반적으로 하나 이상의 내용을 다룬다. 예를 들어

Q. "내년에도 차를 집에 두고 버스를 타고 출근할 계획입니까?"

이 질문은 단순한 '예' 또는 '아니오'로 대답하기에 적합하지 않을 수 있기에 일부 응답자는 답변을 머뭇거릴 것이다. 이 질문은 실제로 두 가지 질문을 던진다. 내년에 차를 집에 두고 갈 계획이 있습니까? 그리고 내년에 버스를 타고 출근할 계획입니까? 가장 좋은 해결책은 질문을 두 질문으로 나누는 것이다. 하지만 '그리고', '혹은'이 포함된 모든 질문이 반드시 이중 질문을 사용하는 것은 아니다. 예를 들어,

> **Q.** "처음 배웠고, 아직도 사용하는 언어는 무엇입니까?"

이 질문은 응답자가 사용하는 언어 중에서 가장 먼저 배운 언어를 묻는 것이다. 필요한 대답은 질문의 두 조건을 모두 충족하는 언어이다.

9) 이중 부정 피하기

이중 부정 질문은 이해가 더 어려우므로 가능하면 피하는 것이 좋다. 예를 들어,

> **Q.** "흡연 금지에 반대하십니까?"

와 같은 질문은 이중 부정 질문이다. 응답자는 혼란스러울 수 있다. 이 질문은

> **Q.** "흡연에 찬성하십니까?"

로 바꿀 수 있다.

10) 질문 순서

모든 질문이 만들어지면 적절한 순서로 질문을 나열한다. 질문을 그룹화하여 같은 주제에 대한 질문은 가까운 곳에 둔다. 이렇게 하면 응답자가 질문에 더 쉽게 답할 수 있어 응답 품질이 향상된다. 질문 순서는 조사결과에 영향을 줄 수 있다. 첫 번째 측면은 잠재적 학습효과이다. 이전 질문에서 무언가(아이디어, 문제, 브랜드 등)가 언급되면, 이 내용이 이후 질문의 답변에 영향을 미칠 수 있다. 앞서 언급되지 않았다면 떠오르지 않았을 생각이 이후 질문에까지 이어지는 것이다. 두 번째 측면은, 질문 순서가 조사 완료를 유도하는 측면이다. 전반부에 대답하기 쉬운 질문을 배치하면 응답자가 조사를 계속하는 동력이 된다. 후반부에 어렵거나 민감한 질문을 배치하면, 이러한 질문으로 인해 응답자가 그만두게 되더라도 최소한 다른 질문에 답변을 받을 수 있다.

질문 순서의 또 다른 측면은 경로이다. 일반적으로 모든 질문이 모든 응답자와 관련이 있는 것은 아니다. 예를 들어, 노동력 질문에는 취업자와 실업자에 대한 질문이 포함될 것이다. 취업자에게는 근로조건에 대한 질문이 있을 수 있고, 실업자에게는 구직에 대한 질문이 있을 수 있다. 관련 없는 질문을 피하기 위해 질문지에 경로 안내 문항을 포함한다. 예를 들어 폐쇄형 질문으로 '취업자'라고 응답하면 질문 A번으로 건너뛰고, '실업자'라고 응답하면 질문

B번으로 건너뛴다. 경로를 포함하면 응답자가 관련 질문만 하도록 할 뿐만 아니라 질문 수를 줄여 인터뷰 시간을 단축하는 효과가 있다. 그러나 많고 복잡한 경로 문항은 면접관의 부담을 증가시키는 단점이 있다. 이는 도리어 응답오차의 원인이 될 수 있다.

2.2.5 응답오차

측정오차는 질문의 기록된 응답과 '참' 값의 차이다. 질문지 설계에서 이 오차는 일반적으로 **응답오차**라고 한다. 질문지는 데이터가 수집되는 수단이기 때문에 질문지는 응답오차의 주요 원인이 될 수 있다. 따라서 이러한 응답오차를 최소화하기 위해 질문지를 설계하고 테스트하는 것이 중요하다.

응답오차는 질문-답변-기록 과정의 어느 곳에서나 발생할 수 있다. 즉, 오차는 질문지, 응답자, 면접관, 데이터 수집 방법 또는 측정 도구에 기인할 수 있다. 예를 들어, 폐쇄형 질문은 응답자의 의견과 무관하게 응답 범주 선택을 제한한다. 사회적 바람직성 편향은 민감한 질문에 문제가 될 수 있으며, 단어가 잘못된 질문은 잘못 해석될 수 있다. 일반적으로 **질문지로 인한 응답오차**는 다음과 같은 이유 때문일 수 있다: 질문의 유형(개방형 또는 폐쇄형), 질문의 문구, 질문지의 길이(응답자의 피로로 이어짐), 질문지 레이아웃(복잡한 건너뛰기 패턴의 오류 유발), 질문지 처리 등이다.

응답자는 또한 과거의 행동이나 사건을 회상하는 데 어려움을 겪을 수 있다. 이러한 응답오차를 **기억오차**라고 한다. 기억오차의 한 유형은 응답자가 조사대상 기간 내에 발생한 모든 이벤트를 회상하지 않는 **회상오차**이다. 그 결과 행동이나 사건이 제대로 보고되지 않는다. 반대 상황도 가능하다. 응답자는 조사대상 기간 외에 발생한 활동을 대상 기간에 발생한 것으로 보고할 수 있다. 이러한 오차를 **텔레스코핑 오차**라고 하며 일반적으로 행동이나 이벤트를 과도하게 보고하게 된다. 이는 응답자들이 행동이나 사건이 실제로 발생한 것보다 더 최근에 발생한 것으로 보고하는 경향이 있기 때문이다. 일반적으로 조사대상 기간이 길수록 회상오차가 커진다. 그러나 조사대상 기간이 짧을수록 텔레스코핑 오차가 증가하는 경향이 있다.

반복조사에서는 **솔기 문제**가 나타날 수 있는데, 이는 두 조사대상 기간의 이음새에서 비정상적으로 많은 수의 변경이 보고되는 경우에 발생한다. 솔기 문제는 과거 회상을 도와주는 문항을 사용하여 수정할 수 있다. 면접원도 응답오차의 원인이 될 수 있다. 각 면접원은 면접이 진행될 때마다 동일한 방식으로 질문을 해야 한다. 만일 면접관이 여러 명이고 그중 한 명의 면접원이 질문 표현을 수정하면 질문의 의미가 변경될 수 있다. 면접원은 부주의하게 또는 고의적으로 응답자가 다르게 대답했었어야 한다고 생각하거나, 또는 응답을 잘못 해석하여 응답을 잘못 기록할 수도 있다.

질문지는 가능한 응답오차를 최소화하도록 설계한다. 응답오차의 원인을 식별하고 이러한 유형의 오차 영향을 설계에 반영하며, 데이터 처리를 용이하게 질문지를 설계한다. 질문지의 레이아웃이 중요하고, 질문의 도입 및 순서는 응답자의 참여를 돕거나 방해할 수 있다. 새로운 주제를 소개하는 과도기적 설명이 사용되어야 하고, 가이드라인은 명확하고 짧으며 찾기 쉬워야 한다. 질문의 길이는 응답오차에 영향을 줄 수 있다. 면접원에 의한 응답오차를 줄이기 위해서는 면접관이 잘 훈련되어야 하며, 문제 파악을 위하여 재면접 기법과 같은 품질 관리 절차를 실시해야 한다. 그리고 필요하면 면접원에게 재교육을 제공한다. **데이터 처리**는 수집 중에 얻은 응답을 집계 및 데이터 분석에 적합한 형식으로 변환하는 것이다. 데이터 처리 방법을 질문지 설계 및 개발 중에 고려한다. 코딩 체계는 질문지 설계 과정에서 개발되어야 한다. 그리고 폐쇄형 질문과 관련된 코드는 질문지에 나타나야 한다. 질문을 작성할 때 데이터 캡처에 미치는 영향을 고려한다. 각 질문지에는 고유한 식별 번호를 포함한다. 이를 통해 데이터 캡처를 쉽게 확인할 수 있고, 때로는 정보가 정확하게 캡처되었는지 확인하기 위해 원래 질문지로 돌아갈 수도 있다.

2.3 데이터 수집

2.3.1 소개

데이터 수집은 표본으로 선택된 단위에서 필요한 정보를 수집하는 과정이다. 이 과정에서는 모집단 단위의 위치를 파악하고 연락을 취하며 조사에 참여시켜야 한다. 그런 다음 질문지를 통하여 답변을 받는다. 이 과정은 비용이 많이 들고 시간이 오래 걸리며, 광범위한 자원을 필요로 한다. 또한 데이터 품질에 직접적인 영향을 미친다.

데이터를 수집하는 많은 방법이 있다. 기본적인 방법으로 **우편조사**, **면접조사**, **전화조사**가 있고, 최근에는 **온라인 조사**도 활성화되고 있다. 다른 방법으로는 **직접측정**과 **행정데이터**를 통한 데이터 수집 등이 있다. 기본적인 데이터 수집 방법은 자기기입, 면접조사, 전화조사이다. 우편에 의한 자기기입은 일반적으로 가장 저렴한 데이터 수집 형태이지만, 자기기입 조사는 응답률이 가장 낮고 수행하는 데 가장 많은 시간이 소요될 수 있다. 특히 질문지가 우편으로 배달되어 반송되는 경우에는 더욱 그렇다. **면접조사**는 일반적으로 응답률이 가장 높지만 비용이 가장 많이 들 수도 있다. 복잡하거나 광범위한 질문이 있는 설문조사, 응답자를 찾거나 선택하기 위해 표본을 직접 방문해야 할 때, 대상 인구에 대한 적용 범위가 열악하거나 인구의 문맹률이 낮은 조사에 자주 사용된다. **전화조사**는 일반적으로 응답률이 중간 정도이고, 면접조사보다 비용이 적게 들며, 가장 빠른 수집 방법이다. 표본이 지리적으로 분산되어 면접조사를 수행하는 데 비용이 많이 들고 어려운 경우에 특히 유리할 수 있다. 전화조사의 주요 문제는 전화 표집이다. 전화번호부 프레임은 과소포함으로 구식이 되었고 임의번호걸기는 비효율적이다.

모든 데이터 수집 방법은 종이 기반 또는 컴퓨터 지원이 될 수 있다. 컴퓨터 지원 방법의 주요 장점은 데이터 수집과 캡처가 결합되어 있다는 점이고, 주요 단점은 컴퓨터 응용 프로그램을 개발하는 데 상당한 시간과 비용이 필요하다는 점이다. 다른 데이터 수집 방법에는 직접관측, 행정데이터, 혼합모드 조사 등이 있다. **직접관측**은 정확할 수 있지만 모든 조사에 적용할 수 없으며 종종 전문가의 도움이 필요하다. **행정데이터**는 일부 조사에서 간접적인 데이터 수집 방법으로 사용될 수 있다. 이렇게 하면 응답 부담을 없애고 조사비용을 크게 줄일 수 있으며 적시성을 높일 수 있지만, 행정데이터 출처에서 사용하는 개념과 데이터 품질을 신중하게 검토해야 한다. 조사방법의 조합은 종종 비용을 절감하고 응답률과 적시성을 개선하는 좋은 방법이다.

2.3.2 기본적 데이터 수집 방법

1) 우편조사

우편조사에서는 질문지가 표본 단위(사람 또는 회사)로 우편으로 발송된다. 표본 응답자는 질문에 답하고 완성된 질문지를 조사기관에 회신한다. 우편조사는 전화조사나 면접조사에 비하여 비용이 적게 든다. 면접원은 참여하지 않으므로 면접원 비용은 없고 우편 비용만 포함된다. 낮은 조사비용은 큰 규모의 표본을 가능하게 하고, 격리된 지역이나 넓은 영역을 쉽게 포괄할 수 있다. 또한 면접원의 부재는 잠재적 응답자에게 덜 위협적인 것으로 간주될 수 있으므로, 결과적으로 민감한 질문에 더 적합할 수 있다.

면접원의 부재는 단점도 있다. 응답자에게 추가 설명을 제공하거나 응답자의 질문에 도움을 줄 수 없다. 이로 인해 응답자가 질문을 잘못 해석하여 수집된 데이터 품질에 부정적인 영향을 미칠 수 있다. 또한, 면접원의 도움이 없기에 우편조사의 응답률은 대체로 낮은 경향이 있고, 느리게 진행되는 경향이 있다.

2) 면접조사

면접조사는 응답자를 만나서 면접을 진행하는 조사방법이다. 일반적으로 대면 인터뷰는 개인의 거주지 또는 직장에서 수행된다. 일부 모집단에서 전화조사가 불가능하거나, 모집단 구성원을 표본 추출 혹은 찾기 위해 방문해야 하는 경우도 있는데 이때 면접조사는 유일하게 실행 가능한 데이터 수집 방법이다. 잘 훈련된 면접원은 조사에 참여하기를 꺼리는 사람들을 성공적으로 조사에 참여시킬 수 있다.

면접조사에서는 면접원이 응답자를 직접 접하므로 질문과 조사 개념의 해석을 도와 데이터의 전반적인 품질을 높일 수 있다. 그리고 응답자는 응답 데이터의 기밀성, 인터뷰 소요시간, 조사결과가 사용되는 방법 등에 대해 우려할 수 있는데, 면접원이 이러한 응답자의 우려를 해소하여 응답률을 높일 수 있다. 예를 들어, 일부 응답자는 자신이 제공한 정보가 자신에게 불리하게 사용될 수 있다고 걱정할 수 있다. 이때 면접원은 데이터가 안전할 것이며 기밀을 유지하기 위해 보안 절차를 준수할 것임을 응답자에게 확신시킬 수 있다.

면접조사는 응답률이 가장 높지만 면접원 수당, 교통비와 숙박비 등으로 일반적으로 가장 비용이 많이 드는 수집 방법이다. 결과적으로, 이 수집 방법은 우편조사나 전화조사보다 표본 크기가 작다. 그리고 훈련되지 않은 면접원은 응답오차를 일으킬 수 있다. 민감한 주제의 경우 면접원이 있으면 응답자가 질문에 대답하기를 꺼릴 수 있다. 잘 훈련된 면접관을 이용할 수 없고 결과적으로 면접원 편향이 문제가 될 수 있는 경우 오히려 자기기입조사가 더 나을 수 있다.

3) 전화조사

전화조사는 합리적인 비용으로 합리적인 응답률을 제공한다. 전화조사는 면접원의 여행비용이 없고 데이터 수집이 대면 인터뷰나 자기기입보다 빠르기 때문에 일반적으로 면접조사보다 저렴하다. 전화조사는 민감한 질문을 하기 위해 사용될 수도 있지만, 이 방법은 자기기입만큼 익명은 아니다. 이 수집 방법은 면접원이 위험하거나 고립된 지역으로 이동할 필요가 없기 때문에 면접조사보다 안전하다. 또한 응답자가 집에 없거나 인터뷰 일정을 조정하려는 경우 대면 인터뷰보다 응답자에게 연락하는 데 낭비되는 시간이 적다. 마지막으로, 전화조사는 쉽게 모니터링할 수 있으므로 인터뷰 프로세스의 품질관리를 쉽게 구현할 수 있다.

전화조사의 단점은 인터뷰 시간과 질문지의 복잡성으로 인한 제약이 있다는 점이다. 응답자는 면접원을 직접 마주하는 것보다 전화를 통한 길고 복잡한 인터뷰에 대해 인내심이 부족하다. 그러나 질문지는 면접원이 관리하기 때문에 자기기입하는 것보다 더 복잡할 수 있다. 또 다른 단점은 조사상황을 직접 관찰할 수 없다는 것이다. 전화조사를 선택할 때 중요한 문제는 **조사프레임의 선택**이다. 전화 프레임이 완성되려면 사용 중인 모든 전화번호가 포함되어야 하고, 효율적이려면 사용하지 않는 전화번호가 가능한 한 적게 포함되어야 한다. 일반적으로 전화 프레임의 완성도를 높이면 효율성이 떨어진다. 효율성과 완전성을 모두 달성하려고 노력하는 것이 중요하다. 전화번호부를 전화조사의 프레임으로 사용하는 것은 매우 효율적일 수 있지만 완전성이 부족하면 편향이 발생할 수 있다.

예제 2.3.1.

불완전 프레임을 사용하는 잠재적인 편향의 예는 1936년 미국 대통령 선거에서 실시된 리터러리 다이제스트의 여론조사이다. 여론조사에서는 공화당 후보인 랜든이 55%로 41%의 루즈벨트 대통령을 이길 것이라고 예측했다. 그러나 실제는 랜든이 37%, 루즈벨트가 61%로 나타났다. 이 우편조사에 사용된 프레임은 주로 전화번호부와 자동차 등록 목록에 있는 주소를 기반으로 했다. 1936년에 자동차나 전화기를 소유한 미국인들은 부유하고 공화당에 투표하는 경향이 있었다. 그러나 투표권자의 대부분은 전화기도 자동차도 소유하지 않았으며, 민주당에 투표하는 경향이 있었다.

전화번호부의 과소포함 문제를 피하는 방법은 **임의번호걸기**를 적용하는 것이다. 컴퓨터 알고리즘은 유효한 임의의 전화번호를 계산한다. 이러한 알고리즘은 전화번호부에 있는 숫자와 목록에 없는 숫자를 모두 생성할 수 있다. 따라서 완전한 포함범위를 보인다. 이 방법에도 단점이 있다. 통화가 안 되는 것이 무엇을 의미하는지 명확하지 않다. 번호가 사용되지 않는다는 의미일 수도 있고, 누군가가 단순히 전화를 받지 않는다는 것을 의미할 수 있다. 임의번호걸기의 또 다른 단점은 무응답자에 대한 정보가 전혀 없다는 것이다. 이것은 무응답에 대한 수정을 매우 어렵게 만든다.

점점 더 많은 유선전화가 휴대전화로 대체되고 있다. 휴대전화 사용의 급속한 증가는 전화 면접원의 작업을 더 복잡하게 만들고 있다. 유선전화는 가정에 연락하는 수단이고 휴대전화는 개인과 연락하는 수단이다. 따라서 유선전화의 경우 가족 구성원과 연락할 가능성이 더 높다. 그리고 휴대전화로만 연락할 수 있는 사람이라면 인터뷰를 하기에 부적합한 상황인 경우가 많다. 또한 많은 경우에 휴대전화 프레임은 제공되지 않는다.

4) 데이터 수집 방법 선택

데이터 수집 방식을 선택하는 것은 쉬운 일이 아니다. 일반적으로 품질과 비용 간의 절충안이다. 전화번호부의 포함범위 문제와 낮은 응답률 또한 대면 인터뷰를 선택하는 데 중요한 역할을 한다. 데이터 수집 방법을 선택할 때 고려해야 할 다양한 문제가 있다. 조사프레임에서 이용 가능한 수집 정보, 목표모집단의 특성, 질문의 성격, 이용 가능한 자원, 개인 정보 보호 고려사항, 데이터 품질 요구사항 등이다.

조사프레임에서 사용할 수 있는 수집 정보는 가장 적절한 데이터 수집 방법을 결정하는 핵심 요소이다. 목표모집단의 특성은 데이터 수집 방법에 영향을 미친다. 표본의 지리적 분포도 중요하다. 표본이 전국에 널리 분산되면 면접조사는 너무 비싸고 관리하기 어려울 수 있다. 조사 질문의 성격도 데이터 수집에 영향을 미친다. 민감한 주제라면 자기기입 조사나 전화조사 등 익명성을 기반으로 한 수집 방법이 가장 적절할 수 있다. 복잡한 질문을 하는 경우 질문과 개념을 설명하기 위해 면접원이 필요할 수 있다. 면접원이 관찰, 측정 또는 보조 자료를 보여줘야 하는 경우 면접조사가 필요할 수 있다. 사용 가능한 자원은 데이터 수집 방법 선택에 큰 영향을 미친다. 이러한 자원에는 사용 가능한 예산, 인력 및 시간이 포함된다. 면접원 지원 방식을 사용하려면 면접원 교육, 고용 및 여행 비용을 충당할 수 있는 충분한 예산이 있어야 한다. 또한, 필요한 수의 면접원을 고용할 수 있어야 한다. 컴퓨터 지원 방법을 선택하면 필요한 컴퓨터 장비가 구비되어 있어야 한다.

마지막으로 데이터 수집 방법을 선택할 때 데이터 품질 요구사항을 고려해야 한다. 조사에서 사용되는 개념에 대해 잘 훈련된 면접원은 응답오차와 무응답을 줄일 수 있다. 통계 결과의 정밀도 요구사항도 고려해야 한다. 일반적으로 표본이 클수록 더 정확한 추정치가 생성되지만 데이터 수집 방법이 더 비쌀수록 감당할 수 있는 표본은 더 작아진다. 면접조사는 종종 가장 비용이 많이 드는 방법이고 자기기입 우편조사는 가장 비용이 적게 든다. 다음 〈표 2.1〉은 비용, 데이터 수집 완료 시간 및 응답률과 관련하여 개인 인터뷰, 전화 인터뷰 및 자기기입 방법을 비교한다.

표 2.1 면접원 지원 대 자기기입 데이터 수집 방법 비교

	자기기입 방법	면접원 지원 방법	
		면접조사	전화조사
비용	낮음	높음	중간
시간	오래 걸림	보통	짧음
응답률	낮음	높음	중간~높음

출처. Statistics Canada 2010, 44쪽

2.3.3 컴퓨터지원 데이터 수집

고품질 데이터가 필요한 경우 조사데이터를 수집하는 것은 복잡하고 비용이 많이 들며 시간이 오래 소요되는 프로세스가 될 수 있다. 전통적인 데이터 수집의 문제점 중 하나는 완성된 종이 설문지 양식에 일반적으로 많은 오류가 포함되어 있다는 것이다. 따라서 이러한 양식에 오류가 없도록 하려면 상당한 자원을 투입해야 한다. 그리고 허용 가능한 품질의 데이터를 얻으려면 광범위한 데이터 편집이 필요하다. 1970년대 이후 정보 기술의 급속한 발전으로 데이터 수집에 컴퓨터를 사용할 수 있게 되었다. 그래서 컴퓨터 지원 면접이 탄생하였다[142]. 종이 질문지는 컴퓨터 프로그램으로 대체되었다. 컴퓨터가 면접 과정을 제어했고, 그 자리에서 질문에 대한 답변도 확인하였다.

142) 컴퓨터지원 조사(Computer-Assisted Interviewing, CAI)

전통적인 인터뷰와 마찬가지로 컴퓨터 지원의 다양한 데이터 수집 모드가 있다. 데이터 수집의 첫 번째 모드는 **컴퓨터지원 전화조사**(CATI)[143]이다. 쿠퍼와 니콜스는 1970년대 초 미국에서 컴퓨터 지원 전화조사가 어떻게 개발되었는지 설명한다[144]. 1966년에 전국 최초의 조사 전화 시설이 설립되었는데, 그 원동력은 표본 관리를 단순화하는 것이었다. 이러한 시스템은 이후 몇 년 동안 완전한 기능을 갖춘 CATI 시스템으로 발전하였다. CATI 조사의 면접원은 면접 소프트웨어를 실행하는 컴퓨터를 작동한다. 소프트웨어에서 지시하면 전화로 선택된 사람에게 연락을 시도한다. 이것이 성공하고 그 사람이 조사에 기꺼이 참여할 의향이 있으면 면접원은 인터뷰 프로그램을 시작한다. 첫 번째 질문이 화면에 나타난다. 이 질문에 답하면 소프트웨어는 질문지를 통해 경로의 다음 질문으로 진행한다.

1980년대에 소형 휴대용 컴퓨터가 등장하면서 컴퓨터 지원 대면조사(CAPI)[145]가 가능해졌다. 면접원이 랩탑 컴퓨터를 응답자의 집으로 가져가는 일대일 면접의 한 형태이다. 그곳에서 그들은 인터뷰 프로그램을 시작하고 질문에 대한 답을 얻으려고 시도한다. CAPI는 총 데이터 처리 시간을 상당히 줄였다. 현장조사 완료와 첫 번째 결과 발표 사이의 기간이 대폭 줄어들었다. 이러한 시기적절한 통계는 훨씬 더 가치가 있다. 다음으로 수집된 데이터의 품질이 향상되었다. 이는 면접 프로그램 포함으로 예상된 것이었다. 응답자들은 조사자료 수집의 한 방식으로 컴퓨터를 이용한 인터뷰를 완전히 수용했으며 무응답률은 증가하지 않았다. 컴퓨터 구매에 비용이 증가한 점을 제외하면 CAPI가 장점이 있다는 결론이 나왔다.

데이터 수집을 위한 컴퓨터 지원 인터뷰의 적용에는 세 가지 주요 이점이 있다. 첫째, 면접원의 업무를 간소화한다. 그들은 더 이상 질문지를 통해 올바른 경로를 선택하는 데 주의를 기울일 필요가 없다. 따라서 그들은 질문하고 응답자가 답변을 얻도록 돕는 데 집중할 수 있다. 둘째, 면접 시 답변을 확인하고 수정할 수 있어 수집된 데이터의 질을 향상시킨다. 나중에 조사기관에서 하는 것보다 더 효과적이다. 셋째, 인터뷰 중 데이터가 컴퓨터에 입력되어 깨끗한 기록이 생성되므로 더 이상 후속 데이터 입력 및 데이터 편집이 필요하지 않다. 이는 설문 데이터를 처리하는 데 필요한 시간을 상당히 줄여 조사결과의 적시성을 향상시킨다.

2.3.4 기타 수집 방법

1) 직접측정

직접측정은 현장이나 실험실에서 관심 있는 특성을 직접 관찰하거나 측정하는 방법이다. 직접측정은 일반적으로 정확하며 관찰만 이루어져 응답 부담이 없다. 그러나 사람을 대상으로

143) 컴퓨터지원 전화조사(Computer-Assisted Telephone Interviewing, CATI)
144) Couper and Nicholls 1998.
145) 컴퓨터지원 면접조사 (Computer-Assisted Personal Interviewing, CAPI)

측정할 때, 연구 대상자는 이러한 측정이 불쾌하거나 부담스러울 수 있다. 한 가지 예는 환자의 혈액 표본을 채취하는 의학 연구이다. 이 연구에서 직접측정으로 인해 참여율이 낮아질 수 있다. 직접측정의 어려움은 모든 면접원이 데이터를 관찰하거나 측정하도록 훈련되어야 하기 때문에 비용이 많이 들 수 있으며 전문가를 고용해야 할 수도 있다는 점이다. 전문가가 필요하고 소수만 고용할 수 있는 경우 표본 크기와 설계가 심각하게 제한될 수 있다.

2) 행정데이터 사용

일부 조사는 기존 행정데이터에서 필요한 정보를 얻을 수 있다. **행정데이터**는 통계 목적(개인, 기업, 농장 등의 연구 그룹)이 아닌 행정 목적(예: 기업 또는 개인의 관리, 규제 또는 세금 활동)을 위해 수집된 데이터이다. 행정데이터는 자료수집 비용과 응답자 부담의 상당 부분을 피할 수 있다는 큰 장점이 있다. 또한 데이터가 이미 존재하기 때문에 시기적절한 조사결과를 얻을 수도 있다.

그러나 행정 프로그램의 목적은 조사의 목적과 상당히 다를 수 있으므로 개념과 정의에 신중해야 한다. 또한 데이터의 품질에 대한 관리가 미비할 수 있다. 편집 실패에 대한 후속 조치는 일반적으로 불가능하고, 행정데이터가 통계기관에서 요구하는 형식인지 확인하기 위해 상당한 처리 작업이 필요하다. 마지막으로, 통계 목적으로 관리 데이터를 사용하는 것과 관련하여 개인정보 보호 문제가 있을 수 있다.

2.3.5 혼합 모드

다양한 데이터 수집 모드를 사용하여 조사를 수행할 수 있음은 분명하다. 이는 특정 조사에서 어떤 모드를 사용할 것인지에 대한 질문을 제기한다. 비머와 리베르그는 하나의 모드를 사용하여 데이터 수집을 위한 최적의 설계에 대해 논의하였다[146]. 데이터 수집 모드는 특히 데이터 품질, 비용 및 적시성과 같은 다양한 측면에서 다르다. 면접조사는 비용이 많이 든다. 가정에 전화나 인터넷 연결이 없으면 전화나 온라인 조사는 하기 어렵다. 우편조사는 응답률이 낮고 처리하는 데 많은 시간이 걸린다. 따라서 각 개별 데이터 수집 모드에는 장단점이 있다. 데이터 수집 모드를 혼합하면 각 개별 모드의 약점을 보완할 수 있다. 이를 통해 비용을 절감하는 동시에 응답 속도와 데이터 품질을 높일 수 있다. 표집된 단위는 알려진 배경 특성을 기반으로 특정 모드에 할당될 수 있다.

어떤 데이터 수집 모드 조합을 사용할지 결정하는 것은 쉽지 않다. 최적의 설계를 선택하기 전에 몇 가지 요소를 고려해야 한다. 첫째는 **모드 효과**로서, 혼합 모드 데이터 수집의 주요 관심사는 모드 효과의 발생에 의해 데이터 품질이 영향을 받을 수 있다는 것이다.

146) Biemer and Lyberg 2003.

모드 효과는 다른 데이터 수집 모드에서 동일한 질문을 하면 다른 답변으로 이어지는 현상이다. 예를 들어 상당한 수의 답변 옵션이 있는 비공개 질문을 하는 경우에 면접조사의 응답자에게는 가능한 모든 답변이 포함된 쇼 카드가 제공된다. 반면 전화조사에서 면접원은 응답자에게 모든 가능성을 읽어주고, 웹조사의 응답자는 목록을 직접 읽어야 한다. 연구결과에 따르면 전화조사에서는 목록의 마지막 옵션이 선호되고, 웹조사에서는 목록의 초기 답변을 선호하는 것으로 나타났다.

다음으로 **순차적 혼합 모드** 데이터 수집은 응답률을 높이는 데 도움이 될 수 있다. 무응답이 조사 오차의 유일한 원인은 아니지만, 이러한 오차의 영향은 모드마다 다를 수 있다. 예를 들어, 우편조사는 컴퓨터 지원 전화조사보다 처리 오차의 영향을 더 많이 받는다. 일반적으로 가장 심각한 오차가 있는 데이터 수집 모드는 가장 저렴한 모드이기도 하다. 따라서 데이터 품질과 비용 간의 균형이 필요하다.

한편, 조사의 주제는 혼합 모드 가능성을 제한할 수 있다. 일부 주제는 면접원이 지원하는 조사에 적합하지 않을 수 있는데, 일반적으로 민감한 질문에 대한 답변은 면접원이 없을 때 진실에 더 가까울 수 있다. 따라서 이러한 유형의 질문에는 우편조사나 웹조사가 더 적합할 수 있다. 시간도 중요한 부분이다. 순차적 혼합 모드 접근 방식의 현장 작업은 모드가 시간에 따라 순차적으로 수행되기 때문에 더 오래 걸린다. 따라서 많은 시간을 사용할 수 없다. 이 조사설계에서는 다음 데이터 수집 모드로 이동할 시기를 결정해야 한다. 그러한 결정은 시간에만 의존해야 하는가, 아니면 현재 모드의 응답률을 기준으로 해야 하는가? 후자의 전략은 현장조사 기간이 얼마나 걸릴지 불확실하게 만들 것이다. 데이터 수집 비용도 선택한 모드에 따라 다르다. 전화조사는 면접조사보다 훨씬 저렴하다. 우편조사는 전화조사보다 저렴하다. 가장 저렴한 모드는 아마도 웹조사일 것이다. 사용 가능한 예산이 제한적일 경우 대면조사는 불가능할 수 있으며 하나 이상의 비용이 덜 드는 모드를 선택해야 한다.

2.3.6 웹조사

1990년대 인터넷의 급속한 발전으로 데이터 수집의 새로운 모드인 **컴퓨터지원 웹조사(CAWI)**[147]가 개발되었다. 질문지는 인터넷을 통해 응답자에게 제공된다. 따라서 이러한 조사를 **웹조사** 또는 **온라인 조사**라고도 한다. 사실 이러한 온라인 조사는 **컴퓨터지원 자기기입 조사**[148]의 특별한 유형이다. 웹조사 또는 인터넷 조사는 조사 또는 질문지가 인터넷을 통해 응답 표본에게 전송되고 응답자가 인터넷을 통해 조사에 응답할 수 있는 데이터 수집 방법으로 정의된다. 응답자는 이메일, 웹 사이트, 소셜 미디어 등의 다양한 매체를 통해 웹조사

147) 컴퓨터지원 웹조사(Computer assisted web interview, CAWI)
148) 컴퓨터지원 자기기입 조사(Computer assisted self interviewing, CASI)

응답을 보낼 수 있다. 웹조사에서 응답자는 웹 브라우저의 도움을 받아 질문지에 답하고 조사 응답은 웹 기반 데이터베이스에 저장된다.

웹조사 성장의 주된 이유는 매우 **저렴한 비용**과 **광범위한 도달 범위**로 인한 조사수행의 편리성이다. 지난 수십 년간 연구자들은 데스크톱이나 랩톱 컴퓨터로 질문지를 보낼 수 있고 대상 고객은 가능할 때마다 이러한 조사에 응답할 수 있으므로, 온라인을 통하여 조사를 수행하는 것을 선호하기 시작했다. 웹조사에서는 멀티미디어 데이터 수집, 조사의 건너뛰기 및 분기와 같은 고급 기능을 사용할 수도 있다.

웹조사의 가장 일반적인 유형은 다음과 같다.

- **이메일 조사** : 웹조사 질문지 배포에 가장 일반적으로 사용되는 방법 중 하나는 질문지를 이메일로 보내는 것이다. 이 방법은 조사 응답을 수집하는 가장 효과적인 방법 중 하나이다.
- **SMS 조사** : 웹 설문 조사 배포의 또 다른 효과적인 방법은 SMS 조사이다.
- **웹 인터셉트 조사** : 웹조사에서 최대 응답 수를 수집하는 가장 효과적인 방법은 응답자 표본의 인구 통계에 따라 위의 모든 방법을 혼합하여 사용하는 것이다.

온라인 조사에는 여러 가지 매력적인 속성이 있다. 많은 사람들이 인터넷에 연결되어 있으므로 많은 잠재 응답자 그룹에 쉽게 접촉할 수 있다. 또한 질문지를 매우 저렴한 비용으로 배포할 수 있다. 면접원이 필요하지 않으며 우편물 및 인쇄 비용이 필요하지 않다. 질문지가 준비되고 곧바로 현장조사를 시작할 수 있어 조사를 매우 빠르게 시작할 수 있다. 결과적으로 온라인 조사는 사람들에게 접근할 수 있는 저렴하고 빠른 조사방법이다. 온라인 조사의 장점을 정리하면 다음과 같다.

- 목표 고객에게 도달하는 더 **빠른 매체** : 펜 및 종이 조사와 같은 다른 조사 기술과 비교하여 웹조사는 응답자의 피드백을 얻는 데 매우 빠르다.
- **비용 효율성** : 최소한의 필수 자원만 필요하므로 웹조사는 전화 또는 펜 및 종이 조사와 같은 다른 조사 방법보다 훨씬 저렴하다.
- **제한적 오차범위** : 전통적인 조사방법과 달리 응답자는 중재자의 개입 없이 조사에 직접 응답한다. 따라서 웹조사의 경우 오차범위는 매우 제한적이다.
- **응답의 편리** : 웹조사는 일반적으로 이메일의 받은 편지함이나 소셜 미디어를 통해 올 때 클릭으로 대답할 수 있으므로 매우 쉽게 대답할 수 있다.
- **시간 절약** : 웹조사는 구성 및 전송이 빠르며, 용이성으로 인해 연구원의 시간을 절약하는 경향이 있다.
- **진실된 응답** : 웹조사가 수행되면 연구원은 응답자가 익명으로 대답할 수 있도록 한다. 웹조사와 관련된 익명성으로 인해 응답자는 일반적으로 피드백을 제공하는 경우보다 정직하고 진실한 응답을 한다.

그러나 온라인 조사에도 몇 가지 심각한 단점이 있다. 이러한 단점은 주로 과소 포함범위와 적절한 표집설계의 부족으로 인해 발생한다.

- **응답자 협력 문제** : 온라인 사용자는 일반적으로 설문조사, 제안 및 기타 많은 인터넷 전송의 대상이다. 중요한 웹 설문조사가 간과되거나 답변되지 않은 채로 남을 가능성이 있다.
- **의심스러운 데이터 신뢰성** : 웹조사는 중재자 또는 면접관이 없는 상태에서 수행된다. 이러한 부재로 인해 수신된 피드백은 많은 경우에 의심스러운 것으로 간주될 수 있다.
- **모집단의 특정 영역에 대한 제한된 접근** : 인터넷 접촉이 되지 않는 모집단 영역이 있을 수 있다. 많은 경우, 인터넷 접촉이 안 되는 개인의 피드백이 연구에 효과적일 수 있다. 예를 들어, 연구자가 불우한 사람들에 대한 연구를 수행하는 경우 연구자가 데이터를 수집하기 위해 이들에게 인터넷으로 접근할 가능성이 거의 없다.

2.3.7 데이터 처리

데이터 처리는 수집 중에 얻은 조사 응답을 통계표 작성 및 데이터 분석에 적합한 형식으로 변환하는 것을 말하며, 데이터 수집 후부터 추정 직전까지 수행된다. 데이터 처리는 비용이 많이 들고 시간이 오래 걸리며 데이터 품질에 직접적인 영향을 미치기 때문에 조사설계 단계에서 데이터 처리 일정이 고려되고 반영되어야 한다. 데이터 처리의 범위와 순서는 수집되는 데이터의 특성, 데이터 수집 방법, 조사 예산 그리고 데이터 품질의 목표에 따라 다르다.

코딩은 데이터 캡처 및 처리를 용이하게 하기 위하여 응답에 숫자 값을 할당하는 것을 말한다. 코딩에는 주어진 응답에 코드를 할당하거나, 응답을 코드 세트와 비교하고 응답을 가장 잘 설명하는 코드를 선택하는 작업이 포함된다. 일반적으로 폐쇄형 질문의 응답 코드는 데이터 수집 전에 결정되며, 개방형 질문은 데이터 수집 후 코딩이 이루어진다.

데이터 캡처는 질문지 응답을 기계가 읽을 수 있는 형식으로 변환하는 것을 말한다. 종이 질문지의 경우 데이터 수집 후 캡처가 발생하고, 컴퓨터 기반 질문지를 사용하면 데이터 수집 시 캡처가 발생한다. 종이 질문지의 경우 폐쇄형 질문을 미리 코딩해 놓으면 데이터 캡처의 효율을 높일 수 있다. 컴퓨터 지원 방법은 데이터 수집과 캡처가 통합되어 종이 질문지보다 더 빠르고 효율적인 방법이 된다. 반면, 프로그램에 대한 광범위한 개발과 테스트를 해야 하는 작업이 추가된다.

예제 2.3.2.

종이 질문지 조사에서 데이터 처리에는 다음 활동이 포함된다. 먼저, 수집된 질문지의 응답을 확인하여 필요한 모든 응답이 수집되고 읽기 쉽게 기록되었는지 살펴본다. 다음으로 코딩이 필요한 문항의 데이터는 코딩한 후 컴퓨터에 캡처한다. 캡처된 데이터는 편집규칙을 이용하여 세부적인 편집을 수행하고, 편집규칙에 위배 되어 후속 조치나 추가조사가 필요한 질문지는 따로 보관한다. 대체가 필요한 항목은 대체하고, 이상치 탐색을 수행하여 의심스럽거나 극단적인 값은 식별하고 처리한다. 마지막으로 데이터 분석을 위하여 데이터베이스에 저장한다.

연습문제

1 조사프레임의 종류를 설명하라.

2 조사프레임에서 발생할 수 있는 포함오차의 종류를 설명하라.

3 표본의 대표성에 관하여 대표성의 의미를 설명하라.

4 비확률표집의 종류를 설명하고, 각각의 장단점을 설명하라.

5 난수표를 이용하여 난수를 뽑는 방법을 설명하라.

6 클러스터 표집과 층화표집의 차이점을 설명하라.

7 질문지 설계에서 사실적 질문과 비사실적 질문의 예를 들어라.

8 질문지를 설계할 때 고려해야 하는 사항을 설명하라.

9 개방형 질문과 폐쇄형 질문의 예를 들고, 장단점을 비교하여 설명하라.

10 다항 선택형 질문과 체크리스트 질문의 예를 들고, 차이점을 설명하라.

11 순위 질문과 평가 질문의 예를 들고, 차이점을 설명하라.

12 응답오차의 종류를 설명하라.

13 우리나라 국가승인통계(http://kostat.go.kr/) 중에서 한 통계를 선택한 후 해당 통계에서 사용한 질문지를 대상으로 2.2.4절의 질문표현을 나름대로 평가하라.

14 우리나라 국가승인통계(http://kostat.go.kr/) 중에서 한 통계를 선택한 후 해당 통계에서 사용한 데이터 수집 방법을 설명하라.

15 웹조사의 종류와 각각의 장단점을 설명하라.

16 우리나라 국가승인통계(http://kostat.go.kr/) 중에서 면접조사로 수행된 조사의 예를 들고, 방법을 설명하라.

17 우리나라 국가승인통계(http://kostat.go.kr/) 중에서 전화조사로 수행된 조사의 예를 들고, 방법을 설명하라.

18 우리나라 국가승인통계(http://kostat.go.kr/) 중에서 웹조사로 수행된 조사의 예를 들고, 방법을 설명하라.

19 우리나라 국가승인통계(http://kostat.go.kr/) 중에서 혼합모드로 수행된 조사의 예를 들고, 방법을 설명하라.

제 3 장

확률표집 및 추정

제3장

확률표집 및 추정

3.1 확률표집의 기본 개념

확률표집에 사용되는 확률의 개념을 살펴보자. 조사에서 발생할 수 있는 확률의 원천에는 다음의 세 가지가 있다[149]. 첫째, 모집단에서 표본 단위를 선정하는 과정에서 **선정확률**이 발생할 수 있다. 이 확률은 랜덤화에 의하여 생성되는 확률이다. 둘째, 선정된 조사단위에서 관측 혹은 응답할 때 **측정확률** 또는 **응답확률**이 발생한다. 셋째, 주어진 조사단위에서 데이터가 생성될 확률이 있다. 이 **데이터 생성확률**은 어떤 분포를 따를 수 있다. 포괄적으로 보면 조사에서 위의 세 가지 확률은 모두 발생 가능성이 있다. 그러나 표본조사를 통하여 추론하고자 하는 모수가 분석적 모수가 아니라 기술적 모수인 경우, 측정오차를 최소화하고 모집단 구성단위가 갖는 값을 상수로 가정하면 측정확률과 데이터 생성확률은 발생하지 않는 것으로 간주할 수 있다. 따라서 이러한 측면에서 보면 조사에서 다루어야 할 주요 확률로는 표본선정 확률, 즉 표집확률만 남는다. 따라서 이 장에서 전개되는 확률표집이론에서 별다른 언급이 없으면 확률은 표집확률을 뜻한다.

3.1.1 모집단

모집단 정의는 확률표집이론 전개의 첫 번째 단계에 해당한다. **모집단**은 조사대상이 되는 단위들의 모임을 말하며, 식별 가능한 유한개의 단위로 구성되었다고 가정한다. 모집단 구성단위는 사람, 가구, 사업체 등이다. 모집단 구성단위의 총수를 **모집단 크기**라고 하며, 보통 N으로 표기한다. 모집단 크기는 알려진 경우도 있고, 알려지지 않은 경우도 있다. 처음에는 알려진 경우를 가정한다.

정의 3.1.1. 모집단은 N개의 단위로 구성된 유한집합이다.

$$U = \{1, 2, \ldots, k, \ldots, N\} \qquad (3.1.1)$$

여기에서 N은 모집단 크기이다.

149) Cassel 외 2인 1977, 1쪽.

모집단을 적절하게 정의하는 것은 매우 중요하다. 모집단 정의에서 발생한 오류는 조사결과에 직접적인 영향을 미치기 때문이다. 따라서 모집단을 정의할 때 신중한 고려가 필요하다.

노동력 조사를 예로 들어보자. 조사의 모집단은 무엇인가? 특정 연령 이상의 사람만 대상인가? 국내에서 임시로 일하는 외국인은 대상이 되는가? 이러한 질문에 명확하게 대답할 수 없는 경우 현장에서 대상자를 정할 때 오류가 발생할 수 있고, 일부 사람들이 잘못 제외되거나 혹은 잘못 포함될 수 있다. 조사결과는 정의된 모집단에 적용되는 결론이다.

다음 단계는 측정할 **변수**를 지정하는 것이다. 이 변수를 통해 모집단 단위의 특성을 측정한다. 변수는 **조사변수**와 **보조변수**의 두 가지 유형으로 구분된다. 조사의 목적은 일반적으로 모집단의 특성에 대한 정보를 얻는 것이다. 예를 들어 고용상황은 어떠한가? 사람들은 휴가를 어떻게 보내는가? 인터넷 보급률은 얼마인가? 등에 대한 답을 얻고자 한다. **조사변수**는 이러한 질문의 답에 해당하는 특성을 측정한다. 휴가 조사의 조사변수는 휴가의 목적지, 휴가 기간 및 지출 금액 등이다.

정의 3.1.2. **조사변수**는 문자 Y로 표시되고, 모집단 단위의 값에는 단위 첨자가 부여된다.

$$Y_1, Y_2, \dots, Y_k, \dots, Y_N$$

여기에서 Y_k는 모집단 단위 k에 대한 조사변수의 값이다.

단순함을 위해 조사변수는 일변량 변수를 가정한다. 물론 대부분의 조사에는 하나 이상의 조사변수가 있다. 일반적으로 조사에서는 조사변수 이외의 다른 변수도 측정된다. 이 변수들은 종종 단위의 배경 특성을 측정하며, 이러한 변수를 **보조변수**라고 한다. 사람을 대상으로 한 조사의 보조변수의 예로는 성별, 연령, 거주지역 등이 있다. 보조변수는 추정의 정밀도를 높이거나 무응답 영향 보정에 사용된다.

정의 3.1.3. **보조변수**는 문자 X로 표시되고 모집단 단위의 값은 다음과 같이 표시된다.

$$X_1, X_2, \dots, X_k, \dots, X_N$$

여기에서 X_k는 단위 k에 대한 보조변수의 값이다.

대부분의 조사에는 하나 이상의 보조변수가 있다. 다변량 보조변수의 경우 X_k는 벡터를 의미하는 것으로 한다.

조사에서 수집된 데이터는 모집단의 상황을 설명하는 데 사용된다. 이러한 모집단 상황은 여러 지표로 요약되어 나타난다. 이러한 지표를 모집단의 **모수**라고 한다.

정의 3.1.4. **모집단 모수**는 모집단 특성을 나타내는 수치 지표로서, 모수값은 조사변수 값인 $Y_1, \ldots, Y_N$에 의존한다. 일반적인 표기로 모수는 θ로 나타낸다.

$$\theta = \theta(Y_1, Y_2, .., Y_N)$$

모집단 모수의 예로는 평균 소득, 실업자 비율, 연간 맥주 소비량 등이 있다. 일반적으로 조사변수에 대한 모집단 모수값은 알려져 있지 않다. 이를 파악하는 것이 조사의 목적이다. 반면, 보조변수에 대한 모집단 값은 종종 알려져 있다. 평균 연령, 남성과 여성의 비율 등이 그러한 예이다. 이러한 값은 보통 센서스 같은 외부 출처에서 파악된다.

일부 유형의 모집단 모수는 조사에 자주 나타난다. 자주 나타나는 모수는 모집단 총계, 모집단 평균, 모집단 백분율, 모집단 분산, 모집단 분위수 등이다.

정의 3.1.5. 조사변수 Y의 모집단 총계는 T_y로 표기한다.

$$T_y = \sum_{k=1}^{N} Y_k = Y_1 + Y_2 + \ldots + Y_N \tag{3.1.2}$$

모집단 총계는 모집단 단위의 조사변수 값을 모두 더하여 얻을 수 있다.

예를 들어, 모집단이 어느 지역의 모든 가구로 구성되고 조사변수가 각 가구의 컴퓨터 대수인 경우, 모집단 총계는 해당 지역의 모든 가구에 있는 컴퓨터 총수가 된다.

정의 3.1.6. 조사변수의 모집단 평균은 $\overline{Y}$로 표기한다.

$$\overline{Y} = \frac{1}{N}\sum_{k=1}^{N} Y_k = \frac{T_y}{N} \tag{3.1.3}$$

모집단 평균은 모집단 총계를 모집단 크기로 나누어 구한다.

예를 들어, 모집단이 회사의 모든 직원으로 구성되고 조사변수가 직원의 연령이라고 하면 회사 직원의 평균 연령은 모집단 평균이 된다.

조사변수 Y가 특정 속성의 존재 여부를 기록하는 변수일 수 있다. 이러한 변수는 두 가지 가능한 값만 가능하다. 만일 단위 k에 특정 속성이 있으면 $Y_k = 1$이고, 그렇지 않으면 $Y_k = 0$이다. 이러한 변수를 **지시변수** 또는 **더미변수**라고 한다. 지시변수는 특정 속성을 가진 모집단 단위의 **백분율**을 결정하는 데 사용될 수 있다.

정의 3.1.7. 조사변수 Y가 모집단의 단위에 특정 속성이 있는지를 측정하는 지시변수인 경우, 모평균은 **모집단 비율**이 된다. 만일 속성을 갖는 단위의 수가 M개라고 하면, 모집단 비율은 P는

$$P = \frac{1}{N}\sum_{k=1}^{N} Y_k = \frac{M}{N} \tag{3.1.4}$$

이 된다. 지시변수 Y는 1과 0의 값만 가정하므로 평균은 모집단에서 1의 값을 갖는 단위의 비율과 같고, **백분율**은 비율에 100을 곱하여 얻는다.

또 다른 중요한 모집단 모수는 모집단 분산이다. 이 모수는 조사변수 값의 변동 정도를 나타내는 지표이다.

정의 3.1.8. 조사변수 Y의 **모집단 분산** σ_y^2은 다음과 같이 정의된다.

$$\sigma_y^2 = \frac{1}{N}\sum_{k=1}^{N}(Y_k - \overline{Y})^2 \tag{3.1.5}$$

이 값은 개별 단위 값에서 평균까지 거리 제곱의 평균이다. 종종 모집단 분산의 약간 조정된 버전인 **조정된 모집단 분산** S_y^2을 사용하는 것이 편리하다.

$$S_y^2 = \frac{1}{N-1}\sum_{k=1}^{N}(Y_k - \overline{Y})^2 \tag{3.1.6}$$

조정된 분산을 사용하면 많은 공식이 더 간단하게 표현되기 때문에 편리하다. 그리고 N값이 크면 두 분산 간의 차이가 거의 없다. 모집단 분산은 모집단의 조사변수 값의 동질성에 대한 지표로 해석될 수 있다. 조사변수 Y의 모든 값이 같으면 분산은 0이다. 반면 조사변수 Y 값이 서로 다를수록 분산은 증가한다. 모집단 분산의 추정은 그 자체가 목적이 아닌 경우가 많다. 그러나 분산추정치는 추정량의 정밀도 평가에 사용되기 때문에 분산의 추정이 중요해진다.

정의 3.1.9. 유한모집단 조사변수 Y의 **분포함수** $F_N(\theta)$는 다음과 같이 정의된다.

$$F_N(\theta) = \frac{1}{N}\sum_{k=1}^{N} I(Y_k \leqq \theta), \quad -\infty < \theta < \infty \tag{3.1.7}$$

여기에서 $I(Y_k \leqq \theta)$는 조건 '$Y_k \leqq \theta$'을 만족하면 '1'의 값을 갖고 그렇지 않으면 '0'의 값을 갖는 지시함수이다.

유한모집단에서 **백분위수**는 조사변수 값을 크기순으로 나열했을 때 이를 균등하게 100등분하는 99개의 경계값을 말한다. 예를 들어 **90백분위수**는 상위 10%와 하위 90%를 구분하는 값이다. **중위수**(혹은 **중앙값**)는 상위 50%와 하위 50%를 구분하는 값이다.

정의 3.1.10. 조사변수의 값 $Y_1, \ldots, Y_N$을 크기순으로 정렬한 **순위데이터**를

$$Y_{(1)} \leqq Y_{(2)} \leqq \ldots \leqq Y_{(N)}$$

로 표기할 때 **중위수** $\theta_{0.5}$는 N이 짝수이면

$$\theta_{0.5} = \frac{1}{2}(Y_{(N/2)} + Y_{(N/2+1)}) \tag{3.1.8}$$

로 정의되고, N이 홀수이면

$$\theta_{0.5} = Y_{(N+1)/2}$$

로 정의된다.

3.1.2 표본선정

조사에서 **표본선정**(혹은 **표집**, **표본추출**)은 모집단 전체에 대한 추론을 위하여 단위의 정보를 수집할 목적으로 모집단에서 일부 단위를 선택하는 것을 말한다. 표집 방법은 확률표집과 비확률표집으로 구분되며, 확률 메커니즘에 의해 선택된 표본을 **확률표본**이라고 한다. 확률표본을 사용하면 모집단 모수를 추정할 뿐만 아니라 추정치의 정밀도도 수량화하여 구할 수 있다. 일반적으로 추정치의 분산, 표준오차 또는 신뢰구간이 추정치의 정밀도 지표로 사용된다.

정의 3.1.11. 모집단 $U=\{1,2,...,N\}$에서 **표본**은 일련의 표본포함 지시자이다.

$$a=\{a_1,..,a_k,...a_N\} \tag{3.1.9}$$

지시자 a_k $(k=1,...,N)$는 단위 k가 표본에 선택된 횟수를 나타낸다.

정의 3.1.12. 모집단 U에서 **표본크기**는 지시자 a_k의 합으로 정의된다. 표본크기는 보통 n으로 표기된다.

$$n=\sum_{k=1}^{N} a_k \tag{3.1.10}$$

예를 들어 크기 $N=5$인 모집단에서 표본 단위가 $\{2,4\}$라면 표본은 $a=\{a_1=0, a_2=1, a_3=0, a_4=1, a_5=0\}$으로 표기된다.

표집설계는 모집단에서 선정되는 가능한 표본에 선정확률을 부여하는 함수를 말한다.

정의 3.1.13. **표집설계** p는 모집단 U의 가능한 표본 a에 대해 다음을 만족하는 선정확률 $p(a)$를 부여한다.

(i) $0 < p(a) < 1$ (ii) $\sum_a p(a)=1$ (3.1.11)

여기에서 $\sum_a$는 가능한 표본 a에 대해 전부 더한다는 의미이다.

표집설계 p가 주어졌을 때 **표본공간** A_p는 표본 선정확률 $p(a)$가 양수인 모든 표본의 모임을 말한다.

$$A_p=\{a|p(a)>0\} \tag{3.1.12}$$

예제 3.1.1. 단순확률표집 설계

크기가 n인 모든 가능한 표본에는 동일한 선정확률을 부여하는 표집설계를 고려하자. 표본 $a=\{a_1,\dots,a_N\}$는 $\sum_{k=1}^{N} a_k = n$을 만족하고 개별 표본 a가 선정될 확률은 모두 $p(a)=1/\binom{N}{n}$이다. 그리고 가능한 표본의 수는 $\binom{N}{n}$개이다. 예를 들어 $U=\{1,2,3,4\}$에서 크기 $n=2$인 이러한 표본의 수는 $\binom{4}{2}=4!/(2!2!)=6$개이고 표본공간은 다음과 같다.

$$A_p = \{\{1,2\},\{1,3\},\{1,4\},\{2,3\},\{2,4\},\{3,4\}\}$$

표본공간에서 각 표본이 선정될 확률은 모두 동일하게 $p(a)=1/6$이다.

표집설계 p가 주어지면 단위 k가 표본에 포함될 가능성은 포함 기댓값 π_k로 나타낼 수 있다.

정의 3.1.14. 모집단 단위 k의 **1차 포함 기댓값** π_k는 다음과 같이 정의된다.

$$\pi_k = E(a_k) = \sum_{a \in A_p} a_k p(a), \quad k=1,\dots,N \tag{3.1.13}$$

따라서 단위 k의 1차 포함 기댓값 π_k는 한 표본에서 기대되는 단위 k의 상대 출현 빈도와 같다.

예제 3.1.2. 복원 단순확률표집

크기 $n=2$인 표본이 크기 $N=6$인 모집단에서 복원으로 선정된다고 하자. 첫 번째와 두 번째 표본 단위를 정하기 위해 6면체 주사위를 2번 던지면 총 36개의 다른 결과가 가능하다.

$$A_p = \{(1,1),(1,2),\dots,(6,6)\}$$

그리고 각 표본이 선택될 확률은 모두 $p(a)=1/36$이다. 이제 단위 $k=5$가 표본에 나타나는 확률을 계산해 보자. 5가 두 번 나타나는 표본은 $(5,5)$ 하나만 가능하고, 5가 한 번 나타나는 표본은 10개가 있다: $(1,5),(2,5),\dots,(5,6)$. 이를 제외한 다른 모든 표본에는 5가 포함되어 있지 않다. 따라서 단위 $k=5$의 1차 포함 기댓값은

$$\pi_5 = \frac{1}{36}(1\times 2 + 10\times 1 + 25\times 0) = 0.333$$

이 된다.

모든 표집설계는 1차, 2차 및 더 높은 차수의 포함 기댓값으로 특징지어질 수 있다. 모수 추정량을 구성하려면 1차 포함 기댓값이 필요하고, 추정량의 정밀도를 계산하려면 2차 포함 기댓값이 필요하다.

정의 3.1.15. 모집단 단위 $k,\ l(\neq k)$의 2차 포함 기댓값 π_{kl}는 다음과 같이 정의된다.

$$\pi_{kl} = E(a_k a_l) = \sum_{a\in A_p} a_k a_l p(a),\ \ k,l = 1,\ldots,N \tag{3.1.14}$$

따라서 단위 k,l의 2차 포함 기댓값 π_{kl}는 한 표본에서 단위 k,l의 기대되는 상대 출현 빈도와 같다.

예제 3.1.2. (계속)

앞의 예제로 돌아가서 단위 $k=3$과 $l=5$의 포함 기댓값을 구해보자. 3과 5를 모두 포함하는 표본은 $(3,5)$, $(5,3)$의 두 개뿐이다. 다른 표본에서는 $a_3=0$이거나 $a_5=0$이다. 따라서 단위 $k=3$과 $l=5$의 2차 포함확률은 $\pi_{35}=2/36$이다.

복원표집으로 난수를 생성하면 동일 숫자가 두 번 이상 발생할 수 있다. 그 결과 표본에 동일단위가 두 번 이상 선택될 수 있다. 이는 그 단위에 대한 측정을 반복하는 것을 의미하므로 실제적인 의미는 없다. 두 번 질문해도 답변은 다르지 않을 것이기 때문이다. 따라서 실제적으로는 비복원표집이 선호된다. **비복원표집**은 각 단위가 표본에 최대 한 번만 나타날 수 있는 표집 방법이다.

비복원표본을 선택하는 절차는 간단하다. 1부터 N의 범위에서 하나의 난수를 생성한다. 만일 이전에 선택된 번호가 생성되면 그 난수는 무시된다. 표본크기에 도달할 때까지 이 과정을 계속한다. 표본이 비복원으로 선정되면 모집단의 각 단위 k는 표본에 선정되거나 혹은 선정되지 않는 두 가지 가능성만 있다. 결과적으로, 지시자 $a_k=1$ 혹은 $a_k=0$만 가정할 수 있다. 단위 k의 포함 기댓값 π_k는 이제 단위 k가 표본에서 선택될 확률과 같다. 따라서 비복원표집에서는 1차 포함 기댓값 π_k을 **1차 포함확률**이라고 하고, 2차 포함 기댓값 π_{kl}은 단위 k와 l의 **2차 포함확률**이라고 한다.

예제 3.1.3. **비복원 단순확률표집**

크기 n인 비복원 단순확률표집 설계에서 단위 k를 포함하는 표본의 집합을 $A_k = \{a|a_k = 1\}$로 표기하자. 이 집합에 속하는 단순확률표본의 개수는 $\binom{N-1}{n-1}$개 있으므로 1차 포함확률 π_k는 다음으로 계산된다.

$$\pi_k = \sum_{a \in A_k} p(a) = \binom{N-1}{n-1} / \binom{N}{n} = \frac{n}{N}, \quad k = 1, \ldots, N \tag{3.1.15}$$

또한, 단위 $k, l (k \neq l)$을 포함하는 표본의 집합을 $A_{kl} = \{a|a_k = 1, a_l = 1\}$로 표기하면, 이 집합에 포함되는 단순확률표본의 개수는 $\binom{N-2}{n-2}$이다. 따라서

$$\pi_{kl} = \sum_{a \in A_{kl}} p(a) = \binom{N-2}{n-2} / \binom{N}{n} = \frac{n(n-1)}{N(N-1)}, \quad k \neq l = 1, \ldots, N \tag{3.1.16}$$

이 된다.

비복원 표집에서 표본지시자 a_k의 기댓값과 분산은 1차 포함확률로 표현될 수 있다. a_k는 1과 0의 값만 가능하므로 a_k의 기댓값은 다음과 같이 계산된다.

$$\begin{aligned} E(a_k) &= 1 \times \Pr(a_k = 1) + 0 \times \Pr(a_k = 0) \\ &= \sum_{a \in A_k} p(a) \\ &= \pi_k \end{aligned} \tag{3.1.17}$$

그리고 a_k의 분산은 다음과 같이 계산된다.

$$\begin{aligned} Var(a_k) &= E(a_k^2) - (E(a_k))^2 \\ &= E(a_k) - \pi_k^2 \\ &= \pi_k(1 - \pi_k) \end{aligned} \tag{3.1.18}$$

여기에서 $a_k^2 = a_k$임이 이용되었다.

마찬가지로 표본지시자 a_k와 a_l의 공분산은 2차 포함확률로 표현될 수 있다. 표본지시자의 곱 $a_k a_l$은 1과 0의 값만 가능하므로 $a_k a_l$의 기댓값은 다음과 같이 계산된다.

$$
\begin{aligned}
E(a_k a_l) &= 1 \times \Pr(a_k = 1, a_l = 1) + 0 \times \Pr(a_k = 0 \text{ 또는 } a_l = 0) \\
&= \sum_{a \in A_{kl}} p(a) \\
&= \pi_{kl}
\end{aligned}
$$

따라서 서로 다른 $k \neq l$에 대해서

$$
Cov(a_k, a_l) = E(a_k a_l) - E(a_k)E(a_l) = \pi_{kl} - \pi_k \pi_l \tag{3.1.19}
$$

이 성립한다.

가능한 모든 표본의 크기가 동일한 표집설계를 **고정크기 표집설계**라고 한다. 따라서 표본크기가 n인 고정크기 설계에서는 모든 표본에 대해서 다음이 성립한다.

$$
a_1 + a_2 + \dots + a_N = n
$$

이 사실로부터 양변에 기댓값을 취하여 포함확률의 합은 표본수가 됨을 보일 수 있다.

$$
n = E(\sum_{k=1}^{N} a_k) = \sum_{k=1}^{N} E(a_k) = \sum_{k=1}^{N} \pi_k \tag{3.1.20}
$$

또한 양변에 a_k를 곱한 후 기댓값을 취하면 1차 포함확률과 2차 포함확률의 관계를 유도할 수 있다.

$$
\sum_{l(\neq k)}^{N} \pi_{kl} = (n-1)\pi_k \tag{3.1.21}
$$

마지막으로 $n^2 = \sum_{k=1}^{N} a_k^2 + \sum_{k \neq l} a_k a_l$로부터 양변에 기댓값을 취하여 2차 포함확률의 합을 구할 수 있다.

$$
\sum_{k=1}^{N} \sum_{k(\neq l)}^{N} \pi_{kl} = n^2 - n = n(n-1) \tag{3.1.22}
$$

모집단의 각 구성단위가 양수의 포함확률을 갖는 설계를 **확률표집설계**라고 한다. 즉, 확률표집설계에서는

$$\pi_k > 0,\ \ k = 1, \ldots, N$$

이 성립한다. 확률표집설계에 의하여 선정된 표본을 **확률표본**이라고 한다. 확률표집설계가 아닌 표집설계를 **비확률표집설계**라고 한다. 비확률표집설계에서는 모집단의 일부 단위에서 $\pi_k = 0$이 된다.

3.1.3 추정

모집단 모수의 추정은 표본에서 수집된 정보를 기반으로 한다. 조사변수 값은 지시자 a_k가 양수인 단위에서만 측정된다. 표본에서 조사된 조사변수 값을 **표본데이터**라고 한다. 모집단 조사변수 값이 대문자로 표기되는 것과 구분하기 위하여 크기 n인 표본데이터는 소문자로 표기한다.

$$y_1, y_2, \cdots, y_n$$

각 y_k는 조사변수 $Y_1, Y_2, \ldots, Y_N$ 중 하나의 값을 취한다.

비복원 설계에서는 표본값이 모두 다른 조사변수의 값을 갖는 반면, 복원 설계에서는 일부 조사변수의 값을 중복해서 가질 수도 있다. 표본에서 보조변수가 측정된 경우 유사한 표기법을 사용한다. 따라서 보조변수 X의 표본값은 다음과 같이 표기된다.

$$x_1, x_2, \ldots, x_n$$

1) 추정량

표본데이터는 모집단 모수를 추정하는 데 사용된다. 이러한 모수추정치를 계산하는 알고리즘을 **추정량**이라고 한다. 추정량을 정의하기 전에 먼저 통계량을 정의하자. **통계량**은 조사변수 Y의 표본데이터 $\{y_1, \ldots, y_n\}$에만 의존하는 실수값 함수를 말한다. 일부 통계량은 보조변수 X의 표본데이터 $\{x_1, \ldots, x_n\}$와 일부 모집단 모수에 의존하기도 한다. 통계량에 대한 기본적인 예로 **표본평균**과 **표본분산**을 정의한다.

정의 3.1.16. 조사변수 Y의 **표본평균** $\overline{y}_n$은 다음과 같이 정의한다.

$$\overline{y}_n = \frac{1}{n} \sum_{k=1}^{n} y_k \tag{3.1.23}$$

표본평균은 표본데이터를 전부 더한 후 표본크기로 나누어 계산한다.

정의 3.1.17. 조사변수 Y의 **표본분산** s_n^2은 다음과 같이 정의한다.

$$s_n^2 = \frac{1}{n-1}\sum_{k=1}^{n}(y_k - \overline{y}_n)^2 \tag{3.1.24}$$

표본분산은 각 표본 값에서 표본평균을 뺀 차이의 제곱을 더한 후 $(n-1)$로 나누어 계산한다.

표본평균과 표본분산의 정의는 모집단 평균과 조정된 모집단 분산의 정의와 유사하다. 하지만 모집단 모수는 모집단의 모든 값이 사용되는 반면 표본 통계량은 표본데이터로 계산된다는 차이가 있다.

정의 3.1.18. 모집단 모수 θ를 추정하는 데 사용되는 통계량 $\hat{\theta}$를 모수 θ에 대한 **추정량**이라고 한다. 통계량이 표본데이터의 함수이므로 추정량은 모수 θ를 추정하는 표본데이터의 함수 $\hat{\theta}= \hat{\theta}(y_1,\dots,y_n)$이다. 개별 표본데이터에서 계산한 추정량의 값을 **추정치**라고 한다.

추정량은 표본데이터의 함수이므로 표본이 다르면 추정치는 달라진다. 동일한 표집설계에서 모든 가능한 표본에서 계산한 추정치의 분포를 추정량 $\hat{\theta}$의 **표집분포**라고 한다. 추정량 $\hat{\theta}$의 성능은 표집설계에 의해 결정된다. 표집설계 p와 추정량 $\hat{\theta}$의 조합을 **표집전략** $(p,\hat{\theta})$이라고 한다.

2) 추정량의 성질

추정량의 성능을 평가하는 데에는 기댓값, 편향, 분산 그리고 평균제곱오차의 네 가지 측도가 주로 사용된다.

정의 3.1.19. 모집단 모수 θ에 대한 **추정량 $\hat{\theta}$의 기댓값**은 표집전략 $(p,\hat{\theta})$하에서 다음과 같이 정의된다.

$$E(\hat{\theta}) = \sum_{a\in A_p}\hat{\theta}(a)p(a) \tag{3.1.25}$$

따라서 추정량의 기댓값은 가능한 표본의 추정치 $\hat{\theta}(a)$에 선정확률 $p(a)$를 곱한 후 합산하여 얻는다. 기댓값은 추정치들의 가중 평균으로 볼 수 있으며, 여기서 사용된 가중치는 표본선정 확률이다.

정의 3.1.20. 표집전략 $(p, \hat{\theta})$하에서 모수 θ에 대한 추정량 $\hat{\theta}$이

$$E(\hat{\theta}) = \theta$$

인 경우 편향되지 않은 추정량, 간단히 **비편향 추정량**이라고 한다.

추정량의 바람직한 성질 중 하나는 추정량이 비편향이거나 근사적으로 비편향인 것이다. 만일 가능한 모든 표본에서 계산한 추정치의 평균이 모수의 값과 같으면 그 추정량은 **비편향**이라고 한다. 비편향 추정량을 사용하면 평균적으로 모수값을 지향하므로 체계적인 과소추정이나 과대추정은 방지된다. 추정량의 편향은 추정량의 평균과 모수 실제값의 차이로 정의된다.

정의 3.1.21. 표집전략 $(p, \hat{\theta})$하에서 모수 θ에 대한 추정량 $\hat{\theta}$의 **편향**은 다음으로 정의된다.

$$B(\hat{\theta}) = E(\hat{\theta}) - \theta \tag{3.1.26}$$

비편향 추정량은 편향이 0인 추정량이다.

추정량의 또 다른 바람직한 성질은 표집분포가 평균에 대해 가능한 한 가깝게 집중되어 있어야 한다는 것이다. 추정량의 표집오차는 **표집분산**으로 측정된다. 표집분산이 작은 추정량을 **정밀**하다고 한다. 추정량은 정밀하지만 편향될 수 있다. **정확도**는 추정량의 **편향**과 **정밀도**를 모두 측정한 것이다. 정확한 추정량은 정밀도가 좋고 편향이 거의 없다.

정의 3.1.22. 표집전략 $(p, \hat{\theta})$하에서 추정량 $\hat{\theta}$의 **분산**은 다음으로 정의된다.

$$Var(\hat{\theta}) = E[(\hat{\theta} - E(\hat{\theta}))^2] = \sum_{a \in A_p} (\hat{\theta}(a) - E(\hat{\theta}))^2 p(a) \tag{3.1.27}$$

분산은 추정치들의 변동 정도를 나타내는 지표이다. 추정치들이 서로 가까우면 분산은 작게 나타나고, 추정치들의 차이가 크면 분산은 크게 나타난다. 분산의 측정 단위는 조사변수 측정 단위의 제곱이다. 예를 들어 조사변수 Y가 금액을 100원으로 측정하는 경우 분산의 단위는 100원의 제곱인 만 원이다. 조사변수와 단위를 일치시키기 위하여 **표준오차**가 종종 평가지표로 사용된다.

정의 3.1.23. 표집전략 $(p, \hat{\theta})$하에서 추정량 $\hat{\theta}$의 **표준오차**는 분산의 제곱근으로 정의된다.

$$SE(\hat{\theta}) = \sqrt{Var(\hat{\theta})} \tag{3.1.28}$$

표준오차는 단순히 분산의 제곱근이다. 추정량은 분산(또는 표준오차)이 작으면 **정밀**하다고 한다. 추정량이 편향되지 않고 정밀하면 **성능**이 좋다고 한다. 이러한 조건이 충족되면 추정치는 항상 모집단 모수값에 가까울 것이다. 추정량의 두 가지 측면을 동시에 측정하는 이론적인 지표가 **평균제곱오차**이다.

정의 3.1.24. 표집전략 $(p, \hat{\theta})$하에서 추정량 $\hat{\theta}$의 **평균제곱오차**는 다음과 같이 정의된다.

$$MSE(\hat{\theta}) = E(\hat{\theta} - \theta)^2 \tag{3.1.29}$$

평균제곱오차는 추정량과 모수값의 차이 제곱의 기댓값이다.

평균제곱오차가 작으면 모든 추정치가 모수에 가까울 것이다. 식 (3.1.29)를 풀면 다음으로 쓸 수 있다.

$$MSE(\hat{\theta}) = Var(\hat{\theta}) + B^2(\hat{\theta}) \tag{3.1.30}$$

이 식에서 작은 평균제곱오차는 작은 편향과 작은 분산을 동시에 의미함을 알 수 있다. 따라서 평균제곱오차가 작은 추정량이 성능이 우수한 추정량이다. 편향되지 않은 추정량의 경우 편향 성분이 사라지므로 결과적으로 평균제곱오차는 분산과 같아진다.

표준오차가 작은 추정량이 좋은 추정량이지만 어느 정도 작아야 하는가에 대해서는 기준을 말하기 쉽지 않다. 표준오차는 단위에 의존하는 지표이기 때문이다. 단위 변환을 하면 표준오차의 크기도 달라진다. 표준오차를 추정량의 기댓값으로 나누면 단위로부터 자유로워진다. 이러한 평가지표를 **상대표준오차**라고 한다.

정의 3.1.25. 표집전략 $(p, \hat{\theta})$하에서 추정량 $\hat{\theta}$의 **상대표준오차**는 다음과 같이 정의된다. 상대표준오차는 보통 백분율로 나타낸다.

$$CV(\hat{\theta}) = \frac{\sqrt{Var(\hat{\theta})}}{E(\hat{\theta})} \times 100 \tag{3.1.31}$$

상대표준오차는 단위의 영향을 받지 않기 때문에 추정량의 단위가 다르더라도 성능 비교가 가능하다. 추정량의 상대표준오차의 크기 기준으로 보통 5%, 10%를 사용한다. 상대표준오차는 **변동계수** 혹은 **변이계수**라고도 한다.

3) 신뢰구간

표준오차 값의 크기는 실제 상황에서 해석이 쉽지 않다. 표준오차의 값으로 추정량의 성능을 어떻게 평가할 것인가? 네이만(1934)은 추정량의 정확도에 대해 의미 있는 지표인 신뢰구간을 제안하였다. 신뢰구간은 미지의 모수에 대한 랜덤 구간으로 모수를 포함할 확률이 명시된다.

정의 3.1.26. 주어진 표집전략하에서 $100(1-\alpha)\%$ **신뢰구간**은 미지의 모수를 포함하는 랜덤 구간으로, 해당 구간이 미지의 모수값을 포함할 확률이 $(1-\alpha)$가 되도록 구성된다. 여기에서 확률 $(1-\alpha)$는 **신뢰수준**이라고 하고, 구간의 상한과 하한은 모두 표본데이터로 계산된다.

신뢰수준에서 α값은 종종 $\alpha=0.05$로 설정되는데, 이는 신뢰수준이 95%임을 의미한다. 95%의 신뢰수준은 다음과 같이 해석될 수 있다. 주어진 표집전략하에서 표본선정과 추정치 계산은 여러 번 반복될 수 있다. 그리고 그때마다 신뢰구간이 다르게 만들어진다. 95% 신뢰수준의 의미는 이렇게 반복적으로 만들어진 100개의 신뢰구간 중 평균적으로 95개의 신뢰구간이 실제 모수값을 포함한다는 의미이다. 다르게 말하면 5%의 경우에서 신뢰구간에 실제 모수값이 포함되지 않는다. 결국, 95% 신뢰수준에서는 평균적으로 20개의 경우 중 19개 경우는 올바른 결론에 도달하고, 나머지 1개의 경우는 잘못된 결론에 도달한다.

일반적으로 신뢰구간의 구축은 **중심극한정리**를 기반으로 한다. 표집전략 $(p,\hat{\theta})$하에서 추정량 $\hat{\theta}$의 표준화된 통계량이 근사적으로 표준정규분포를 따른다고 가정하자. 즉,

$$\frac{\hat{\theta}-\theta}{se(\hat{\theta})} \sim N(0,1)$$

여기에서 $se(\hat{\theta})=\sqrt{\widehat{Var}(\hat{\theta})}$는 추정량 $\hat{\theta}$의 표준오차 추정량이다. 위 가정이 맞으면

$$\Pr\left\{-z_{1-\alpha/2} \leqq \frac{\hat{\theta}-\theta}{se(\hat{\theta})} \leqq z_{1-\alpha/2}\right\} \approx 0.95$$

가 성립되므로 $100(1-\alpha/2)\%$ 신뢰구간은 다음과 같이 구해진다.

$$(\hat{\theta}-z_{1-\alpha/2}\times se(\hat{\theta}),\ \hat{\theta}+z_{1-\alpha/2}\times se(\hat{\theta})) \tag{3.1.32}$$

여기에서 $z_{1-\alpha/2}$는 표준정규분포에서 $100(1-\alpha/2)\%$ 분위수 값이다. 조사에서 $\alpha=0.05$가 선택되면 $z_{1-0.05/2}=1.96$이다.

신뢰수준은 자유롭게 선택할 수 있다. 더 신뢰할 수 있는 결론을 내리려면 신뢰수준을 더 높이면 된다. 예를 들면 $\alpha = 0.01$ 값을 고려하면 신뢰수준은 99%로 높아지고 신뢰구간은 다음과 구해진다.

$$(\hat{\theta}-2.58\times se(\hat{\theta}),\ \hat{\theta}+2.58\times se(\hat{\theta})) \tag{3.1.33}$$

신뢰수준 95%의 신뢰구간과 99%의 신뢰구간의 폭의 길이를 비교하면 99%의 신뢰구간이 더 길다. 즉, 더 신뢰할 수 있는 결론에 도달하기 위해서는 더 넓은 신뢰구간을 사용하는 대가를 치러야 한다. 신뢰성과 정확성은 상호 보완관계이다. 동일한 표본수에서 신뢰수준을 높이면 신뢰구간이 길이가 길어지므로 상대적으로 정확도가 떨어지고, 반대로 정확도를 높이려면 신뢰구간의 길이가 짧아져야 하므로 신뢰수준이 상대적으로 낮아진다. 일반적으로 표본수가 증가하면 동일한 신뢰수준에서 신뢰구간의 길이가 짧아지므로 신뢰성과 정확성을 동시에 높이는 방법이 된다.

95% 신뢰수준에서 신뢰구간 길이의 절반을 **오차한계(MOE)**[150]라고 한다. 표본수가 충분히 크면 표준화된 통계량이 표준정규분포를 따른다고 가정할 수 있으므로, 오차한계는 다음으로 정의된다.

$$MOE=1.96\times SE(\hat{\theta})=1.96\times\sqrt{Var(\hat{\theta})} \tag{3.1.34}$$

실제 상황에서는 추정량의 분산의 크기를 알 수 없으므로 이전 조사나 다른 외부 출처 정보를 이용하여 추정된 분산값 $\widehat{Var}(\hat{\theta})$을 이용한다. 그리고 1.96은 대략 2로 근사하여 추정된 오차한계를 사용한다.

$$\widehat{MOE}=2\times se(\hat{\theta})=2\times\sqrt{\widehat{Var}(\hat{\theta})} \tag{3.1.35}$$

4) 통계적 효율성

하나의 표집전략이 다른 표집전략보다 **효율적**이라는 말은 그 전략의 추정량 표집분산이 다른 전략의 추정량 표집분산보다 더 작다는 의미이다. 이러한 유형의 효율성을 다른 유형과

150) Margin of Error, MOE

혼동하지 않도록 **통계적 효율성**이라고 한다. 통계적 효율성은 다른 가능한 설계를 비교할 때 중요한 고려사항이다. 한 설계가 더 작은 표본크기를 사용하여 개선되거나 동등한 정밀도를 제공할 수 있다면 상당한 비용을 절감할 수 있기 때문이다.

표집전략의 효율성은 보통 단순확률표집을 기준으로 한다. 예를 들어 모평균 추정의 효율성을 비교한다고 하자. 기준 표집전략은 단순확률표집 p_{srs}과 모평균 추정량인 표본평균 $\overline{y}_n$이다. 비교 대상인 표집전략의 복합설계를 $p_{complex}$로 표기하고 대응하는 모평균 추정량을 $\hat{\overline{Y}}_{complex}$로 표기하자. 그러면 두 표집전략의 분산비는

$$Deff = \frac{Var(\hat{\overline{Y}}_{compelx})}{Var(\overline{y}_n)} \tag{3.1.36}$$

이다. 이 분산비를 **설계효과**라고 한다. 설계효과가 1보다 작으면 대응 표집전략이 더 효율적인 전략이고, 그렇지 않고 설계효과가 1보다 크면 대응 표집전략이 덜 효율적인 전략이다.

3.1.4 호르비쯔-톰슨 추정량

조사결과의 정확성은 표집설계와 추정량의 조합에 의해 결정되며, 적절한 표집전략의 선택은 매우 중요하다. 일반적으로 표집설계가 모집단, 조사 환경, 조사 체계 등을 고려하여 먼저 결정되고, 그 후에 결정된 표집설계에 대응하는 추정량을 찾는다. 추정량에 부여되는 기본적인 성질은 선형성과 비편향성이다. 즉, 임의의 표집설계가 주어졌을 때 추정량은 표본데이터의 선형 조합인 형태이기를 희망하고, 또한 모수에 대해 비편향이기를 원한다. 모총계 추정에서 이러한 조건을 충족시키는 추정량이 호르비쯔와 톰슨(1952)에 의해서 개발되었으며, 그들의 이름을 따서 **호르비쯔-톰슨 추정량**이라고 한다. 임의의 표집설계에 대해 이러한 추정량은 항상 가능하다.

정의 3.1.27. 1차 포함확률 π_k $(k=1,...,N)$이 모두 양수인 표집설계 p를 고려하자. 그리고 이 표집설계에 의하여 선택된 표본을 지시자 $a=(a_1,a_2,...,a_N)$로 표기하자. 그러면 조사변수 Y의 모집단 총계 $T_y=\sum_{k=1}^{N} Y_k$에 대한 **호르비쯔-톰슨 추정량**은 다음과 같이 정의된다.

$$\hat{T}_{HT} = \sum_{k=1}^{N} a_k \frac{Y_k}{\pi_k} \tag{3.1.37}$$

호르비쯔-톰슨 추정량은 모든 k에 대하여 $\pi_k > 0$인 경우 편향되지 않은 추정량이다. 호르비쯔-톰슨 추정량의 비편향성과 분산은 다음과 같이 보일 수 있다.

정리 3.1.28. 확률표집설계에서 호르비쯔-톰슨 추정량 $\hat{T}_{HT}$을 고려하자.

(1) 추정량 $\hat{T}_{HT}$은 모총계의 비편향 추정량이다.

(2) 추정량 $\hat{T}_{HT}$의 분산은 다음과 같다.

$$Var(\hat{T}_{HT}) = \sum_{k=1}^{N}\sum_{l=1}^{N}(\pi_{kl} - \pi_k\pi_l)\frac{Y_k}{\pi_k}\frac{Y_l}{\pi_l} \tag{3.1.38}$$

여기에서 $\pi_{kk} = \pi_k$이다.

증명 (1) 정의에 의하면 $\pi_k = E(a_k)$이므로,

$$E(\hat{T}_{HT}) = \sum_{k=1}^{N} E(a_k)\frac{Y_k}{\pi_k} = \sum_{k=1}^{N}\pi_k\frac{Y_k}{\pi_k} = T_y$$

이다.

(2)
$$\begin{aligned} Var(\hat{T}_{HT}) &= \sum_{k=1}^{N} Var(a_k)\frac{Y_k^2}{\pi_k^2} + \sum_{k \neq l} Cov(a_k, a_l)\frac{Y_k}{\pi_k}\frac{Y_l}{\pi_l} \\ &= \sum_{k=1}^{N}(1-\pi_k)\frac{Y_k^2}{\pi_k} + \sum_{k \neq l}(\pi_{kl} - \pi_k\pi_l)\frac{Y_k}{\pi_k}\frac{Y_l}{\pi_l} \\ &= \sum_{k=1}^{N}\sum_{l=1}^{N}(\pi_{kl} - \pi_k\pi_l)\frac{Y_k}{\pi_k}\frac{Y_l}{\pi_l} \end{aligned}$$

표본수가 n인 고정크기 표집설계에서 식 (3.1.38)의 분산식은 다음과 같이 바꿔쓸 수 있다.

$$Var(\hat{T}_{HT}) = -\frac{1}{2}\sum_{k=1}^{N}\sum_{l=1}^{N}(\pi_{kl} - \pi_k\pi_l)\left(\frac{Y_k}{\pi_k} - \frac{Y_l}{\pi_l}\right)^2 \tag{3.1.39}$$

식 (3.1.39)에서 조사변수의 값 Y_k와 포함확률 π_k가 비례하면 호르비쯔-톰슨 추정량의 분산은 작아지고, Y_k/π_k 비율이 비슷하면 분산은 거의 0에 가까운 값이 된다. 호르비쯔-톰슨 추정량이 전달하는 중요한 메시지는 균등추출확률로 표본을 뽑는 것이 자명한 사실은 아니라는 것이다. 균등확률 표집은 이해하기 쉽고 구현이 간단할 수 있지만, 불균등확률 표집설계를 사용하면 더 정밀한 추정량을 만들어낼 수 있다.

정리 3.1.29. 고정크기 표집설계하에서 만일 모든 k,l에 대하여 $\pi_{kl} > 0$이면, 호르비쯔-톰슨 추정량의 비편향 분산 추정량은 다음과 같이 주어진다.

$$\widehat{Var}(\hat{T}_{HT}) = -\frac{1}{2}\sum_{k=1}^{n}\sum_{l=1}^{n}\frac{(\pi_{kl}-\pi_k\pi_l)}{\pi_{kl}}\left(\frac{y_k}{\pi_k}-\frac{y_l}{\pi_l}\right)^2 \quad (3.1.40)$$

여기에서 $\pi_{kk} = \pi_k$이다.

예제 3.1.4. 비복원 단순확률표집

크기 n인 비복원 단순확률표집에서 포함확률은 다음과 같다.

$$\pi_k = \frac{n}{N} = f, \ \pi_{kl} = \frac{n}{N}\frac{n-1}{N-1} = f\frac{n-1}{N-1}, \ (k \neq l)$$

또한

$$\pi_{kl} - \pi_k\pi_l = -\frac{1}{N-1}f(1-f), \ \frac{\pi_{kl}-\pi_k\pi_l}{\pi_{kl}} = -\frac{1-f}{n-1}$$

여기에서 $f = n/N$는 표집비율이다.
먼저 모총계의 호르비쯔-톰슨 추정량을 구하면 다음과 같다.

$$\hat{T}_{HT} = \sum_{k=1}^{n}\frac{y_k}{\pi_k} = N\bar{y}_n$$

그리고 분산은 다음과 같이 계산된다.

$$Var(\widehat{T_{HT}}) = \sum_{k=1}^{N}\sum_{l=1}^{N}(\pi_{kl}-\pi_k\pi_l)\frac{Y_k}{\pi_k}\frac{Y_l}{\pi_l} = N^2(\frac{1-f}{n})S_y^2 \quad (3.1.41)$$

또한 비편향 분산 추정량은 다음과 같이 구해진다.

$$\widehat{Var}(\hat{T}_{HT}) = -\frac{1}{2}\sum_{k=1}^{n}\sum_{l(\neq k)}^{n}\frac{(\pi_{kl}-\pi_k\pi_l)}{\pi_{kl}}\left(\frac{y_k}{\pi_k}-\frac{y_l}{\pi_l}\right)^2 = N^2\frac{1-f}{n}s_n^2 \quad (3.1.42)$$

문헌에 따라서는 호르비쯔-톰슨 추정량에 포함확률 π가 포함되므로 이를 강조하여 **π추정량**으로 표현하기도 한다.

3.1.5 복원표집

표본선정에서 이전에 뽑은 단위를 다시 모집단에 되돌려 놓은 후 다음 단위를 뽑는 표집을 **복원표집**이라고 한다. 복원표집을 다루는 이유는 다음과 같다. 첫째, 복원표집에 기초한 추정량의 형태가 간단하고, 통계적 성질이 간명하기에 이론 전개가 쉽다. 둘째, 일반적으로 복원표집의 분산이 비복원표집의 분산보다 더 크므로 비복원표집의 분산추정량을 구하기 어려울 때, 복원표집의 분산추정량을 종종 대안으로 사용한다.

모집단 구성단위에 부여되는 단위 추출확률을 p_k로 표기하자.

$$p_k,\ \ k=1,\ldots,N,\ \ \sum_{k=1}^{N} p_k = 1 \tag{3.1.43}$$

먼저 N개의 개별 단위에 부여된 추출확률 p_k에 근거하여 하나의 단위를 확률적으로 선택한다. k_1이 선택되었고 대응하는 조사변수 값을 Y_{k_1}이라고 하자. 앞에서와 마찬가지로 표현을 간단히 하기 위하여 표본데이터는 소문자로 표기하자. 첫 번째 표본데이터는 $Y_{k_1}=y_1$으로 나타낸다. 다음, 선택된 k_1을 모집단에 되돌려 놓는다. 그리고 첫 번째 추출과 동일한 추출을 다시 한번 반복한다. 이러한 추출을 독립적으로 n번 반복하여 복원표본을 얻는다.

$$y_1,\cdots,y_n$$

개별 표본 y_k는 모집단 조사변수 값 $Y_1,\ldots,Y_N$ 중 한 값을 취하며, 중복하여 값을 취할 수도 있다.

복원표집에서는 독립적인 단위 선정을 n번 반복하는 것이므로 각 선정에서 모총계 추정량을 구하고, 구해진 n개 추정량의 평균으로 모총계를 추정할 수 있다. 다음과 같은 복원 추정량을 고려하자.

$$\hat{T}_{WR} = \frac{1}{n}\sum_{k=1}^{n}\frac{y_k}{p_k} \tag{3.1.44}$$

정리 3.1.30. 복원표집에서 추정량 $\hat{T}_{WR}$를 고려하자.

(1) 추정량 $\hat{T}_{WR}$는 모총계 T_y의 비편향 추정량이다.

(2) 추정량 $\hat{T}_{WR}$의 분산은 다음과 같다.

$$Var(\hat{T}_{WR}) = \frac{1}{n}\sum_{k=1}^{N}(\frac{Y_k}{p_k} - T_y)^2 p_k \qquad (3.1.45)$$

(3) 추정량 $\hat{T}_{WR}$의 비편향 분산추정량은 다음으로 주어진다.

$$\widehat{Var}(\hat{T}_{WR}) = \frac{1}{n}\frac{1}{n-1}\sum_{k=1}^{n}(\frac{y_k}{p_k} - \frac{1}{n}\sum_{k=1}^{n}\frac{y_k}{p_k})^2 \qquad (3.1.46)$$

증명 복원표집에서는 각 추출이 독립적으로 이루어지므로 $y_1/p_1, \dots, y_n/p_n$은 서로 독립이고 동일한 분포를 따른다. 먼저 y_1/p_1의 기댓값은 모총계가 된다.

$$E(\frac{y_1}{p_1}) = \sum_{k=1}^{N}\frac{Y_k}{p_k}p_k = T_y$$

그리고 분산은 다음과 같다.

$$Var(\frac{y_1}{p_1}) = \sum_{k=1}^{N}(\frac{Y_k}{p_k} - T_y)^2 p_k \quad (\equiv V_0)$$

따라서

(1) $E(\hat{T}_{WR}) = \frac{1}{n}\sum_{k=1}^{n}E\left(\frac{y_k}{p_k}\right) = \frac{1}{n}\sum_{k=1}^{n}T_y = T_y$

(2) $Var(\hat{T}_{WR}) = \frac{1}{n^2}\sum_{k=1}^{n}Var\left(\frac{y_k}{p_k}\right) = \frac{1}{n}\sum_{k=1}^{N}(\frac{Y_k}{p_k} - T_y)^2 p_k$

통계량 $y_1/p_1, \dots, y_n/p_n$의 표본분산을 고려하자.

$$s_n^2 = \frac{1}{n-1}\sum_{k=1}^{n}(\frac{y_k}{p_k} - \frac{1}{n}\sum_{k=1}^{n}\frac{y_k}{p_k})^2$$

그리고 표본분산 s_n^2의 기댓값을 구하자. 즉,

$$
\begin{aligned}
E(s_n^2) &= \frac{1}{n-1}E\left(\sum_{k=1}^{n}(\frac{y_k}{p_k})^2 - n\hat{T}_{WR}^2\right) \\
&= \frac{1}{n-1}\left(\sum_{k=1}^{n}[Var(\frac{y_k}{p_k}) + E^2(\frac{y_k}{p_k})] - n[Var(\hat{T}_{WR}) + E^2(\hat{T}_{WR})]\right) \\
&= \frac{1}{n-1}(nV_0 + nT^2 - V_0 - nT^2) \\
&= V_0
\end{aligned}
$$

따라서 s_n^2은 V_0의 비편향 추정량이다. 그러므로 s_n^2/n은 V_0/n의 비편향 추정량이 된다. 즉,

$$
\widehat{Var}(\hat{T}_{WR}) = \frac{1}{n}\frac{1}{n-1}\sum_{k=1}^{n}(\frac{y_k}{p_k} - \frac{1}{n}\sum_{k=1}^{n}\frac{y_k}{p_k})^2
$$

예제 3.1.5. 복원 단순확률표집

복원 단순확률표집에서 n개의 표본데이터, $\{y_1, \dots, y_n\}$를 선정하였다고 하자. 각 단위의 추출 확률은 $p_k = 1/N$이므로 모총계 추정량은 다음으로 계산된다.

$$
\hat{T}_{WR} = \frac{1}{n}\sum_{k=1}^{n}\frac{y_k}{p_k} = \frac{N}{n}\sum_{k=1}^{n}y_k = N\bar{y}_n
$$

그리고 분산은 다음과 같이 계산된다.

$$
Var(\hat{T}_{WR}) = \frac{N^2}{n^2}\sum_{k=1}^{n}Var(y_k) = \frac{N^2}{n}\frac{1}{N}\sum_{k=1}^{N}(Y_k - \frac{1}{N}\sum_{k=1}^{N}Y_k)^2 = \frac{N(N-1)}{n}S_y^2
$$

또한 비편향 분산추정량은 다음과 같다.

$$
\begin{aligned}
\widehat{Var}(\hat{T}_{WR}) &= \frac{1}{n}\frac{1}{n-1}\sum_{k=1}^{n}(\frac{y_k}{1/N} - \hat{T}_{WR})^2 \\
&= \frac{N^2}{n}\frac{1}{n-1}\sum_{k=1}^{n}(y_k - \bar{y}_n)^2 \\
&= N^2\frac{s_n^2}{n}
\end{aligned}
$$

만일 양수의 보조변수 x_k가 있다고 가정하자.

$$\{x_1, ..., x_N\}, \ x_k > 0, \ k = 1, ..., N$$

그리고 보조변수 x_k는 조사변수 y와 비례한다고 하자.

$$x_k \propto y_k, \ k = 1, ..., N$$

그러면 보조변수 x_k를 표준화하여 합이 1이 되도록 **크기 측도** p_k를 만들 수 있다.

$$p_k = x_k / \sum_{k=1}^{N} x_k, \quad k = 1, ..., N. \tag{3.1.47}$$

크기 측도 p_k를 단위 추출확률로 지정한 후 각 단위에 부여하고 이를 이용하여 복원확률표집을 하자. 이러한 표집을 복원 **크기비례 확률표집**이라고 한다.

3.1.6 기술적 추론과 해석적 추론

확률표집에 기반한 설계기반 추론은 기술적 추론[151]과 해석적 추론[152]으로 구분할 수 있다. **기술적 추론**은 정의된 유한모집단의 모집단 특성치에 관한 추론이며, 표집으로 인한 측정 가능한 불확실성으로 추론의 효율성을 설명한다. **해석적 추론**은 조사변수 간의 관계를 탐구하거나, 변수 간의 관계에서 인과관계를 파악하기 위한 추론이다. 그리고 기술적 추론과 해석적 추론을 통합하기 위하여 **초모집단 모형**[153]의 개념이 도입되었다[154].

유한모집단과 초모집단 모형의 관계를 회귀모형을 통해 살펴보자. 초모집단 모형은 설명변수 X와 조사변수 Y의 관계를 설명하는 회귀모형이다.

$$Y = \beta_0 + \beta_1 X + \epsilon$$

여기에서 β_0, β_1은 미지의 회귀계수이고 ϵ은 확률오차이며 (X, Y)는 보조변수와 조사변수이다. 초모집단에서 두 변수의 연관성을 설명하는 회귀계수 β_1에 대한 추론은 **해석적 추론**이다.

151) 기술적 추론(descriptive inference)
152) 해석적 추론(analytical inference)
153) 초모집단 모형(super-population model)
154) Hartley and Sielken 1975.

초모집단에서 N개의 데이터가 확률적으로 생성되었다고 하자.

$$(X_k, Y_k),\ \ k = 1, \dots, N$$

이렇게 생성된 N개의 데이터가 **유한모집단**을 구성한다고 간주한다. 유한모집단에 N개 쌍의 데이터가 관측되면 최소제곱법을 이용하여 회귀계수 β_1의 최소제곱추정치 B_1을 계산할 것이다.

$$B_1 = \frac{\sum_{k=1}^{N}(X_k - \overline{X})(Y_k - \overline{Y})}{\sum_{k=1}^{N}(X_k - \overline{X})^2} \tag{3.1.48}$$

그런데 센서스가 아닌 표본조사에서 B_1은 계산 가능한 값이 아니다. 대신 유한모집단에서 표집설계에 의하여 확률표본을 선정한다고 하자.

$$(x_k, y_k),\ \ k = 1, \dots, n$$

그러면 표본데이터 (x_k, y_k)에 기초하여 유한모집단 특성값 B_1을 추정할 수 있다. 유한모집단 특성값 B_1에 대한 추론이 **기술적 추론**에 해당한다. 기술적 추론에서는 유한모집단 총계 $T = \sum_{k=1}^{N} Y_k$나 모평균 $\overline{Y} = T/N$ 같은 유한모집단 특성치에 대한 추론에 집중한다. 기술적 추론에서 기본적인 추정방법은 표집설계에 기반한 π추정법이다. 모집단 단위 k에서 포함확률의 역수 $w_k = 1/\pi_k$를 **표집가중치** 혹은 **설계가중치**라고 하고, 설계가중치를 이용하면 모총계 추정량은 다음과 같이 표현된다.

$$\hat{T}_w = \sum_{k=1}^{n} w_k y_k \tag{3.1.49}$$

초모집단 모형 프레임워크 내에서 기술적 추론과 해석적 추론은 통합될 수 있다. 먼저 초모집단 모형 가정하에서 회귀계수 β_1은 B_1으로 최소제곱추정하고, 그 후 B_1은 표본데이터를 이용하여 π추정한다. B_1을 π추정하기 위해서는 B_1을 모총계의 함수로 만든 후 각 모총계를 π추정한 후 함수에 대입한다. 좀 더 구체적으로 설명하자면, B_1을 5개 모총계의 함수로 표현한다.

$$B_1 = \frac{\sum_{k=1}^{N} X_k Y_k - T_X T_Y / N}{\sum_{k=1}^{N} X_k^2 - T_X^2 / N} = f(T_{XY}, T_{X^2}, T_X, T_Y, N) \qquad (3.1.50)$$

그리고 각 모총계를 π추정한 후 함수 f에 대입한다.

$$\hat{B}_1 = f(\hat{T}_{XY}, \hat{T}_{X^2}, \hat{T}_X, \hat{T}_Y, \hat{N}) \qquad (3.1.51)$$

여기에서

$$\hat{T}_{XY} = \sum_{k=1}^{n} w_k x_k y_k,\ \ \hat{T}_{X^2} = \sum_{k=1}^{n} w_k x_k^2,\ \ \hat{T}_X = \sum_{k=1}^{n} w_k x_k,\ \ \hat{T}_Y = \sum_{k=1}^{n} w_k y_k,\ \ \hat{N} = \sum_{k=1}^{n} w_k$$

이다.

3.2 단순확률표집

3.2.1 서론

단순확률표집은 유한모집단에서 표본을 선정하는 가장 기본적인 방법으로, 동일한 크기의 가능한 모든 표본이 동일한 선정확률을 갖는 표집 방법이다. 크기 N인 유한모집단을 $U=\{1,2,\ldots,k,\ldots,N\}$라고 하자. 모집단 단위는 식별이 가능하고 모집단 크기 N은 알려진 값이라고 하자. 그리고 모집단 단위에 대응하는 조사변수 Y의 값을 $(Y_1,\ldots,Y_N)$라고 하자. 모집단에서 선정된 크기 n인 표본의 조사변수 값을 $\{y_1,\ldots,y_n\}$로 표기하자. 표본값 y_k는 모집단의 조사변수 값 $(Y_1,\ldots,Y_N)$ 중 하나이다.

정의 3.2.1. **비복원 단순확률표집**은 크기 N인 모집단에서 크기 $n(\le N)$인 표본을 선정할 때 서로 다른 n개로 구성되는 모든 가능한 표본이 동등한 확률로 선정되는 방법을 말한다. 서로 다른 n개의 단위를 선정하는 방법은 $\binom{N}{n}$가지 있으므로 개별 단순확률표본 $a=(a_1,a_2,\ldots,a_N)$가 선정될 확률은

$$p(a) = \frac{1}{\binom{N}{n}} = \frac{n!(N-n)!}{N!} \quad (3.2.1)$$

이다.

비복원 단순확률표본은 모집단에서 순차적으로 단위를 뽑아 구현할 수 있다. 첫 번째 단위는 N개 단위 각각에 $1/N$의 확률을 부여하고, 이 확률에 기초하여 하나를 뽑는다. 다음으로 첫 번째 단계에서 뽑힌 단위를 모집단에서 제외한 후 나머지 $(N-1)$개 단위 각각에 $1/(N-1)$의 확률을 부여하고, 이 확률에 기초하여 하나를 뽑는다. 이러한 방식을 n번 반복하여 크기 n인 단순확률표본을 뽑는다.

비복원 단순확률표본을 선정하는 실제적 방법은 다음과 같다. 표본수가 작으면 주사위나 난수표를 이용하여 난수를 뽑은 후 대응하는 모집단 단위를 선택하면 된다. 표본수가 큰 경우는 컴퓨터 알고리즘을 이용하는 것이 더 효율적이다[155].

비복원 단순확률표집에서 표본지시자 a_k는 0 혹은 1의 값을 취하고, 가능한 $\binom{N}{n}$개 표본 중에 단위 k를 포함하는 표본의 수는 $\binom{N-1}{n-1}$개이며, 개별표본이 선정될 확률은 $p(a) = 1/\binom{N}{n}$이므로 포함확률 π_k는 다음과 같이 계산된다(식 3.1.6).

$$\begin{aligned} \pi_k &= 1 \times \Pr(a_k = 1) + 0 \times \Pr(a_k = 0) \\ &= \binom{N-1}{n-1} / \binom{N}{n} \\ &= \frac{n}{N}, \quad k = 1, \ldots, N \end{aligned}$$

마찬가지로 단순확률표본 중에 서로 다른 단위 $k, l (k \neq l)$를 동시에 포함하는 표본의 개수는 $\binom{N-2}{n-2}$이므로,

$$\begin{aligned} \pi_{kl} &= E(a_k a_l) = \Pr(a_k = 1, a_l = 1) \\ &= \binom{N-2}{n-2} / \binom{N}{n} \\ &= \frac{n(n-1)}{N(N-1)}, \quad k \neq l = 1, \ldots, N. \end{aligned}$$

이다(식 3.1.16).

155) 예를 들면 SAS의 PROC SURVEYSELECT 프러시저를 이용할 수 있다.

3.2.2 모평균 추정

포함확률을 이용하는 π추정법에 의하면 모총계 추정량은 $\hat{T}=\sum_{k=1}^{n} y_k/\pi_k$이고, 단순확률표집에서는 포함확률이 $\pi_k = n/N$이므로 모총계 추정량은

$$\hat{T}= N\overline{y}_n \tag{3.2.2}$$

이 된다. 그리고 모집단 크기 N은 알려진 값으로 가정했으므로 모평균 추정량은 표본평균이 된다.

$$\hat{\overline{Y}}= \frac{\hat{T}}{N}= \overline{y}_n \tag{3.2.3}$$

정리 3.2.2. 크기 N인 유한모집단에서 표본크기 n인 비복원 단순확률표본을 선정한다고 하자.

(1) 표본평균 $\overline{y}_n$은 모평균 $\overline{Y}$의 비편향 추정량이다.

(2) 표본평균 $\overline{y}_n$의 분산은 다음과 같다.

$$Var(\overline{y}_n) = \frac{S_y^2}{n}(1-\frac{n}{N}) \tag{3.2.4}$$

여기에서 $S_y^2 = \sum_{k=1}^{N}(Y_k - \overline{Y})^2/(N-1)$는 조정된 모분산이다.

증명 (1) 표본평균을 표본지시자로 표현하자.

$$\overline{y}_n = \frac{1}{n}\sum_{k=1}^{n} y_k = \frac{1}{n}\sum_{k=1}^{N} a_k Y_k \tag{3.2.5}$$

여기에서 표본지시자 a_k는 표본에 속하면 1, 아니면 0의 값을 갖는 이항변수이고 단순확률표집에서 $a_k = 1$일 확률은 $\pi_k = n/N$이므로 이 성질을 이용하면 다음을 보일 수 있다.

$$E(\overline{y}_n) = \frac{1}{n}\sum_{k=1}^{N} E(a_k)Y_k = \overline{Y}$$

(2) 표본지시자 a_k의 분산과 (a_k, a_l)의 공분산을 구하자.

$$Var(a_k) = E(a_k^2) - [E(a_k)]^2 = E(a_k) - f^2 = f(1-f)$$
$$Cov(a_k, a_l) = E(a_k a_k) - E(a_k)E(a_l) = \frac{n(n-1)}{N(N-1)} - f^2 = -\frac{1}{N-1} f(1-f)$$

여기에서 $f = n/N$는 표집비율이다. 이로부터,

$$\begin{aligned} Var(\overline{y}_n) &= Var\left(\frac{1}{n}\sum_{k=1}^{N} a_k Y_k\right) \\ &= \frac{1}{n^2}\left(\sum_{k=1}^{N} Y_k^2 Var(a_k) + \sum_{k=1}^{N}\sum_{l \neq k}^{N} Y_k Y_l Cov(a_k, a_l)\right) \\ &= \frac{1}{n^2}\left(f(1-f)\sum_{k=1}^{N} Y_k^2 - \frac{f(1-f)}{N-1}\sum_{k=1}^{N}\sum_{l \neq k}^{N} Y_k Y_l\right) \\ &= \frac{f(1-f)}{n^2}\left(\sum_{k=1}^{N} Y_k^2 - \frac{1}{N-1}\sum_{k=1}^{N}\sum_{l \neq k}^{N} Y_k Y_l\right) \end{aligned}$$

이다. 그리고 $T^2 = \sum_{k=1}^{N} Y_k^2 + \sum_{k=1}^{N}\sum_{l \neq k}^{N} Y_k Y_l$로부터 $\sum_{k=1}^{N}\sum_{l \neq k}^{N} Y_k Y_l = N^2 \overline{Y}^2 - \sum_{k=1}^{N} Y_k^2$를 위 식에 대입하고 정리해서 다음을 얻는다.

$$Var(\overline{y}_n) = \frac{1-f}{n} S_y^2$$

표본평균의 분산을 추정하기 위해서는 조정된 모분산 S_y^2을 추정하는 것으로 충분하다.

정리 3.2.3. 비복원 단순확률표집에서 표본분산 s_n^2은 모분산 S_y^2의 비편향 추정량이다. 즉,

$$E(s_n^2) = S_y^2 \qquad (3.2.6)$$

증명 표본분산 s_n^2을 다음과 같이 바꾸어 쓰자.

$$s_n^2 = \frac{1}{n-1}\sum_{k=1}^{n}(y_k - \overline{y}_n)^2$$

$$= \frac{1}{n-1}\left(\sum_{k=1}^{n}(y_k - \overline{Y})^2 - n(\overline{y}_n - \overline{Y})^2\right)$$

$$= \frac{1}{n-1}\left(\sum_{k=1}^{N}a_k(Y_k - \overline{Y})^2 - n(\overline{y}_n - \overline{Y})^2\right)$$

이제 표본분산 s_n^2에 기댓값을 취하자.

$$\begin{aligned} E(s_n^2) &= \frac{1}{n-1}\left(\sum_{k=1}^{N}E(a_k)(y_k - \overline{Y})^2 - nE(\overline{y}_n - \overline{Y})^2\right) \\ &= \frac{1}{n-1}\left(f\sum_{k=1}^{N}(Y_k - \overline{Y})^2 - n\,Var(\overline{y}_n)\right) \\ &= \frac{1}{n-1}\left(f(N-1)S_y^2 - (1-f)S_y^2\right) \\ &= S_y^2 \end{aligned}$$

보조정리 3.2.4. 정리 3.2.3을 이용하면 비복원 단순확률표집에서 표본평균 $\overline{y}_n$의 비편향 분산 추정량으로 다음을 얻는다.

$$\widehat{Var}(\overline{y}_n) = \frac{s_n^2}{n}(1-f) \qquad (3.2.7)$$

증명 정리 3.2.3에서 $E(s_n^2) = S_y^2$이므로,

$$E\left(\frac{s_n^2}{n}(1-f)\right) = \frac{S_y^2}{n}(1-f)$$

이 성립한다.

예제 3.2.1.

크기 $N = 4$인 유한모집단에서 크기 $n = 2$인 비복원 단순확률표본을 선정한다고 하자. 그리고 모집단 단위의 조사변수 값이 각각 다음과 같다고 하자.

$$Y_1 = 2,\ \ Y_2 = 5,\ \ Y_3 = 4,\ \ Y_4 = 3$$

조사변수 Y의 모평균은 $\overline{Y}=(2+5+4+3)/4=3.5$이고, 조정된 모분산은

$$S_y^2=((2-3.5)^2+(5-3.5)^2+(4-3.5)^2+(3-3.5)^2)/3=5/3=1.6667$$

이므로 표본평균의 분산은

$$Var(\overline{y}_n)=\frac{S_y^2}{n}(1-\frac{n}{N})=\frac{1.6667}{2}(1-\frac{2}{4})=0.4167$$

이다.

가능한 6개 단순확률표본에서 구한 표본평균, 표본분산, 그리고 분산추정치는 〈표 3.1〉과 같다[156].

표 3.1 단순확률표본의 통계량

표본	표본선정 확률	$\overline{y}_n$	s_n^2	$\widehat{Var}(\overline{y}_n)$
{1,2}	1/6	3.5	4.50	1.125
{1,3}	1/6	3.0	2.00	0.500
{1,4}	1/6	2.5	0.50	0.125
{2,3}	1/6	4.5	0.50	0.125
{2,4}	1/6	4.0	2.00	0.500
{3,4}	1/6	3.5	0.50	0.125

6개 표본에서 구한 추정치의 평균으로부터 표본평균이 모평균의 비편향 추정치임을 보일 수 있다.

$$E(\overline{y}_n)=\frac{1}{6}(3.5+3.0+\ldots+3.5)=\frac{21}{6}=3.5=\overline{Y}$$

또한

$$E(s_n^2)=\frac{1}{6}(4.5+2.0+\ldots+0.5)=\frac{10.0}{6}=1.6667=S_y^2$$

마찬가지로 분산추정량도 비편향임을 보일 수 있다.

$$E(\widehat{Var}(\overline{y}_n))=\frac{1}{6}(1.125+0.500+\ldots+0.125)=\frac{2.5}{6}=0.4167=Var(\overline{y}_n)$$

156) SAS에서 proc surveymeans를 사용하여 계산할 다음 프로그램을 참조하라.

```
data ex1;
  input x @@;
  cards;
```

모총계 추정량 $\hat{T}= N\bar{y}_n$의 성질은 모평균 추정량의 성질에서 직접 유도된다.

정리 3.2.5. 비복원 단순확률표집에서 모총계 추정량 $\hat{T}= N\bar{y}_n$의 기댓값, 분산 그리고 비편향 분산추정량은 다음과 같다.

(1) $E(\hat{T}) = T$

(2) $Var(\hat{T}) = N^2 \frac{1-f}{n} S_y^2$

(3) $\widehat{Var}(\hat{T}) = N^2 \frac{1-f}{n} s_n^2$

3.2.3 모비율 추정

모집단 단위가 관심 특성을 갖거나 혹은 갖지 않는 경우를 생각해 보자. 만일 단위 k가 관심 특성을 가지면 $Y_k = 1$이라고 하고, 그렇지 않으면 $Y_k = 0$이라고 하자. 그리고 관심 특성을 갖는 모집단 단위의 총수를 $M(\leq N)$이라고 하면 **모비율**은

$$P = \frac{M}{N} \tag{3.2.8}$$

로 정의된다.

이제 모비율 P를 추정하는 문제를 생각해 보자. 조사변수 Y는 0과 1의 값만을 가지므로 조사변수의 총계는 $T= \sum_{k=1}^{N} Y_k = M$이다. 따라서 이항 모집단에서 모평균이 관심 특성의 모비율이다.

$$\bar{Y}= \frac{1}{N}\sum_{k=1}^{N} Y_k = \frac{M}{N}= P \tag{3.2.9}$$

```
2 3
;
run;

proc surveymeans total=4;
var x;
run;
```

만일 단순확률표본 a에서 관심 특성을 갖는 표본 단위의 총수가 $m(\leq n)$개라고 하면 표본비율은

$$p = \frac{m}{n} \tag{3.2.10}$$

로 정의된다.

그런데 표본평균이 $\overline{y}_n = \sum_{k=1}^{n} y_k / n = m/n = p$이고 정리 3.2.2에 의하면 표본평균이 모평균의 비편향 추정량이므로 결과적으로 표본비율 p가 모비율 P의 비편향 추정량이 된다.

$$\hat{P} = p \tag{3.2.11}$$

이항모집단에서 모분산은 모비율 P의 함수로 표현된다.

$$S_y^2 = \frac{1}{N-1}\left(\sum_{k=1}^{N} Y_k^2 - N\overline{Y}^2\right) = \frac{N}{N-1}P(1-P) \tag{3.2.12}$$

또한 표본분산은 표본비율의 함수로 표현된다.

$$s_n^2 = \frac{1}{n-1}\left(\sum_{k=1}^{n} y_k^2 - n\overline{y}_n^2\right) = \frac{n}{n-1}p(1-p) \tag{3.2.13}$$

정리 3.2.2를 이용하면 표본비율 p의 분산은 다음과 같다.

$$Var(\hat{P}) = \frac{1-f}{n}\frac{N}{N-1}P(1-P) = \left(\frac{N-n}{N-1}\right)\frac{P(1-P)}{n} \tag{3.2.14}$$

그리고 보조정리 3.2.4을 이용하면 모비율의 비편향 분산추정량은 다음이 된다.

$$\widehat{Var}(\hat{P}) = \frac{1-f}{n}\frac{n}{n-1}p(1-p) = \frac{1-f}{n-1}\hat{P}(1-\hat{P}) \tag{3.2.15}$$

3.2.4 신뢰구간

만일 표본평균이 정규분포를 따른다면 모평균 $\overline{Y}$에 대한 $100(1-\alpha)\%$ 신뢰구간은 다음과 같이 구할 수 있다.

$$\left(\bar{y}_n - t_{n-1,\alpha/2}\sqrt{1-\frac{n}{N}}\frac{s_n}{\sqrt{n}},\ \bar{y}_n + t_{n-1,\alpha/2}\sqrt{1-\frac{n}{N}}\frac{s_n}{\sqrt{n}}\right) \tag{3.2.16}$$

여기에서 $t_{n-1,\alpha/2}$는 자유도가 $(n-1)$인 t-분포에서 $(1-\alpha/2)$분위수이다. 만일 표본수가 충분히 크면 t-분포의 분위수는 표준정규분포의 분위수 $z_{1-\alpha/2}$로 대신할 수 있다. 예를 들어 표본수가 충분히 클 때 표본평균의 95% 신뢰구간은 다음과 같다.

$$\left(\bar{y}_n - 1.96\sqrt{1-\frac{n}{N}}\frac{s_n}{\sqrt{n}},\ \bar{y}_n + 1.96\sqrt{1-\frac{n}{N}}\frac{s_n}{\sqrt{n}}\right) \tag{3.2.17}$$

예제 3.2.1. **(계속)**

6개 표본에서 95% 신뢰구간을 구하자.

$$\left(\bar{y}_n - 1.96\sqrt{1-\frac{2}{4}}\frac{s_n}{\sqrt{2}},\ \bar{y}_n + 1.96\sqrt{1-\frac{2}{4}}\frac{s_n}{\sqrt{2}}\right)$$

가능한 6개 단순확률표본에서 구한 95% 신뢰구간과 모평균 포함 여부가 〈표 3.2〉에 주어진다.

표 3.2 단순확률표본의 95% 신뢰구간과 포함 여부

표본	표본선정 확률	$\bar{y}_n$	$1.96\times\sqrt{Var(\bar{y}_n)}$	포함여부
{1,2}	1/6	3.5	2.078	√
{1,3}	1/6	3.0	1.385	√
{1,4}	1/6	2.5	0.692	미포함
{2,3}	1/6	4.5	0.692	미포함
{2,4}	1/6	4.0	1.385	√
{3,4}	1/6	3.5	0.692	√

6개 표본 중 95% 신뢰구간이 모평균을 포함하는 표본은 4개 표본이다. 포함률은 $4/6 = 66.7\%$ 로서 명목 포함률 95%에 미치지 못한다. 가능한 표본의 수가 6개에 불과하여 나타난 현상으로 볼 수 있다.

식 (3.2.16)과 식 (3.2.17)의 신뢰구간을 사용하려면 유한모집단에서 표본평균이 정규분포를 근사적으로 따른다는 이론적 뒷받침이 필요하다. 유한모집단에서 비복원 단순확률표본을 선정할 때 하엑[157](1960)은 매도우[158](1948), 에르도스&레니(1959)의 연구결과를 뒤이어 표본평균의 분포가 정규분포로 수렴하기 위한 조건을 제시하였다.

157) Hajek 1960
158) Madow 1948

유한모집단 수열을 생각하자.

$$U_\nu = \{1,2,\ldots,N_\nu\},\ \ \nu = 1,2,3,\ldots$$

모집단 U_ν에서 정의되는 모집단 크기, 표본크기, 표집비율, 표본평균, 모평균, 모표준편차에는 첨자 ν가 부여된다: N_ν, n_ν, f_ν, $\bar{y}_\nu$, $\overline{Y}_\nu$, S_ν. 하엑은 다음과 같이 증가하는 유한모집단 수열을 고려하였다.

$$\nu \to \infty \text{ 일 때 } N_\nu \to \infty,\quad n_\nu \to \infty,\ N_\nu - n_\nu \to \infty$$

이제 U_ν의 부분집합 $U_{\nu\tau}$을 정의하자.

$$U_{\nu\tau} = \left\{\nu k : |y_{\nu k} - \overline{Y}_\nu| > \tau\sqrt{n_\nu(1-f_\nu)}\,S_\nu\right\},\ \ \tau > 0$$

즉, 부분집합 $U_{\nu\tau}$에 속하는 모집단 단위에서는 대응하는 조사변수의 값이 모평균에서 일정거리 이상 떨어져 있게 된다. 그러면 $\nu \to \infty$에 따라 표준화된 통계량

$$\frac{\bar{y}_\nu - \overline{Y}_\nu}{\sqrt{1-\dfrac{n_\nu}{N_\nu}}\dfrac{S_\nu}{\sqrt{n_\nu}}} \tag{3.2.18}$$

이 표준정규분포로 수렴할 필요충분조건은 임의의 $\tau > 0$에 대하여 다음이 성립하는 것이다.

$$\lim_{\nu\to\infty}\frac{\sum_{k\in U_{\nu\tau}}(y_{\nu k} - \overline{Y}_\nu)^2}{\sum_{k\in U_\nu}(y_{\nu k} - \overline{Y}_\nu)^2} = 0 \tag{3.2.19}$$

표본수가 증가하면 식 (3.2.18)의 표준화된 표본평균은 표준정규분포로 수렴한다. 그런데 어느 정도의 표본크기이면 대략 정규분포와 비슷하다고 할 수 있을까? 이에 대한 질문에 수덴[159](2000)은 최소한의 표본크기를 제시하였다.

$$n_{\min} = 28 + 25 \times \left(\frac{\sum_{k=1}^{N}(Y_k - \overline{Y})^3}{NS_y^3}\right)^2 \tag{3.2.20}$$

159) Sugden et al. 2000

여기에서 $\sum_{k=1}^{N}(Y_k - \overline{Y})^3/N$ 는 유한모집단 왜도이다. 왜도가 큰 모집단에서 정규 근사가 유효하려면 더 큰 크기의 표본이 필요하다.

3.2.5 표본크기 결정

조사에서 가장 중요한 결정사항 중의 중의 하나는 **표본크기** 또는 **표본수** 결정이다. 표본크기는 면접원 수와 같은 운영상의 고려사항에 직접적인 영향을 미치기 때문에 조사계획 단계에서 결정되어야 한다. 표본크기가 크면 시간과 조사비용이 더 필요하고, 표본크기가 작으면 추정의 정밀도가 떨어진다. 따라서 표본크기 결정은 추정의 정밀도, 사용 가능한 예산, 자원 및 시간과 같은 다양한 운영 제약 조건에 대해 절충하는 과정이다.

추정량의 정밀도는 표본크기와 밀접한 관련이 있다. 표본이 클수록 추정량의 정밀도는 높아진다. 따라서 표본크기에 대한 질문은 추정량이 얼마나 정밀해야 하는지가 분명한 경우에만 대답할 수 있다. 정밀도가 지정되면 표본크기를 계산할 수 있다. 매우 높은 정밀도에는 거의 항상 큰 표본이 필요하다. 그러나 대규모 조사에는 비용과 시간이 많이 소요되므로 실제 상황에서 표본크기는 항상 비용과 정밀도 사이의 절충이 된다. 추정량의 정밀도에 영향을 미치는 요인으로 모집단 변동성, 모집단 크기, 표집설계 및 추정량, 그리고 조사 응답률 등이 있다.

일반적으로 모집단에서 조사변수의 특성은 사람, 가구, 사업체 등에 따라 다르다. 모집단에서 조사변수의 변동성은 제어할 수 없지만, 주어진 정밀도 수준을 충족하는 데 필요한 표본크기에 영향을 미친다. 조사변수의 변동성은 그 변수의 분산으로 나타난다.

예제 3.2.2.

조사변수가 특정 기업의 서비스에 만족하는 고객 비율이라고 하고, 그 만족도 비율을 추정하는 것이 조사목적이라고 하자. 만일 특정 모집단의 만족도 비율이 $P=0.8$이라면 그 모집단의 변동성은 모집단의 분산 $P(1-P)=0.8\times0.2=0.16$으로 나타난다. 만일 만족도 비율이 $P=0.5$라면 그 모집단 변동성은 $P(1-P)=0.5\times0.5=0.25$로 나타난다. 즉, 관심 특성의 비율에 따라 모집단 변동성이 다르다. 만족도 비율이 $P=0.5$인 모집단에서 만족도를 추정하는 것이 $P=0.8$인 모집단의 만족도 추정보다 더 어렵다. 변동성이 높은 모집단 특성을 정확히 추정하기 위해서는 더 큰 규모의 표본이 필요하다.

표본크기 결정에서 모집단 크기의 역할은 모집단의 규모에 따라 다르다. 규모가 큰 모집단에서는 별다른 영향을 미치지 않는 반면, 규모가 작은 모집단에서는 미치는 영향이 크다.

예를 들어 모비율 추정에서 95%의 신뢰수준에서 오차한계가 0.1을 넘지 않는 정밀도의 표본수를 구한다고 하자. 모비율이 $P=0.5$일 때 모집단 변동성이 가장 크므로 다음의 관계식을 생각해 볼 수 있다.

$$MOE=2\sqrt{\frac{P(1-P)}{n}(1-\frac{n}{N})}\leq\sqrt{\frac{1}{n}-\frac{1}{N}}=0.1$$

이 식으로부터 $N=100$이면 필요한 표본수는 $n=50$이 되고, $N=1{,}000$이면 필요한 표본수는 $n=91$이 된다. 만일 무한모집단을 가정하면 필요한 표본수는 $n=100$이다. 모집단의 크기가 클수록 더 큰 표본수가 필요하다. 그런데 표집비율 $f=n/N$은 $N=100$일 때 $f=0.5$이고, $N=1000$일 때 $f=0.09$로서 모집단의 크기가 클수록 표집 비율은 줄어든다. 규모가 작은 모집단에서는 표본크기는 작지만 상당 비율의 표본을 조사해야 하는 경우가 생긴다. 실제 상황에서 종종 소규모 모집단에서 표본조사 대신 전수조사가 수행되는 이유이다.

표집전략은 정밀도에 영향을 미친다. 추정의 정밀도 지표인 오차한계, 신뢰구간 등이 모두 추정량의 분산으로 계산되기 때문이다. 복합설계의 경우 모평균 추정량 $\hat{\overline{Y}}_{compelx}$의 분산은 식 (3.1.31)의 설계효과를 이용하여 표현할 수 있다.

$$Var(\hat{\overline{Y}}_{compelx})=Deff\times Var(\overline{y}_n)$$

그리고 복합설계의 오차한계는 단순확률표집의 오차한계에 $\sqrt{Deff}$를 곱한 값으로 나타난다.

$$MOE(\hat{\overline{Y}}_{complex})=\sqrt{Deff}\times MOE(\overline{y}_n) \tag{3.2.21}$$

따라서 설계효과가 1보다 큰 경우 동일한 오차한계를 유지하기 위해서는 단순확률표집의 표본수보다 더 많은 표본수가 필요하고, 반대로 설계효과가 1보다 작으면 단순확률표집의 표본수보다 덜 필요하다.

조사 추정치에 대해 원하는 정밀도를 달성하려면 예상 응답률에 맞게 표본크기를 조정해야 한다. 예를 들어 주어진 오차한계를 만족하는 표본크기가 $n_0=100$으로 계산되고 응답률이 $p=0.8$로 예상되는 경우 100명의 응답을 받기 위한 예상 표본수는 다음으로 계산된다.

$$n_1=\frac{n_0}{p}=\frac{100}{0.8}=125$$

실제 조사에서 예상 응답률을 달성하지 못하면 조사 결과의 정확도가 달라진다. 응답률이 낮으면 정밀도 요구사항을 달성하는 데 필요한 것보다 표본크기가 작아지고 응답률이 높을수록 반대 효과가 나타난다. 이러한 예산 표본수 계산은 무응답이 랜덤하게 발생하였다는 가정에 기초한다. 즉 무응답자가 응답자와 유사한 특성을 갖는다는 가정에 기초하는 것이다. 전체 무응답을 적절하게 처리하기 위해서는 단순히 표본크기를 조정하는 것만으로는 충분하지 않다. 무응답자가 조사의 관심 특성과 관련하여 응답자와 다를 경우 잠재적 무응답 편향이 발생할 수 있기 때문이다.

단순확률표집에서 지정된 허용오차 e를 만족시키는 표본수를 구해보자. 무응답은 발생하지 않는 100% 응답을 가정하고, 모평균 또는 모비율 추정에 필요한 표본수를 구해보자. 먼저 $100(1-\alpha)\%$의 신뢰수준에서 표본평균에 대한 허용오차 e와 신뢰수준 $(1-\alpha)$은 다음의 관계가 있다.

$$\Pr\left\{|\overline{y}_n - \overline{Y}| \leq e\right\} = 1-\alpha$$

표본평균 $\overline{y}_n$이 근사적으로 정규분포를 따름을 이용하면 허용오차 e는 오차한계가 된다.

$$e = z_{1-\alpha/2}\sqrt{1-\frac{n}{N}}\frac{\widehat{S}_y}{\sqrt{n}} \tag{3.2.22}$$

여기에서 $\widehat{S}_y$는 모집단의 표준편차 추정치로 이전 조사나 다른 외부 출처에서 가져온 값이다. 식 (3.2.22)를 표본수 n에 대해서 풀면 다음을 얻는다.

$$n = \frac{z_{1-\alpha/2}^2 \widehat{S_y^2}}{e^2 + z_{1-\alpha/2}^2 \widehat{S_y^2}/N} \tag{3.2.23}$$

따라서 표본수 n을 결정하려면 원하는 허용오차 e, 원하는 신뢰수준 $100(1-\alpha)\%$, 모집단 크기 N, 그리고 조사변수의 모집단 분산추정치 $\widehat{S_y^2}$이 필요하다.

만일 신뢰수준을 95%로 지정하여 근사치로 $z_{0.95} \approx 2$를 사용하면 식 (3.2.23)은 다음으로 단순해진다.

$$n = \frac{N\widehat{S_y^2}}{Ne^2/4 + \widehat{S_y^2}} \tag{3.2.24}$$

모비율 추정에 필요한 표본수를 구하는 문제를 살펴보자. 모비율 추정 문제에서 모집단 분산은 $\widehat{S_y^2} = \hat{P}(1-\hat{P})$이므로 식 (3.2.23)는 다음으로 바뀐다.

$$n = \frac{z_{1-\alpha/2}^2 \hat{P}(1-\hat{P})}{e^2 + z_{1-\alpha/2}^2 \hat{P}(1-\hat{P})/N} \tag{3.2.25}$$

만일 신뢰수준을 95%로 지정하여 근사치로 $z_{0.95} \approx 2$를 사용하고, 모집단의 크기가 충분히 크다고 가정하면 표본수 구하는 식이 단순해진다.

$$n = \frac{4 \times \hat{P}(1-\hat{P})}{e^2} \tag{3.2.26}$$

표본크기를 구하기 위해서는 조사에 앞서 적절한 모비율 추정치 $\hat{P}$를 구해야 한다. 만일 모비율에 대해 알려진 바가 없다면 $\hat{P}= 0.5$가 사용될 수 있으며, 이는 최대 표본크기를 유도한다.

$$n = \frac{1}{e^2} \tag{3.2.27}$$

위 식에서 표본수와 허용오차의 기본적인 관계를 살펴볼 수 있다. 모비율 추정 문제에서 허용오차는 표본수의 제곱근에 반비례한다.

$$e = \frac{1}{\sqrt{n}} \tag{3.2.28}$$

허용오차가 $e = 0.01$로 주어지면 필요한 표본수는 $n = 10,000$으로 계산된다. 반대로 표본수가 $n = 1,000$으로 주어지면 오차범위가 $e = 1/\sqrt{1,000} \approx 3.1\%$가 된다.

예제 3.2.3.

한 회사에서 고객의 전반적인 만족도를 알아보기 위하여 전화조사를 통해 인터뷰하기로 하였다. 회사는 신뢰수준 95%에서 실제 모집단의 만족도 비율이 표본비율의 $\pm 10\%$ 이내가 되는 조사를 희망한다. 표본은 단순확률표본을 사용할 것이며 응답률은 대략 60% 정도로 예상된다. 고객 만족도 P에 대한 사전 정보는 없으므로 $\hat{P}= 0.5$를 사용하기로 하였다. 몇 개의 표본수가 필요한가?

풀이 먼저, 모집단의 크기가 충분히 큰 경우 초기 표본수는 다음과 같이 계산된다.

$$\begin{aligned} n_1 &= \frac{z^2\hat{P}(1-\hat{P})}{e^2} \\ &= \frac{1.96^2 \times 0.5 \times 0.5}{0.1^2} \\ &= 96 \end{aligned}$$

다음으로 모집단 크기 N를 반영한 수정된 표본수 n_2를 구한다. 회사 고객의 수를 대략 $N=5{,}000$명이라고 하자.

$$n_2 = n_1 \times \frac{N}{N+n_1} = 96 \times \frac{5{,}000}{5{,}000+96} \approx 94$$

예상 응답률 $r=0.6$을 고려하면 필요한 표본크기는 다음과 같이 계산된다.

$$n_3 = \frac{94}{0.6} = 157$$

조사를 실시할 때 최소 60%의 응답률이 달성되지 않으면 최종 표본크기는 계획보다 작아져 조사 추정치의 정밀도는 계획단계의 요구사항에 미치지 못할 수 있다. 만일 더 높은 응답률이 실현되면 결과 표본수는 예상보다 커지고 조사 추정치가 더 정밀해진다.

지금까지 표본크기의 한 가지 측면, 즉 조사 추정치의 정밀도를 충족시키는 데 필요한 표본크기를 유도하였다. 그러나 실제로 시간, 비용 및 기타 운영상의 제약도 중요하다. 대부분의 조사에서 조사의 세부 사항이 결정되기도 전에 조사비용이 정해지고 조사기간이 설정된다. 조사를 수행하는 데 필요한 표본크기를 조사비용이 수용할 수 없는 경우 표본크기를 줄여야 하므로 추정의 정확도가 낮아질 수 있다. 또는 일부 조사영역이 제외될 수도 있다. 시간에 대한 고려도 마찬가지이다. 허용된 시간이 충분하지 않을 경우 조사의 규모를 제한해야 할 수 있다.

3.2.6 복원 단순확률표집

확률표집에서 이전에 뽑은 단위를 다시 모집단에 되돌려 놓은 후 다음 단위를 뽑는 표집방법을 **복원 확률표집**이라고 한다.

정의 3.2.6. 모집단의 N개 단위에 동등한 단위 추출확률 $1/N$을 부여하고, 부여된 확률에 따라 하나의 단위를 선정한다고 하자. 그리고 이러한 선정을 독립적으로 n번 반복한다고 하자. 이러한 표본선정 방법을 **복원 단순확률표집**이라고 한다.

n번의 복원 단순확률표집으로 표본데이터 $\{y_1, \ldots, y_n\}$이 선정되었다고 하자. 모평균 추정량은 표본데이터를 평균하여 얻는다.

$$\widehat{\overline{Y}}_{WR} = \frac{1}{n}\sum_{k=1}^{n} y_k = \overline{y}_n \tag{3.2.29}$$

정리 3.2.7. 복원 단순확률표집에서 모평균 추정량 $\overline{y}_n$은 다음의 성질이 있다.

(1) 추정량 $\overline{y}_n$은 모평균의 비편향 추정량이다. 즉,

$$E(\overline{y}_n) = \overline{Y}$$

(2) 추정량 $\overline{y}_n$의 분산은 다음과 같다.

$$Var(\overline{y}_n) = \frac{1}{N}\sum_{k=1}^{N}(Y_k - \overline{Y})^2 = \frac{N-1}{N}\frac{S_y^2}{n} \tag{3.2.30}$$

(3) 추정량 $\overline{y}_n$의 비편향 분산추정량은 다음과 같다.

$$\widehat{Var}(\overline{y}_n) = \frac{1}{n}\frac{1}{n-1}\sum_{k=1}^{n}(y_k - \overline{y}_n)^2 = \frac{s_n^2}{n} \tag{3.2.31}$$

3.3 계통표집

3.3.1 소개

계통표집은 조사프레임이 없는 경우 또는 조사프레임의 단위들이 랜덤 순서로 정렬되어 있는 경우 단순확률표집의 대안으로 사용될 수 있다. 계통표집에서는 비복원 단순확률표집과 마찬가지로 단위는 균등확률 비복원으로 선택된다. 그러나 표본선정 절차가 다르므로 추정량의 통계적 특성은 단순확률표집과 다르다. 지난 세기에 유럽의 국가에서 거주민 등록부에서 표본을 선정하는 데 **계통표집**이 사용되었다. 각 지방 자치 단체에는 거주민 자체 등록부가 있었고, 각 거주자에 대한 카드가 있었다. 이 카드들은 모두 서랍에 보관되었는데 카드에는 일련번호가 없었다. 이러한 상황은 카드의 단순확률표본 선택을 번거롭고 시간 소모적인 일로 만들었다. 따라서 대신 계통표본을 선택하는 것으로 표집 과정을 단순하게 하였다[160].

계통표집은 종종 단순확률표집의 대안으로 사용되지만 실제로는 완전히 다른 표집설계이다. 난수는 표본의 첫 번째 단위 선택에만 사용된다. 이 첫 번째 단위는 나머지 표본 단위들을 순차적으로 결정한다. **계통표집의 기본 원리**는 조사프레임에서 랜덤 시작점을 선정한 후 일정 간격으로 점프하여 후속 단위를 계속 선택하는 것이다. 단위 선택은 조사프레임의 끝에 도달할 때까지 계속된다.

계통표집은 조사의 상황과 목적에 따라 여러 가지 장점이 있다. 먼저 프레임이 없을 때 계통표집은 단순확률표집에 대한 대안 방법이 된다. 이 경우 모집단이 끝날 때까지 표집하여 개념적 프레임을 구성할 수 있다. 계통표집에서는 표집간격과 모집단 정렬방식에 따라 결과적으로 단순확률표본보다 더 잘 분포된 표본이 생성될 수 있다. 그리고 하나의 난수만 필요하므로 단순확률표집보다 표집이 간단하다.

계통표집의 단점은 다음과 같다. 개념적 프레임이 사용될 때 최종 표본크기를 미리 알 수 없다. 그리고 표집간격이 모집단의 일부 주기성과 일치하면 '불량' 표본이 될 수 있다. 난수가 하나만 발생되므로 편향되지 않은 분산 추정량을 구할 수 없다. 분산 추정을 수행하기 위해 계통표본을 단순확률표본으로 간주하여 단순확률표집의 공식을 이용하기도 한다. 이러한 방법이 적합한 경우는 조사프레임 목록이 랜덤하게 정렬된 경우로 한정된다.

3.3.2 계통표본 선정

계통표집에서는 랜덤 시작점을 선정한 후 일정 간격으로 점프하며 후속 단위를 계속 선택한다. 따라서 계통표집에서는 **표집간격**과 **랜덤시작**이 필요하다.

160) Bethlehem 2009, 75쪽.

정의 3.3.1. 조사프레임에 포함된 단위 수가 N개라 하고 표본수를 n개라고 하자. **표집간격** F는 다음과 같이 정의된다.

$$F = \frac{N}{n} \tag{3.3.1}$$

먼저 모집단 크기는 표본크기의 배수라고 가정하자. 그러면 표집간격 F는 정수가 된다. 표본추출의 1단계는 1부터 F까지의 범위에서 난수 하나를 뽑아 시작점으로 정하는 것이다. 이때 난수를 r로 표기하자. 랜덤 시작점 r은 첫 번째 표본 단위의 모집단 단위 번호이다. 나머지 표본 단위는 차례대로 다음 F번째 단위를 선택하여 얻는다. 결과적으로 다음의 모집단 단위가 표본으로 구성된다.

$$r, r+F, r+2F, \ldots, r+(n-1)F \tag{3.3.2}$$

시작점 r은 1과 F 사이의 난수이고, 시작점이 정해지면 나중 단위들은 자동으로 결정되므로 서로 다른 표본은 F개만 가능하다. 단순확률표집에 비하여 생성 가능한 표본의 수가 훨씬 적으며 이는 추정량의 속성에 영향을 준다.

예제 3.3.1.

크기가 $N = 20,000$인 모집단에서 크기 $n = 1,000$인 계통표본을 선택한다고 하자. 표집간격은 $F = 20,000/1,000 = 20$이므로 1에서 20 사이의 난수를 발생한다. $r = 9$가 생성되었다고 하자. 다음 표본 단위는 표집간격 20을 더하여 차례대로 뽑는다. 다음은 표본으로 선정된 모집단 단위이다.

9, 29, 49, ... , 19989

표집간격이 $F = 20$이므로 20개의 서로 다른 표본만 가능하다.

계통표집에서 가능한 표본은 F개이다. 그리고 특정 계통표본이 선택될 확률은 첫 번째 표본 단위가 뽑힐 확률과 동일하다. 그런데 첫 번째 표본 단위는 1부터 F사이의 난수 r이므로 첫 번째 단위가 선택될 확률은 $1/F$이다. 따라서 계통표집에서 모든 단위들의 표함확률은 표집구간의 역수가 된다.

$$\pi_k = \frac{1}{F} = \frac{n}{N}, \quad k = 1, \ldots, N \tag{3.3.3}$$

단순확률표집과 마찬가지로 계통표본의 각 단위 포함확률은 모두 동일하다. 그러나 2차 포함확률에는 차이가 있다. 단순확률표집에서는 모든 조합의 2차 포함확률이 동일하지만 계통표집에서는 동시에 뽑히지 않는 2개 단위 조합이 발생한다. 이들의 2차 포함확률은 0이다. 그리고 2개 단위가 동시에 뽑히는 경우는 같은 계통표본에 포함되는 경우이므로 이때 2차 포함확률은 $\pi_{kl} = 1/F$이다.

예제 3.3.2.

예를 들어 $N = 4$, $n = 2$인 계통표집을 고려하자. 추출간격은 $F = N/n = 4/2 = 2$이고, 가능한 계통표본은 $\{1,3\}$, $\{2,4\}$뿐이다. 그리고 1차 포함확률은 $\pi_1 = \pi_2 = \pi_3 = \pi_4 = 1/F = 1/2$이다. 반면 2차 포함확률은 $\pi_{13} = \pi_{24} = 1/2$이고 나머지 조합의 2차 포함확률은 0이다.

모집단 크기 N이 표본크기 n의 배수가 아닌 경우 표집간격은 정수가 아니다. 이 경우 표집간격 F는 가장 가까운 정수로 반올림하여 설정할 수 있지만 그렇게 하면 표본크기는 달라진다. 서로 다른 표본크기 문제는 더 일반적인 표본선택 방식을 사용하여 해결할 수 있다. 표집간격이 $F = N/n$일 때 랜덤 시작점 r이 구간 $(0,F]$ 사이에서 발생한다. 다음 값은 표집간격을 차례대로 더해 얻어진다.

$$r, r+F, r+2F, \ldots, r+(n-1)F$$

이러한 값은 정수가 아니다. 대신 $(0,1], (1,2], \ldots, (N-1, N]$ 중 하나에 속한다. 만일 k번째 값 $r+(k-1)F$이 구간 $(c-1, c]$ 구간에 속하면 k번째 단위는 c로 한다.

예제 3.3.3.

예를 들어 $N = 8$, $n = 3$이면 표집간격은 $F = N/n = 2.7$이다. 구간 $(0, 2.7]$ 사이에서 뽑은 난수가 $r = 1.6$이라고 하면 1.6, $1.6 + 2.7 = 4.3$, $1.6 + 2.7 \times 2 = 7.0$의 값이 얻어진다. 이로부터 $\{2,5,7\}$을 표본으로 선택한다.

3.3.3 추정

계통표본의 1차 포함확률은 단순확률표본의 포함확률과 동일한 $\pi_k = n/N$이다. 결과적으로 조사변수 Y의 모집단 평균은 π추정량을 이용하여 구할 수 있다.

$$\hat{\overline{Y}}_{sy} = \frac{1}{N}\sum_{k=1}^{n}\frac{y_k}{\pi_k} = \frac{1}{n}\sum_{k=1}^{n}y_k = \overline{y}_n \tag{3.3.4}$$

계통표집에서 가능한 표본평균의 수는 F개이고 각각의 선정확률은 $1/F$이다. 만일 $\overline{y}_r$을 시작점이 r인 표본에서 만들어진 표본평균으로 표기하면 모평균 추정량 $\hat{\overline{Y}}_{sy}$의 분산은 다음과 같이 계산된다.

$$Var(\hat{\overline{Y}}_{sy}) = \frac{1}{F}\sum_{r=1}^{F}(\overline{y}_r - \overline{Y})^2 \tag{3.3.5}$$

계통표집에서 분산의 크기는 조사프레임의 단위가 정렬된 순서에 영향을 받는다. 즉, 식 (3.3.5)의 분산 공식은 동일하더라도 조사프레임 정렬 순서에 따라 크기가 달라진다. 이제 모집단 정렬 상황과 분산 공식의 관계를 살펴보자.

모집단 정렬 후 표집을 계통적으로 선정하면 조사프레임의 N개의 조사변수 값은 F개의 표본으로 분할된다. 랜덤 시작점이 r인 표본의 k번째 값을 Y_{rk}로 표기하자.

$$Y_{rk},\ r = 1, \dots, F,\ k = 1, \dots, n$$

이 표기에 의하면 $\overline{y}_r = \sum_{k=1}^{n} Y_{rk}/n$, $\overline{Y} = \sum_{r=1}^{F}\sum_{k=1}^{n} Y_{rk}/N$이 된다. 이제 조사변수 값의 전체 변동을 표본 간의 변동과 표본 내의 조사변수 값의 변동으로 분해하자.

$$\sum_{r=1}^{F}\sum_{k=1}^{n}(Y_{rk} - \overline{Y})^2 = n\sum_{r=1}^{F}(\overline{y}_r - \overline{Y})^2 + \sum_{r=1}^{F}\sum_{k=1}^{n}(Y_{rk} - \overline{y}_r)^2 \tag{3.3.6}$$

모집단 전체의 평균 변동은 $S_y^2 = \sum_{r=1}^{F}\sum_{k=1}^{n}(Y_{rk} - \overline{Y})^2/(N-1)$로 볼 수 있으며, 조사변수 값들의 **표본내 평균 변동**은 $S_w^2 = \sum_{r=1}^{F}\sum_{k=1}^{n}(Y_{rk} - \overline{y}_r)^2/F(n-1)$로 볼 수 있다. 모집단 전체의 평균 변동과 표본 내의 평균 변동을 이용하여 **표본내 상관계수**를 정의하자.

정의 3.3.2. 계통표집에서 조사변수 Y의 **표본내 상관계수** ρ_w는 모집단 전체의 평균변동 S_y^2과 표본내 평균변동 S_w^2을 이용하여 다음과 같이 정의된다.

$$\rho_w = 1 - \frac{S_w^2}{S_y^2} \tag{3.3.7}$$

정리 3.3.3. 계통표집에서 조사변수 Y의 **표본내 상관계수** ρ_w의 범위는 다음과 같다.

$$-\frac{1}{n-1} \leqq \rho_w \leqq 1 \tag{3.3.8}$$

증명 계통표본 내의 조사변수 값들이 모두 동일하면, 즉 $Y_{rk} = Y_{rl},\ k \neq l$이면 표본내 평균 변동이 $S_w^2 = 0$이므로 표본내 상관계수는 $\rho_w = 1$이 된다. 반면, 계통표본의 평균이 모두 동일하면, 즉 $\overline{y}_r = \overline{y}_s,\ r \neq s$이면 $S_w^2 = n/(n-1)S_y^2$이 되므로 $\rho_w = -1/(n-1)$이 된다.

이제 표본내 상관계수 ρ_w를 식 (3.3.5)의 분산식에 대입하여 정리하여 새로운 분산식을 얻을 수 있다.

정리 3.3.4. 계통표집에서 표본평균 $\overline{y}_n$의 분산은 표본내 상관계수 ρ_w를 이용하여 표현할 수 있다. 만일 표집간격 F값이 커서 $1/F \approx 0$이면, 다음의 식이 성립한다.

$$Var(\overline{y}_n) \approx \frac{S_y^2}{n}(1 + (n-1)\rho_w) \tag{3.3.9}$$

증명 식 (3.3.6)의 변동분해를 이용하면,

$$\begin{aligned}(N-1)S_y^2 &= F(n-1)S_w^2 + Fn\,Var(\overline{y}_n) \\ &= F(n-1)S_y^2(1-\rho_w) + N\,Var(\overline{y}_n)\end{aligned}$$

의 관계가 성립한다. 따라서 분산식을 정리하면,

$$Var(\overline{y}_n) = \frac{S_y^2}{n}(1 - \frac{1}{F} + (n-1)\rho_w) \tag{3.3.10}$$

이 성립하고, $1/F \approx 0$이 성립하면 식 (3.3.9)의 결과를 얻는다.

만일 표본내 조사변수 값들이 동질적이면, 즉 $\rho_w = 1$이면 분산은 $Var(\overline{y}_n) = S_y^2$이 된다. 반면 표본내 조사변수 값들이 이질적이면, 즉, $\rho_w = -1/(n-1)$이면 분산은 $Var(\overline{y}_n) = 0$이 된다. 그리고 만일 표본내 조사변수 값들이 랜덤이면, 즉, $\rho_w = 0$이면 분산은 $Var(\overline{y}_n) = S_y^2/n$이 된다.

예제 3.3.4.

크기 $N=4$인 유한모집단에서 크기 $n=2$인 계통표본을 선정한다고 하자. 그리고 모집단 단위의 조사변수 값이 각각 다음과 같이 정렬되어 있다고 하자.

$$Y_1 = 2,\ \ Y_2 = 5,\ \ Y_3 = 4,\ \ Y_4 = 3.$$

가능한 계통표본의 수는 $F = N/n = 4/2 = 2$개이고, 계통표본 값은 $\{2, 4\}, \{5, 3\}$이므로 표본평균은

$$\overline{y}_1 = \frac{2+4}{2} = 3.0,\ \ \overline{y}_2 = \frac{5+3}{2} = 4.0$$

이다. 조사변수 Y의 모평균은 $\overline{Y} = (2+5+4+3)/4 = 3.5$이고 분산은

$$Var(\overline{y}_n) = \frac{1}{F}\sum_{r=1}^{F}(\overline{y}_r - \overline{Y})^2 = \frac{1}{2}[(3.0-3.5)^2 + (4.0-3.5)^2] = 0.25$$

계통 표본평균의 분산을 표본내 상관계수를 이용하여 구해보자. 먼저

$$S_y^2 = \sum_{r=1}^{F}\sum_{k=1}^{n}(Y_{rk} - \overline{Y})^2/(N-1) = 5/3 = 1.6667$$

$$S_w^2 = \sum_{r=1}^{F}\sum_{k=1}^{n}(Y_{rk} - \overline{y}_r)^2/F(n-1) = 4/2 = 2$$

이므로 계통표본내 상관계수는

$$\rho_w = 1 - \frac{S_w^2}{S_y^2} = -0.1999$$

로 구해진다. 그리고 식 (3.3.10)에 대입하면,

$$\begin{aligned} Var(\overline{y}_n) &= \frac{S_y^2}{n}(1-\frac{1}{F}+(n-1)\rho_w) \\ &= \frac{1.6667}{2}(1-\frac{1}{2}+(2-1)(-0.1999)) \\ &= 0.25 \end{aligned}$$

위의 식에서 구한 값과 일치한다.

식 (3.3.9)의 분산식은 계통표집에서 분산의 크기가 조사프레임의 정렬구조에 달려 있다는 것을 분명히 보여준다. 조사프레임의 단위들이 랜덤하게 정렬된 경우 계통표본은 단순확률표본과 효율이 비슷하다. 만일 프레임의 조사변수 값들이 크기순으로 선형 정렬되어 있다면 계통표본은 단순확률표본보다 더 효율적일 수 있다. 그런데 만일 조사변수의 정렬된 값들이 주기적인 패턴이 있고, 주기가 표집간격과 같으면 분산은 매우 커져 비효율적인 표집이 된다. 마찬가지로 식 (3.3.9)의 분산식은 계통표집에서 조사프레임의 단위들을 정렬할 때 어떻게 정렬하는 것이 효율적인지를 보여준다. 조사변수와 밀접한 관련이 있는 보조변수를 이용하여 조사변수 값들을 크기순으로 선형 정렬할 수 있으면 계통표집은 효율성을 높이는 방법이 될 수 있다.

계통표집의 이론적 약점은 분산 추정의 어려움에 있다. 식 (3.3.5)에서 보듯이 추정량의 분산은 표본평균들의 평균변동으로 나타나는데, 계통표본은 단 하나의 표본평균만을 산출하므로 표본평균 간의 변동을 추정하기 불가능한 것이다. 식 (3.3.9)를 이용하면

$$\widehat{Var}(\overline{y}_n) = \frac{\widehat{S_y^2}}{n}(1+(n-1)\widehat{\rho_w}) \tag{3.3.11}$$

의 추정식을 사용하는 방법을 고려해 볼 수 있다. 그런데 주어진 하나의 계통표본으로는 모분산 S_y^2과 표본내 상관계수 ρ_w를 추정하기 어렵다. 실제 많은 상황에서 계통표본을 단순확률표본인 것처럼 간주하는 경우가 흔하다. 이 경우 $\widehat{S_y^2}=s_n^2$과 $\widehat{\rho_s}=0$을 가정하는 셈이다. 결과적으로 다음의 추정량을 얻는다.

$$\widehat{Var}(\overline{y}_n) = \frac{s_n^2}{n} \tag{3.3.12}$$

만일 실제 상황이 $\rho_w \approx 0$이면 식 (3.3.12)의 분산추정량은 사용 가능한 추정량이라고 볼 수 있다. 그러나 만일 실제 상황이 $\rho_w > 0$이면 위 분산추정량은 실제 분산을 과소 추정하게 되고, 이는 추정의 오류를 유발하는 원인이 될 수 있다.

연습문제

1 유한모집단에서 데이터가 $Y_{(1)}, Y_{(2)}, \cdots, Y_{(N)}$으로 주어질 때 25백분위수, 75백분수를 정의하라.

2 복원표집과 비복원표집의 차이점을 설명하라.

3 식 (3.1.21)을 보여라.

4 식 (3.1.38)의 분산식은 고정크기 표집설계에서 식 (3.1.39)로 쓸 수 있음을 보여라.

5 식 (3.1.40)의 분산추정량은 비편향임을 보여라.

6 식 (3.1.42)의 분산추정량은 비편향임을 보여라.

7 기술적 추론과 해석적 추론의 차이를 설명하고 예를 들어라.

8 유한모집단 상관계수

$$R = \frac{\sum_{k=1}^{N} (X_k - \overline{X})(Y_k - \overline{Y})}{\sqrt{\sum_{k=1}^{N} (X_k - \overline{X})^2} \sqrt{\sum_{k=1}^{N} (Y_k - \overline{Y})^2}}$$

는 표본총계의 함수로 표현될 수 있음을 보여라.

※ 힌트. 식 (3.1.49) 참조

9 단순확률표집에서 모평균의 95% 신뢰구간의 의미를 설명하라.

10 예제 3.2.1에서 95% 신뢰구간의 포함률이 67%에 불과한 이유를 설명하고, 포함률을 95%로 높일 수 있는 방안을 제시하라.

11 복원 단순확률표집에서 1차 포함확률 π_k와 2차 포함확률 π_{kl}을 계산하라.

12 복원 단순확률표집에서 모평균에 대한 π추정량을 제시하고, 기댓값과 분산을 구하라.

13 복원 단순확률표집에서 모평균에 대한 π추정량과 식 (3.2.29)의 추정량을 비교하라.

14 크기 $N = 98$인 정렬된 모집단에서 크기 $n = 8$인 계통표본을 선정하는 방법을 제시하라.

15 크기 $N = 5$인 유한모집단에서 크기 $n = 3$인 표본을 선정하는 아래의 표집설계를 고려하자. 그리고 모집단 조사변수의 값이 다음과 같다고 가정하자.

$$Y_1 = 51,\ \ Y_2 = 54,\ \ Y_3 = 61,\ \ Y_4 = 66,\ \ Y_5 = 72$$

표 3.3 크기 5인 모집단에서 크기 3인 표본을 선정하는 표집설계

표본번호	표본 단위	표집확률	표본번호	표본 단위	표집확률
1	{1,2,3}	0.07	6	{1,4,5}	0.10
2	{1,2,4}	0.07	7	{2,3,4}	0.11
3	{1,2,5}	0.08	8	{2,3,5}	0.12
4	{1,3,4}	0.09	9	{2,4,5}	0.13
5	{1,3,5}	0.10	10	{3,4,5}	0.13

(a) 1차 포함확률 $\pi_k,\ k = 1, \ldots, 5$를 계산하라.

(b) 2차 포함확률 $\pi_{kl},\ k \neq l = 1, \ldots, 5$를 계산하라.

(c) 모평균 $\overline{Y} = \sum_{k=1}^{5} Y_k / N$을 계산하라.

(d) 각 표본에서 모평균 추정치, $\overline{y}_n = \sum_{k=1}^{n} y_k / N\pi_k$를 계산하라.

(e) 모평균 추정량 $\overline{y}_n$이 비편향임을 수치적으로 보여라.

(f) 모평균 추정량 $\overline{y}_n$의 분산을 수치로 구하라.

(g) 각 표본에서 95% 신뢰구간을 구하라(추정량이 정규분포를 따르는 것으로 가정).

(h) 10개의 표본 결과를 근거로 95% 신뢰구간의 모평균 포함률을 계산하라. 즉, 10개의 신뢰구간 중에서 모평균을 포함하는 신뢰구간의 비율은 얼마인가?

16 크기 $N=5$인 유한모집단에서 크기 $n=3$인 단순확률표본을 고려하자. 그리고 모집단 조사변수의 값이 다음과 같다.

$$Y_1=51,\ \ Y_2=54,\ \ Y_3=61,\ \ Y_4=66,\ \ Y_5=72$$

표 3.4 크기 5인 모집단에서 크기 3인 단순확률표본

표본번호	표본 단위	표집확률	표본번호	표본 단위	표집확률
1	{1,2,3}	0.1	6	{1,4,5}	0.1
2	{1,2,4}	0.1	7	{2,3,4}	0.1
3	{1,2,5}	0.1	8	{2,3,5}	0.1
4	{1,3,4}	0.1	9	{2,4,5}	0.1
5	{1,3,5}	0.1	10	{3,4,5}	0.1

(a) 1차 포함확률 $\pi_k,\ k=1,\ldots,5$를 계산하라.

(b) 2차 포함확률 $\pi_{kl},\ k\neq l=1,\ldots,5$를 계산하라.

(c) 각 표본에서 표본평균, $\bar{y}_n=\sum_{k=1}^{n} y_k/n$을 계산하라.

(d) 표본평균 $\bar{y}_n$이 비편향임을 수치적으로 보여라.

(e) 표본평균 $\bar{y}_n$의 분산을 수치로 구하라.

(f) 각 표본에서 95% 신뢰구간을 구하라(추정량이 정규분포를 따르는 것으로 가정).

(g) 10개의 표본 결과를 근거로 95% 신뢰구간의 모평균 포함률을 계산하라.

제 4 장

복합표집

제4장
복합표집

4.1 층화확률표집

4.1.1 서론

층화표집은 모집단을 여러 개의 층으로 나누고 각 층에서 독립적으로 표본을 선정하는 아이디어에 기초한다. 이러한 아이디어는 표집이론 자체만큼이나 오래되었다. 현대적인 표집이론이 등장한 19세기 말에 연구자들은 표본선정보다는 완전계수를 선호하였는데, 그 이유는 모집단 일부에서 수집된 데이터로 모집단 전체에 대한 신뢰할 만한 결론을 도출하는 것은 불가능하다고 생각했기 때문이었다. 이러한 상황에서 표본은 가능한 한 모집단의 다양한 측면을 반영해야 했고, **균형표본**은 그러한 측면을 반영하는 표본이었다. 모집단을 성, 연령 및 지역과 같은 변수를 이용하여 하위 집단으로 나누었는데, 이러한 하위 집단을 **층**이라고 하였다. 그리고 각 층에서 일정 비율을 표본으로 선정하였다. 각 층에서 표집 비율은 같았고, 표본선택은 랜덤하게 이루어졌다[161]. 그 결과 성별, 연령, 지역 변수의 표본분포는 모집단의 분포와 유사하였고, 이러한 **층화변수**와 관련하여 표본은 대표성이 있다고 생각하였다. 확률표집은 나중에 도입되었지만, 당시 층화는 표본의 대표성을 구현하는 유용한 기법으로 받아들여졌다. 나중에 층화는 추정의 정밀성을 높일 수 있는 것으로 밝혀졌다.

모집단을 서로 겹치지 않는 하위 집단으로 분할하는 것을 **층화**라고 하는데, 이를 위해서는 조사프레임의 모든 단위에 층화에 사용할 수 있는 **층화변수**가 있어야 한다. 예를 들어 조사프레임에 주소가 있으면 지역으로 층화할 수 있고, 소득데이터가 있으면 소득 그룹별로 층화할 수 있다. 일반적으로 가구조사에서는 지역, 주택유형, 가구 규모, 성별, 연령, 학력 등의 변수가 층화변수로 사용되고, 사업체 조사에서는 산업분류, 사업체 규모 등이 층화변수로 사용된다. 만일 조사프레임에 층화 정보가 없으면 효과적으로 층화하기 어렵다. 대신 표본 선정 후에 표본으로부터 가구원의 성별, 연령, 학력 등의 정보를 얻은 후 표본을 층화할 수 있는데, 이를 **사후층화**[162]라고 한다. 사후층화를 하면 표본비율은 모집단 비율과 일치하지 않을 수 있는데, 가중치 보정을 통해 이러한 불균형을 보정할 수 있다.

---

161) 19세기 후반에는 아직 확률표집이 발명되지 않았다.

162) 사후층화(post-stratification)

층화표집을 하는 주요 이유는 행정적 편의, 영역 추정, 추정의 효율성, 그리고 균형 잡힌 표본선정을 위해서이다[163]. 첫째, 전국 조사에서 각 시·도에 배정된 표본을 시·도별로 독립적으로 조사하면 보다 편리하게 조사를 수행할 수 있다. 이 경우 각 시·도는 자연스럽게 층의 역할을 하게 된다. 둘째, 대규모 조사에서는 전체 모집단에 대한 추정치 외에 하위 영역에 대한 추정치가 필요할 수 있다. 예를 들어, 전국 조사에서는 전국뿐만 아니라 주요 시·도 지역에 대한 추정치가 요구되기도 한다. 이 경우 해당 시·도 지역은 하나의 층으로 간주될 수 있으며 표본크기는 해당 시·도 추정치의 신뢰도를 고려하는 수준에서 결정되어야 한다. 셋째, 적절한 층화와 합리적인 층별 **표본배정**은 단순확률표집보다 더 정확한 추론을 유도할 수 있다. 층화의 통계적 효율성을 향상하려면 층 내 단위들을 가능한 **동질적**으로 구성해야 한다. 그리고 이러한 동질성은 관심 있는 조사변수와 상관관계가 있는 층화변수가 있을 때 달성될 수 있다. 층화는 **치우친 모집단**의 경우에 특히 유용하다. 예를 들어 사업체 조사에서 사업체 규모로 층화한 후 조사를 수행하면 더 나은 추론을 할 수 있다. 넷째, 층화표집은 **불균형 표본**의 선정을 사전에 제어할 수 있다. 예를 들어, 단순확률표집에서는 남학생이 여학생보다 혹은 여학생이 남학생보다 지나치게 많이 선정될 수 있다. 그런데 만일 성별로 층화하고 남·녀 학생의 표집비율을 같게 하면 **균형표본**을 선정할 수 있다.

4.1.2 층화확률표집

크기 N인 모집단을 서로 겹치지 않는 H개 층으로 나누자. h번째 층의 크기를 N_h로 표기하면 다음이 성립해야 한다.

$$N_1 + N_2 + \dots + N_H = N \qquad (4.1.1)$$

여기에서 각 층의 크기는 알려져 있다고 가정한다. 층화는 개별 모집단 단위가 속하는 층을 미리 알고 있는 경우에만 수행할 수 있다. 또한, 각 층에서 확률표본이 선정되므로 각 층에 대한 조사프레임이 있어야 한다. 만일 층별 조사프레임이 준비되지 않으면 층화확률표본은 선정하기 어렵다.

층화표집에서 조사변수 Y에는 층번호 h와 단위번호 k가 부여되어 Y_{hk}로 표기된다. 조사변수의 층별 총계, 층별 평균 그리고 층별 분산은 Y_{hk}를 이용하여 다음과 같이 각각 표기할 수 있다.

163) Wu and Thompson 2020, 37쪽.

$$T_h = \sum_{k=1}^{N_h} Y_{hk},\ \ \overline{Y}_h = \frac{T_h}{N_h},\ \ S_h^2 = \frac{1}{N_h - 1}\sum_{k=1}^{N_h}(Y_{hk} - \overline{Y}_h)^2,\ \ h = 1, \ldots, H \tag{4.1.2}$$

그리고 층별 표기를 이용하면 모집단 총계, 평균, 분산은 다음과 같이 각각 표현된다.

$$T = \sum_{h=1}^{H} T_h,\ \ \overline{Y} = \sum_{h=1}^{H} W_h \overline{Y}_h,\ \ S_y^2 = \frac{1}{N-1}\sum_{h=1}^{H}\sum_{k=1}^{N_h}(Y_{hk} - \overline{Y})^2 \tag{4.1.3}$$

여기에서 $W_h = N_h/N$는 h층의 비율이다.

각 층에서 독립적으로 표본을 선정하되, 선정 방법에는 제한이 없다. 각 층에서 확률표본을 선정할 수도 있고, 배정된 표본수만큼 편의적으로 선정할 수도 있다. 전자를 **층화확률표집**이라고 하고, 후자를 **할당표집**이라고 한다. 층화표집의 가장 기본적인 형태는 각 층에서 단순확률표본을 선정하는 **층화단순확률표집**이다. 간단히 **층화확률표집**이라고 부르자.

각 층에서 n_h개 단위를 독립적으로 단순확률표집하자. h층의 표본크기 n_h 간에는 다음이 성립한다.

$$n = n_1 + \ldots + n_h + \ldots + n_H$$

h층에서 뽑힌 k번째 표본데이터를 y_{hk}로 표기하자. 그리고 h층에서 조사데이터의 **표본평균**과 **표본분산**을 각각 다음으로 표기하자.

$$\overline{y}_h = \frac{1}{n_h}\sum_{k=1}^{n_h} y_{hk},\ \ s_h^2 = \frac{1}{n_h - 1}\sum_{k=1}^{n_h}(y_{hk} - \overline{y}_h)^2,\ \ h = 1, \ldots, H \tag{4.1.4}$$

그리고 표본 전체에서 평균과 분산은 다음으로 표기된다.

$$\overline{y}_n = \frac{1}{n}\sum_{h=1}^{H}\sum_{k=1}^{n_h} y_{hk},\ \ s_n^2 = \frac{1}{n-1}\sum_{h=1}^{H}\sum_{k=1}^{N_h}(y_{hk} - \overline{y}_n)^2 \tag{4.1.5}$$

층화표집에서 모평균은 층별 평균의 가중합으로 표현된다. 이때 가중치는 층 비율이다. 따라서 각 층에서 층 평균을 표본평균으로 추정한 후 층 비율로 가중하여 더한 값으로 모평균을 추정하는 것이 자연스럽다. 이 추정량을 **층화평균**이라고 하고 $\overline{y}_{st}$로 표기한다.

$$\overline{y}_{st} = \sum_{h=1}^{H} W_h \overline{y}_h \tag{4.1.6}$$

각 층에서 표본평균이 층 평균에 대하여 비편향이므로 층화평균은 모평균의 비편향 추정량이 된다. 층화평균 $\overline{y}_{st}$의 기댓값, 분산, 그리고 비편향 분산추정량이 정리 4.1.1에 나타나 있다.

정리 4.1.1 층화확률표집을 가정하자.

(1) 층화평균 $\overline{y}_{st}$은 모집단 평균 $\overline{Y}$의 비편향 추정량이다. 즉,

$$E(\overline{y}_{st}) = \overline{Y}$$

(2) 층화평균 $\overline{y}_{st}$의 분산은 다음과 같다.

$$Var(\overline{y}_{st}) = \sum_{h=1}^{H} W_h^2 \left(1 - \frac{n_h}{N_h}\right) \frac{S_h^2}{n_h} \tag{4.1.7}$$

(3) 층화평균 $\overline{y}_{st}$에 대한 비편향 분산추정량은 다음과 같이 주어진다.

$$\widehat{Var}(\overline{y}_{st}) = \sum_{h=1}^{H} W_h^2 \left(1 - \frac{n_h}{N_h}\right) \frac{s_h^2}{n_h} \tag{4.1.8}$$

증명

(1) 각 층에서 층 표본평균이 층 평균에 비편향이므로 다음이 성립한다.

$$E(\overline{y}_{st}) = \sum_{h=1}^{H} W_h E(\overline{y}_h) = \sum_{h=1}^{H} W_h \overline{Y}_h = \overline{Y}$$

(2) 층별 표본은 서로 독립이므로 $Var(\overline{y}_{st}) = \sum_{h=1}^{H} W_h^2 \, Var(\overline{y}_h)$이 성립하고, 단순확률표집의 분산식을 이용하면 식 (4.1.7)이 유도된다.

(3) 단순확률표집에서의 분산추정식을 이용하면 분산추정식도 (4.1.8)과 같이 유도된다.

식 (4.1.7)의 분산식을 살펴보면 층 분산 S_h^2이 작은 경우 층화평균의 분산이 작아짐을 알 수 있다. 조사변수의 층 분산이 작은 경우는 조사변수 값이 층 내에서 동질적이어서 값의 변동이 크지 않을 때이다. 그리고 이 경우의 변동은 주로 층별 평균 간의 차이로 나타나

게 된다. 따라서 동질적인 층으로 층을 구성할 수 있으면 층화평균의 정밀도는 높아진다.

모평균 $\overline{Y}$에 대한 $100(1-\alpha)\%$ 신뢰구간은 층화평균 $\overline{y}_{st}$을 중심으로 다음과 같이 구성할 수 있다.

$$\left(\overline{y}_{st} - z_{1-\alpha/2}\sqrt{\widehat{Var}(\overline{y}_{st})},\ \overline{y}_{st} + z_{1-\alpha/2}\sqrt{\widehat{Var}(\overline{y}_{st})}\right) \tag{4.1.9}$$

위 신뢰구간은 $\left(\overline{y}_{st} - \overline{Y}\right)/z_{1-\alpha/2}\sqrt{\widehat{Var}(\overline{y}_{st})}$의 점근 정규성에 의존한다. 층화표집에서 표본수 증가를 허용하는 점근적 개념에는 두 가지 다른 시나리오가 있다. 첫 번째는 층의 수 H는 제한되고 각 층 내의 표본크기 n_h가 증가하는 경우이고, 두 번째는 층의 수 H는 증가하지만 각 층 내의 표본크기 n_h는 제한되는 경우이다. 크레스키와 라오(1981)는 두 시나리오를 모두 논의하고 층화확률표집에 대한 중심극한정리를 입증하였다[164]. 빅켈과 프리드만(1984)도 이 주제에 대한 관련 결과를 제공하였다[165].

예제 4.1.1.

어느 지역에서 텔레비전 광고를 얼마나 해야 할지 결정하기 위하여 지역 내 주당 평균 가구 시청시간을 조사하기로 하였다. 이 지역은 세 지역으로 구분할 수 있으며 지역별로 시청 행태가 다를 것으로 판단되어 세 지역을 층으로 하는 층화확률표본을 조사하기로 하였다. 지역 A에는 1,000가구, 지역 B에는 2,000가구, 지역 C에는 7,000가구가 있다. 각 지역에서 $n_A = 20$가구, $n_B = 40$가구, $n_C = 140$가구가 표본수로 결정되었다. 각 지역별 시청시간에 대한 요약이 〈표 4.1〉에 주어진다.

표 4.1 지역별 시청시간 요약

지역	N_h	n_h	$\overline{y}_h$	s_h
지역A	1,000	20	33.9	15.9
지역B	2,000	40	25.1	10.2
지역C	7,000	140	19.0	9.3
합계	10,000	200		

먼저 주별 평균 시청시간은 21.71시간으로 추정된다.

164) Krewski and Rao 1981.
165) Bickel and Freedman 1984.

$$\begin{aligned}\bar{y}_{st} &= \frac{1}{N}(N_1\bar{y}_1 + N_2\bar{y}_2 + \ldots + N_L\bar{y}_L) \\ &= \frac{1}{10000}\{1000 \times 33.9 + 2000 \times 25.1 + 7000 \times 19.0\} \\ &= 21.71\end{aligned}$$

그리고 평균 시청시간에 대한 분산은 0.5224로 추정된다.

$$\begin{aligned}\widehat{Var}(\bar{y}_{st}) &= \sum_h W_h^2 (1 - \frac{n_h}{N_h}) \frac{s_h^2}{n_h} \\ &= (\frac{1}{10})^2 \frac{49}{50} \frac{15.9^2}{20} + (\frac{2}{10})^2 \frac{49}{50} \frac{10.2^2}{40} + (\frac{7}{10})^2 \frac{49}{50} \frac{9.3^2}{140} \\ &= 0.5224\end{aligned}$$

따라서 평균 시청시간에 대한 95% 신뢰구간은 21.7 ± 1.4166로 계산된다.

$$\bar{y}_{st} \ \pm \ 1.96\sqrt{\widehat{Var}(\bar{y}_{st})} \ \Leftrightarrow \ 21.71 \ \pm \ 1.96\sqrt{0.5224} \ \Leftrightarrow \ 21.71 \pm 1.4166$$

모총계는 모평균에 모집단 크기 N을 곱한 값이므로 모총계 추정량은 층화평균에 N을 곱하며 구할 수 있다.

$$\hat{T}_{st} = N\bar{y}_{st} = \sum_{h=1}^{H} N_h \bar{y}_h \tag{4.1.10}$$

모총계 추정량의 분산과 분산추정량은 정리 4.1.1에서 모평균 추정량의 분산과 분산추정량에 N^2을 곱하여 얻을 수 있다.

$$Var(\hat{T}_{st}) = \sum_{h=1}^{H} N_h^2 \left(1 - \frac{n_h}{N_h}\right) \frac{S_h^2}{n_h} \tag{4.1.11}$$

$$\widehat{Var}(\hat{T}_{st}) = \sum_{h=1}^{H} N_h^2 \left(1 - \frac{n_h}{N_h}\right) \frac{s_h^2}{n_h} \tag{4.1.12}$$

설계가중치는 포함확률의 역수로 정의되며 표본 단위가 대표하는 모집단 단위의 수로 해석된다. 또한 설계가중치는 모총계에 대한 π추정량의 주요 구성요소이다. 층화확률표집에서 조사데이터 y_{hk}의 포함확률은 h번째 층에서 단순확률표집 확률이므로 $\pi_{hk} = n_h / N_h$이다. 따라서 y_{hk}에 부여되는 설계가중치 w_{hk}는 다음과 같다.

$$w_{hk} = \frac{1}{\pi_{hk}} = \frac{N_h}{n_h},\ \ k = 1, \ldots, n_h,\ \ h = 1, \ldots, H \tag{4.1.13}$$

설계가중치 w_{hk}를 이용하여 모총계 추정치를 나타내면 다음과 같다.

$$\hat{T} = \sum_{h=1}^{H} \sum_{k=1}^{n_h} w_{hk} y_{hk}$$

여기에서 $w_{hk} = N_h / n_h$이다. 설계가중치의 합은 모집단 크기가 된다.

$$\sum_{h=1}^{H} \sum_{k=1}^{n_h} w_{hk} = \sum_{h=1}^{H} N_h = N \tag{4.1.14}$$

4.1.3 모비율 추정

이항 모집단에서 모평균은 모비율이 된다. 따라서 모비율 P는 층별 표본비율의 가중합으로 추정할 수 있다. 층화 비율평균을 p_{st}로 표기하자.

$$\hat{P} = \sum_{h=1}^{H} W_h p_h = p_{st} \tag{4.1.15}$$

여기에서 p_h는 h층에서 표본비율이다.

정리 4.1.2 이항모집단에서 층화확률표집을 가정하자.

(1) 층화 비율평균 p_{st}은 모집단 비율 P의 비편향 추정량이다. 즉,

$$E(p_{st}) = P$$

(2) 층화 비율평균 p_{st}의 분산은 다음과 같다.

$$Var(p_{st}) = \sum_{h=1}^{H} W_h^2 \left(\frac{N_h - n_h}{N_h - 1} \right) \frac{P_h(1 - P_h)}{n_h} \tag{4.1.16}$$

(3) 층화 비율평균 p_{st}에 대한 비편향 분산추정량은 다음과 같이 주어진다.

$$\widehat{Var}(p_{st}) = \sum_{h=1}^{H} W_h^2 \left(1 - \frac{N_h}{N} \right) \frac{p_h(1 - p_h)}{n_h - 1} \tag{4.1.17}$$

예제 4.1.1.

특정 프로그램을 시청하는 가구수(m_h)가 〈표 4.2〉에 나타나 있다. 이 표에서 지역별로 $p_h = m_h / n_h$는 특정 프로그램 시청 비율이다.

표 4.2 지역별 특정 프로그램 시청 가구

지역	N_h	n_h	m_h	p_h
지역A	1,000	20	6	0.300
지역B	2,000	40	8	0.200
지역C	7,000	140	30	0.214
합계	10,000	200	44	

지역 전체에서 특정 프로그램 시청률은 23.3%로 추정된다.

$$\begin{aligned} p_{st} &= \frac{1}{10000}\{1000 \times 0.3 + 2000 \times 0.2 + 7000 \times 0.214\} \\ &= 0.2198 \end{aligned}$$

세 지역에서 분산은 각각 다음으로 추정된다.

$$\widehat{Var}(p_A) = \frac{49}{50}[\frac{0.30 \times 0.70}{19}] = 10.83 \times 10^{-3}$$

$$\widehat{Var}(p_B) = \frac{49}{50}[\frac{0.20 \times 0.80}{39}] = 4.02 \times 10^{-3}$$

$$\widehat{Var}(p_C) = \frac{49}{50}[\frac{0.214 \times 0.786}{139}] = 1.18 \times 10^{-3}$$

따라서 지역 전체에서 시청률의 분산추정치는 다음으로 계산된다.

$$\widehat{Var}(p_{st}) = \frac{1}{100}(1^2 \times 10.83 + 2^2 \times 4.02 + 7^2 \times 1.18) \times 10^{-3} = 8.473 \times 10^{-4}$$

이로부터 시청률에 대한 95% 신뢰구간은 다음과 같다.

$$0.2198 \pm 1.96 \times \sqrt{8.473 \times 10^{-4}} \Leftrightarrow 0.2198 \pm 0.0570$$

4.1.4 층경계 설정

층화표집에서 층을 구성하는 방법은 여러 가지가 있다. 층 구성의 유일한 조건은 층 크기를 알고 있어야 하고, 각 층에서 독립적으로 표본을 선택할 수 있어야 한다는 것이다. 분산식 (4.1.7)은 층내 분산이 작도록 층이 구성되어야 함을 보여준다. 이러한 층을 구성할 수 있는 적절한 층화변수로는 조사변수와 강한 상관관계를 갖는 변수를 선택하는 것이 유리하다. 강한 상관관계가 있는 층화변수의 값으로부터 조사변수의 값을 예측할 수 있기 때문이다. 상관관계가 강할수록 더 큰 층화 효과를 볼 수 있다.

층화변수가 계량형 변수이면 다양한 수준의 층 경계값이 존재한다. 계량형 변수일 때 층화변수가 유용하려면 범주형 변수로 변환되는 것이 유리하다. 예를 들어 연령을 층화변수로 사용하려면 연령을 범주화하는 것이 유리하다. 즉, 20~29세, 30~39세 등으로 범주화할 수 있다. 층화에 제기되는 문제는 어떤 범주화가 층화평균의 분산을 가장 작게 할 수 있는가이다.

이 문제에 대하여 달레니우스와 호지스(1959)[166]가 하나의 규칙을 제안하였다. 이 규칙은 범주별로 빈도와 범주 너비의 곱의 제곱근을 구한다. 다음으로 계산된 수치의 합계가 각 층에서 비슷해지도록 범주를 묶어 층으로 만드는 방법이다. 이 규칙을 빈도의 **누적제곱근 규칙**이라고 한다. 이 방법을 사용하면 대략 최적 층화를 달성할 수 있다.

예제 4.1.2.

11개 연령대로 범주화된 모집단을 3개의 층으로 층화하려 한다고 하자. 각 연령 범주별로 빈도 f_g와 범주 너비 w_g를 곱한 후 제곱근 값을 구한다. 그리고 이 값을 차례대로 누적한다. 누적된 총합계는 302이다. 층을 3개로 나눌 때 누적 제곱근값이 대략 $302/3 \approx 101$이 되도록 층의 경계값을 정한다. 결과적으로 연령이 19세 이하, 20세~49세, 50세 이상의 층이 만들어진다.

표 4.3 연령 범주를 이용한 누적제곱근 층화 예제

범주(g)	연령대	빈도 (f_g)	너비(w_g)	$\sqrt{f_g w_g}$	누적 $\sqrt{f_g w_g}$	층 번호
1	0~4	90	5	21	21	1
2	5~9	86	5	21	42	1
3	10~14	79	5	20	62	1
4	15~19	88	5	21	83	1
5	20~29	149	10	39	122	2
6	30~39	110	10	33	155	2

166) Dalenius and Hodges 1959.

범주(g)	연령대	빈도 (f_g)	너비(w_g)	$\sqrt{f_g w_g}$	누적 $\sqrt{f_g w_g}$	층 번호
7	40~49	119	10	34	189	2
8	50~59	101	10	32	221	3
9	60~69	74	10	27	248	3
10	70~79	59	10	24	272	3
11	80~99	45	20	30	302	3

4.1.5 사후층화

층화는 조사프레임에 포함된 층화 정보를 기초로 한다. 만일 프레임에 층화 정보가 포함되어 있지 않으면 그 정보는 표본선정에 사용되지 못한다. 대신 표본을 선정한 후에 표본에서 사후적으로 층화 정보를 획득하고, 이를 표본의 층화에 이용할 수 있다. 이를 **사후층화**라고 한다. **사후층화 변수**는 조사 후에 표본에서 획득되는 변수이다. 사후층화를 하는 이유는 사후층화 변수를 기준으로 할 때 표본비율이 모집단 비율과 일치하지 않아 추정의 왜곡이 예상되는 경우 이를 보완하기 위해서이다. 즉, 사후층화 변수를 기준으로 표본비율과 모집단 비율의 불일치를 보정하면 추정의 왜곡을 방지하는 데 도움이 된다.

예제 4.1.3.

남학생과 여학생의 비율이 비슷한 모집단에서 평균 몸무게를 추정하려고 한다. 이를 위해 $n=100$명을 단순확률표집하고 몸무게를 측정하여 아래 표의 결과를 얻었다.

표 4.4 사후층화 몸무게 예제

	남학생	여학생	합계
표본수	70	30	100
표본 평균	75kg	59kg	70.2kg

표본수 $n=100$의 평균인 70.2kg은 모평균을 비편향 추정한다. 그런데 100명의 표본에 포함된 남학생은 70명이고 여학생은 30명이다. 따라서 추정치 70.2kg는 남학생의 몸무게가 더 많이 반영되어 평균 몸무게를 과대 추정하고 있는 것으로 보인다.

남학생과 여학생의 비율이 비슷한 점을 감안하면 다음과 같은 사후층화 추정치를 생각해 볼 수 있다.

$$\bar{y}_{post} = \frac{1}{2}\times 75 + \frac{1}{2}\times 59 = 67kg$$

사후층화 추정치 67kg는 남학생수 과다로 인한 과대추정을 사후적으로 방지한 추정치로 볼 수 있다.

크기 n인 단순확률표본을 사후층화하여 G개의 **사후층**을 만든다고 하자. 각 사후층의 표본수는 $n_1, \dots, n_G$이고 표본평균은 $\overline{y}_1, \dots, \overline{y}_G$라고 하자. 표본설계의 사전층과 달리 사후층에서의 표본크기 $n_1, \dots, n_G$가 랜덤 수치이다. 경우에 따라 일부 사후층에서 표본수는 $n_g = 0$이 될 수도 있다.

사후층의 모집단 크기 N_g가 알려진 경우 **사후층화 추정량**은 다음과 같이 정의된다.

$$\overline{y}_{post} = \sum_{g=1}^{G} \frac{N_g}{N} \overline{y}_g \tag{4.1.18}$$

사후층화 문제를 가중치 관점에서 살펴보자. 단순확률표본에서 모총계 추정량은

$$\hat{T} = N\overline{y}_n = \sum_{k=1}^{n} \frac{N}{n} y_k = \sum_{k=1}^{n} w_k y_k \tag{4.1.19}$$

이므로 설계가중치는 모든 표본 단위에서 $w_k = N/n$이다. 그리고 가중치의 합은 $\sum_{k=1}^{n} w_k = N$이 성립한다. 이제 조사 후에 표본을 사후층화하였다고 하자. 사후층 g에서 표본수는 n_g개이고 설계가중치의 합은 $\sum_{k=1}^{n_g} w_k = \sum_{k=1}^{n_g} N/n = n_g N/n$로서 사후층 크기 N_g와 일치하지 않는다. 즉, 사후층 g의 표본은 사후층을 과대 대표하거나 혹은 과소 대표하고 있다. 이러한 왜곡을 줄이는 방법은 **사후층화 보정계수** F_g를 설계가중치에 곱하는 것이다.

$$F_g = \frac{N_g}{\sum_{k=1}^{n_g} w_{gk}} = \frac{N_g/N}{n_g/n} \tag{4.1.20}$$

따라서 사후층 g에서 보정된 가중치 w_{gk}는 다음이 된다.

$$w_{gk} = w_k F_g = \frac{N}{n} \frac{N_g/N}{n_g/n} = \frac{N_g}{n_g} \tag{4.1.21}$$

그리고 보정된 가중치의 합은 N_g가 된다. 즉,

$$\sum_{k=1}^{n_g} w_{gk} = \sum_{k=1}^{n_g} w_k F_g = \sum_{k=1}^{n_g} \frac{N_g}{n_g} = N_g \tag{4.1.22}$$

다음으로 보정된 가중치 w_{gk}를 사용한 **보정추정량**은 결과적으로 사후층화 추정량이 됨을 알 수 있다.

$$\hat{\overline{Y}} = \frac{1}{N}\sum_{g=1}^{G}\sum_{k=1}^{n_h} w_{gk} y_{gk} = \sum_{g=1}^{G}\frac{N_g}{N}\overline{y}_g = \overline{y}_{post} \tag{4.1.23}$$

즉, 사후층화 추정량은 사후층화 변수로 가중치를 보정한 보정추정량이다.

4.1.6 표본크기 결정

층화확률표집에서 모평균을 추정할 때 지정된 허용오차 e를 만족시키는 표본수를 구해보자. 먼저 $100(1-\alpha)\%$의 신뢰수준에서 층화평균에 대한 허용오차 e와 신뢰수준은 다음의 관계가 있다.

$$\Pr\left\{|\overline{y}_{st} - \overline{Y}| \le e\right\} = 1 - \alpha$$

층화평균 $\overline{y}_{st}$이 근사적으로 정규분포를 따름을 이용하면 허용오차 e는 오차한계가 된다.

$$e = z_{1-\alpha/2}\sqrt{\widehat{Var}(\overline{y}_{st})} \tag{4.1.24}$$

층별 표본비율을 a_h로 표기하자.

$$a_h = \frac{n_h}{n},\ \ h = 1, \ldots, H.$$

그리고 식 (4.1.24)를 표본수 n에 대해서 풀면 다음을 얻는다.

$$n = \frac{\sum_{h=1}^{H} N_h^2 \hat{S}_h^2 / a_h}{N^2 e^2 / z_{1-\alpha/2}^2 + \sum_{h=1}^{H} N_h \hat{S}_h^2} \tag{4.1.25}$$

4.1.7 표본배정

층화표집에서 전체 표본수도 중요하지만, 각 층에 표본을 어떻게 할당해야 하는지 결정하는 것도 중요하다. 표본수를 각 층에 배정하는 것을 **표본배정**이라고 한다. 각 층의 표집 비율이 모두 동일한 경우를 **비례배정**이라고 하고, 그렇지 않은 경우를 **불균형 배정**이라고 한다.

비례배정에서는 각 층의 표본크기 n_h가 층 크기 N_h에 비례한다. 따라서 비례배정에서는 규모가 큰 층은 많은 수의 표본을 배정받고, 규모가 작은 층은 적은 수의 표본을 배정받는다. 또한 비례배정은 모든 단위가 동일한 포함확률, $\pi_{hk} = n/N$을 갖는다는 것을 의미한다. 이것은 초기 연구자들이 **대표 표본**을 구할 때 사용했던 아이디어였다. 층화표집에서 표본의 비례배정은 초기의 대표 표본을 구현하는 방법이었다.

비례배정을 하면 각 층의 표집비율 $f_h = n_h/N_h$는 모든 층에서 동일하고, 또한 전체 표집비율 $f = n/N$과도 같아진다. 따라서 다음 식이 얻어진다.

$$n_h = n \times \frac{N_h}{N},\ \ h = 1, \ldots, H \tag{4.1.26}$$

정리 4.1.3 층화확률표집에서 비례배정을 하면 층화평균, 분산 및 분산추정량의 표현이 아래의 식으로 단순해진다.

(1) 층화평균은 단순평균이 된다.

$$\bar{y}_{st} = \sum_{h=1}^{H} W_h \bar{y}_h = \frac{1}{n} \sum_{h=1}^{H} \sum_{k=1}^{n_h} y_{hk} = \bar{y}_n \tag{4.1.27}$$

(2) 층화평균의 분산은 다음과 같다.

$$Var(\bar{y}_{st}) = \frac{1-f}{n} \sum_{h=1}^{H} W_h S_h^2 \tag{4.1.28}$$

(3) 층화평균의 비편향 분산추정량은 다음과 같다.

$$\widehat{Var}(\bar{y}_{st}) = \frac{1-f}{n} \sum_{h=1}^{H} w_h s_h^2 \tag{4.1.29}$$

여기에서 $w_h = n_h/n$ 표본비율이다.

종종 대규모 조사에서는 모집단 전체 추정치는 물론 층별 추정치에도 관심을 가질 수 있다. 예를 들어 전국 조사에서 층이 시·도와 같은 지역인 경우 전국 및 시·도 추정치가 모두 중요할 수 있다. 만일 시·도가 공표 단위이면 전국 추정치뿐만 아니라 시·도 추정치의 신뢰도도 유지해야 한다. 층 추정치의 신뢰도를 유지하려면 적절한 수의 표본이 각 층에 배정되어야 하는데, 비례배정에서는 규모가 작은 층에서 신뢰도를 유지하기에는 표본수가 부족하고, 규모가 큰 층에는 지나치게 표본이 많이 배정되는 현상이 발생한다. 이 경우 층 규모의 제곱근에 비례하는 **제곱근 비례배정**이 하나의 해법이 될 수 있다. 제곱근 비례배정을 하면 규모가 큰 층의 표본수는 줄이고 규모가 작은 층의 표본수는 늘려주는 효과가 있다.

제곱근 비례배정에서 층 표본수 n_h는 다음과 같이 계산된다.

$$n_h = n \times \frac{\sqrt{N_h}}{\sum_{h=1}^{H} \sqrt{N_h}} \tag{4.1.30}$$

예제 4.1.4.

예제 4.1.2의 가상 모집단을 불러오자. 각 층에 비례배정과 제곱근 비례배정을 한 결과가 아래 표에 주어진다.

표 4.5 비례배정과 제곱근 비례배정의 표본수 비교

층 (h)	층 크기 (N_h)	비례배정		제곱근 비례배정		
		표본수 (n_h)	추출률 (f_h)	$\sqrt{N_h}$	표본수 (n_h)	추출률 (f_h)
1	1,000	20	0.02	31.6	40	0.040
2	2,000	40	0.02	44.7	56	0.028
3	7,000	150	0.02	83.7	104	0.015
합계	10,000	200	0.02	160	200	0.020

제곱근 비례배정은 비례배정에 비해서 규모가 작은 층에서는 추출률이 크고, 반대로 규모가 큰 층에서는 추출률이 작다. 규모가 큰 층의 표본수와 규모가 작은 층의 표본수 차이는 제곱근 비례배정일 때 더 작다.

모평균을 가능한 한 정확하게 추정하는 것이 목적이라면 주어진 표본수 n의 제약하에서 층화평균의 분산이 최소가 되도록 각 층에 표본을 배정할 것이다. 이러한 배정을 통해 최소의 분산을 갖는 추정치를 얻을 수 있다. 이러한 배정을 **네이만 배정**이라고 한다.

정리 4.1.4 층화확률표집에서 표본수 조건 $\sum_{h=1}^{H} n_h = n$을 만족하면서 층화평균 $\overline{y}_{st}$의 분산을 최소로 하는 배정은 다음과 같이 주어진다.

$$n_h = n \times \frac{W_h S_h}{\sum_{h=1}^{H} W_h S_h}, \quad h = 1, \dots, H \tag{4.1.31}$$

여기에서 표본수 n_h가 정수가 아니면 가장 가까운 정수로 반올림하여 정수의 n_h를 구한다. 네이만 배정에 대응하는 **최소분산**은 다음으로 주어진다.

$$Var(\overline{y}_{st}) = \frac{1}{n}\left(\sum_{h=1}^{H} W_h S_h\right)^2 - \frac{1}{N}\sum_{h=1}^{H} W_h S_h^2 \tag{4.1.32}$$

증명 네이만 배정은 라그랑쥐 승수 방법을 이용하여 구할 수 있다. 라그랑쥐 함수가 다음과 같다고 하자.

$$\begin{aligned} L(n_1, \dots, n_H \; ; \; \lambda) &= Var(\overline{y}_{st}) + \lambda\left(\sum_{h=1}^{H} n_h - n\right) \\ &= \sum_{h=1}^{H} W_h^2 \left(\frac{1}{n_h} - \frac{1}{N_h}\right) S_h^2 + \lambda\left(\sum_{h=1}^{H} n_h - n\right) \end{aligned}$$

라그랑쥐 함수를 층별 표본수 n_h로 편미분하여 0으로 놓고, $\frac{\partial L}{\partial n_h} = 0$, 이 방정식을 풀면 다음을 얻을 수 있다.

$$n_h \propto W_h S_h \;, \quad h = 1, \dots, H \tag{4.1.33}$$

그리고 제약식 $\sum_{h=1}^{H} n_h = n$의 관계를 만족시키는 층별 표본수 n_h를 구하면 식 (4.1.31)의 식을 얻을 수 있다. 최소분산은 식 (4.1.31)의 층별 표본수를 층화평균의 일반적인 분산공식 (4.1.7)에 대입하면 얻을 수 있다.

네이만 배정에서는 층의 크기 N_h가 크거나 층의 표준편차 S_h가 크면 더 많은 표본이 배정된다. 결과적으로 이질적인 층에는 더 많은 표본이 배정된다. 종종 매우 이질적인 층에서는 배정된 표본수 n_h가 층의 크기 N_h보다 더 크게 계산되기도 한다. 이 경우 층 h의 모든 N_h 단위는 표본으로 선택하고, 나머지 표본크기 $(n_h - N_h)$는 다른 모든 층으로 보내진다.

네이만 배정을 하면 층 h에서 단위의 포함확률은 결과적으로 층 표준편차 S_h에 비례하게 된다.

$$\pi_{hk} = \frac{n_h}{N_h} \propto S_h \tag{4.1.34}$$

따라서 모든 단위가 동일한 포함확률을 갖는 것은 아니다. 네이만 배정은 층 표준편차 S_h의 값을 알고 있는 경우에만 가능하다. 그러나 일반적으로 층 표준편차는 알려져 있지 않다. 대안적으로 이전 조사의 추정치나 다른 유사 조사의 추정치를 사용할 수 있다. 이 경우 분산의 층별 추정이 정확하지 않을 수 있으므로 실제로는 설계가 최적이 아닐 수 있다. 층 분산에 대한 정확한 값을 얻을 수 없는 경우 층 표준편차가 모든 층에서 동일하다고 간주할 수 있다. 이 가정은 비례배정으로 귀결된다.

표집설계와 표본크기의 선택은 종종 정밀도와 조사비용 사이에서 절충안을 찾는 과정이다. 조사비용은 각 층의 표본배정을 결정하는 역할을 할 수 있다. 어떤 층에서 인터뷰하는 비용이 다른 층에서 드는 비용보다 더 많이 드는 상황이 있을 수 있기 때문이다. 현장조사의 총비용이 지정된 금액 C를 초과하지 않는다고 가정하고, c_h는 층 h의 인터뷰 단위 비용이며 c_0는 고정비용이라고 하자. 가장 간단한 **비용 함수**로 다음을 고려할 수 있다.

$$C = c_0 + \sum_{h=1}^{H} c_h n_h \tag{4.1.35}$$

최적배정은 지정된 총비용 C에서 $Var(\overline{y}_{st})$을 최소화하거나 혹은 고정된 $Var(\overline{y}_{st})$에서 비용을 최소화하는 배정을 말한다. 최적배정 표본수 n_h는 다음과 같이 계산된다.

$$n_h = n \times \frac{W_h S_h / \sqrt{c_h}}{\sum_{h=1}^{H} W_h S_h / \sqrt{c_h}} \tag{4.1.36}$$

최적표본수 n_h가 커지는 경우는 모집단 층 비율 W_h가 크거나, 층 표준편차 S_h가 크거나 혹은 비용 c_h가 작을 때이다. 이 식으로부터 단위당 조사비용이 더 많이 드는 층에는 더 적은 수의 표본을 배정해야 한다는 결론이 도출된다.

최적배정을 사용하기 위해서는 층 표준편차 및 단위 비용에 대한 정확한 정보가 필요한데, 실제로는 이 수치를 알기 어렵다. 이 한계를 극복하는 한 가지 방법은 예비 표본 또는 이전 조사에서 분산과 비용을 추정하는 것이다. 그러나 층별로 추정된 표준편차와 비용이 정확하지 않을 수 있다. 따라서 실제로는 최적배정이 최적의 결과로 귀결되지 않을 수도 있다. 모든 층에서 비용이 동일할 때 최적배정은 네이만 배정으로 귀결되고, 비용과 분산이 모든 층에서 동일할 때 최적배정은 비례배정으로 귀결된다.

표본배정 방법의 선택은 배정의 중점을 어디에 두느냐에 따라 달라질 수 있다. 표본 단위의 균등한 대표성이 중요한 조사에서는 비례배정이 적절하다. 반면 모평균 추정의 정밀도가 필요한 조사에서는 최적배정이나 네이만 배정이 적절하다. 전국 조사에서 지역 통계가 필요한데 지역 크기 차이가 큰 경우 제곱근 비례배정을 고려하는 것이 좋다. 제곱근 비례배정은 최적배정만큼 정밀도가 높지 않으며, 비례배정만큼 대표성이 균등하지 않다. 두 방법의 절충 방법으로 볼 수 있다.

최적배정, 네이만 배정 등에서는 배정된 표본수 n_h가 층 크기 N_h보다 크게 계산되는 **초과배정**이 종종 발생한다. 초과배정이 발생하면 해당 층에서는 전수조사를 실시하고, 잉여 표본수는 다른 층에 추가로 배정하면 된다. 각 층에 배정되는 표본수는 2 이상이 되는 것이 좋다. 표본수 2는 각 층에서 분산을 추정할 수 있는 최소 표본수이다. 비례배정이나 네이만 배정에서 2보다 적은 표본수 배정이 계산되기도 한다. 이 경우 비록 배정된 표본수는 2보다 작지만 표본수를 최소 표본수인 2로 지정하는 것이 좋다.

네이만 배정과 최적배정은 하나의 조사변수에 의존하는 배정법으로, 해당 조사변수의 분산이 큰 층에 더 많은 표본이 배정된다. 그런데 한 조사변수에 적합한 배정은 다른 조사변수에는 적합하지 않을 수 있다. 둘 이상의 조사변수를 기반으로 하는 표본배정은 **절충배정**을 필요로 한다. **다변수 배정**은 이러한 문제를 해결하기 위한 방법이다[167].

167) Bethel 1989.

4.2 클러스터 표집

4.2.1 소개

지금까지 논의한 단순확률표집, 층화확률표집 설계는 전체 모집단에서 사용할 수 있는 완전한 조사프레임을 전제로 하고 있다. 그러나 불행히도 완전한 조사프레임이 항상 준비되어 있는 것은 아니다. 조사를 위해 관련 조사프레임을 새로 구축할 수도 있지만, 이를 위해서는 많은 시간과 비용이 필요하다. 이 경우, 만일 모집단 단위를 클러스터로 묶을 수 있고 모든 클러스터를 포함하는 조사프레임이 있으면 **클러스터** 조사프레임을 사용하는 **클러스터 표집**이 대안적 방법이 된다. **클러스터 표집**의 전형적인 예는 조사구 기반 조사프레임에서 조사구 표본을 선택하고, 선택된 조사구 내의 모든 가구를 조사하는 경우이다. 이때 조사구는 일정 수의 인접한 가구를 하나의 클러스터로 묶은 것이고, 조사구 프레임은 모집단의 전체 가구를 포괄한다. 클러스터 표집을 사용하는 또 다른 이유는 현장조사 비용을 줄이기 위해서이다. 면접조사에서 지역 기반 클러스터 표본을 사용하면 면접 대상자가 지역적으로 가깝게 있으므로 면접원의 이동 거리가 줄어들어 조사비용 절감 효과를 볼 수 있다.

클러스터 표집에서는 모집단을 겹치지 않는 여러 하위 그룹으로 나눌 수 있다고 가정한다. 이때 이러한 하위 그룹을 **클러스터**라고 한다. 클러스터 표집은 클러스터를 표집 단위로 하는 확률표집법을 말하며, 표본으로 선택된 클러스터의 모든 단위는 전부 조사된다. 클러스터 표집은 층화표집과 동일하지 않다. 층화표집은 모든 층에서 단위 표본을 선택하는 반면, 클러스터 표집은 클러스터 표본에서 모든 단위가 조사되는 것을 의미한다. 클러스터 표본은 클러스터 수준에서 단순확률표본으로 볼 수 있다.

클러스터 표집의 선택은 종종 주어진 조사프레임 상황에 의존한다. 이러한 클러스터 표집의 추정이 단순확률표집의 추정보다 반드시 더 정확할 필요는 없다. 반대로, 표본에 클러스터의 모든 단위를 포함한다는 것은 다소 유사한 단위가 많이 관찰된다는 것을 의미할 수 있다. 이는 단위가 서로 완전히 독립적으로 선택되었을 때보다 더 적은 정보를 수집할 수 있음을 의미한다. 일반적으로 클러스터 표집의 추정량 분산은 단순확률표집의 추정량 분산보다 더 크다. 이러한 현상을 **클러스터 효과**라고 한다.

클러스터는 다양한 종류의 표집설계를 사용하여 선택할 수 있다. 이 절에서는 두 가지 설계를 소개한다. 하나는 비복원 단순확률표집을 사용하여 클러스터를 선택하는 설계이고, 다른 하나는 클러스터 크기에 비례하는 확률로 클러스터를 선택하는 설계이다.

4.2.2 단순확률 클러스터 표집

클러스터 표집을 설명하기 위해 관련 기호를 도입하자. 모집단을 N개의 클러스터로 나눌 수 있다고 가정하자.

$$C_1, C_2, \ldots, C_N \tag{4.2.1}$$

클러스터는 서로 겹치지 않으며, 전부를 합하면 모집단이 된다. c번째 클러스터의 크기를 M_c로 표기하고 모집단 단위 총수를 M이라고 하자. 그러면 다음이 성립한다.

$$\sum_{c=1}^{N} M_c = M \tag{4.2.2}$$

클러스터 c의 조사변수 값은 클러스터 첨자와 단위 첨자를 이중으로 부여하여 표기한다.

$$Y_{c1}, \ldots, Y_{ck}, \ldots, Y_{cM_c}$$

그리고 클러스터 총계와 평균은 다음으로 표기한다.

$$T_c = \sum_{k=1}^{M_c} Y_{ck}, \quad \overline{Y}_c = \frac{T_c}{M_c}, \quad c = 1, \ldots, N \tag{4.2.3}$$

클러스터 총계 T_c들의 평균과 수정된 분산을 다음으로 표기하자.

$$\overline{T} = \frac{1}{N}\sum_{c=1}^{N} T_c \ , \quad S_T^2 = \frac{1}{N-1}\sum_{c=1}^{N}(T_c - \overline{T})^2 \tag{4.2.4}$$

참고로 모집단 전체에서 단위의 총계 및 평균과 클러스터 총계는 다음의 관계가 있다.

$$T = \sum_{c=1}^{N} T_c, \quad \overline{Y} = \frac{T}{M} = \frac{\sum_{c=1}^{N} T_c}{\sum_{c=1}^{N} M_c} \tag{4.2.5}$$

단순확률 클러스터 표집은 N의 클러스터 중에 n개의 클러스터를 단순확률표집하는 것을 말한다. 선택된 표본 클러스터의 총계를 다음으로 표기하자.

$$t_1, \ldots, t_c, \ldots, t_n \tag{4.2.6}$$

여기에서 표본 클러스터 총계 t_c는 모집단의 N개 클러스터 총계 중 하나이다. n개 표본 클러스터 총계의 평균과 분산을 다음으로 표기하자.

$$\bar{t} = \frac{1}{n}\sum_{c=1}^{n} t_c, \ \ s_t^2 = \frac{1}{n-1}\sum_{c=1}^{n}(t_c - \bar{t})^2 \tag{4.2.7}$$

마찬가지로 n개 표본 클러스터의 크기는

$$m_1, \ldots, m_c, \ldots, m_n \tag{4.2.8}$$

으로 표기할 수 있으며, 표본 클러스터 크기 m_c는 모집단의 N개 클러스터 크기 중의 하나이다. 크기 m_c들의 평균과 분산을 다음으로 표기하자.

$$\overline{m} = \frac{1}{n}\sum_{c=1}^{n} m_c, \ \ s_m^2 = \frac{1}{n-1}\sum_{c=1}^{n}(m_c - \overline{m})^2 \tag{4.2.9}$$

클러스터 표본이 단순확률표집 되었으므로 클러스터 c의 포함확률은 $\pi_c = n/N$이다. 따라서 π추정법에 따르면 모총계 추정량은 다음과 같이 구해진다.

$$\hat{T}_{cl} = \sum_{c=1}^{n}\frac{t_c}{\pi_c} = \frac{N}{n}\sum_{c=1}^{n} t_c = N\bar{t} \tag{4.2.10}$$

모총계 추정량 $\hat{T}_{cl}$의 성질은 정리 4.2.1과 같다.

정리 4.2.1. N의 클러스터에서 n개의 클러스터를 선정하는 단순확률표집을 가정하고, 식 (4.2.10)의 모총계 추정량을 고려하자.

(1) 모총계 추정량 $\hat{T}$는 모총계의 비편향 추정량이다.
(2) 모총계 추정량 $\hat{T}$의 분산은 다음으로 주어진다.

$$Var(\hat{T}_{cl}) = N^2(1-f)\frac{S_T^2}{n} \tag{4.2.11}$$

(3) 모총계 추정량 $\hat{T}$의 비편향 분산 추정량은 다음으로 주어진다.

$$\widehat{Var}(\hat{T}_{cl}) = N^2(1-f)\frac{s_t^2}{n} \tag{4.2.12}$$

모평균 추정량은 모집단 크기 M이 알려진 경우와 그렇지 않은 경우로 나누어 볼 수 있다. 먼저 모집단 크기 M을 알 수 있으면 모평균 추정량은 모총계 추정량을 M으로 나누어서 구한다.

$$\hat{\overline{Y}}_{cl} = \frac{\hat{T}}{M} = \frac{1}{\overline{M}}\frac{1}{n}\sum_{c=1}^{n} t_c \tag{4.2.13}$$

여기에서 $\overline{M} = M/N$은 N개 클러스터 크기의 평균이다. 이 추정량은 모평균 $\overline{Y}$의 비편향 추정량이며, 분산 및 분산추정량은 식 (4.2.11), (4.2.12)를 M^2으로 나누어서 구한다.

모집단 크기 M을 모르는 경우 M을 먼저 추정한다.

$$\hat{M} = \sum_{c=1}^{n}\frac{m_c}{\pi_c} = \frac{N}{n}\sum_{c=1}^{n} m_c = N\overline{m} \tag{4.2.14}$$

여기에서 $\overline{m} = \sum_{c=1}^{n} m_c/n$이다. 그리고 $\hat{T}$을 $\hat{M}$으로 나누어 모평균 추정량 $\hat{\overline{Y}}_r$을 구한다.

$$\hat{\overline{Y}}_r = \frac{\hat{T}}{\hat{M}} = \frac{\bar{t}}{\overline{m}} \tag{4.2.15}$$

추정량 $\hat{\overline{Y}}_r$의 성질을 살펴보기 위해 $\hat{\overline{Y}}_r$를 선형으로 근사하자. 선형 근사에는 테일러 전개를 이용한다.

$$\begin{aligned}\hat{\overline{Y}}_r &\approx \overline{Y} + \frac{1}{\overline{M}}(\bar{t} - \overline{Y}\overline{m}) \\ &= \overline{Y} + \frac{1}{\overline{M}}\frac{1}{n}\sum_{c=1}^{n}(t_c - \overline{Y}m_c) \\ &= \overline{Y} + \frac{1}{\overline{M}}\frac{1}{n}\sum_{c=1}^{n} d_c \end{aligned} \tag{4.2.16}$$

여기에서 $d_c = t_c - \overline{Y}m_c$이다.

정리 4.2.2. N의 클러스터에서 n개의 클러스터를 선정하는 단순확률표집을 가정하고, 식 (4.2.16)의 모평균 추정량 $\hat{\hat{Y}}_r$을 고려하자.

(1) 모평균 추정량 $\hat{\hat{Y}}_r$은 모평균의 근사 비편향 추정량이다.

(2) 모평균 추정량 $\hat{\hat{Y}}_r$의 **근사분산**은 다음으로 주어진다.

$$Var(\hat{\hat{Y}}_r) = \frac{1}{\overline{M}^2}(1-f)\frac{S_D^2}{n},\ \ S_D^2 = \frac{1}{N-1}\sum_{c=1}^{N}(T_c - \overline{Y}M_c)^2 \tag{4.2.17}$$

(3) 모총계 추정량 $\hat{\hat{Y}}_r$의 분산은 다음으로 추정한다.

$$\widehat{Var}(\hat{\hat{Y}}_r) = \frac{1}{\hat{\overline{M}}^2}(1-f)\frac{s_{\hat{d}}^2}{n},\ \ s_{\hat{d}}^2 = \frac{1}{n-1}\sum_{c=1}^{n}(t_c - \hat{\hat{Y}}_r m_c)^2 \tag{4.2.18}$$

여기에서 $\hat{\overline{M}} = \sum_{c=1}^{n} m_c/n$이다.

증명 먼저 표본평균 $\frac{1}{n}\sum_{c=1}^{n} d_c$의 평균과 분산을 구한다.

$$E(\frac{1}{n}\sum_{c=1}^{n} d_c) = \frac{1}{N}\sum_{c=1}^{N} D_c = \frac{1}{N}\sum_{c=1}^{N}(T_c - \overline{Y}M_c) = 0$$

$$Var(\frac{1}{n}\sum_{c=1}^{n} d_c) = (1-f)\frac{S_D^2}{n},\ \ S_D^2 = \frac{1}{N-1}\sum_{k=1}^{N} D_c^2 = \frac{1}{N-1}\sum_{c=1}^{N}(T_c - \overline{Y}M_c)^2$$

이를 이용하면 (1)과 (2)는 쉽게 유도된다.

(1) $E(\hat{\hat{Y}}_r) \approx \overline{Y} + \frac{1}{\overline{M}}E(\frac{1}{n}\sum_{c=1}^{n} d_c) = \overline{Y}$

(2) $Var(\hat{\hat{Y}}_r) \approx \frac{1}{\overline{M}^2} Var(\frac{1}{n}\sum_{c=1}^{n} d_c) = \frac{1}{\overline{M}^2}(1-f)\frac{S_D^2}{n}$

(3) 분산추정량은 (2)에서 모집단 수치에 표본 수치를 대입하여 구한다.

식 (4.2.17)의 분산식은 다음과 같이 바꾸어 표현할 수 있다.

$$Var(\hat{\overline{Y}}_r) \approx \frac{1}{\overline{M}^2}\left(Var(\bar{t}) + \overline{Y}^2 Var(\overline{m}) - 2\overline{Y}Cov(\bar{t}, \overline{m})\right) \tag{4.2.19}$$

여기에서

$$Var(\bar{t}) = (1-f)\frac{S_T^2}{n},\ Var(\overline{m}) = (1-f)\frac{S_M^2}{n},\ Cov(\overline{m}, \bar{t}) = (1-f)\frac{S_{MT}}{n}$$

이고

$$S_M^2 = \frac{1}{N-1}\sum_{c=1}^{N}(M_c - \overline{M})^2,\ S_{MT} = \frac{1}{N-1}\sum_{c=1}^{N}(M_c - \overline{M})(T_c - \overline{T})$$

이다.

마찬가지로 분산추정량은 다음과 같이 바꾸어 쓸 수 있다.

$$\widehat{Var}(\hat{\overline{Y}}_r) \approx \frac{1}{\hat{\overline{M}}^2}\left(\widehat{Var}(\bar{t}) + \hat{\overline{Y}}_r^2 \widehat{Var}(\overline{m}) - 2\hat{\overline{Y}}_r \widehat{Cov}(\bar{t}, \overline{m})\right) \tag{4.2.20}$$

여기에서

$$\widehat{Var}(\bar{t}) = (1-f)\frac{s_t^2}{n},\ \widehat{Var}(\overline{m}) = (1-f)\frac{s_m^2}{n},\ \widehat{Cov}(\overline{m}, \bar{t}) = (1-f)\frac{s_{mt}}{n}$$

이고

$$s_{mt} = \frac{1}{n-1}\sum_{c=1}^{n}(m_c - \overline{m})(t_c - \bar{t})$$

이다.

4.2.3 동질성 측도

크기 M인 모집단을 N개의 클러스터 $C_1,\ldots,C_N$로 나누는 방법의 수는 상당히 많다. 구성된 클러스터 내에서 조사변수 값들의 동질성 혹은 이질성은 클러스터 표집의 효율성에 큰 영향을 미친다. 추정량의 분산식 (4.2.11)에서 나타나듯이 클러스터 총계 간의 차이가 클수록 분산은 커지고, 클러스터 총계 간의 차이가 작을수록 분산은 작아진다. 이러한 변동성을 클러스터의 동질성 측도를 이용하여 표현할 수 있다.

모집단 조사변수 값의 총변동은 클러스터 내의 변동과 클러스터 간의 변동으로 분해할 수 있다.

$$\sum_{c=1}^{N}\sum_{k=1}^{M_c}(Y_{ik}-\overline{Y})^2=\sum_{c=1}^{N}\sum_{k=1}^{M_c}(Y_{ck}-\overline{Y}_c)^2+\sum_{c=1}^{N}M_c(\overline{Y}_c-\overline{Y})^2 \qquad (4.2.21)$$

여기에서 좌변은 총변동을 의미하고 우변의 첫 번째 항은 클러스터 내 변동, 두 번째 항은 클러스터 간의 변동을 나타낸다. 각각을 SS_T, SS_W, SS_B로 표기하자. 총변동은 클러스터 구성에 영향을 받지 않지만, 나머지 두 변동은 클러스터 구성 방법에 영향을 받는다. 만일 클러스터 내에서 조사변수 값이 모두 같다면, 그 클러스터 내의 값들은 동질적이라고 할 수 있다. 만일 다음이 성립하면,

$$Y_{c1}=\ldots=Y_{cM_c},\ c=1,\ldots,N$$

총변동은 클러스터 간의 변동과 같아진다. 즉, $SS_T=SS_B$이 성립한다. 반대로 클러스터 평균이 모두 같은 경우,

$$\overline{Y}_1=\ldots=\overline{Y}_N=\overline{Y}$$

클러스터 내의 변동이 가장 커진다. 이 경우 $SS_T=SS_W$가 성립한다. 결국 클러스터 구성의 동질성 혹은 이질성은 두 극단적인 경우의 사이에서 결정된다.

평균변동은 총변동을 자유도로 나누어 계산한 값이다. 조사변수 값들의 평균변동 S_Y^2은 총변동 SS_T을 자유도 $(M-1)$로 나눈 값이다.

$$S_Y^2=\frac{SS_T}{M-1}=\frac{1}{M-1}\sum_{c=1}^{N}\sum_{k=1}^{M_c}(Y_{ck}-\overline{Y})^2 \qquad (4.2.22)$$

그리고 클러스터 내 조사변수 값들의 평균변동 S_W^2은 클러스터 내 변동을 자유도 $\sum_{c=1}^{N}(M_c-1)=M-N$으로 나눈 값이다.

$$S_W^2=\frac{SS_W}{\sum_{c=1}^{N}(M_c-1)}=\frac{1}{M-N}\sum_{c=1}^{N}\sum_{k=1}^{M_c}(Y_{ck}-\overline{Y}_c)^2 \tag{4.2.23}$$

정리 4.2.3. 클러스터 모집단에서 클러스터의 동질성 계수 δ는 클러스터 내 평균변동 S_W^2과 모집단 전체의 평균변동 S_Y^2의 비를 이용하여 정의된다[168].

$$\delta=1-\frac{S_W^2}{S_Y^2} \tag{4.2.24}$$

만일 클러스터 내 조사변수 값이 모두 동일하면 클러스터 내의 동질성은 최대가 된다. 이 경우 $S_W^2=0$이므로, 동질성 계수는 $\delta=1$이 된다. 클러스터 내의 이질성이 가장 높아지는 경우는 클러스터 평균이 모두 동일한 경우이다. 이 경우 식 (4.2.21)로부터 구한 다음의 관계식

$$S_Y^2=\frac{M-N}{M-1}S_W^2+\frac{1}{M-1}SS_B \tag{4.2.25}$$

에서 $SS_B=0$을 대입하면

$$S_Y^2=\frac{M-N}{M-1}S_W^2$$

를 얻는다. 따라서

$$\delta=1-\frac{S_W^2}{S_Y^2}=1-\frac{M-1}{M-N}=-\frac{N-1}{M-N}\approx-\frac{1}{\overline{M}-1}$$

168) Sarndal et al. 1992, 130쪽.

가 된다. 여기에서 $N \approx N-1$이 가정되었다. 결과적으로 동질성 계수 δ의 범위는 다음과 같다.

$$-\frac{1}{\overline{M}-1} \leqq \delta \leqq 1 \tag{4.2.26}$$

클러스터 크기가 동일한 경우, $M_1 = M_2 = \dots = M_N = \overline{M}$ 추정량 (4.2.13)의 분산식은 좀 더 간단하게 표현될 수 있다. 클러스터 크기가 동일하면 $T_c = \overline{M}\,\overline{Y}_c$가 성립하므로 S_T^2은 S_B^2로 표현할 수 있다.

$$S_T^2 = \frac{\overline{M}^2}{N-1}\sum_{c=1}^{N}(\overline{Y}_c - \overline{Y})^2 = \frac{\overline{M}}{N-1}SS_B = \overline{M}S_B^2$$

여기에서 $S_B^2 = SS_B/(N-1)$은 클러스터 간 평균변동을 의미한다. 따라서 다음을 얻는다.

$$Var(\hat{\overline{Y}}_{cl}) = \frac{1-f}{\overline{M}n}S_B^2 \tag{4.2.27}$$

더 나아가 식 (4.2.21)으로부터

$$S_Y^2 = \frac{M-N}{M-1}S_W^2 + \frac{\overline{M}}{M-1}S_B^2$$

이 성립하고, 양변을 S_Y^2으로 나눈 후 정리하면,

$$\frac{S_B^2}{S_Y^2} = 1 + (\overline{M}-1)\delta \tag{4.2.28}$$

이 된다. 이로부터

$$Var(\hat{\overline{Y}}_{cl}) = \frac{1-f}{\overline{M}n}S_Y^2(1 + (\overline{M}-1)\delta) \tag{4.2.29}$$

을 얻는다.

만일 모집단에서 클러스터 표집과 동일한 표본 단위수 $n\overline{M}$를 단순확률표집한다고 하자.

그러면 모평균 추정량은

$$\bar{y}_{SRS} = \frac{1}{n\overline{M}} \sum_{k=1}^{n\overline{M}} y_k$$

이 되고, 이 추정량의 분산은

$$Var(\bar{y}_{SRS}) = (1 - \frac{n\overline{M}}{N\overline{M}}) \frac{S_Y^2}{n\overline{M}} = (1-f) \frac{S_Y^2}{n\overline{M}}$$

이 된다. 따라서 추정량 $\hat{\overline{Y}}$의 설계효과는

$$Deff(\hat{\overline{Y}}_{cl}) = \frac{S_B^2}{S_Y^2} = 1 + (\overline{M} - 1)\delta \tag{4.2.30}$$

이 된다.

4.2.4 클러스터 크기비례 확률표집

단순확률 클러스터 표집에서 식 (4.2.11)은 추정량의 분산이 조사변수의 클러스터 총계 간의 변동에 의해 결정됨을 보여준다. 총계 간의 변동이 클수록 추정량의 분산은 커진다. 조사변수 값의 차이가 크지 않은 모집단에서 클러스터 총계는 주로 클러스터 크기에 의해 결정되는데, 규모가 큰 클러스터에서는 총계가 크고 규모가 작은 클러스터에서는 총계가 작을 것이다. 추정량의 분산에 주는 클러스터 크기의 영향은 불균등 확률표집을 통해 줄일 수 있는데, 이 방법은 동일한 확률로 클러스터를 뽑는 대신 클러스터 크기에 비례하는 확률로 클러스터를 뽑는 방법이다. 3.1.5절에서 소개된 크기비례 확률표집을 클러스터에 적용하면 **클러스터 크기비례 확률표집**이 된다. 클러스터의 크기가 다양한 경우 클러스터 크기 정보를 표집에 사용하여 통계적 효율성을 높일 수 있다. 크기 측정이 정확하고 관심변수가 클러스터 크기와 상관관계가 있는 경우 정밀도를 극적으로 증가시킬 수 있다.

클러스터 크기비례 확률표집에서는 클러스터의 크기가 추출확률을 결정한다. 예를 들어 클러스터의 크기가 2배이면 추출될 확률도 2배이다. 클러스터 추출확률 p_c는 클러스터의 크기 M_c를 사용하여 정의된다.

$$p_c = \frac{M_c}{\sum_{c=1}^{N} M_c} = \frac{M_c}{M,} \quad c = 1, \ldots, N \tag{4.2.31}$$

이렇게 p_c를 정의하면 자연스럽게 $\sum_{c=1}^{N} p_c = 1$이 만족된다. 그리고 이 추출확률을 N개 클러스터에 부여하고, 이에 근거하여 n개 클러스터를 복원으로 선택하자. 선택된 표본 클러스터의 총계를 $t_1, \ldots, t_n$를 이용하여 모총계 추정량을 얻는다.

$$\hat{T}_{pps} = \frac{1}{n} \sum_{c=1}^{n} \frac{t_c}{p_c} = \frac{M}{n} \sum_{c=1}^{n} \frac{t_c}{M_c} \tag{4.2.32}$$

추정량 $\hat{T}_{pps}$는 모총계의 비편향 추정량이 되고, 분산은 다음과 같이 계산된다.

$$Var(\hat{T}_{pps}) = \frac{1}{n} \sum_{c=1}^{N} \left(\frac{T_c}{p_c} - T\right)^2 p_c = \frac{M}{n} \sum_{c=1}^{N} (\overline{Y}_c - \overline{Y})^2 M_c \tag{4.2.33}$$

그리고 추정량 $\hat{T}_{pps}$의 비편향 분산추정량은 다음과 같이 주어진다.

$$\widehat{Var}(\hat{T}_{pps}) = \frac{1}{n} \frac{M^2}{n-1} \sum_{c=1}^{n} \left(\overline{y}_c - \frac{1}{n} \sum_{c=1}^{n} \overline{y}_c\right)^2 \tag{4.2.34}$$

식 (4.2.33)을 보면 분산의 크기는 클러스터 총계 T_c의 변동이 아니라 클러스터 평균 $\overline{Y}_c$의 변동에 의해 결정됨을 알 수 있다. 클러스터 평균 $\overline{Y}_c$의 변동이 작으면 분산은 작아진다.

모평균 추정량은 총계추정량을 모집단 크기 M으로 나누어 구할 수 있다.

$$\hat{\overline{Y}}_{pps} = \frac{1}{n} \sum_{c=1}^{n} \frac{t_c}{M_c} \tag{4.2.35}$$

그리고 분산 및 분산추정량은 모총계 추정량의 분산 및 분산추정량을 M^2으로 나누어 구할 수 있다.

$$Var(\hat{\overline{Y}}_{pps}) = \frac{1}{n} \frac{1}{M} \sum_{c=1}^{N} (\overline{Y}_c - \overline{Y})^2 M_c \tag{4.2.36}$$

$$\widehat{Var}(\hat{\overline{Y}}_{pps}) = \frac{1}{n} \frac{1}{n-1} \sum_{c=1}^{n} \left(\overline{y}_c - \frac{1}{n} \sum_{c=1}^{n} \overline{y}_c\right)^2 \tag{4.2.37}$$

예제 4.2.1.

4개 사업체로 구성된 모집단을 가정하고, 이 모집단의 총매출 추정에 관심이 있다고 가정하자. 사업체를 클러스터로 간주하고, 사업체 규모를 클러스터의 크기로 간주하자.

표 4.6 가상 사업체 모집단

사업체 번호	사업체 규모(명)	총매출(억 원)
1	100	60
2	200	140
3	500	460
4	1,200	940
합계	2,000	1,600

4개 사업체로 구성된 이 모집단의 총매출액은 1,600억 원이고 1인당 평균 매출액은 0.8억 원이다. 하나의 사업체를 선정하여 1인당 평균 매출액을 추정하여 보자. 사업체 선정은 단순확률표집 방법과 크기비례 확률표집 방법을 고려한다. 각 방법에서 매출에 설계가중치를 곱하여 총계를 추정하고, 총계를 $M = 2,000$명으로 나누어 1인당 평균 매출액을 추정한다.

표 4.7 단순확률표집의 평균 매출 추정

사업체 번호	사업체 규모	추출확률	설계가중치	매출	평균 추정치
1	100	1/4	4	60	0.12
2	200	1/4	4	140	0.28
3	500	1/4	4	460	0.92
4	1,200	1/4	4	940	1.88
합계	2,000	1		1,600	–

표 4.8 크기비례 확률표집의 평균 매출 추정

사업체 번호	사업체 규모	추출확률	설계가중치	매출	평균 추정치
1	100	0.05	20	60	0.60
2	200	0.10	10	140	0.70
3	500	0.25	4	460	0.92
4	1,200	0.60	1.67	940	0.78
합계	2,000	1		1,600	–

두 방법을 비교하면 크기비례 확률표집의 추정치가 단순확률표집의 추정치보다 변동성이 훨씬 작음을 알 수 있다. 단순확률표집에서 평균 추정치의 범위는 0.12~1.88인 반면, 크기비례 확률표

집의 평균 추정치의 범위는 0.60~0.78로 상대적으로 범위가 더 좁다. 분산을 구해보면 더 뚜렷이 비교된다.

$$
\begin{aligned}
Var(\hat{\overline{Y}}_{pps}) &= \frac{1}{M}\sum_{c=1}^{N}(\overline{Y}_c - \overline{Y})^2 M_c \\
&= \frac{1}{2000}((0.6-0.8)^2 \times 100 + .. + (0.78-0.8)^2 \times 1200)) \\
&= 0.00684 \\
Var(\hat{\overline{Y}}_{srs}) &= \frac{1}{\overline{M}^2}\frac{1-f}{n}\frac{1}{N-1}\sum_{c=1}^{N}(T_c - \overline{T})^2 \\
&= \frac{1-1/4}{500^2}\frac{1}{3}((60-400)^2 + \ldots + (940-400)^2) \\
&= 0.4784
\end{aligned}
$$

크기비례 확률표집의 설계효과는 $Deff = Var(\hat{\overline{Y}}_{pps})/Var(\overline{Y}_{srs}) = 0.014$로 나타난다.

예제 4.2.1은 사업체 매출액과 사업체 규모 사이에 상관관계가 매우 큰 경우이기 때문에 결과적으로 추정의 효율이 매우 높게 나타났다. 만일 관심 변수와 크기 변수의 상관관계가 작거나 없으면 크기비례 확률표집이 단순확률표집보다 효율이 높지는 않다. 만일 관심변수와 크기 측도 사이에 음의 상관관계가 있을 때 크기비례 확률표집 추정을 하면 도리어 효율이 감소한다.

앞에서 클러스터 크기비례 확률표본을 **복원**으로 선정하는 것을 설명하였다. 복원 표집에서는 동일 클러스터가 표집되기도 하므로 실제 조사에서 복원표집이 직접 사용되지 않는다. 그렇다면 비복원으로 n개의 클러스터 표본을 크기비례 확률표집하는 경우를 고려해 보자. 크기 측도 p_c를 이용하며 포함확률이 $\pi_c = np_c$가 되도록 하자. 그러면 모총계 추정량은 π추정법을 이용하면 복원인 경우의 추정량과 같다.

$$
\hat{T}_\pi = \sum_{c=1}^{n}\frac{t_c}{\pi_c} = \frac{M}{n}\sum_{c=1}^{n}\frac{t_c}{M_c} = \hat{T}_{pps} \qquad (4.2.38)
$$

여기에서 두 가지 문제가 제기된다. 첫째는 $\pi_c = np_c$가 되도록 비복원 클러스터를 뽑는 방법이고, 둘째는 비복원표집하에서 신뢰구간 등을 구하기 위해서는 추정량 $\hat{T}_\pi$의 분산추정량을 유도하는 것이다. 먼저 $\pi_c = np_c$를 만족하는 비복원 클러스터 표집법은 여러 알고리즘이 알려져 있고[169], 컴퓨터 프로그램[170]으로도 개발되어 있으니 이용할 수 있다. 다음으로,

비복원 클러스터 표집의 경우에 분산 및 분산 추정식이 상당히 복잡하고, 표본수가 작거나 클러스터 크기의 편차가 심한 경우 분산추정식의 안정성이 상당히 떨어질 수 있다. 따라서 이 경우 복원 추정량의 분산추정식을 사용하는 것이 현실적인 로버스트 방법이 된다. 이런 측면에서 분산식 (4.2.36) 및 분산추정식 (4.2.37)을 사용할 수 있다.

4.2.5 2단계 표집

단일 클러스터 표집에서는 선택된 클러스터 내의 모든 단위를 조사한다. 많은 경우에 클러스터 내의 단위들은 서로 유사하므로 클러스터의 모든 단위를 조사하는 것은 자원 낭비가 될 수 있다. 정밀도 관점에서도 클러스터 확률표본이 효율적이지 않을 수 있음은 식 (4.2.30)의 **설계효과**를 보면 알 수 있다.

$$Deff(\hat{\overline{Y}}) = 1 + (\overline{M} - 1)\delta$$

동질성 계수가 양수이고 클러스터의 크기가 크면 클러스터 효과가 크게 나타난다. 예를 들어 동질성 계수가 $\delta = 0.2$이고, 클러스터의 평균 크기가 $\overline{M} = 20$이면 설계효과는 4.8이 된다. 단순확률표집에 비하여 분산이 4.8배 커진다는 의미이다. 이러한 클러스터 효과는 선택된 클러스터에서 일부 단위만 조사함으로써 줄일 수 있다. 이러한 아이디어가 **2단계 표집**의 기초가 된다.

다단계표집은 두 개 이상의 연속 단계에서 표본을 선택하는 것을 말한다. 첫 번째 단계에서 선택된 단위를 **기본표집단위**(PSU[171])라고 하고, 두 번째 단계에서 선택된 단위를 **2차 표집단위**(SSU[172])라고 한다. 각 단계의 단위는 구조가 다르며 계층적이다. 면접조사에서 일반적인 다단계표집설계는 첫 번째 단계에서 영역 프레임을 사용하여 지역(PSU)을 선택한 다음, 두 번째 단계에서 지역 내 가구 혹은 주택의 단순확률표본 혹은 계통표본(SSU)을 사용하는 2단계 클러스터 표집이다. 1단계 클러스터 표집을 사용하면 표집된 클러스터 내의 모든 단위가 표본에 포함된다. 반면, 2단계 표집에서는 선택한 각 클러스터 내의 일부 단위만 표집된다. 다단계표집은 실제로는 거의 사용되지 않는 1단계 클러스터 표집의 비효율성을 극복하기 위해 영역 프레임과 함께 일반적으로 사용된다. 클러스터 내의 인접 단위가 유사한 경우 더 적은 수의 클러스터에서 많은 단위를 표집하는 것보다 많은 클러스터에서 몇 개의 단위를 표집하는 것이 통계적으로 더 효율적이다.

---

169) Sampford 1967 등.
170) SAS surveyselect 프러시저
171) 기본표집단위(Primary sampling unit, PSU)
172) 2차 표집단위(Secondary sampling unit, SSU)

다단계표집에는 여러 단계가 있을 수 있지만, 단계 수가 증가하면 설계 및 추정의 복잡성이 증가하기 때문에 설계는 종종 2~3단계로 제한된다. 첫 번째 단계의 프레임은 일반적으로 매우 안정적이다. 예를 들어, 넓은 지리적 영역을 포함하는 영역 프레임은 시간이 지남에 따라 빠르게 변경되지 않는다. 후속 단계 프레임은 일반적으로 덜 안정적이다. 이러한 후속 프레임은 수집 중에 현장에서 생성되는 목록 프레임인 경우가 많다. 예를 들어, 1단계에서 표집된 지리적 영역의 경우, 표집된 영역 내의 모든 주택에 대해 목록 프레임을 사후적으로 만들 수 있다. 표본 영역에서만 주택 프레임을 만드는 것이 전체 모집단의 프레임을 만드는 것보다 시간과 비용의 소모가 적다. 다단계표집의 각 단계는 여러 표집 기법을 사용하여 수행할 수 있다. 결과적으로 다단계표본의 주요 장점 중 하나는 유연성이다.

예제 4.2.2.

영역 프레임 기반의 가구조사는 다단계표집을 사용하는 것이 일반적이다. 전국 조사에서 시·도 혹은 시·군은 지리적 층으로 지정되고, 지리적 층 내에서 조사구를 클러스터로 지정하고, 클러스터를 크기비례 확률표집한다. 그리고 선정된 조사구에서 일정 수의 가구를 단순확률표집한다.

1단계에서 n개의 클러스터를 단순확률표집하고, 선정된 클러스터에서 m_c개 단위를 단순확률표집하는 2단계 클러스터 표집을 고려하자. 최종 단위 표본수는 $m=\sum_{c=1}^{n} m_c$로 표기하자. 만일 1단계에서 단순확률표집된 클러스터 내의 모든 단위를 조사하면 표본 단위들의 포함확률이 $\pi_c = n/N$이므로 모총계 추정량은 식 (4.2.10)의 $\hat{T}_{cl} = N\sum_{c=1}^{n} t_c/n$이 될 것이다. 그런데 클러스터 c의 모든 단위를 조사하지 않고 일부분인 m_c단위만 단순확률표집하므로 클러스터 총계 t_c는 추정되어야 한다. π추정법을 다시 이용하면 t_c의 비편향 추정량은

$$\hat{t}_c = \sum_{k=1}^{m_c} \frac{y_{ck}}{\pi_{ck}} = \frac{M_c}{m_c}\sum_{k=1}^{m_c} y_{ck} = M_c \bar{y}_c,\ \ c=1,\ldots,n \tag{4.2.39}$$

이다. 그리고 두 식을 결합하여 모총계 추정량을 얻는다.

$$\hat{T} = \sum_{c=1}^{n} \frac{\hat{t}_c}{\pi_c} = \frac{N}{n}\sum_{c=1}^{n} M_c \bar{y}_c \tag{4.2.40}$$

2단계 표집에서 총계 추정량 $\hat{T}$는 PSU의 변동성과 PSU 내에서 SSU의 조건부 변동성을 모두 포함한다. 따라서 이러한 변동성을 모두 반영하는 다음의 공식173)을 이용하는 것이 편리하다.

$$\text{(i)}\quad E(\hat{T}) = E_{psu}\left(E_{ssu}(\hat{T}|psu)\right) \tag{4.2.41}$$

$$\text{(ii)}\quad Var(\hat{T}) = Var_{psu}\left(E_{ssu}(\hat{T}|psu)\right) + E_{psu}\left(Var_{ssu}(\hat{T}|psu)\right) \tag{4.2.42}$$

정리 4.2.4. N의 클러스터에서 n개의 클러스터를 단순확률표집하고, 선정된 클러스터에서 m_c개의 단위를 단순확률표집한다고 하자. 그리고 모총계 추정량으로 식 (4.20.40)의 추정량을 사용한다고 하자.

$$\hat{T} = \sum_{c=1}^{n} \frac{\hat{t}_c}{\pi_c} = \frac{N}{n}\sum_{c=1}^{n} M_c \overline{y}_c$$

(1) 모총계 추정량 $\hat{T}$는 모총계의 근사 비편향 추정량이다.

(2) 모총계 추정량 $\hat{T}$의 **분산**은 다음과 같이 얻어진다.

$$Var(\hat{T}) = N^2\left(1-\frac{n}{N}\right)\frac{S_T^2}{n} + \frac{N}{n}\sum_{c=1}^{N} M_c^2\left(1-\frac{m_c}{M_c}\right)\frac{S_c^2}{m_c} \tag{4.2.43}$$

여기에서 $S_c^2 = \sum_{k=1}^{M_c}(Y_{ck}-\overline{Y}_c)^2/(M_c-1)$는 클러스터 c의 클러스터 분산이다.

증명

(1) 기댓값은 다음으로 쉽게 계산된다.

$$E(\hat{T}) = E_{psu}\left(\frac{N}{n}\sum_{c=1}^{n} M_c E_{ssu}(\overline{y}_c|psu)\right) = E_{psu}\left(\frac{N}{n}\sum_{c=1}^{n} T_c\right) = \sum_{c=1}^{N} T_c = T$$

(2) 다음과 같이 분산을 구한다.

$$Var(\hat{T}) = Var_{psu}\left(\frac{N}{n}\sum_{c=1}^{n} M_c E_{ssu}(\overline{y}_c)\right) + E_{psu}\left((\frac{N}{n})^2\sum_{c=1}^{n} M_c^2\, Var_{ssu}(\overline{y}_c)\right)$$

---

173) Sarndal et al. 1992, 136쪽.

$$= Var_{psu}\left(\frac{N}{n}\sum_{c=1}^{n}T_c\right)+E_{psu}\left((\frac{N}{n})^2\sum_{c=1}^{n}M_c^2\left(1-\frac{m_c}{M_c}\right)\frac{S_c^2}{m_c}\right)$$

$$= N^2\left(1-\frac{n}{N}\right)\frac{S_T^2}{n}+\frac{N}{n}\sum_{c=1}^{N}M_c^2\left(1-\frac{m_c}{M_c}\right)\frac{S_c^2}{m_c}$$

식 (4.2.43)으로 주어진 분산의 추정량을 구하기 위해서는 모집단 항에 대응하는 표본 추정치를 약속하자.

(i) $s_{\hat{t}}^2 \equiv \frac{1}{n-1}\sum_{c=1}^{n}\left(\hat{t}_c-\frac{1}{n}\sum_{c=1}^{n}\hat{t}_c\right)^2$, 여기에서 $\hat{t}_c = M_c\bar{y}_c$

(ii) $s_c^2 = \frac{1}{m_c-1}\sum_{k=1}^{m_c}\left(y_{ck}-\bar{y}_c\right)^2$

분산의 비편향 추정치는 아래에 의해 주어진다는 것을 알 수 있다[174].

$$\widehat{Var}(\hat{T}) = N^2\left(1-\frac{n}{N}\right)\frac{s_{\hat{t}}^2}{n}+\frac{N}{n}\sum_{c=1}^{n}M_c^2\left(1-\frac{m_c}{M_c}\right)\frac{s_c^2}{m_c} \qquad (4.2.44)$$

모평균 추정량은 모집단 크기 M이 알려진 경우와 알려지지 않아 추정해야 하는 경우로 구분해 볼 수 있다. 먼저 M이 알려진 경우에 모평균 추정량은 모총계 추정량을 모집단 크기 M으로 나누어 구할 수 있다. 이 추정량은 비편향 추정량이 된다.

$$\hat{\bar{Y}}_u = \frac{\hat{T}}{M} = \frac{1}{n\bar{\bar{M}}}\sum_{c=1}^{n}M_c\bar{y}_c \qquad (4.2.45)$$

분산과 분산추정량은 모총계의 분산과 분산추정량 식에서 $1/M^2$을 곱하여 얻는다. 모집단 크기 M을 모르는 경우에는 M도 추정한 후 모평균을 추정해야 한다.

$$\hat{\bar{Y}}_r = \frac{\hat{T}}{\hat{M}} = \frac{\sum_{c=1}^{n}M_c\bar{y}_c}{\sum_{c=1}^{n}M_c} \qquad (4.2.46)$$

174) Lohr 2010, 184쪽, 식 5.21.

1단계 클러스터 표집에서와 마찬가지로 식 (4.2.46)의 추정량은 다음과 같이 선형화될 수 있다.

$$\hat{\overline{Y}}_r \approx \overline{Y} + \frac{1}{\overline{M}} \frac{1}{n} \sum_{c=1}^{n} \hat{d}_c, \quad \hat{d}_c = M_c(\overline{y}_c - \overline{Y}) \tag{4.2.47}$$

이를 이용하면 근사분산은 다음과 같이 구해진다.

$$Var(\hat{\overline{Y}}_r) \approx \frac{1}{\overline{M}^2} \left[\frac{S_d^2}{n}(1-f) + \frac{1}{n}\frac{1}{N} \sum_{c=1}^{N} M_c^2 \frac{S_c^2}{m_c}(1-f_c) \right] \tag{4.2.48}$$

여기에서 $S_d^2 = \sum_{c=1}^{N} M_c^2 (\overline{Y}_c - \overline{Y})^2 / (N-1)$이다. 분산추정량은 다음과 같다.

$$\widehat{Var}(\hat{\overline{Y}}_r) = \frac{1}{\hat{\overline{M}}^2} \left[\frac{s_{\hat{d}}^2}{n}(1-f) + \frac{1}{n}\frac{1}{N} \sum_{c=1}^{n} M_c^2 \frac{s_c^2}{m_c}(1-f_c) \right] \tag{4.2.49}$$

여기에서 $\hat{\overline{M}} = \sum_{c=1}^{n} M_i / n$ and $s_{\hat{d}}^2 = \sum_{c=1}^{n} M_c^2 (\overline{y}_c - \hat{\overline{Y}}_r)^2 / (n-1)$, $f = n/N$, $f_c = m_c / M_c$ 이다.

1단계와 2단계에서 모두 단순확률표집을 하는 경우 단위 ck가 표본에 포함될 확률은

$$\pi_{ck} = \pi_c \times \pi_{k|c} = \frac{n}{N} \times \frac{m_c}{M_c}, \quad k = 1, \ldots, m_c, \quad c = 1, \ldots, n$$

이고 설계가중치는 $w_{ck} = 1/\pi_{ck}$이므로 다음과 같이 된다.

$$w_{ck} = \frac{1}{\pi_c \times \pi_{k|c}} = \frac{N}{n} \times \frac{M_c}{m_c}, \quad k = 1, \ldots, m_c, \quad c = 1, \ldots, n \tag{4.2.50}$$

따라서 설계가중치를 이용한 추정량 표현은 다음과 같다.

$$\hat{T} = \frac{N}{n} \sum_{c=1}^{n} M_c \overline{y}_c = \sum_{c=1}^{n} \sum_{k=1}^{m_c} w_{ck} y_{ck}, \quad w_{ck} = \frac{N}{n} \frac{M_c}{m_c} \tag{4.2.51}$$

그리고

$$\hat{\bar{Y}}_r = \frac{\sum_{c=1}^{n}\sum_{k=1}^{m_c} w_{ck} y_{ck}}{\sum_{c=1}^{n}\sum_{k=1}^{m_c} w_{ck}} \tag{4.2.52}$$

이다.

표본이 자기 가중이 되도록 2단계 표집설계를 할 수 있다. 2단계 모두 단순확률표집을 하는 경우 자기 가중이 되려면 클러스터 내에서 단위를 뽑는 표본 단위의 비율이 모든 표본 클러스터에서 같아야 한다. 즉,

$$\frac{m_c}{M_c} = \frac{m_{c'}}{M_{c'}} = f_{0,}\ \ c \neq c'$$

이 경우 총표본수는 $m = \sum_{c=1}^{n} m_c = f_0 \times \sum_{c=1}^{n} M_c$이 되어 선택되는 클러스터의 크기에 따라 표본수가 달라진다. 조사에서 표본수가 가변적이면 여러 가지 현실적인 문제가 발생하므로 권장할 일은 아니다. 이 문제에 대한 하나의 해법은 1단계에서 표집에 클러스터 크기비례 확률표집을 도입하는 것이다. 만일 1단계에서 클러스터 크기비례 확률표집을 하고, 2단계에서는 선택된 클러스터에서 m_0개의 단위를 단순확률표집한다고 하자. 이 경우 표본 단위의 포함확률은

$$\pi_{ck} = p_c \times \frac{m_0}{M_c} = \frac{M_c}{M} \times \frac{m_0}{M_c} = \frac{m_0}{M},\ \ c = 1,\ldots,n,\ \ k = 1,\ldots,m_0$$

이 되어 자기가중표본이 되고, 모평균 추정량은 표본평균으로 귀결된다.

$$\hat{\bar{Y}}_{pps} = \frac{1}{M}\frac{1}{n}\sum_{c=1}^{n}\frac{\hat{t}_c}{p_c} = \frac{1}{n}\sum_{c=1}^{n}\bar{y}_c = \frac{1}{n}\frac{1}{m_0}\sum_{c=1}^{n}\sum_{k=1}^{m_0} y_{ck} = \bar{y}_m \tag{4.2.53}$$

여기에서 $m = n \times m_0$으로 표본수이다.

이 방법은 자기가중표본이 되어 표본 단위의 가중치가 모두 같아지고 표본수가 일정해지는 장점이 있다. 가변 표본수 문제나 자기가중 문제가 동시에 해결되는 것이다.

4.3 복합조사

4.3.1 복합조사 소개

이제까지는 표집설계를 구분하여 하나씩 다루었지만, 실제 조사에서는 여러 개의 개별 설계가 복합적으로 포함된다. 단순확률표집설계 이외의 설계를 **복합표집설계** 또는 **복합설계**라고 하며, 여기에는 층화표집, 클러스터 표집, 다단계표집 등이 복합적으로 포함된다. 따라서 복합표집설계 시에는 층화, 집락화, 불균등 표집 등의 설계효과가 나타난다. 복합설계에 기반한 조사를 **복합조사**라고 하고, 복합조사에서 조사된 데이터를 **복합조사데이터** 또는 **복합데이터**라고 한다.

n개의 클러스터를 복원으로 클러스터 크기비례 표집하면, 클러스터 c는 크기 측도 p_c의 확률로 선택된다. 클러스터 총계는 2차 표집 이후의 데이터를 이용하여 비편향 추정치 $\hat{t}_c$로 추정되고, n개의 추정치 $u_c = \hat{t}_c/p_c$, $c=1,\ldots,n$는 독립적인 관측치로 간주되어 $\bar{u}$로 모집단 총계가 추정된다.

$$\bar{u} = \frac{1}{n}\sum_{c=1}^{n} u_c = \frac{1}{n}\sum_{c=1}^{n}\frac{\hat{t}_c}{p_c} = \hat{T}$$

그리고 추정된 총계의 분산은 다음으로 추정된다.

$$\frac{s_u^2}{n} = \frac{1}{n}\frac{1}{n-1}\sum_{c=1}^{n}(u_c - \bar{u})^2 \qquad (4.3.1)$$

만일 n개의 클러스터를 비복원으로 표집하면, 클러스터 c는 포함확률 π_c로 표본에 포함된다. 2단계 표집 이후의 데이터로 클러스터 총계를 추정한 후 모집단 총계는 $\hat{t}_{HT} = \sum_{c=1}^{n}\hat{t}_c/\pi_c$로 추정한다. 그리고 분산은 분산추정식을 이용하여 추정한다(5.4절 참조).

층화표집에서는 층별로 총계 $\hat{t}_1,\ldots,\hat{t}_H$를 추정하고, 이들의 합 $\hat{t} = \sum_{h=1}^{H}\hat{t}_h$으로 모총계를 추정한다. 또한 층별로 추정된 분산 $\widehat{Var}(\hat{t}_1),\ldots,\widehat{Var}(\hat{t}_H)$을 합한 $\widehat{Var}(\hat{t}) = \sum_{h=1}^{H}\widehat{Var}(\hat{t}_h)$으로 모총계 추정량의 분산을 추정한다.

다단계 표집에서 모집단 크기 M을 모르는 경우 모평균을 추정하기 위해서는 M의 추정이 선행되어야 한다. 모평균 추정량 $\hat{\bar{Y}}_r = \hat{T}/\hat{M}$의 분산추정량은 다음으로 계산된다.

$$\widehat{Var}(\hat{\bar{Y}}_r) = \frac{1}{\hat{M}^2}\widehat{Var}(\hat{T}) + \left(\frac{\hat{\bar{Y}}}{\hat{M}}\right)^2 \widehat{Var}(\hat{M}) - 2\frac{\hat{\bar{Y}}}{\hat{M}^2}\widehat{Cov}(\hat{M}, \hat{\bar{Y}}) \tag{4.3.2}$$

모평균 및 모총계 추정에 이러한 효과가 복합적으로 반영되며, 추정량의 효율성 평가에도 이러한 효과가 복합적으로 반영된다.

4.3.2 설계가중치

확률표집에서 **설계가중치** 혹은 **표집가중치**는 포함확률의 역수로 계산되며, 개별 표본 단위가 대표하는 모집단 단위의 기대 빈도를 의미한다. 설계가중치는 표집설계에서 유도되며 결과적으로 추정치를 결정한다. 예를 들어 단순확률표집에서 단위 k의 가중치는 $w_k = N/n$이고, 층화확률표집의 h층 단위의 가중치는 $w_{hk} = N_h/n_h$이다. 2단 표집에서는 1단계 포함확률을 π_c로 표기하고 2단계 포함확률을 π_{ck}로 표기할 때 표집가중치는 $w_{ck} = 1/\pi_c\pi_{ck}$가 된다. 설계가중치를 이용하면 모총계와 모평균 추정치는 각각 다음이 된다.

$$\hat{T}_w = \sum_{k=1}^{n} w_k y_k, \quad \hat{\bar{Y}}_w = \frac{\sum_{k=1}^{n} w_k y_k}{\sum_{k=1}^{n} w_k} \tag{4.3.3}$$

표본 단위에 부여된 가중치가 모두 동일한 표본을 **자기가중[175]표본**이라고 한다. 이 경우 모평균 추정치는 표본 관측치들의 평균으로 단순해진다. 클러스터 표집의 경우 크기비례 확률표집을 하면 자기가중 가중치가 만들어진다. 자기가중표본은 히스토그램, 평균, 중위수, 분위수에 대하여 표준적인 방법을 사용할 때 유효하다. 비록 복합표본 데이터이지만 표본평균, 표본 중위수, 표본 분위수 등은 표준적인 방법의 추정치와 동일하다는 뜻이다. 그러나 이들의 표준오차 추정치는 표준적인 방법의 표준오차 추정치와 일치하지 않는다. 복합표본은 서로 독립이면서 동일한 분포를 따르는 데이터가 아니기 때문이다.

불균등 표집확률은 층화표집의 표본배정과 클러스터 표집의 크기비례 추출확률과 관련이 있다. 층화표집에서 표본 비례배정을 하면 자기가중표본이 선정된다. 그러나 네이만 배정이

175) 자기가중표본(self-weighting sample)

나 제곱근 비례배정을 하면 불균등 설계가중치가 유도된다. 표집이론 발달 초기에 대표표본은 균등 추출확률을 의미하였다. 그러나 네이만 배정은 추정량의 분산을 최소로 만들어 더 효율적인 추정을 유도하므로 균등 추출확률을 사용해야 한다는 제한은 완화되었다. 결과적으로 조사의 효율을 높이기 위해 자기가중 표집설계를 넘어 일반적인 표집설계가 연구되었다.

유한모집단 분포함수는 다음으로 정의된다.

$$F_N(t) = \frac{1}{N}\sum_{k=1}^{N} I(Y_k \leq t), \quad -\infty < t < \infty \tag{4.3.4}$$

여기에서 $I(A)$는 A가 참이면 1의 값을 갖고, 거짓이면 0의 값을 갖는 지시변수이다. 마찬가지로 확률질량함수는 다음과 같이 정의된다.

$$f_N(t) = \frac{1}{N}\sum_{k=1}^{N} I(Y_k = t), \quad -\infty < t < \infty \tag{4.3.5}$$

모평균, 모분산 등은 확률질량함수를 이용하여 표현할 수 있다.

$$\overline{Y} = \frac{1}{N}\sum_{k=1}^{N} Y_k = \sum_{k=1}^{N} Y_k f_N(Y_k)$$

$$S^2 = \frac{N}{N-1}\left(\sum_{k=1}^{N} Y_k^2 f_N(Y_k) - [\sum_{k=1}^{N} Y_k f_N(Y_k)]^2\right)$$

그리고 유한모집단에서 중위수를 포함한 분위수는 분포함수를 이용하여 표현할 수 있다.

설계가중치는 분포함수 추정에 이용될 수 있다. 확률질량함수 $f_N(t)$와 분포함수 $\hat{F}_N(t)$는 설계가중치를 이용하여 다음으로 추정된다.

$$\hat{f}_N(t) = \frac{\sum_{k=1}^{n} w_k I(y_k = t)}{\sum_{k=1}^{n} w_k}, \quad \hat{F}_N(t) = \frac{\sum_{k=1}^{n} w_k I(y_k \leq t)}{\sum_{k=1}^{n} w_k} \tag{4.3.6}$$

이를 이용하면 모평균 추정량은 가중치를 이용한 가중평균이 된다.

$$\hat{\bar{Y}} = \sum_{k=1}^{n} y_k \hat{f}_N(y_k) = \frac{\sum_{k=1}^{n} w_k y_k}{\sum_{k=1}^{n} w_k} = \bar{y}_w \tag{4.3.7}$$

그리고 모분산도 다음으로 추정된다.

$$\widehat{S^2} = \frac{\hat{N}}{\hat{N}-1}\left(\sum_{k=1}^{n} y_k^2 \hat{f}_N(y_k) - [\sum_{k=1}^{n} y_k \hat{f}_N(y_k)]^2\right) \tag{4.3.8}$$

여기에서 모집단 크기 N의 추정량이 가중치의 합, $\hat{N} = \sum_{k=1}^{n} w_k$ 임을 이용하면 모분산 추정치는 다음과 같은 가중표본분산으로 표현됨을 보일 수 있다.

$$s_w^2 = \frac{\sum_{k=1}^{n} w_k (y_k - \bar{y}_w)^2}{\sum_{k=1}^{n} w_k - 1} \tag{4.3.9}$$

4.3.3 복합표본 설계효과

복합설계의 통계적 효율성을 평가할 때 복합설계의 분산 $Var_{complex}(\hat{\theta})$을 단순확률표집의 분산 $Var_{srs}(\hat{\theta})$과 비교하는 **설계효과**[176]가 유용하게 사용될 수 있다.

$$Deff(\hat{\theta}) = \frac{Var_{complex}(\hat{\theta})}{Var_{srs}(\hat{\theta})} \tag{4.3.10}$$

복합표본의 설계효과는 간단하지만 유용한 모형으로 표현될 수 있다[177].

$$Deff(\hat{\theta}) = 1 + f(G_{st}, L_{cl}, L_{wt}) \tag{4.3.11}$$

여기에서 G_{st}는 단순확률표본과 비교하여 층화표집에서 얻는 정밀도의 상대적 이득이고, L_{cl}과 L_{wt}는 각각 클로스터 표집 및 불균등 가중치로 인한 정밀도의 상대적 손실을 나타낸다.

176) Kish 1965.
177) Heeringa et al. 2010, 24쪽.

복합설계의 **유효표본수**는 동일한 추정의 정밀도를 달성하는 데 필요한 단순확률표집의 표본수를 의미한다. 유효 표본수 n_{eff}는 설계효과를 이용해 다음과 같이 계산할 수 있다.

$$n_{eff} = \frac{n_{complex}}{Deff(\hat{\theta})} \tag{4.3.12}$$

여기에서 $n_{complex}$는 복합 표본설계하에서 선택된 실제 또는 명목 표본수이다. 예를 들어, 설계효과 값이 2이면 복합 표집설계 추정량의 분산은 단순확률표집의 분산의 2배라는 의미이다. 달리 말하면 단순확률표집에서는 복합설계 표본수의 1/2이 있으면 동일 분산을 달성할 수 있다는 뜻이다. 따라서 복합설계의 **유효표본수**는 실제 표본수의 1/2이 된다.

클러스터 표집에서 클러스터 효과를 설계효과를 이용하여 표현할 수 있다. 1단계 클러스터 표집에서 설계효과는 다음으로 주어진다(식 4.2.30):

$$Deff(\hat{\overline{Y}}) = 1 + (\overline{M} - 1)\delta$$

이 공식을 동질성 계수 δ를 중심으로 풀면 다음이 된다.

$$\hat{\delta} = \frac{\widehat{Deff}(\hat{\overline{Y}}) - 1}{\overline{M} - 1} \tag{4.3.13}$$

예제 4.3.1.

어떤 조사에서 평균 클러스터 크기가 $\overline{M} = 6$인 단일 클러스터 표집을 실시한 후 설계효과를 계산하여 $Deff(\hat{\overline{Y}}) = 1.80$을 얻었다고 하자. 이 조사에서 클러스터 효과를 파악하기 위해 클러스터의 동질성 계수를 알아보기로 하였다. 어떻게 알 수 있을까? 식 (4.3.13)을 이용하면 된다. 이 공식을 사용하면 동질성 계수는

$$\hat{\delta} = \frac{1.8 - 1}{6 - 1} = 0.16$$

으로 계산된다. 이 조사의 클러스터는 약한 정도의 동질성이 있다고 볼 수 있다.

복합조사에서 모집단 특성치 θ의 $100(1-\alpha)\%$ 신뢰수준의 신뢰구간은 다음과 같이 계산할 수 있다.

$$\hat{\theta} \pm z_{1-\alpha/2} \times se_{complex}(\hat{\theta})$$

여기에서 $se_{complex}(\hat{\theta})$는 복합설계에서 추정치의 추정된 표준오차이다. 복합표본으로 신뢰구간을 구하려면 이 값이 필요하다. 값을 구하는 방법으로 분산추정법을 이용하여 복합조사 추정치의 분산을 추정한 후, 그 값의 제곱근 값을 표준오차 값으로 사용하는 방법이 있다. 다른 방법은 복합조사 추정치의 설계효과를 계산할 수 있는 경우 이 값을 신뢰구간 추정에 이용하는 것이다.

$$se_{complex}(\hat{\theta}) = \sqrt{\widehat{Deff}(\hat{\theta})} \times se_{srs}(\hat{\theta})$$

이므로 이를 이용하면

$$\hat{\theta} \pm z_{1-\alpha/2} \times \sqrt{\widehat{Deff}(\hat{\theta})} \times se_{srs}(\hat{\theta}) \tag{4.3.14}$$

을 얻는다.

예제 4.3.2.

어떤 복합조사에서 모비율 P에 대한 95% 신뢰구간을 구하려 한다고 하자. 이때 복합조사의 설계효과 $\widehat{Deff}(\hat{P})$가 알려져 있다고 하자. 단순확률표집의 오차한계는 $1.96\sqrt{\hat{P}(1-\hat{P})/n}$ 임을 알고 있으므로 이 값에 설계효과의 제곱근을 곱하여 복합조사의 95% 신뢰구간을 구한다.

$$\hat{P} \pm 1.96\sqrt{\widehat{Deff}(\hat{P})}\sqrt{\frac{\hat{P}(1-\hat{P})}{n}} \tag{4.3.15}$$

만일 정규분포 분위수값 1.96은 2로 근사하고, 비율추정에서 최대 분산 $\hat{P}(1-\hat{P}) = 1/4$을 이용하여 이 식에 대입하면

$$\hat{P} \pm \sqrt{\widehat{Deff}(\hat{P})}\frac{1}{\sqrt{n}} \tag{4.3.16}$$

을 얻는다.

연습문제

1 층화확률표집과 할당표집의 공통점과 차이점을 설명하라.
※ 힌트. 층화확률표집은 확률표집 방법이고 할당표집은 비확률표집 방법이다.

2 식 (4.1.16)을 보여라.

3 식 (4.1.17)의 분산추정량이 비편향임을 보여라.

4 식 (4.1.18)의 사후층화 추정량의 기댓값과 분산을 구하라.

5 식 (4.1.25)에 주어진 표본수를 유도하라.

6 표본을 비례로 배정하면 분산이 식 (4.1.28)로 주어짐을 보여라.

7 표본을 제곱근에 비례배정할 때 분산식을 유도하라.

8 식 (4.1.36)의 최적배정 표본수를 증명하라.
※ 힌트. Valliant et al. (2000), 169쪽 참조.

9 단순 클러스터 표집에서 분산식 (4.2.11)을 보여라.

10 식 (4.2.30)이 성립함을 보여라.

11 만일 클러스터의 크기가 동일하지 않다면, 즉 $M_c \neq M_{c'}$ 라면 설계효과를 평균집락 크기 $\overline{M}$과 동질성 측도 δ로 표현할 수 있는지 설명하라.
※ 힌트. Sarndal et al. (1992), 132쪽 참조.

12 식 (4.2.48)의 분산을 유도하라.

13 5개 층으로 이루어진 사업체 층화모집단을 고려하자. 5개 층에 $n = 100$개의 표본을 배정하려고 한다.

표 4.9 사업체 층화모집단 예제

층 (h)	층 크기 (N_h)	층 표준편차 (S_h)	비용 단가 (c_h)
1. 제조업	680	432	30
2. 소매업	552	229	75
3. 도매업	429	344	25
4. 서비스업	363	196	50
5. 정부기관	251	686	40

(a) 5개 층에 등배정($n_h = N/H = 20$)하고 층화평균의 분산을 구하라.

(b) 5개 층에 비례배정하고 층화평균의 분산을 구하라.

(c) 5개 층에 네이반 배정하고 층화평균의 분산을 구하라.

(d) 5개 층에 최적배정하고 층화평균의 분산을 구하라.

(e) 4종류의 배정방법의 효율을 비교하라.

※ 힌트. Valliant et al. (2000), 171쪽 참조.

14 $N = 115$개 클러스터로 구성된 모집단에서 $n = 10$개의 클러스터를 단순확률표집하고 클러스터 안의 사람들을 전부 조사하였다. 조사변수는 응답자의 나이, 성별, 주당 근로시간(y_1), 주당 임금(y_2, 단위 천 원)이다. 모집단 구성원은 $M = 435$명이다.

(a) 개인의 주당 평균 근로시간과 임금을 추정하라.

(b) 개인의 평균 근로시간당 임금을 추정하라.

(c) 주당 근로시간과 임금에 대하여 클러스터의 동질성 측도를 추정하라.

※ 힌트. 식 (4.2.24)에서 모집단 변동을 표본 변동으로 추정.

(d) 주당 평균 근로시간과 임금 추정에 대한 설계효과를 구하라.

표 4.10 노동력 클러스터 데이터

클러스터 ID	사람 ID	나이	성별	y_1	y_2
10	33	29	m	40	760
	34	25	f	36	414
	35	25	m	59	880
27	95	37	f	40	300
	96	19	f	40	360
	97	34	m	40	1000
39	152	50	m	40	420
	153	47	f	40	260
45	174	41	f	12	80
	175	24	m	40	340
	176	24	f	60	510
	177	44	m	35	300
	178	32	f	35	300

클러스터 ID	사람 ID	나이	성별	y_1	y_2
47	183	50	f	41	990
	184	48	m	25	312
49	188	16	f	5	42
	189	20	f	8	62
	190	44	m	40	1950
	191	18	f	40	400
	192	52	m	40	800
	193	51	f	20	200
71	284	34	m	40	1200
	285	36	f	40	770
79	324	18	f	40	304
	325	49	f	40	304
	326	22	m	40	304
81	336	26	m	40	900
	337	25	f	40	900
112	467	30	m	50	500
	468	31	f	40	368

주) Valliant et al. (2000), Appendix B.55에서 일부 발췌.

제 5 장

추정

제5장
추정

5.1 기본 추정

5.1.1 소개

추정은 모집단에서 선정된 표본으로부터 획득된 정보를 기반으로 해당 모집단의 특성값을 산출하는 것을 말한다. 확률표본조사에서 추정의 이면에 있는 원리는, 각 표본 단위는 그 자체뿐만 아니라 모집단의 다른 여러 단위까지 대표한다는 점이다. 각 표본 단위가 대표하는 모집단 단위 수의 평균을 그 단위의 **설계가중치**라고 하고, 이 설계가중치를 결정하는 것이 추정의 중요한 부분이다. 설계가중치를 추정에 직접 사용할 수도 있지만 대부분의 조사는 설계가중치를 보정하는 일련의 **보정계수**를 구한 후 이를 반영한 **최종가중치**를 산출한다. 가중치를 보정하는 일반적인 두 가지 이유는 **무응답**과 모집단의 **보조정보**를 추정에 반영하기 위해서이다. 표본데이터에 부여된 최종가중치는 추정치와 표준오차 계산에 사용된다.

조사데이터로 모집단 특성치를 추정할 때 다음의 사항이 고려된다. 첫째, **표집설계**를 추정에 고려한다. 이를 위해 설계가중치를 추정 과정에 포함한다. 둘째, **무응답**을 고려하여 설계가중치를 조정한다. 셋째, **보조정보**의 품질이 적절하고 주요 조사변수와 상관관계가 있는 경우 가능한 한 추정치의 일관성과 정확성을 개선하기 위해 추정에 반영한다. 넷째, **이상치**는 추정치의 표집오차를 크게 하므로 이상치 탐색 및 처리를 고려한다. 마지막으로 조사추정치의 통계적 효율성 지표로 표집분산, 표준오차, 변동계수, 오차한계 또는 신뢰구간 등을 계산한다.

5.1.2 가중법

추정의 첫 번째 단계는 표집 단위 또는 응답 단위에 가중치를 부여하는 일이다. **설계가중치**는 각 표본 단위가 대표하는 모집단 단위 수의 평균으로 생각할 수 있고, 표집설계에서 유도된다. 표본 단위 k에 부여되는 설계가중치 w_k는 단위의 표본 포함확률 π_k의 역수로 계산된다.

$$w_k = \frac{1}{\pi_k} \tag{5.1.1}$$

다단계 설계에서 표본 단위의 포함확률은 각 단계의 포함확률의 곱이다. 예를 들어 첫 번째 단계의 클러스터 포함확률이 π_c이고 두 번째 단계에서 클러스터 내의 단위 포함확률이 π_{ck}라고 하면 표본 단위 (ck)의 설계가중치는 다음과 같다.

$$w_{ck} = \frac{1}{\pi_c} \times \frac{1}{\pi_{ck}} \tag{5.1.2}$$

예제 5.1.1.

첫 번째 단계에서 $N = 100$개 클러스터에서 $n = 10$개의 클러스터를 단순확률표집한다고 하자. 다음으로 선정된 각 클러스터에서 단위 $m = 30$개를 단순확률표집한다고 하자. 여기서 각 클러스터는 $M = 60$개의 단위를 포함한다고 하자. 그러면 첫 번째 단계에서 클러스터 선정확률은 $\pi_c = n/N = 10/100 = 1/10$이고, 두 번째 단계에서 단위 선정확률은 $\pi_{ck} = m_c/M_c = 30/60 = 1/2$이므로 설계가중치는

$$w_{ck} = \frac{1}{\pi_c} \times \frac{1}{\pi_{ck}} = 10 \times 2 = 20$$

이 된다.

1) 균등확률표본설계

설계가중치가 표본의 모든 단위에서 동일할 때 이를 **자체가중치**라고 한다. 이는 각 단위의 포함확률이 동일할 때 발생한다. 자체가중치 설계의 경우 설계가중치에 대한 후속 보정이 이루어지지 않는다면 가중치는 추정 과정에서 무시할 수 있다.

예제 5.1.2. **비례배정된 층화확률표본**

$N = 1,000$명인 프레임이 두 개의 층으로 구분된다고 가정하고, 첫 번째 층은 $N_1 = 400$의 남성으로, 두 번째 층은 $N_2 = 600$명의 여성으로 구성된다고 하자. $n = 100$의 표본이 각 층에 비례배정된다고 하면, 각 층의 표집 비율은

$$f = \frac{n}{N} = \frac{100}{1,000} = \frac{1}{10}$$

이 되므로 층 1에는 $n_1 = 40$명의 표본이 배정되고, 층 2에는 $n_2 = 60$명의 표본이 배정된다. 각 층의 포함확률은 다음과 같다.

$$\pi_{1k} = \frac{n_1}{N_1} = \frac{40}{400} = \frac{1}{10}, \quad \pi_{2k} = \frac{n_2}{N_2} = \frac{60}{600} = \frac{1}{10}$$

따라서 모든 표본에는 동일한 설계가중치 $w_{hk} = 1/\pi_{hk} = 10$, $h = 1,2$가 부여된다.

표 5.1 비례배정된 층화확률표본의 가중치

층	모집단 크기	표본크기	설계가중치
1. 남자 2. 여자	$N_1 = 400$ $N_2 = 600$	$n_1 = 40$ $n_2 = 60$	$w_{1k} = 10$ $w_{2k} = 10$
총계	$N = 1,000$	$n = 100$	$w_k = 10$

다단계 설계에서 자체가중은 클러스터를 크기비례 확률표집으로 선정하고, 클러스터 내에서는 고정된 수의 단위를 선정함으로써 실현할 수 있다. 크기비례 확률표집을 다단계표집에서 사용하는 이유는 표본크기를 제어하면서 자체가중표본으로 유도할 수 있기 때문이다.

2) 불균등확률표본설계

자체가중치 설계는 가중치를 무시할 수 있는 점이 매력적이지만, 자체가중 설계를 선택하는 것이 항상 바람직하다고 볼 수는 없다. 예를 들어, 층화표집설계에서 비례배정하는 경우 규모가 지나치게 작거나 큰 층에서는 표본이 부족하거나 혹은 불필요하게 큰 표본이 배정되는 일이 발생한다.

예제 5.1.3.

대중교통에 대한 조사를 위해 $N = 2,000$명의 모집단을 두 개의 지리적 층으로 나누자. 도심층의 크기는 $N_1 = 800$이고 교외층의 크기는 $N_2 = 1,200$이라고 하자. $n = 100$명의 표본을 도심층에 $n_1 = 50$명, 교외층에 $n_2 = 50$명을 배정한다고 하자.

표 5.2 불균형배정을 한 층화확률표집

층	모집단 크기	표본크기	설계 가중치
1. 도심 지역 2. 교외 지역	$N_1 = 800$ $N_2 = 1,200$	$n_1 = 50$ $n_2 = 50$	$w_{1k} = 16$ $w_{2k} = 24$
총계	$N = 2,000$	$n = 100$	$w_k = 20$

각 층의 포함확률은 다음과 같다.

$$\pi_{1k} = \frac{n_1}{N_1} = \frac{50}{800} = \frac{1}{16}, \quad \pi_{2k} = \frac{n_2}{N_2} = \frac{50}{1,200} = \frac{1}{24}$$

따라서 도심층의 응답자에게는 $w_{1k} = 16$의 설계가중치가 부여되고, 교외층의 응답자에게는 $w_{2k} = 24$의 설계가중치가 부여된다.

3) 무응답 가중치 보정

표본에 제시된 질문지의 일부 항목, 혹은 전 항목에서 응답을 받지 못할 때 **무응답**이 발생한다. **항목 무응답**은 질문지의 일부 항목이 결측인 경우이고, **단위 무응답**은 질문지의 모든 항목이 결측인 경우이다. 항목 무응답을 처리하는 일반적인 방법은 결측값을 대체하는 것이고, 단위 무응답을 처리하는 방법은 응답 단위가 표본 단위 전체를 대표한다는 가정에 기초하여 설계가중치를 수정하는 것이다. 이 방법은 조사에서 측정된 특성에 대하여 무응답자의 특성이 응답자의 특성과 같다는 가정하에서 사용되는 것이 합리적이다. 무응답 보정은 **무응답 보정계수**를 사용하여 수행되는데, 무응답 보정계수는 표본의 가중치 합계와 응답 단위의 가중치 합계의 비로 정의된다.

$$F_k = \frac{\sum_{l \in s} w_l}{\sum_{l \in s_r} w_l}, \quad k = 1, \ldots, n_r \tag{5.1.3}$$

여기에서 s는 표본을 의미하고, s_r은 응답 표본을 나타내며, n_r은 응답자 수이다. 자체가중 설계에서 무응답 보정계수는 표본 단위수와 응답 단위수의 비율이다.

$$F_k = \frac{n}{n_r}, \quad k = 1, \ldots, n_r \tag{5.1.4}$$

무응답 보정가중치는 설계가중치에 무응답 보정계수를 곱하여 얻어진다.

$$w_{nr,k} = w_k \times F_k = w_k \times \frac{\sum_{l \in s} w_l}{\sum_{l \in s_r} w_l}, \quad k = 1, ..., n_r \tag{5.1.5}$$

예제 5.1.4.

$N = 100$명으로 구성된 모집단에서 $n = 25$명이 단순확률표집되었다고 하자. 그리고 표본 중 $n_r = 20$명이 응답을 했다고 하자. 이 경우 무응답 보정가중치를 구해보자. 첫 번째 단계는 단순확률표본에 대한 포함확률을 계산하는 것이다.

$$\pi_k = \frac{n}{N} = \frac{25}{100} = \frac{1}{4}, \quad k = 1, ..., 25$$

따라서 표집 단위의 설계가중치는 $w_k = 4$이다. 다음 단계는 무응답 보정계수를 구하는 것이다. 표본으로 선택된 $n = 25$명 중에서 $n_r = 20$명만 정보를 제공했으므로 무응답 보정계수는

$$F_k = \frac{n}{n_r} = \frac{25}{20} = 1.25$$

이다. 마지막으로 무응답 보정가중치 w_{nr}는 설계가중치와 무응답 조정계수를 곱해서 구한다.

$$w_{nr,k} = w_k F_k = w_k \times \frac{n}{n_r} = 4 \times 1.25 = 5$$

따라서 각 응답자에게 무응답 보정가중치 5가 부여되고, 응답자 1명이 대표하는 사람은 5명이다.

일반적으로 응답자는 응답 성향이 다른 특성을 갖는 경우가 많다. 이러한 경우에 모든 응답자에 동일한 무응답 보정계수를 부여하는 것은 적절하지 않을 수 있다. 예를 들어, 1인 가구는 2인 이상 가구보다 종종 응답률이 낮으며, 또한 상이한 특성을 보인다. 이런 경우 1인 가구와 2인 이상인 가구를 분리하여 별도의 무응답 보정을 해야 한다.

예제 5.1.3. (계속)

데이터 수집 과정에서 도심 지역은 50명 중 30명이, 교외 지역은 50명 중 40명이 응답하였다고 하자. 응답률이 다르므로 무응답 보정계수를 도심 지역과 교외 지역 각각에 적용하자. 도심 지역의 설계가중치는 $w_{1k}=16$이고 교외 지역의 설계가중치는 $w_{2k}=24$이다. 그리고 각 층에서 구한 무응답 보정계수는 다음과 같다.

$$F_{1k}=\frac{n_1}{n_{r,1}}=\frac{50}{30}=1.667, \quad F_{2k}=\frac{n_2}{n_{r,2}}=\frac{50}{40}=1.25$$

따라서 각 층에서 설계가중치와 무응답 보정계수를 곱하여 무응답 보정가중치를 구한다.

- 층 1 (도심) : $w_{nr,1k}=w_{1k}\times F_{1k}=16\times 1.667=26.672$
- 층 2 (교외) : $w_{nr,2k}=w_{2k}\times F_{2k}=24\times 1.25=30.0$

표 5.3 층화확률표집에서 무응답 보정 가중치

층	모집단 크기	표본크기	응답수	설계 가중치
1. 도심 지역 2. 교외 지역	$N_1=800$ $N_2=1,200$	$n_1=50$ $n_2=50$	$n_{r,1}=30$ $n_{r,2}=40$	$w_{1k}=26.67$ $w_{2k}=30$
총계	$N=2,000$	$n=100$	$n_r=70$	$w_k=28.57$

표본 데이터 파일에서 도심층의 응답자에게는 26.67의 최종가중치가 부여되고, 교외층의 응답자에게는 30.0의 최종가중치가 부여된다.

무응답 조정은 유사한 응답자 그룹별로 수행하는 것이 유리하며, 각 응답자 그룹은 해당 그룹의 무응답자를 대신한다. 이러한 그룹을 결정하기 위해 추가 분석을 수행하기도 한다.

4) 사후층화 가중치 보정

무응답을 보정한 가중치를 추정에 사용할 수 있다. 그러나 때때로 모집단에 대한 정보를 보조적으로 추정에 이용할 수 있다. **모집단 보조정보**를 추정에 사용하는 주요 이유는 두 가지이다. 첫째, 조사 추정치가 알려진 보조변수의 모집단 총계와 일치하는 것이 종종 중요하기 때문이다. 예를 들어, 많은 조사는 나이, 성별, 지역 등의 보조변수에 대하여 조사 추정치가 최근의 센서스 값과 일치하도록 조정한다. 둘째, 추정의 정확도를 높이기 위해서이다. 조사변수와 상관관계가 있는 보조변수를 이용하면 추정의 정밀도를 높일 수 있다. 또한 무응답 보정과 프레임의 포함범위 보정에 유용하게 사용될 수 있다.

추정 단계에서 사용되는 보조 정보에는 다음의 조건이 요구된다. 먼저, 보조 정보는 조사변수와 연관성이 있어야 한다. 보조 정보를 사용한 추정의 효율성 향상은 조사변수가 사용 가능한 보조 정보와 얼마나 잘 연관되어 있는지에 달려 있다. 다음으로 보조 정보의 외부 출처는 정확해야 한다. 그뿐만 아니라 외부 데이터 출처는 동일 모집단과 유사한 개념, 정의, 참조 기간 등을 기반으로 하는 것이 중요하다.

사후층화는 조사 후에 사후적으로 층화하는 것을 말한다. 성별, 연령 등 계수형 변수는 **사후층화 변수**로 직접 이용될 수 있다. 연속형 변수를 사후층화 변수로 이용할 때에는 층의 경계를 정한 후 범주형 변수로 만드는 후속 작업이 이어져야 한다. 사후층화는 가중치 보정에 유용하게 이용될 수 있다.

모집단 수치가 조사 이후에 제공되는 경우, 표본의 사후층화를 통하여 사후층화 가중치를 만들 수 있다. **사후층화 보정가중치** w_{pst}는 무응답 보정가중치 w_{nr}와 사후층화 조정계수의 곱이다. **사후층화 보정계수**는 사후층에서 개별적으로 계산된다. G개의 사후층이 구성되었다고 하면 사후층 g에서 사후층화 조정계수는 추정된 사후층 크기 $\widehat{N}_g$에 대한 모집단 사후층의 크기 N_g의 비율, $G_g = N_g / \widehat{N}_g$이다. 따라서 사후층화 보정가중치는

$$w_{post,gk} = w_{nr,k} \times G_g, \;\; g = 1, ..., G \tag{5.1.6}$$

가 된다.

예제 5.1.5.

회사 직원의 흡연 습관 조사를 가정하자. $N = 1,000$명의 직원 목록에서 $n = 100$명의 직원이 단순확률표본으로 선정되었다고 하자. $n = 100$명의 표본 직원 중 $n_r = 80$명이 아래와 같이 응답하였고, 성별로 나누어 흡연 습관에 대한 정보를 수집하였다.

표 5.4 사후층화 응답자 수와 흡연 직원 수

	사후층 1 남성	사후층 2 여성	응답자 수
직원 수	30	50	80
흡연 직원 수	9	4	13

각 직원의 포함확률은

$$\pi_k = \frac{n}{N} = \frac{100}{1,000} = 0.1, \ k = 1, \ldots, 100$$

이고, 설계가중치는

$$w_k = \frac{1}{\pi_k} = 10, \ \ k = 1, \ldots, 100$$

이 된다. 조사에 참여한 모든 사람이 응답할 확률이 같다고 가정할 때 무응답 보정계수는

$$F_k = \frac{n}{n_r} = \frac{100}{80} = 1.25$$

이므로 무응답 보정가중치는 다음과 같이 된다.

$$w_{nr,k} = w_k \times \frac{n}{n_r} = 10 \times 1.25 = 12.5$$

따라서 응답자 모두에게는 동일한 무응답 보정가중치 $w_{nr,k} = 12.5$가 부여된다. 무응답 보정가중치를 사용한 조사추정치는 다음과 같다.

표 5.5 무응답 보정 후 흡연 직원 수 추정

	남성	여성	합계
직원 수	375	625	1,000
흡연 직원 수	112.5	50	162.5
흡연자 비율	30%	8%	16.25%

무응답 보정가중치를 이용하면 회사에서 일하는 남성 직원의 수는 375명, 여성 직원의 수는 625명으로 추정된다. 그리고 남성의 30%와 여성의 8%가 흡연하는 것으로 추정되고, 전체 직원 중 흡연비율은 16.25%로 추정된다.

조사가 수행된 후 회사에는 500명의 남성과 500명의 여성이 근무하고 있다는 정보를 얻었다고 가정하자. 직원의 수는 조사를 통해 산출된 추정치와 상당히 다르다. 따라서 추정치를 알려진 직원의 수에 일치시킬 필요가 있다. 또한 흡연 습관은 성별과 관련이 있을 수 있으므로 사후층화를 하면 흡연에 관한 추정의 정확성을 높일 수 있을 것이다. 각 사후 층 보정계수는 다음과 같다.

$$G_{men,k} = \frac{N_{men}}{\hat{N}_{men}} = \frac{500}{375} = 1.3333, \ G_{women,k} = \frac{N_{women}}{\hat{N}_{women}} = \frac{500}{625} = 0.8$$

사후층 보정계수를 무응답 보정가중치에 적용하여 최종적으로 사후층화 보정가중치를 산출한다.

$$w_{men,k} = w_{nr,k} \times \frac{N_{men}}{\hat{N}_{men}} = 12.5 \times 1.3333 = 16.6667,$$

$$w_{women,k} = w_{nr,k} \times \frac{N_{women}}{\hat{N}_{women}} = 12.5 \times 0.8 = 10$$

사후층화 보정가중치를 사용한 조사추정치는 이제 다음과 같다.

표 5.6 무응답 및 사후층화 보정 후 흡연 직원 수 추정치

	남성	여성	합계
직원 수	500	500	1,000
흡연 직원 수	150	40	190
흡연자 비율	30%	8%	19%

남성과 여성 직원 수 추정치는 회사의 알려진 남성과 여성의 총계와 일치하며 흡연 직원의 비율은 16.25%에서 19%로 변경되었다. 남성 흡연율은 30%로 여성 흡연율 8%보다 높은데, 남성 응답자가 과소표집되어 흡연률이 16.25%로 낮게 추정되었던 것이다. 이를 남녀 직원으로 사후층화한 후 남성의 과소표집과 여성의 과대표집을 보정하여 얻은 직원 흡연율 추정치가 19%이다.

5.1.3 단순 추정

지금까지 설계가중치를 계산하고, 무응답 및 보조변수에 대해 사후층화 보정을 한 후 최종가중치를 계산하는 방법을 다루었다. 이제부터는 최종가중치를 사용하여 추정치를 생성하는 방법을 설명한다. 대상은 거의 모든 조사에서 계산되는 총계, 평균 및 비율과 같은 단순 통계이다. 통계 산출 시에 고려해야 하는 요소는 데이터 유형과 모집단 특성이다.

데이터 유형에는 질적변수와 양적변수가 있다. 성별 또는 결혼 여부와 같은 **질적변수**는 몇 가지 범주만 가능하며, 각 단위는 하나의 범주에만 포함된다. 측정 단위가 미터 또는 그램과 같은 수량을 나타내는 데이터를 양적 데이터라고 한다. 일반적으로 비율 및 총수는 질적변수에 대해 추정되는 반면 평균 및 합계는 **양적변수**에 대해 추정된다. 데이터 유형 외에 추정 시 고려해야 할 또 다른 사항은 모집단의 특성이다. 전체 모집단뿐만 아니라 하위 영역에 대해서도 추정치가 산출될 수 있다. 가중치를 사용하여 전체 모집단 및 일부 영역에 대한 합계, 평균 및 비율을 추정하는 절차를 살펴보도록 하자.

1) 모집단 총계 추정

질적 데이터 및 양적 데이터 모두에서 모집단의 단위 총수는 응답 단위의 최종가중치를 합산하여 추정된다.

$$\hat{N}=\sum_{k=1}^{n_r} w_k \tag{5.1.7}$$

여기서 k는 표본의 k번째 응답 단위이고 w_k는 최종가중치, n_r는 응답 단위수이다. 양적 데이터의 경우 모집단 총계 추정치는 최종가중치 w_k와 관측치 y_k의 곱을 모든 응답 단위에 대해 합산하여 구한다.

$$\hat{T}_y=\sum_{k=1}^{n_r} w_k y_k \tag{5.1.8}$$

2) 모집단 평균 추정

양적 데이터의 경우 응답값과 각 응답 단위의 가중치를 곱한 값을 가중치의 합으로 나누어 모집단 평균을 추정한다.

$$\hat{\bar{Y}}=\frac{\sum_{k=1}^{n_r} w_k y_k}{\sum_{k=1}^{n_r} w_k}=\frac{\hat{T}_y}{\hat{N}} \tag{5.1.9}$$

자체가중이면 추정치는 좀 더 간단해진다.

$$\hat{\bar{Y}}=\frac{1}{n_r}\sum_{k=1}^{n_r} y_k$$

3) 모집단 비율 추정

질적 데이터의 경우, 주어진 특성을 갖는 단위의 모집단 비율 추정치는 해당 특성을 갖는 단위의 가중치 합을 모든 응답자의 가중치의 합으로 나누어 추정한다.

$$\hat{P}_C=\frac{\sum_{k\in s_r\cap C} w_k}{\sum_{k\in s_r} w_k}=\frac{\hat{N}_C}{\hat{N}} \tag{5.1.10}$$

여기에서 C는 주어진 특성을 갖는 단위들의 모임이다.

4) 관심영역 추정

연령 그룹, 주거 유형, 가구 규모 또는 소득 등급과 같은 영역에 대한 추정치가 필요할 수 있다. 질적 또는 양적 데이터에 대한 관심영역의 모집단 규모는 다음과 같이 추정된다.

$$\hat{N}_D = \sum_{k \in s_r \cap D} w_k \tag{5.1.11}$$

여기에서 D는 관심영역이다.

질적 데이터에 대한 관심영역 총계는 다음과 같이 추정된다.

$$\hat{T}_D = \sum_{k \in s_r \cap D} w_k y_k \tag{5.1.12}$$

또한 양적 데이터에 대한 관심영역 평균은 다음과 같이 추정된다.

$$\hat{\bar{Y}}_D = \frac{\sum_{k \in s_r \cap D} w_k y_k}{\sum_{k \in s_r \cap D} w_k} \tag{5.1.13}$$

예제 5.1.6.

어느 지역에서 도소매업 모집단에 대한 정보를 제공하기 위해 조사가 수행된다고 하자. 크기 $n = 10$인 도소매업 사업체 표본이 층화 표본설계에서 의해서 선정되었다. 10개 사업체 모두 응답하고 가중치 조정이 수행되지 않아 최종가중치는 설계가중치와 같다. 층은 지역층 2개이고 $(N_1 = 153,\ n_1 = 6,\ N_2 = 147,\ n_2 = 4)$, 사업체 유형은 도매업(1)과 소매업(2)의 두 가지이다.

표 5.7 도소매업 사업체 소득 추정

지역층	최종 가중치	사업체 유형	소득(천 원)
1	25.5	2	75,000
1	25.5	2	15,000
1	25.5	1	125,000
1	25.5	2	67,000
1	25.5	1	180,000
1	25.5	2	40,000

지역층	최종 가중치	사업체 유형	소득(천 원)
2	36.75	2	30,000
2	36.75	2	14,000
2	36.75	1	148,000
2	36.75	2	22,000

모집단의 추정된 사업체 수는 다음과 같다.

$$\widehat{N}=\sum_{h=1}^{H}\sum_{k=1}^{n_h} w_{hk} = 25.5\times 6+36.75\times 4=300$$

도매업 사업체 추정치는 다음과 같다.

$$\widehat{N}_{\text{도매}} = \sum_{k\in S_r\cap \text{도매업}} w_k = 25.5+25.5+36.75=87.75$$

도매업 사업체의 비율은 29.25%로 추정된다.

$$\widehat{P}=\frac{\sum_{k\in S_r\cap \text{도매}} w_k}{\sum_{k\in S_r} w_k}=\frac{87.75}{300}=0.2925$$

전체 사업체 모집단의 예상 총소득은 다음과 같다.

$$\begin{aligned}\widehat{T}&=\sum_{k\in S_r} w_k y_k = 25.5\times 75,000+\ldots+36.75\times 22,000\\ &=20,665,500(\text{천 원})\end{aligned}$$

그리고 전체 사업체의 예상 평균 소득은 다음과 같다.

$$\widehat{\overline{Y}}=\frac{\sum_{h=1}^{2}\sum_{k=1}^{n_h} w_{hk}y_{hk}}{\sum_{h=1}^{2}\sum_{k=1}^{n_h} w_{hk}}=\frac{20,665,500}{300}=68,885\ (\text{천 원})$$

도매업 사업체의 예상 총소득은 다음과 같다.

$$\begin{aligned}\widehat{T}_{\text{도매}} &= \sum_{k\in s_r\cap \text{도매}} w_k y_k\\ &=25.5\times 125,000+25.5\times 180,000+36.75\times 148,000\\ &=13,216,500\end{aligned}$$

도매업 사업체의 예상 평균 소득은 다음과 같다.

$$\hat{\overline{Y}}_{\text{도매}} = \frac{\sum_{k \in s_r \cap \text{도매}} w_k y_k}{\sum_{k \in s_r} w_k}$$

$$= \frac{25.5 \times 125,000 + 25.5 \times 180,000 + 36.75 \times 148,000}{25.5 + 25.5 + 36.75}$$

$$= \frac{13,216,500}{87.75}$$

$$= 150,615.4 \text{ (천 원)}$$

추정 과정에서 제기될 수 있는 문제로 소영역 추정과 이상치 문제를 살펴보자. 관심영역은 표본설계의 층화 단계에서 고려한다. 이렇게 하면 관심영역에 적절한 크기의 표본이 배정되어 최소의 정밀도를 보장할 수 있다. 그러나 표본수 제약으로 규모가 작은 **소영역**에서는 표본수가 부족할 수 있다. 소영역의 부족한 표본수는 추정에 문제를 일으킬 수 있다. 이 경우 추정치를 산출하기 위해 **합성추정** 등을 사용할 수 있다. 이 방법에는 일반적으로 다른 출처의 정보가 필요하다.

이상치는 표본데이터의 나머지 부분과 일치하지 않는 것으로 보이는 관측치를 말한다[178]. 이상치를 무시하면 추정의 정밀도가 떨어질 수 있고, 단순히 가중치를 1 또는 0으로 지정하면 편향된 결과를 유발할 수 있다. 따라서 이상치가 조사추정치에 미치는 영향을 줄이기 위한 다양한 방법들이 개발되어 사용되고 있다. 또한 보조정보나 사후층화를 사용하여 이상치가 추정치에 지나치게 큰 영향을 미치지 않도록 하는 방법도 있다. 이상치 처리는 제6장 데이터 처리에서 다시 다루기로 한다.

---

178) Barnett and Lewis 1995

5.2 회귀추정

5.2.1 비추정

보조변수를 사용하면 π추정량의 정밀도를 개선할 수 있다. 양적 보조변수를 사용하는 비추정량과 회귀추정량을 고려할 수 있고, 질적 보조변수를 사용하는 사후층화 추정량을 생각할 수 있다. 표집설계와 마찬가지로 관심변수와 보조변수 간의 관계가 강할수록 추정의 효율이 더 높아진다.

비추정법은 조사변수 Y와 양수인 보조변수 X가 비례관계에 있을 때 사용되는 방법이다. 단순확률표본에서 두 변수에 대한 표본평균이 계산되었을 때,

$$\overline{y}_n = \frac{1}{n}\sum_{k=1}^{n} y_k, \quad \overline{x}_n = \frac{1}{n}\sum_{k=1}^{n} x_k$$

두 변수의 모평균의 비 $R = \overline{Y}/\overline{X}$가 표본평균의 비 $\hat{R} = \overline{y}_n/\overline{x}_n$와 유사하다고 가정해 보자. 그러면 이 관계를 이용하여 조사변수 Y의 모평균 추정량으로 다음을 생각해 볼 수 있다.

$$\widehat{\overline{Y}}_r = \left(\frac{\overline{y}_n}{\overline{x}_n}\right)\overline{X} \tag{5.2.1}$$

이 추정량을 모평균에 대한 **비추정량**이라고 한다. 식 (5.2.1)에 제시된 비추정량을 사용하기 위해서는 두 변수의 값이 표본 단위에서 조사되어야 하고, 보조변수의 모평균 값 $\overline{X}$이 알려져 있어야 한다.

비추정법을 사용하는 이유는 보조정보를 이용하여 모평균 추정의 정밀도를 높이기 위해서이다. 보조변수가 조사변수와 상관관계가 클수록 추정의 효율은 높아진다. 또한 비추정량은 보조정보를 이용하여 표본평균을 보정하는 기능이 있다. 비추정량은 일종의 **보정추정량**이다. 비추정량은 **편향**되어 있다. 추정의 편향이 발생하는 이유는 표본평균 $\overline{y}_n$에 $\overline{X}/\overline{x}_n$을 곱하여 비추정량이 계산되기 때문이다. 그런데 비록 비추정량이 편향은 있으나 편향의 크기는 표준오차와 비교하여 일정 범위를 벗어나지는 않는다.

정리 5.2.1. 비추정량의 편향 비는 표본평균 $\overline{x}_n$의 상대표준오차로 제한된다.

$$\frac{|Bias(\hat{\overline{Y}}_r)|}{\sqrt{Var(\hat{\overline{Y}}_r)}} \leq CV(\overline{x}_n) \qquad (5.2.2)$$

증명 비추정량의 편향은 다음과 같이 바꾸어 표현할 수 있다.

$$Bias(\hat{\overline{Y}}_r) = E(\hat{\overline{Y}}_r) - \overline{Y} = \overline{X}(E(\hat{R}) - R)$$

그리고 표본평균 비의 편향은 $\hat{R}$과 $\overline{x}_n$의 공분산으로 바꾸어 표현된다.

$$\begin{aligned} Cov(\hat{R}, \overline{x}_n) &= E(\hat{R}\overline{x}_n) - E(\hat{R})E(\hat{x}_n) \\ &= \overline{Y} - E(\hat{R})\overline{X} \\ &= -\overline{X}[E(\hat{R}) - R] \end{aligned}$$

따라서 비추정량의 편향은 $\hat{R}$과 $\overline{x}_n$의 공분산으로 표현된다.

$$E(\hat{\overline{Y}}_r) - \overline{Y} = -Cov(\hat{R}, \overline{x}_n)$$

공분산은 상관계수로 표현되고, 상관계수는 1을 넘지 못하므로 다음의 관계가 성립한다.

$$\begin{aligned} |E(\hat{\overline{Y}}_r) - \overline{Y}| &= |\rho(\hat{R}, \overline{x}_n)| \sqrt{Var(\hat{R})} \sqrt{Var(\overline{x}_n)} \\ &\leq \frac{1}{\overline{X}} \sqrt{Var(\hat{\overline{Y}}_r)} \sqrt{Var(\overline{x}_n)} \\ &= \sqrt{Var(\hat{\overline{Y}}_r)} \times CV(\overline{x}_n) \end{aligned}$$

여기에서 $\rho(\hat{R}, \hat{T}_x)$는 두 추정량의 상관계수를 의미한다. 이제 $\hat{\overline{Y}}_r$의 표준오차를 좌변으로 넘기면 원하는 결과를 얻는다.

추정량 $\hat{\overline{Y}}_r$는 편향 추정량이지만 표본수가 증가하면 근사적으로 비편향임을 보일 수 있다. 먼저 테일러 정리를 이용하여 표본평균의 비 $\hat{R}$를 선형으로 근사하자.

$$\frac{\overline{y}_n}{\overline{x}_n} \approx \frac{\overline{Y}}{\overline{X}} - \frac{\overline{Y}}{\overline{X}^2}(\overline{x}_n - \overline{X}) + \frac{1}{\overline{X}}(\overline{y}_n - \overline{Y})$$

$$= R + \frac{1}{\overline{X}}(\overline{y}_n - R\overline{x}_n) \tag{5.2.3}$$

이 사실을 이용하면 비추정량은 다음으로 근사된다.

$$\hat{\overline{Y}}_r = \left(\frac{\overline{y}_n}{\overline{x}_n}\right)\overline{X} \approx \overline{Y} + (\overline{y}_n - R\overline{x}_n) \tag{5.2.4}$$

단순확률표집하에서는 $E(\overline{y}_n - R\overline{x}_n) = 0$이므로 $E(\hat{R}) \approx R$와 $E(\hat{\overline{Y}}_r) \approx \overline{Y}$가 성립한다. 즉, 추정량 $\hat{R}$와 $\hat{\overline{Y}}_r$은 모두 근사적으로 비편향이다.

비추정량 $\hat{\overline{Y}}_r$의 근사분산은 식 (5.2.4)를 이용하면 쉽게 구할 수 있다. 만일

$$d_k = y_k - Rx_k$$

로 놓으면 d_k의 표본평균은 다음이 된다.

$$\overline{d}_n = \frac{1}{n}\sum_{k=1}^{n} d_k = \frac{1}{n}\sum_{k=1}^{n}(y_k - Rx_k) \tag{5.2.5}$$

그러면 $\hat{\overline{Y}}_r$의 근사분산은 다음으로 표현된다.

$$Var(\hat{\overline{Y}}_r) \approx Var(\overline{d}_n) = \frac{1-f}{n}S_d^2 \tag{5.2.6}$$

여기에서

$$S_d^2 = \frac{1}{N-1}\sum_{k=1}^{N}(Y_k - RX_k)^2$$

이다. 비추정량 $\hat{\overline{Y}}_r$의 분산은 표본수 n이 크거나 표집비율 $f = n/N$이 크면 작아진다. 또는 두 변수의 비례관계가 강하면 편차 $y_k - Rx_k$가 작아지므로 분산이 작아진다.

비추정량 $\hat{\overline{Y}}_r$의 분산은 알 수 없는 값 R에 의존하므로 분산추정을 위해 새로운 변수를 정의하자.

$$\hat{d}_k = y_k - \hat{R}x_k$$

그리고 이 변수들의 표본분산을 $s_{\hat{d}}^2$라고 하자.

$$s_{\hat{d}}^2 = \frac{1}{n-1}\sum_{k=1}^{n}(y_k - \hat{R}x_k)^2$$

그러면 분산 $Var(\hat{\overline{Y}}_r)$는 다음으로 추정할 수 있다.

$$\widehat{Var}(\hat{\overline{Y}}_r) = \frac{1-f}{n}s_{\hat{d}}^2 \quad (5.2.7)$$

표본크기 n이 충분히 큰 경우 다음과 같이 표준오차를 사용하여 대략적인 $100(1-\alpha)\%$ 신뢰구간을 구성할 수 있다.

$$\hat{\overline{Y}}_r \ \pm \ z_{1-\alpha/2} \times \sqrt{\frac{1-f}{n}}\, s_{\hat{d}} \quad (5.2.8)$$

여기에서 $z_{1-\alpha/2}$는 표준 정규분포에서 $100(1-\alpha/2)$ 백분위수이다. 만일 표본크기 n이 작으면 자유도 $n-1$인 t-분포의 백분위수 $t_{1-\alpha/2}(n-1)$로 $z_{1-\alpha/2}$를 대신한다.

비추정량이 표본평균보다 효율적일 조건은

$$\rho(x,y) \geqq \frac{1}{2}\frac{CV(x)}{CV(y)} \quad (5.2.9)$$

이다. 여기에서 ρ은 두 변수의 상관계수이다.

비추정량 $\hat{\overline{Y}}_r$은 보조 정보를 이용하여 표본평균 $\overline{y}_n$의 가중치를 조정하여 얻은 형태임을 보일 수 있다. 가중치를 드러내기 위하여 모총계에 대한 비추정량을 바꿔 써보자.

$$\hat{T}_{yr} = \left(\frac{\overline{y}_n}{\overline{x}_n}\right)T_x = \sum_{k=1}^{n}\left(\frac{N}{n}\frac{\overline{X}}{\overline{x}_n}\right)y_k = \sum_{k=1}^{n} w_k y_k \quad (5.2.10)$$

여기에서 가중치 w_k는 설계가중치 $w_{0k} = N/n$과 보정계수 $G_k = \overline{X}/\overline{x}_n$으로 구성된다. 즉,

$$w_k = w_{0k}G_k$$

총계 추정치 $\hat{T}_y = N\bar{y}_n$에 비하여 보정추정량 $\hat{T}_{yr}$의 장점은 보조변수 X에 대하여 일치하는 추정량이라는 점이다. 즉, 보조변수 X에 대하여 표본과 관계없이 추정치 $\hat{T}_{xr}$는 모총계 T_x와 항상 일치한다.

$$\hat{T}_{xr} = \left(\frac{\bar{x}_n}{\bar{x}_n}\right)T_x = T_x$$

단순확률표집 설계에서 복합설계로 확장해 보자. 복합설계에서 조사변수의 모총계에 대한 비추정량은 다음으로 정의된다.

$$\hat{\bar{Y}}_r = \left(\frac{\hat{T}_y}{\hat{T}_x}\right)\bar{X} \tag{5.2.11}$$

여기에서

$$\hat{T}_y = \sum_{k=1}^{n}\frac{y_k}{\pi_k}, \quad \hat{T}_z = \sum_{k=1}^{n}\frac{x_k}{\pi_k}$$

이다.

비추정량 $\hat{\bar{Y}}_r$은 다음과 같이 선형 근사되므로,

$$\hat{\bar{Y}}_r \approx \bar{Y} + \frac{1}{N}\sum_{k=1}^{n}\frac{u_k}{\pi_k}, \ u_k = y_k - Rx_k$$

근사분산은 다음과 같이 계산된다.

$$Var(\hat{\bar{Y}}_r) \approx Var(\frac{1}{N}\sum_{k=1}^{n}\frac{u_k}{\pi_k}) = \frac{1}{N^2}\sum_{k=1}^{N}\sum_{l=1}^{N}\Delta_{kl}\frac{Y_k - RX_k}{\pi_k}\frac{Y_l - RX_l}{\pi_l} \tag{5.2.12}$$

여기에서 $\Delta_{kl} = \pi_{kl} - \pi_k\pi_l$이다. 그리고 근사분산은 모집단 단위의 U_k를 표본의 $\hat{u}_k = (y_k - \hat{R}x_k)$로 먼저 대체한 후 추정한다.

$$\widehat{Var}(\hat{\bar{Y}}_r) = \frac{1}{N^2}\sum_{k=1}^{n}\sum_{l=1}^{n}\frac{\Delta_{kl}}{\pi_{kl}}\frac{\hat{u}_k}{\pi_k}\frac{\hat{u}_l}{\pi_l} \tag{5.2.13}$$

5.2.2 회귀추정

비추정량은 조사변수 Y와 양수인 보조변수 X의 관계가 원점을 통과하는 비례관계일 때 적합하다. 그런데 변수 Y와 X의 관계가 대략 선형이지만 직선이 원점을 통과하지 않는 경우도 있다. 이 경우 X에서 Y의 선형회귀를 기반으로 한 **회귀추정량**을 사용한다.

표본의 모든 단위에 대해 y_k와 x_k를 얻고 x_k의 모집단 평균 $\overline{X}$이 알려져 있을 때, 모평균 $\overline{Y}$의 **회귀추정량**은 다음으로 주어진다.

$$\overline{y}_{reg} = \hat{B}_0 + \hat{B}_1 \overline{X} = \overline{y}_n + \hat{B}_1 (\overline{X} - \overline{x}_n) \tag{5.2.14}$$

여기에서

$$\hat{B}_1 = \frac{s_{xy}}{s_x^2} = \frac{\sum_{k=1}^{n} (y_k - \overline{y}_n)(x_k - \overline{x}_n)}{\sum_{k=1}^{n} (x_k - \overline{x}_n)^2}, \qquad \hat{B}_0 = \overline{y}_n - \hat{B}_1 \overline{x}_n$$

회귀추정량의 근사분산은 추정량을 선형 근사한 후 구할 수 있다.

$$\overline{y}_{reg} \approx \overline{y}_n - B_1(\overline{x}_n - \overline{X}) = \frac{1}{n} \sum_{k=1}^{n} d_k$$

여기에서 $d_k = y_k - B_1(x_k - \overline{X})$이다. 근사분산은 다음으로 주어진다.

$$Var(\overline{y}_{reg}) \approx \frac{1-f}{n} S_d^2 \tag{5.2.15}$$

여기에서 S_d^2은 $D_k = Y_k - B_1(X_k - \overline{X})$의 모분산인데, 상관계수 $\rho(X, Y)$를 이용해서 표현되기도 한다.

$$S_d^2 = \frac{1}{N-1} \sum_{k=1}^{N} (D_k - \overline{D})^2 = S_y^2 (1 - \rho^2) \tag{5.2.16}$$

회귀추정량의 분산은 표본크기 n이 크거나 표집비율 $f = n/N$이 클 때 혹은 조사변수의 모분산 S_y^2이 작을 때나 상관계수 $\rho(X, Y)$이 -1이나 1에 근접할 때 작아진다.

식 (5.2.15)로부터 회귀추정량의 분산추정량으로 다음을 고려할 수 있다.

$$\widehat{Var}_I(\overline{y}_{reg}) = \frac{1-f}{n} s_{\hat{d}}^2 \quad (5.2.17)$$

여기에서 $s_{\hat{d}}^2 = \sum_{k=1}^{n} (\widehat{d_k} - \overline{\hat{d}})^2/(n-1)$이고 $\hat{d}_k = y_k - \widehat{B}_1(x_k - \overline{X})$이다.

그런데 회귀분석 이론에서 $\sum_{k=1}^{n} (\widehat{d_k} - \overline{\hat{d}})^2$은 자유도가 $(n-2)$이므로 S_d^2의 추정량으로 $\sum_{k=1}^{n} (\widehat{d_k} - \overline{\hat{d}})^2/(n-2)$를 사용할 수도 있다. 이 경우 분산추정량은 다음으로 표현된다.

$$\widehat{Var}_{II}(\overline{y}_{reg}) = \frac{1-f}{n}\frac{n-1}{n-2} s_{\hat{d}}^2 \quad (5.2.18)$$

5.2.3 일반회귀추정

표집이론에서 보조정보를 적절히 이용하면 추론의 효율을 높일 수 있으므로 보조정보를 이용하는 방법이 다양하게 개발되었다. 층화표집에서 보조정보를 층화변수로 이용하거나, 크기비례 확률표집에서 클러스터의 크기를 추출확률로 이용하는 것이 대표적이다. 그리고 앞에서 설명한 비추정과 회귀추정은 한 개의 보조변수를 추정 단계에서 이용하는 경우이다. 비추정과 회귀추정은 보조변수가 여러 개인 경우로 확장할 수 있다. **일반회귀추정량**은 여러 개의 보조변수가 있는 경우에 사용할 수 있는 일반적인 형태의 추정량이다.

유한모집단의 조사단위에 활용 가능한 보조변수가 p개 있다고 가정하고, k번째 단위에서 j번째 보조변수를 X_{kj}로 표기하자. 그러면 k번째 단위에서 조사되는 보조변수는 $\underline{X}_k = (X_{k1}, X_{k2}, \ldots, X_{kp})$로 표기된다. 확률표집설계를 통하여 선정된 확률표본에서 조사변수뿐만 아니라 보조변수도 관측한다고 하자.

$$(y_k, x_{k1}, x_{k2}, \ldots, x_{kp}), \quad k = 1, \ldots, n$$

그리고 보조변수의 총계 $T_{x_1}, \ldots, T_{x_p}$는 알려진 값이라고 하자. 추정의 목적은 보조 정보를 이용하여 모총계 $T_y = \sum_{k=1}^{N} Y_k$를 추정하는 것이다.

모집단에서 조사변수 Y_k와 보조변수 $X_1, \ldots, X_p$ 사이에 선형관계가 있다고 가정하자.

$$Y_k \approx \beta_1 X_{k1} + \ldots + \beta_p X_{kp},\ \ k = 1, \ldots, N$$

여기에서 $\beta_1, \ldots, \beta_p$는 미지의 회귀계수이다. 만일 절편이 필요한 경우 $X_{k1} = 1$로 간주한다. 회귀분석 이론을 이용하여 미지의 회귀계수 $\beta_1, \ldots, \beta_p$를 모집단에서 $B_1, \ldots, B_p$로 추정한 후, 이를 다시 표본에서 추정한 $\hat{B}_1, \ldots, \hat{B}_p$를 이용하여 조사변수 Y_k를 적합한다.

$$\hat{Y}_k = \hat{B}_1 X_{k1} + \ldots + \hat{B}_p X_{kp},\ \ k = 1, \ldots, N$$

적합값 $\hat{Y}_k$를 이용하면 모총계 T_y는 다음과 같이 바꾸어 쓸 수 있다.

$$T_y = \sum_{k=1}^{N} \hat{Y}_k + \sum_{k=1}^{N} (Y_k - \hat{Y}_k)$$

위 식에서 우변의 첫 번째 항은 표본데이터로 계산할 수 있고, 두 번째 항은 모집단 전체에서 계산되는 값이므로 모총계 T_y를 추정하기 위해서는 두 번째 항을 표본데이터로 추정하면 된다. π추정량을 사용하면 두 번째 항은 $\sum_{k=1}^{n} (y_k - \hat{y}_k)/\pi_k$로 추정할 수 있다. 이를 결합하면 모총계 추정치 $\hat{T}_G$는 다음과 같이 얻어진다.

$$\hat{T}_G = \sum_{k=1}^{N} \hat{Y}_k + \sum_{k=1}^{n} \frac{y_k - \hat{y}_k}{\pi_k} \tag{5.2.19}$$

이러한 형태의 추정량을 **일반회귀추정량**이라고 한다. 이 추정량의 다른 형태는 다음과 같다.

$$\hat{T}_G = \hat{T}_y + \sum_{j=1}^{p} \hat{B}_j (T_{x_j} - \hat{T}_{x_j}) \tag{5.2.20}$$

이제 남은 문제는 회귀계수의 형태를 결정하는 일이다. 유한모집단에서 다음 모형을 가정하자.

$$E(Y_k) = \sum_{j=1}^{p} \beta_j X_{kj},\ \ Var(Y_k) = \sigma_k^2\ \ (k = 1, \ldots, N)$$

회귀분석 이론에서 가중최소제곱법을 이용하여 $\beta_1, \ldots, \beta_p$를 $B_1, \ldots, B_p$로 추정하고,

$B_1,\ldots,B_p$는 다시 표본포함확률을 이용하여 추정하여 최종적으로 다음 형태의 추정량을 얻는다. 표현의 간편함을 위하여 행렬 형태로 표기한다.

$$\hat{B}=\left(\sum_{k=1}^{n}\frac{\underline{x}_k\underline{x}_k{}'}{\sigma_k^2\pi_k}\right)^{-1}\left(\sum_{k=1}^{n}\frac{\underline{x}_k y_k}{\sigma_k^2\pi_k}\right) \tag{5.2.21}$$

여기에서 $\hat{B}=(\hat{B}_1,\ldots,\hat{B}_p)'$, $\underline{x}_k=(x_{k1},x_{k2},\ldots,x_{kp})$이다.

보조변수를 이용하지 않은 π추정량과 보조변수를 이용한 일반회귀추정량의 관계를 살펴보자. 이를 위해 일반회귀추정량을 π추정량의 형태로 변환하자.

$$\begin{aligned}\hat{T}_G &= \hat{T}_y+\sum_{j=1}^{p}\hat{B}_j(T_{x_j}-\hat{T}_{x_j})\\ &= \hat{T}_y+(T_x-\hat{T}_x)'\hat{B}\\ &= \sum_{k=1}^{n}\frac{y_k}{\pi_k}+(T_x-\hat{T}_x)'\left(\sum_{k=1}^{n}\frac{\underline{x}_k\underline{x}_k{}'}{\sigma_k^2\pi_k}\right)^{-1}\left(\sum_{k=1}^{n}\frac{\underline{x}_k y_k}{\sigma_k^2\pi_k}\right)\\ &= \sum_{k=1}^{n}\left\{1+(T_x-\hat{T}_x)'\left(\sum_{k=1}^{n}\frac{\underline{x}_k\underline{x}_k{}'}{\sigma_k^2\pi_k}\right)^{-1}\frac{\underline{x}_k}{\sigma_k^2}\right\}\frac{y_k}{\pi_k}\\ &= \sum_{k=1}^{n}g_{ks}\frac{y_k}{\pi_k}\end{aligned} \tag{5.2.22}$$

여기에서 g_{ks}는 일반회귀추정에서 표본 단위에 부여되는 보정가중치이다.

$$g_{ks}=1+(T_x-\hat{T}_x)'\left(\sum_{k=1}^{n}\frac{\underline{x}_k\underline{x}_k{}'}{\sigma_k^2\pi_k}\right)^{-1}\frac{\underline{x}_k}{\sigma_k^2} \tag{5.2.23}$$

앞에서 소개한 비추정량과 회귀추정량은 보조변수가 한 개인 경우의 일반회귀추정량으로 볼 수 있다. 전제된 표집설계는 단순확률표집설계이다. 먼저 비추정량을 유도한다.

유한모집단의 단위 k에서 조사변수 Y_k와 양수의 보조변수 $X_k>0$를 조사한다고 하고, 조사변수와 보조변수는 정비례의 관계가 있다고 가정하자.

$$Y_k \propto X_k,\ \ k=1,\ldots,N$$

이러한 사전 지식을 바탕으로 비 모형을 생각할 수 있다.

$$E(Y_k) = \beta X_k,\ \ Var(Y_k) = X_k \sigma^2,\ \ k = 1, \ldots, N \tag{5.2.24}$$

위 모형 (5.2.24)에서 회귀계수 β는 최소제곱법을 사용하여 추정할 수 있다. 유한모집단에서 회귀계수 β의 최소제곱추정량을 구하면 모집단 비 B로 귀결된다.

$$B = \sum_{k=1}^{N} Y_k / \sum_{k=1}^{N} X_k$$

또한 단순확률표집에서 B는 $\hat{B}$로 추정된다.

$$\hat{B} = \bar{y}_n / \bar{x}_n$$

그리고 적합값 $\hat{Y}_k$은 다음과 같이 계산된다.

$$\hat{Y}_k = \hat{B} X_k = \left(\frac{\bar{y}_n}{\bar{x}_n} \right) X_k,\ \ k = 1, \ldots, N$$

이제 적합값 $\hat{Y}_k$를 식 (5.2.19)에 대입하면 일반회귀추정량이 구해진다.

$$\begin{aligned} \hat{T}_G &= \sum_{k=1}^{N} \hat{Y}_k + \sum_{k=1}^{n} \frac{y_k - \hat{y}_k}{\pi_k} \\ &= \sum_{k=1}^{N} \left(\frac{\bar{y}_n}{\bar{x}_n} \right) X_k + \frac{N}{n} \sum_{k=1}^{n} \left(y_k - \frac{\bar{y}_n}{\bar{x}_n} x_k \right) \\ &= \left(\frac{\bar{y}_n}{\bar{x}_n} \right) T_x \end{aligned}$$

결과적으로 비 모형에서 일반회귀추정량은 비추정량이 된다.

다음으로 회귀추정량을 유도해 보자. 유한모집단에서 조사변수와 보조변수는 비례관계가 있다고 가정하자.

$$Y_k \propto \beta_0 + \beta_1 X_k,\ \ k = 1, \ldots, N$$

이러한 사전 지식을 바탕으로 단순회귀모형을 생각할 수 있다.

$$E(Y_k) = \beta_0 + \beta_1 X_k,\ \ Var(Y_k) = \sigma^2,\ \ k = 1, \ldots, N \tag{5.2.25}$$

위 모형에서 미지의 회귀계수 (β_0, β_1)는 최소제곱법을 이용하여 유한모집단에서 추정할 수 있다.

$$B_0 = \overline{Y} - B_1 \overline{X},\ \ B_1 = \frac{\sum_{k=1}^{N}(X_k - \overline{X})(Y_k - \overline{Y})}{\sum_{k=1}^{N}(X_k - \overline{X})^2}$$

단순확률표본으로 이를 추정하면 다음과 같다.

$$\widehat{B_0} = \overline{y}_n - \widehat{B}_1 \overline{x}_n,\ \ \widehat{B}_1 = \frac{\sum_{k=1}^{n}(x_k - \overline{x}_n)(y_k - \overline{y}_n)}{\sum_{k=1}^{n}(x_k - \overline{x}_n)^2}$$

그리고 적합값은 다음과 같다.

$$\widehat{Y_k} = \widehat{B_0} + \widehat{B}_1 X_k\ ,\ \ k = 1, \ldots, N$$

이제 식 (5.2.19)에 $\widehat{Y}_k$를 대입하자.

$$\begin{aligned}\widehat{T_G} &= \sum_{k=1}^{N}\widehat{Y}_k + \sum_{k=1}^{n}\frac{y_k - \widehat{y}_k}{\pi_k} \\ &= \sum_{k=1}^{N}\left(\widehat{B_0} + \widehat{B_1}X_k\right) + \frac{N}{n}\sum_{k=1}^{n}\left(y_k - \widehat{B_0} - \widehat{B_1}x_k\right) \\ &= N(\widehat{B_0} + \widehat{B_1}\overline{X}) \\ &= N\left(\overline{y}_n - \widehat{B_1}(\overline{X} - \overline{x}_n)\right)\end{aligned}$$

그리고 모평균 $\overline{Y}$의 일반회귀추정량은 아래와 같다.

$$\overline{y}_{reg} = \overline{y}_n - \widehat{B_1}(\overline{X} - \overline{x}_n)$$

이는 앞에서 소개한 식 (5.2.14)의 회귀추정량과 동일하다.

예제 5.2.1.

사후층화에서 고려되는 모형은 다음과 같은 분산분석 모형이다.

$$Y_{gk} = \beta_g + \epsilon_{gk},\ \ E(\epsilon_{gk}) = 0,\ \ Var(\epsilon_{gk}) = \sigma_g^2,\ \ g = 1, \ldots, G,\ \ k = 1, \ldots, N_g \qquad (5.2.26)$$

여기서 g는 사후층을 나타내며, k는 조사단위를 나타낸다. 위의 모형에 상응하는 일반회귀추정량은

$$\bar{y}_G = \sum_{h=1}^{H} W_h \frac{\hat{T}_h}{\hat{N}_h} \qquad (5.2.27)$$

이다[179]. 여기에서 $W_h = N_h/N$, $\hat{T}_h = \sum_{k=1}^{n_h} y_{hk}/\pi_{hk}$, $\hat{N}_h = \sum_{k=1}^{n_h} 1/\pi_{hk}$이다.

5.2.4 보정추정량

보정추정량은 일반회귀추정량과는 다른 출발점에서 다른 방식으로 만들어졌다. 주어진 설계에서 π추정량이 있고 이와 함께 활용 가능한 보조정보가 주어져 있다고 가정하자. 이때 보조정보를 반영하여 π추정량을 개선하려고 하는 것이 출발점이다.

모평균에 대한 π추정량을 $\bar{y}_n = \sum_{k=1}^{n} d_k y_k / N$로 표기하고, $\bar{y}_{cal} = \sum_{k=1}^{n} w_k y_k / N$를 **보정추정량**이라고 하자. $d_k = 1/\pi_k$는 **설계가중치**이며 w_k는 **보정가중치**이다. 보정가중치는 보조정보에 의한 **보정제약식**

$$\sum_{k=1}^{n} w_k x_k = \sum_{k=1}^{N} x_k \qquad (5.2.28)$$

을 만족하면서 설계가중치 d_k와 거리가 가장 가까운 수치로 정해진다. 이때 거리 결정에는 거리함수를 사용한다. 만일 주어진 표본에서 거리함수로

$$G(w_k, d_k, k = 1, \ldots, n) = \sum_{k=1}^{n} \frac{(w_k - d_k)^2}{2d_k} \qquad (5.2.29)$$

179) Sarndal et al. 1992, 264쪽, Result 7.6.1 참조.

사용한 경우 구해진 보정가중치는 일반회귀추정량에서의 가중치와 일치한다. 즉, 일반회귀추정량은 보정추정량의 일종으로 볼 수 있다[180].

5.3 분위수 추정

5.3.1 소개

분위수는 모집단 특성값을 크기순으로 나열했을 때 이를 균등하게 나누는 경계값을 말한다. 예를 들어 소득조사에서 **백분위수**는 소득을 크기순으로 나열하였을 때 이를 백 개로 등분하는 99개의 경계값을 말하고, **오분위수**는 소득분포를 크기순으로 5등분하는 4개의 경계값을 말한다. 또한 **중위수**는 상위 50%와 하위 50%를 구분하는 값을 말한다.

분위수 연구는 **갈톤**까지 거슬러 올라간다. 1885년의 인체측정학 논문에서 백분위수라는 개념이 갈톤에 의해서 처음 도입된 것으로 알려져 있다. 분위수 추정치에 대한 신뢰도 지표로서 **톰슨**(1936)은 순서통계량을 이용하여 분위수의 신뢰구간을 구하는 방법을 제시하고 있다. 그런데 이 연구는 연속형 분포함수에만 적용되는 결과이다. 모집단 분포가 연속형 혹은 이산형인지와 관계없이 분위수의 신뢰구간을 추정할 수 있는 방법은 **우드러프**(1952)에 의해서 제시되었다. 그의 방법은 분포함수에서 모집단 분위에 대한 신뢰구간을 구한 후 분포함수의 역함수인 **분위수 함수**를 통하여 분위수의 신뢰구간을 계산하는 것이다. 분포함수를 추정하면 역으로 분위수 함수를 추정할 수 있기에 분포함수의 형태와 관계없이 분위수의 신뢰구간을 계산할 수 있는 것이다.

우드러프가 제안한 분위수의 신뢰구간은 범용성이 있어서 표집방법에 무관하게 사용할 수 있다는 장점이 있다. 그러나 구체적인 수치는 표집방법에 따라 표본분포함수의 분산추정값을 계산하여야 한다.

5.3.2 분포함수 및 분위수

유한모집단의 조사변수 값이 $\{Y_1, \dots, Y_N\}$일 때 유한모집단에서 **분포함수** $F_N(\theta)$는 다음과 같이 정의된다.

$$F_N(\theta) = \frac{1}{N}\sum_{k=1}^{N} I(Y_k \le \theta), \ -\infty < \theta < \infty \tag{5.3.1}$$

180) Deville and Sarndal 1992.

여기에서 $I(Y_k \leq \theta)$는 조건 '$Y_k \leq \theta$'을 만족하면 '1'의 값을 갖고 그렇지 않으면 '0'의 값을 갖는 지시함수이다. 확률분포에서 **q분위수**$(0 < q < 1)$는 하위 비율이 q 이상, 그리고 상위 비율이 $(1-q)$ 이상이 되도록 구분하는 경계값을 의미한다. **유한모집단에서 q분위수**는 다음의 관계를 만족하는 θ_q이다.

$$\frac{1}{N}\sum_{k=1}^{N} I(Y_k \leq \theta_q) \geq q, \quad \frac{1}{N}\sum_{k=1}^{N} I(Y_k \geq \theta_q) \geq 1-q \tag{5.3.2}$$

조사변수 값을 크기순으로 나열한 후 **순위데이터** $Y_{(k)}$를 만들자.

$$Y_{(1)} \leq Y_{(2)} \leq \dots \leq Y_{(N)}$$

그리고 위 식은 다음과 같이 바꾸어 쓰자.

$$\sum_{k=1}^{N} I(Y_k < \theta_q) \leq Nq \leq \sum_{k=1}^{N} I(Y_k \leq \theta_q)$$

만일 Nq 값이 정수인 경우 좌변에 의하면 q분위수 θ_q는 $Y_{(Nq+1)}$보다는 작아야 하고 우변에 의하면 $Y_{(Nq)}$보다는 크거나 같아야 한다. 이 경우 q분위수로 두 값의 평균이 일반적으로 많이 사용된다.

$$\theta_q = \frac{1}{2}(Y_{(Nq)} + Y_{(Nq+1)}) \tag{5.3.3}$$

만일 Nq 값이 정수가 아니면 Nq의 소수 부분을 버린 정수값 $[Nq]$을 사용하여 위 식을 다음과 같이 바꾸어 쓸 수 있다.

$$\sum_{k=1}^{N} I(y_k < \theta_q) \leq [Nq], \quad [Nq]+1 \leq \sum_{k=1}^{N} I(y_k \leq \theta_q)$$

두 식을 만족하는 q분위수는

$$\theta_q = Y_{([Nq]+1)} \tag{5.3.4}$$

이다.

정리하면, 주어진 $q(0 < q < 1)$값에 대하여 q분위수는 다음과 같이 구해진다.

- 만일 Nq 값이 정수이면 $\theta_q = \frac{1}{2}(Y_{(Nq)} + Y_{(Nq+1)})$
- 만일 Nq 값이 정수가 아니면 $\theta_q = Y_{([Nq]+1)}$

유한모집단 중위수는 $q=0.5$인 경우로 하위 비율이 0.5 이상, 그리고 상위 비율이 0.5 이상이 되도록 구분하는 경계값이다. 모집단 크기 N이 짝수이면 Nq는 정수이므로 중위수는 다음과 같다.

$$\theta_{0.5} = \frac{1}{2}(Y_{(N/2)} + Y_{(N/2+1)}) \tag{5.3.5}$$

그리고 만일 N이 홀수이면, Nq는 정수가 아니므로 중위수는 다음과 같다.

$$\theta_{0.5} = Y_{(\frac{N+1}{2})} \tag{5.3.6}$$

5.3.3 분포함수 및 분위수 추정

1) 분포함수 추정

확률표집에서 $\{y_1, \ldots, y_n\}$를 확률표본이라고 하고 $w_k = 1/\pi_k$는 설계가중치라고 하자. 그러면 분포함수 $F_N(\theta)$는 다음과 같이 추정할 수 있다.

$$\hat{F}_n(\theta) = \frac{\sum_{k=1}^{n} w_k I(y_k \leqq \theta)}{\sum_{k=1}^{n} w_k}, \quad -\infty < \theta < \infty \tag{5.3.7}$$

주어진 θ값에서 추정량 $\hat{F}_n(\theta)$는 분포함수값 $F_N(\theta)$을 근사적으로 비편향 추정한다. $\hat{F}_n(\theta)$의 근사분산은 다음으로 계산된다.

$$Var(\hat{F}_n(\theta)) \approx \frac{1}{N^2} \sum_{k=1}^{N} \sum_{l=1}^{N} \Delta_{kl} \frac{I(Y_k \leqq \theta) - F_N(\theta)}{\pi_k} \frac{I(Y_l \leqq \theta) - F_N(\theta)}{\pi_l} \tag{5.3.8}$$

또한 $\hat{F}_n(\theta)$의 분산추정량은 다음으로 주어진다.

$$\widehat{Var}(\hat{F}_n(\theta)) = \frac{1}{\hat{N}^2} \sum_{k=1}^{n} \sum_{l=1}^{n} \frac{\Delta_{kl}}{\pi_{kl}} \frac{I(y_k \leqq \theta) - \hat{F}_n(\theta)}{\pi_k} \frac{I(y_l \leqq \theta) - \hat{F}_n(\theta)}{\pi_l} \tag{5.3.9}$$

예제 5.3.1.

표본크기 n인 단순확률표집에서 주어진 상수 θ의 분포함수 값 $F_N(\theta)$의 추정량은 다음과 같다.

$$\hat{F}_n(\theta) = \frac{\sum_{k=1}^{n} I(y_k \leqq \theta)/\pi_k}{\sum_{k=1}^{n} 1/\pi_k} = \frac{1}{n}\sum_{k=1}^{n} I(y_k \leqq \theta) \tag{5.3.10}$$

추정량 $\sum_{k=1}^{n} I(y_k \leqq \theta)$이 초기하분포를 따르므로, 다음의 결과가 유도된다.

- $E(n\widehat{F_n}(\theta)) = nF_N(\theta)$
- $Var(n\widehat{F}(\theta)) = n\frac{N-n}{N-1}F_N(\theta)(1-F(\theta)) \approx n(1-f)F_N(\theta)(1-F_N(\theta))$

따라서 $\widehat{F_n}(\theta)$은 $F_N(\theta)$의 비편향 추정량이고 아래의 분산을 갖는다.

$$Var(\widehat{F_n}(\theta)) \approx \frac{1-f}{n}F_N(\theta)(1-F_N(\theta))$$

그리고 분산은 다음으로 추정된다.

$$\widehat{Var}(\widehat{F_n}(\theta)) = \frac{1-f}{n}\hat{F}_n(\theta)(1-\hat{F}_n(\theta))$$

2) 분위수 추정

확률 q가 주어질 때 분위수 θ_q는 분포함수의 역함수 값 $\theta_q = F_N^{-1}(q)$이다. 따라서 분포함수를 추정한 후 역함수 관계를 이용하여 분위수를 구할 수 있다. 즉,

$$\hat{\theta}_q = \widehat{F_n}^{-1}(q) \tag{5.3.11}$$

이다.

조사변수의 표본데이터를 순위 데이터로 표기하자.

$$y_{(1)} \leqq y_{(2)} \leqq \cdots \leqq y_{(n)}$$

표본 분포함수 $\widehat{F_n}(\theta)$는 순위 데이터 지점에서 점프가 일어나는 계단함수이다. 그리고 점프의 폭은 가중치 크기에 비례한다. 만일 $y_{(k)}$의 가중치를 $w_{(k)}$라고 하면 $y_{(k)}$ 지점에서 점프의 폭은 $\lambda_{(k)} = w_{(k)} / \sum_{l=1}^{n} w_l$가 된다.

만일 주어진 q값에 대하여 점프 폭의 합이 q와 같아지는 순위 데이터가 있는 경우에는 그 데이터부터 다음 데이터 직전까지는 점프가 발생하지 않는다. 즉, $\sum_{k=1}^{i} \lambda_{(k)} = q$를 만족하는 i가 존재하면 $y_{(i)} \leqq \theta < y_{(i+1)}$ 구간에서 점프의 높이는 모두 q이다.

$$\hat{F}_n(\theta) = q$$

따라서 구간 내의 모든 지점이 q분위수 추정치 $\hat{\theta}_q$가 될 수 있다. 보통 구간의 중간값으로 사용한다.

$$\hat{\theta}_q = \frac{1}{2}(y_{(i)} + y_{(i+1)}) \tag{5.3.12}$$

다른 경우는 주어진 q값에 대하여 점프 폭의 합이 q보다 크거나 작은 경우이다. 예를 들면,

$$\sum_{k=1}^{i} \lambda_{(k)} < q < \sum_{k=1}^{i+1} \lambda_{(k)}$$

이 경우 q분위수 추정치는 다음이 된다.

$$\hat{\theta}_q = y_{(i+1)} \tag{5.3.13}$$

$q = 0.5$인 경우의 분위수가 중위수이다. 만일 $\sum_{k=1}^{i} \lambda_{(k)} = 0.5$를 만족시키는 i가 존재하면 중위수 추정치는 다음과 같다.

$$\hat{\theta}_{0.5} = \frac{1}{2}(y_{(i)} + y_{(i+1)})$$

만일 그러한 값이 존재하지 않고 대신 $\sum_{k=1}^{i} \lambda_{(k)} < 0.5 < \sum_{k=1}^{i+1} \lambda_{(k)}$이 만족되면, 중위수 추정치는

$$\hat{\theta}_{0.5} = y_{(i+1)}$$

이 된다.

예제 5.3.2.

크기 $n=5$인 표본에서 순위데이터와 대응하는 가중치가 다음과 같다고 하자.

$$y_{(1)} = 10,\ y_{(2)} = 12,\ y_{(3)} = 15,\ y_{(4)} = 15,\ y_{(5)} = 20$$
$$w_{(1)} = 10,\ w_{(2)} = 10,\ w_{(3)} = 20,\ w_{(4)} = 20,\ w_{(5)} = 30$$

이를 이용하면 표본 분포함수 $\hat{F}_n(\theta)$가 다음과 같이 구해진다.

표 5.8 표본 분포함수

i	θ	$\lambda_{(i)}$	$\widehat{F_n}(\theta)$
1	$\theta < 10$	0	0
2	$10 \leqq \theta < 12$	10/90	10/90
3	$12 \leqq \theta < 15$	10/90	(10+10)/90=20/90
4	$15 \leqq \theta < 20$	(20+20)/90	(10+10+20+20)/90=60/90
5	$20 \leqq \theta$	30/90	1

위 표본 분포함수에서 세 번째 데이터까지의 분포함수 값이 2/9로서 0.5 미만이고, 네 번째 데이터의 분포함수 값은 6/9로서 0.5를 초과한다.

$$\sum_{k=1}^{3} \lambda_{(k)} = 20/90 < 0.5 < 60/90 = \sum_{k=1}^{4} \lambda_{(k)}$$

따라서 중위수 추정치는 세 번째와 네 번째 데이터 값, $\widehat{F_n}^{-1}(0.5) = y_{(3)} = y_{(4)} = 15$가 된다.

5.3.4 분위수 신뢰구간

분위수의 신뢰구간을 추정하는 방법은 분위수 추정치를 이용하여 구하는 방법과 분포함수의 역함수를 이용하는 방법이 있다[181].

181) Lohr 2010, 389쪽.

q분위수 추정량을 $\hat{\theta}_q$라고 하고, $\hat{\theta}_q$의 분산추정량을 $\widehat{Var}(\hat{\theta}_q)$이라고 하면 q분위수의 $100(1-\alpha)\%$ 신뢰구간은 다음과 같이 구할 수 있다.

$$\hat{\theta}_q \pm t_{1-\alpha/2}(R-1)\sqrt{\widehat{Var}(\hat{\theta}_q)} \tag{5.3.14}$$

이 방법에서는 분위수의 분산추정량을 구하는 문제가 중요하다. 랜덤그룹 방법을 이용하여 분위수의 분산을 추정한다고 하자. 그러면 R개의 랜덤그룹 추정치를 먼저 계산한다.

$$\hat{\theta}_q(r) \ : \ r\text{번째 랜덤그룹 추정치},\ r=1,\ldots,R$$

그리고 $\hat{\theta}_q$의 분산은 다음의 공식으로 추정한다.

$$\widehat{Var}(\hat{\theta}_q) = \frac{1}{R(R-1)}\sum_{r=1}^{R}(\hat{\theta}_q(r)-\hat{\theta}_q)^2$$

결과적으로 분위수의 $100(1-\alpha)\%$ 신뢰구간은 다음이 된다.

$$\hat{\theta}_q \pm t_{1-\alpha/2}(R-1)\sqrt{\sum_{r=1}^{R}\frac{[\hat{\theta}_q(r)-\hat{\theta}_q]^2}{R(R-1)}} \tag{5.3.15}$$

분포함수의 역함수를 이용하여 분위수의 신뢰구간을 유도할 수 있다[182]. 분위수 θ_q에서 계산된 분포함수값 $F_N(\theta_q)$에 대한 $100(1-\alpha)\%$ 신뢰구간은 다음과 같다.

$$\hat{F}_n(\theta_q) \pm z_{1-\alpha/2}\sqrt{\widehat{Var}(\hat{F}_n(\theta_q))}$$

여기에서 $\widehat{Var}(\hat{F}_n(\theta_q))$는 식 (5.3.9)를 이용한다. 이를 풀어서 쓰면

$$\hat{F}_n(\theta_q) - z_{1-\alpha/2}\sqrt{\widehat{Var}(\hat{F}_n(\theta_q))} \leq F_N(\theta_q) \leq \hat{F}_n(\theta_q) + z_{1-\alpha/2}\sqrt{\widehat{Var}(\hat{F}_n(\theta_q))}$$

이 되고, $q=F_N(\theta_q)$임을 이용하여 $\hat{F}_n(\theta_q)$을 중심으로 정리하면,

$$q - z_{1-\alpha/2}\sqrt{\widehat{Var}(\hat{F}_n(\theta_q))} \leq \hat{F}_n(\theta_q) \leq q + z_{1-\alpha/2}\sqrt{\widehat{Var}(\hat{F}_n(\theta_q))}$$

---

182) Woodruff 1952; Lohr 2010, 390쪽.

이 된다. 이제 분포함수 $\hat{F}_n$의 역함수를 취한 후 분위수 θ_q의 $100(1-\alpha)\%$ 신뢰구간을 다음과 같이 구할 수 있다.

$$\left(\hat{F}_n^{-1}\left(q - z_{1-\alpha/2}\sqrt{\widehat{Var}(\hat{F}_n(\theta_q))}\right),\ \hat{F}_n^{-1}\left(q + z_{1-\alpha/2}\sqrt{\widehat{Var}(\hat{F}_n(\theta_q))}\right)\right) \tag{5.3.16}$$

5.4 분산추정

5.4.1 개요

확률표집 조사의 설계기반 추론은 유한모집단 특성치 θ를 대상으로 한다. 추론은 표본 추정치의 기대분포에서 이루어지며, 기대분포는 표집설계에서 유도된 표집분포에 기초한다. 특성치 θ에 대한 신뢰구간 접근법은 표집분포를 기반으로 다음과 같은 신뢰구간을 제시한다.

$$\hat{\theta} \pm t_{1-\alpha/2}(df) \times se(\hat{\theta}) \tag{5.4.1}$$

여기에서 $t_{1-\alpha/2}(df)$는 자유도 df를 갖는 t분포의 $(1-\alpha/2)$분위수 값이고 $se(\hat{\theta})$는 표본 추정치 $\hat{\theta}$의 추정된 표준오차이다. 따라서 신뢰구간 접근법을 사용하기 위해서는 표준오차 계산이 필수적이다. 그런데 표준오차는 추정량의 분산 추정치의 제곱근이므로, 결국 분산 추정치 계산이 신뢰구간 계산의 핵심이다.

추론하고자 하는 모집단 특성치가 모총계의 함수인 경우를 고려하자.

$$\theta = f(T_1, \ldots, T_p)$$

그리고 모집단 특성치는 각 모총계를 추정한 후 함수에 대입하여 추정한다고 하자.

$$\hat{\theta} = f(\widehat{T}_1, \ldots, \widehat{T}_p) \tag{5.4.2}$$

이러한 추정량을 **대입추정량**[183]이라고 한다.

183) 대입추정량(plug-in estimator)

예제 5.4.1.

모총계 비, $\theta = T_y / T_x = f(T_x, T_y)$는 두 모총계 추정치의 비로서 추정한다.

$$\hat{\theta} = f(\widehat{T}_x, \widehat{T}_y) = \widehat{T}_y / \widehat{T}_x$$

예제 5.4.2.

유한모집단에서 두 변수의 상관계수를 추정하는 문제를 살펴보자. 먼저 총계 함수를 표기하자.

$$T_1 = \sum_{k=1}^{N} 1 = N,\ T_x = \sum_{k=1}^{N} X_k,\ T_{x^2} = \sum_{k=1}^{N} X_k^2,\ T_y = \sum_{k=1}^{N} Y_k,\ T_{y^2} = \sum_{k=1}^{N} Y_k^2,$$
$$T_{xy} = \sum_{k=1}^{N} X_k Y_k$$

그리고 제곱합을 총계 함수로 나타내자.

$$S_{xx} = \sum_{k=1}^{N} (X_k - \overline{X})^2 = T_{x^2} - \frac{1}{T_1} T_x^2,\ S_{yy} = \sum_{k=1}^{N} (Y_k - \overline{Y})^2 = T_{y^2} - \frac{1}{T_1} T_y^2,$$
$$S_{xy} = \sum_{k=1}^{N} (X_k - \overline{Y})(Y_k - \overline{Y}) = T_{xy} - \frac{1}{T_1} T_x T_y$$

이를 이용하면 모집단 상관계수는 6개 총계의 함수로 표현된다.

$$\begin{aligned} R = \frac{S_{xy}}{S_x S_y} &= \frac{T_{xy} - T_x T_y / T_1}{\sqrt{T_{x^2} - T_x^2 / T_1}\sqrt{T_{y^2} - T_y^2 / T_1}} \\ &= f(T_1, T_x, T_{x^2}, T_y, T_{y^2} T_{xy}) \end{aligned} \tag{5.4.3}$$

복합설계하에서 상관계수 R은 각 총계 추정치를 함수에 대입하여 추정할 수 있다.

$$\hat{R} = \frac{\widehat{T_{xy}} - \widehat{T}_x \widehat{T}_y / \hat{T}_1}{\sqrt{\widehat{T_{x^2}} - \widehat{T}_x^{\,2} / \hat{T}_1}\sqrt{\widehat{T_{y^2}} - \widehat{T}_y^{\,2} / \hat{T}_1}} \tag{5.4.4}$$

다시 분산추정 문제로 돌아오자. 주어진 문제는 복합설계 데이터로 계산한 모집단 특성치 $\hat{\theta}=f(\widehat{T}_1,\dots,\widehat{T}_p)$의 분산을 추정하는 문제이다. 만일 함수 f가 선형함수이면 각 모총계 추정치의 분산추정치를 이용하여 구할 수 있다. 즉, 만일

$$f(\widehat{T}_1,\dots,\widehat{T}_p)=a_0+\sum_{k=1}^{p}a_k\widehat{T}_k \tag{5.4.5}$$

이면 추정량의 분산은 다음으로 추정된다.

$$\widehat{Var}(\sum_{k=1}^{p}a_k\widehat{T}_k)=\sum_{k=1}^{p}a_k^2\widehat{Var}(\widehat{T}_k)+\sum_{k=1}^{p}\sum_{l(\neq k)}^{p}a_ka_l\widehat{Cov}(\widehat{T}_k,\widehat{T}_l) \tag{5.4.6}$$

여기에서 각 분산성분 및 공분산 성분은 π추정량으로 직접 구할 수 있다. 그런데 만일 함수 f가 비선형이면 π추정법의 직접적인 적용은 불가능하고, 대신 다른 방법이 필요하다.

복합표본을 이용한 분산추정 방법은 선형화 방법과 복제 혹은 재표집 방법으로 구분할 수 있다. **선형화 방법**은 비선형 추정량을 총계 추정량의 선형함수로 근사한 다음, 분산추정량을 유도하는 방법이다. 이 방법을 사용하면 각 통계량에 대한 구체적인 형태의 분산추정량이 유도된다[184]. 복제 방법 혹은 재표집 방법에서는 복수의 복제 추정량을 생산한 후 이를 이용하여 분산을 추정한다. 구체적으로 **잭나이프 방법**, **균형반복 복제법**, **붓스트랩 방법** 등이 있다.

복합설계를 대상으로 일반적인 분산추정 방식을 전개하기 위해서는 복합설계의 표집 형태를 단순화할 필요가 있다. 먼저, 층은 그대로 반영하고 각 층에서 1차 클러스터는 복원추출된 것으로 간주한다. 선택된 1차 클러스터에서 다단계표집을 수행하면 표집된 1차 클러스터에서 **최종 표집단위**[185]가 생성되어 분산추정에 이용된다. 1차 클러스터에 대한 유한모집단 보정은 무시된다. 이로 인해 표집분산의 결과 추정치는 약간 과대평가 될 수 있다.

5.4.2 선형화 방법

모수추정치 $\hat{\theta}=f(\widehat{T}_1,\dots,\widehat{T}_p)$가 모총계의 비선형 함수라고 하자. 만일 함수 f가 모총계 추정량의 선형함수로 근사할 수 있다고 가정하면,

184) 선형화 방법은 SAS, Stata의 기본 분산추정 방법이다.
185) 최종 표집단위(ultimate sampling unit)

$$f(\widehat{T}_1,\ldots,\widehat{T}_p) \approx a_0 + \sum_{i=1}^{p} a_i(\hat{T}_i - T_i) \tag{5.4.7}$$

이 함수의 분산은 다음으로 추정할 수 있다.

$$\widehat{Var}\big(f(\widehat{T}_1,\ldots,\widehat{T}_p)\big) \approx \sum_{k=1}^{p} a_i^2 \widehat{Var}(\hat{T}_i) + \sum_{i=1}^{p}\sum_{j(\neq i)}^{p} a_i a_j \widehat{Cov}(\hat{T}_i,\hat{T}_j) \tag{5.4.8}$$

정리 5.4.1.[186]

만일 다변량 함수 $\theta = f(T_1,\ldots,T_p)$가 2차 미분 도함수를 가진다면 함수 $\hat{\theta} = f(\widehat{T}_1,\ldots,\widehat{T}_p)$는 다음과 같이 쓸 수 있다.

$$\hat{\theta} = \theta + \sum_{i=1}^{p} a_i(\widehat{T}_i - T_i) + R(T_i, \widehat{T}_i : i = 1,\ldots,p)$$

여기에서

$$a_i = \left.\frac{\partial f}{\partial \widehat{T}_i}\right|_{(\widehat{T}_1,\ldots,\widehat{T}_p) = (T_1,\ldots,T_p)}$$

이고

$$R(T_i, \widehat{T}_i, k = 1,\ldots,p) = \sum_{i=1}^{p}\sum_{j=1}^{p} \frac{1}{2!} \frac{\partial^2 f(T_1^*,\ldots,T_p^*)}{\partial \widehat{T}_i \partial \widehat{T}_j} (\widehat{T}_i - T_i)(\widehat{T}_j - T_j)$$

이며 T_i^*는 $\widehat{T}_i$와 T_i 사이의 값이다.

만일 나머지 항 R의 크기가 선형항 $\sum_{i=1}^{p} a_i(\widehat{T}_i - T_i)$에 비하여 상대적으로 작아서 차이 $(\hat{\theta} - \theta)$에 미치는 영향이 미미하다면 나머지 항을 무시한 다음과 같은 근사가 가능하다.

$$\hat{\theta} \approx \theta + \sum_{i=1}^{p} a_i(\widehat{T}_i - T_i) (\equiv \widehat{\theta_0}) \tag{5.4.9}$$

186) Wolter 2007, 230쪽.

비선형추정량 $\hat{\theta}$을 선형화한 함수 $\widehat{\theta_0}$는 모총계 $(T_1,\ldots,T_p)$를 포함하고 있어 추정량은 아니다. 대신 **의사추정량**[187]이라고 부른다.

추정량 $\hat{\theta}$의 분산은 의사추정량 $\widehat{\theta_0}$의 분산으로 근사한다.

$$Var(\hat{\theta}) \approx Var(\widehat{\theta_0}) = \sum_{i=1}^{p}\sum_{j=1}^{p} a_i a_j Cov(\hat{T}_i, \hat{T}_j)$$

그리고 분산에 포함된 각각의 성분을 추정한 후 대입함으로써 분산추정량을 구한다.

$$\widehat{Var}(\hat{\theta}) = \sum_{i=1}^{p}\sum_{j=1}^{p} \hat{a_i}\hat{a_j}\widehat{Cov}(\hat{T}_i, \hat{T}_j) \tag{5.4.10}$$

여기에서

$$\hat{a_i} = \frac{\partial f(\widehat{T_1},\ldots,\widehat{T_p})}{\partial \widehat{T_i}},\ \ k=1,..,p$$

$$\widehat{Cov}(\widehat{T_i}, \widehat{T_j}) = \sum_{k=1}^{n}\sum_{l=1}^{n} \frac{\pi_{kl}-\pi_k\pi_l}{\pi_{kl}} \frac{y_{ki}}{\pi_k}\frac{y_{lj}}{\pi_l},\ \ i,j=1,..,p$$

이다.

분산추정량의 형태는 의사추정량의 형태를 바꾸어 다르게 표현할 수 있다. 먼저 a_k는 표본과는 무관한 모집단 값임을 상기하자.

$$\begin{aligned}\hat{\theta}_0 &= \theta + \sum_{i=1}^{p} a_i(\hat{T}_i - T_i) \\ &= \theta - \sum_{i=1}^{p} a_i T_i + \sum_{i=1}^{p} a_i\left(\sum_{k=1}^{n}\frac{y_{ki}}{\pi_k}\right) \\ &= \theta - \sum_{i=1}^{p} a_i T_i + \sum_{k=1}^{n}\frac{u_k}{\pi_k},\ \text{여기에서}\ u_k = \sum_{i=1}^{p} a_i y_{ki}\end{aligned}$$

따라서

187) 의사추정량(pseudo-estimator)

$$
\begin{aligned}
Var(\hat{\theta}) &\approx Var(\hat{\theta}_0) \\
&= Var\left(\sum_{k=1}^{n} \frac{u_k}{\pi_k}\right) \\
&= \sum_{k=1}^{N}\sum_{l=1}^{N}(\pi_{kl} - \pi_k\pi_l)\frac{u_k}{\pi_k}\frac{u_l}{\pi_l} \qquad (5.4.11)
\end{aligned}
$$

그리고 분산추정량은 다음과 같이 얻는다.

$$
\widehat{Var}(\hat{\theta}) = \widehat{Var}\left(\sum_{k=1}^{n} \frac{\hat{u}_k}{\pi_k}\right) = \sum_{k=1}^{n}\sum_{l=1}^{n}\frac{\pi_{kl} - \pi_k\pi_l}{\pi_{kl}}\frac{\widehat{u_k}}{\pi_k}\frac{\widehat{u_l}}{\pi_l} \qquad (5.4.12)
$$

여기에서

$$
\widehat{u_k} = \sum_{i=1}^{p}\widehat{a_i}y_{ki}, \quad \widehat{a_i} = \frac{\partial f(\widehat{T}_1, \ldots, \widehat{T}_p)}{\partial \widehat{T}_i}
$$

이다.

예제 5.4.3.[188]

이항 모집단에서 모분산 $\theta = P(1-P)$을 추정하는 문제를 고려하자. 먼저 모수 θ는 $\hat{\theta} = f(\hat{P}) = \hat{P}(1-\hat{P})$로 추정할 수 있다. 다음으로 $\hat{\theta}$의 분산추정량을 구하자. $\hat{\theta}$는 $\hat{P}$의 비선형 함수이므로 선형화할 수 있다.

$$
\begin{aligned}
f(\hat{P}) &\approx f(P) + f'(P)(\hat{P} - P) \\
&= P - P^2 + (1-2P)(\hat{P} - P) \\
&= P^2 + (1-2P)\hat{P}
\end{aligned}
$$

따라서 $\hat{\theta}$의 근사분산을 다음과 같이 얻는다.

$$
Var(\hat{\theta}) \approx (1-2P)^2 Var(\hat{P})
$$

만일 단순확률표집을 고려하면 $\hat{P}$는 표본비율이 되고 모비율 P를 비편향 추정한다. 또한 식 (3.2.14)를 이용하면

$$
Var(\hat{\theta}) \approx (1-2P)^2 \frac{N-n}{N-1}\frac{P(1-P)}{n} \qquad (5.4.13)
$$

을 얻을 수 있고, 식 (3.2.15)를 이용하면 $\hat{\theta}$의 분산추정량으로 다음을 얻을 수 있다.

$$\widehat{Var}(\hat{\theta}) \approx (1-2\hat{P})^2 (1-\frac{n}{N})\frac{\hat{P}(1-\hat{P})}{n-1} \tag{5.4.14}$$

예제 5.4.4.

두 조사변수 (x,y)의 모총계 비를 추정하는 문제를 고려하자.

$$R = f(T_x, T_y) = \frac{T_y}{T_x}$$

모총계 비의 대입추정량은 다음과 같이 구한다.

$$\hat{R} = f(\widehat{T_x}, \widehat{T_y}) = \frac{\sum_{k=1}^{n} y_k/\pi_k}{\sum_{k=1}^{n} x_k/\pi_k}$$

이제 대입추정량 $f(\widehat{T_x}, \widehat{T_y})$의 분산을 구하기 위하여 먼저 선형화하자.

$$\begin{aligned}
\hat{R} = f(\widehat{T_x}, \widehat{T_y}) &\approx f(T_x, T_y) + \frac{\partial f(T_x, T_y)}{\partial \hat{T}_y}(\hat{T}_y - T_y) + \frac{\partial f(T_x, T_y)}{\partial \hat{T}_x}(\hat{T}_x - T_x) \\
&= R + \frac{1}{T_x}(\hat{T}_y - T_y) - R\frac{(\hat{T}_x - T_x)}{T_x} \\
&= R + \frac{1}{T_x}\left(\hat{T}_y - R\hat{T}_x\right) \\
&= R + \frac{1}{T_x}\sum_{k=1}^{n}\frac{y_k - Rx_k}{\pi_k} \\
&= R + \frac{1}{T_x}\sum_{k=1}^{n}\frac{u_k}{\pi_k}, \ u_k = y_k - Rx_k
\end{aligned}$$

따라서 $\hat{R}$의 근사분산을 다음과 같이 얻는다.

188) Lohr 2010, 367쪽.

$$Var(\hat{R}) \approx \frac{1}{T_x^2}\sum_{k=1}^{N}(\pi_{kl}-\pi_k\pi_l)\frac{u_k}{\pi_k}\frac{u_l}{\pi_l} \tag{5.4.15}$$

또한 대입추정량 $\hat{R}$의 분산추정량을 구하기 위해서는 먼저 u_k를 $\widehat{u_k}= y_k - \hat{R}x_k$로 추정하고, T_x를 $\widehat{T_x}$로 추정한다. 그리고 이를 π추정법의 분산추정 공식에 대입한다.

$$\widehat{Var}(\hat{R}) = \frac{1}{\hat{T}_x^2}\sum_{k=1}^{n}\sum_{l=1}^{n}\frac{\pi_{kl}-\pi_k\pi_l}{\pi_{kl}}\frac{\widehat{u_k}}{\pi_k}\frac{\widehat{u_l}}{\pi_l} \tag{5.4.16}$$

일반적인 층화다단표집에서 모평균 추정량의 분산을 추정하는 문제를 생각하자. 모집단은 H개의 층으로 나뉘어 있고, 각 층은 N_h $(h=1,...,H)$개의 일차표집단위로 구성된다고 하자. $N = \sum_{h=1}^{H} N_h$. 각 일차표집단위는 2차, 3차 표집단위를 포함할 수 있으며, 최종 표집단위를 $M_{hc}(h=1,...,H,\ c=1,...,N_h)$개 포함한다고 하자. 최종 표집단위의 총수는 $M = \sum_{h=1}^{H}\sum_{c=1}^{N_h} M_{hc}$개이다. 조사변수 Y의 총계와 평균은 다음으로 표현된다.

$$T_y = \sum_{h=1}^{H}\sum_{c=1}^{N_h}\sum_{k=1}^{M_{hc}} Y_{hck}, \quad \overline{Y} = \frac{T_y}{M}$$

표본은 다음 과정으로 선정한다. 먼저, 각 층에서 $n_h(\geq 2)$개의 일차표집단위를 $p_{hc}(\sum_{c=1}^{N_h} p_{hc}=1)$에 비례하도록 복원으로 표집하고, 선정된 각 일차표집단위에서 m_{hc}개의 최종표집단위를 임의의 확률설계로 선정한다고 하자. 가중치 w_{hc}를 이용하여 다음과 같은 모총계 추정량을 고려할 수 있다.

$$\hat{T}_y = \sum_{h=1}^{H}\hat{T}_h, \quad \widehat{T_h} = \sum_{c=1}^{n_h} w_{hc}\hat{T}_{hc}$$

여기에서 w_{hc}는 h층의 c클러스터에 부여되는 가중치이고, $\hat{T}_{hc}$는 h층의 c클러스터의 총계인 T_{hc}의 비편향 추정량이다. 만일 모집단 크기 M을 알고 있다면, 모평균 추정량은 위의 모총계 추정량을 M으로 나누어 쉽게 구할 수 있다.

$$\hat{\bar{Y}} = \frac{1}{M}\sum_{h=1}^{H}\sum_{c=1}^{n_h} w_{hc}\hat{T}_{hc} \tag{5.4.17}$$

그러나 만일 모집단 크기 M을 모른다면 비추정량의 형태로 모평균을 추정한다.

$$\hat{\bar{Y}}_r = \frac{\hat{T}}{\hat{M}} = \frac{\sum_{h=1}^{H}\sum_{c=1}^{n_h} w_{hc}\hat{T}_{hc}}{\sum_{h=1}^{H}\sum_{c=1}^{n_h} w_{hc}\widehat{M_{hc}}} \tag{5.4.18}$$

추정량 $\hat{\bar{Y}}_r$의 분산은 선형화 후 근사적으로 구할 수 있다.

$$\begin{aligned}\hat{\bar{Y}}_r &= \frac{\hat{T}}{\hat{M}} \approx \frac{T}{M} + \frac{1}{M}(\hat{T} - \frac{T}{M}\hat{M}) \\ &= \bar{Y} + \frac{1}{M}\sum_{h=1}^{H}\sum_{c=1}^{n_h} w_{hc}(\widehat{T_{hc}} - \bar{Y}\hat{M}_{hc}) \\ &= \bar{Y} + \frac{1}{M}\sum_{h=1}^{H}\frac{1}{n_h}\sum_{c=1}^{n_h} d_{hc}\end{aligned}$$

여기에서

$$d_{hc} = n_h w_{hc}(\widehat{T_{hc}} - \bar{Y}\hat{M}_{hc})$$

이다. 따라서

$$Var(\hat{\bar{Y}}_r) \approx \frac{1}{M^2}\sum_{h=1}^{H} Var\left(\frac{1}{n_h}\sum_{c=1}^{n_h} d_{hc}\right)$$

이다.

각 층에서 d_{hc}는 복원으로 선정되었으므로 서로 독립이고 동일한 분포를 따르는 것으로 볼 수 있다. 그러므로 $\bar{d}_h = \sum_{c=1}^{n_h} d_{hc}/n_h$의 분산추정량으로

$$\frac{1}{n_h(n_h-1)}\sum_{c=1}^{n_h}(d_{hc} - \frac{1}{n_h}\sum_{c=1}^{n_h} d_{hc})^2$$

을 생각해 볼 수 있다. 그런데 d_{hc}에는 모평균 $\overline{Y}$가 포함되어 있으므로 표본데이터로 계산할 수 없다. 따라서 모평균을 먼저 추정한 후 대입하여 d_{hc}를 추정한다.

$$\hat{d}_{hc} = n_h w_{hc} (\widehat{T_{hc}} - \hat{\overline{Y}} \widehat{M}_{hc})$$

그리고 모총계 M을 $\widehat{M}$으로 추정한 후 대입하여 다음과 같은 분산추정량을 얻는다.

$$\widehat{Var}(\hat{\overline{Y}}_r) = \frac{1}{\widehat{M}^2} \sum_{h=1}^{H} \frac{1}{n_h(n_h-1)} \sum_{i=1}^{n_h} (\widehat{d_{hc}} - \frac{1}{n_h} \sum_{i=1}^{n_h} \widehat{d_{hc}})^2 \tag{5.4.19}$$

위의 식을 좀 더 단순하게 정리해 보자. 표본으로 선정된 h층의 c클러스터에서 m_{hc}개의 단위가 선정되고, 각 단위의 표본 포함확률을 $\pi_{k|hc}$라고 하자. 단계별로 다음이 성립한다.

$$\pi_{hck} = \pi_{hc} \times \pi_{k|hc}$$

이를 가중치로 표기하면 $w_{hck} = 1/\pi_{hck}$, $w_{hc} = 1/\pi_{hc}$, $w_{k|hc} = 1/\pi_{k|hc}$이므로 다음이 성립한다.

$$w_{hck} = w_{hc} w_{k|hc}$$

그러면

$$\hat{T}_{hc} = \sum_{k=1}^{m_{hc}} w_{k|hc} y_{hck}, \ \widehat{M}_{hc} = \sum_{k=1}^{m_{hc}} w_{k|hc}$$

로부터

$$\widehat{d_{hc}} = n_h w_{hc} (\sum_{k=1}^{m_{hc}} w_{k|hc} (y_{hck} - \hat{\overline{Y}})) = n_h \sum_{k=1}^{m_{hc}} w_{hck} (y_{hck} - \hat{\overline{Y}})$$

가 되고

$$\widehat{Var}(\hat{\overline{Y}}_r) = \sum_{h=1}^{H} \frac{n_h}{n_h - 1} \sum_{c=1}^{n_h} (e_{hc} - \frac{1}{n_h} \sum_{c=1}^{n_h} e_{hc})^2 \tag{5.4.20}$$

임을 보일 수 있다. 여기에서

$$e_{hc} = \sum_{k=1}^{m_{hc}} w_{hck}(y_{hck} - \hat{\overline{Y}}) / \sum_{hck} w_{hck}$$

이다.

위 분산추정량 (5.4.20)에서 비복원 효과를 반영하기 위하여 각 층에서 표집비율 $(1-f_h)$을 추가한 분산추정량을 사용할 수도 있다.

$$\widehat{Var}(\hat{\overline{Y}}_r) = \sum_{h=1}^{H} \frac{n_h(1-f_h)}{n_h-1} \sum_{c=1}^{n_h} (e_{hc} - \frac{1}{n_h} \sum_{i=1}^{n_h} e_{hc})^2 \qquad (5.4.21)$$

여기에서 $f_h = n_h / N_h$이다.

선형화 방법은 특성치가 총계의 함수로 표현될 수 있고, 함수가 미분 가능할 때 유용하다. 그러나 중위수나 백분위수와 같이 미분이 되지 않는 경우에는 적합하지 않다. 반면 복제 기법은 거의 모든 유형의 추정에 유용하다.

5.4.3 랜덤그룹 방법

표집설계를 복제하여 R번의 독립적인 조사를 실시한다고 가정하자. 그리고 각 조사에서 추정치 $\hat{\theta}_r (r = 1, ..., R)$을 산출한다고 하자.

정리 5.4.2. 추정량 $\hat{\theta}_r (r = 1, ..., R)$은 서로 독립이며 $E(\hat{\theta}_r) = \theta$이라고 하자. 그러면 각 표본에서 생성된 추정치 $\hat{\theta}_r$의 평균

$$\tilde{\theta} = \frac{1}{R} \sum_{r=1}^{R} \hat{\theta}_r \qquad (5.4.22)$$

은 모수 θ의 비편향 추정량이며, 추정된 표집분산은 다음으로 주어진다.

$$\widehat{Var}(\tilde{\theta}) = \frac{1}{R} \frac{1}{R-1} \sum_{r=1}^{R} (\hat{\theta}_r - \tilde{\theta})^2 \qquad (5.4.23)$$

증명 추정량 $\hat{\theta}_r$이 서로 독립이므로

$$
\begin{aligned}
E(\widehat{Var}(\tilde{\theta})) &= \frac{1}{R}\frac{1}{R-1}E\left(\sum_{r=1}^{R}(\hat{\theta}_r-\theta)^2 - R(\tilde{\theta}-\theta)^2\right) \\
&= \frac{1}{R}\frac{1}{R-1}\left(\sum_{r=1}^{R}(Var(\hat{\theta}_r)+\theta^2) - R(Var(\tilde{\theta})+\theta^2)\right) \\
&= \frac{1}{R}\frac{1}{R-1}(R^2-R)Var(\tilde{\theta}) \\
&= Var(\tilde{\theta})
\end{aligned}
$$

실제 조사에서는 분산추정을 위하여 독립조사를 반복하지 않는다. 대신 크기가 n/R인 R개의 독립적인 소표본으로 랜덤하게 나누어 독립적인 조사표본으로 간주한다. 이렇게 랜덤하게 나누어진 소규모 표본을 **랜덤그룹** 표본이라고 한다. 이러한 R개 표본 각각에 대해 모집단 특성치의 추정치가 생성되고, 그런 다음 R개 표본 추정치 간의 변동성을 이용하여 표집분산을 추정한다. 랜덤그룹 표본 각각에서 추정치를 만든 후 식 (5.4.23)과 같이 만든 분산추정량이 **랜덤그룹 분산추정량**이다. 랜덤그룹 방법은 특별한 소프트웨어를 필요로 하지 않으며, 다중 모수 및 비모수적 문제에 적합하다는 장점이 있다. 반면, 랜덤그룹의 수는 종종 작고, 분산의 추정치는 다소 부정확할 수 있다. 그리고 복합설계에서는 랜덤그룹을 설정하는 것이 어려울 수 있다.

5.4.4 재표집과 복제법

랜덤그룹 방법은 **균형반복 복제법**, **잭나이프** 방법 같은 **복제 방법**으로 확장이 가능하다. 복제 방법의 일반적인 단계는 다음과 같다.

1. 표집 단위를 사용하여 복제본을 만든다. 복제본을 만드는 방법은 각 방법마다 고유하다. 예를 들어 균형반복 복제법에서는 층별로 두 개의 기본표집단위가 주어지면 각 층에서 하나의 단위를 제거하고 가중치를 다시 부여하여 복제표본을 만든다. 잭나이프 방법에서는 하나의 기본표집단위를 제거하고 나머지 단위로 복제표본을 만든다. 단위가 제거된 층에서는 단위의 가중치를 다시 부여한다.
2. 복제 표본에 대해 수정된 가중치를 만든다.
3. 복제 가중치를 사용하여 각각의 복제 표본에서 관심 있는 모집단 통계량의 가중 추정치를 계산한다.
4. 복제된 분산추정 공식을 적용하여 추정된 분산을 계산한다.

균형반복 복제법은 각 층에서 기본표집단위가 2개인 층화표집에서 사용할 수 있는 방법이다. 층화표집에서 층화평균은

$$\bar{y}_{st} = \sum_{h=1}^{H} W_h \bar{y}_h$$

이고 유한모집단 수정항 $(1-f_h)$을 무시하면 비편향 분산추정량은

$$\widehat{Var}(\bar{y}_{st}) = \sum_{h=1}^{H} W_h^2 \frac{s_h^2}{n_h} = \sum_{h=1}^{H} W_h^2 \frac{(y_{h1}-y_{h2})^2}{4} \quad (5.4.24)$$

이다.

랜덤그룹은 각 층에서 하나의 관측치만 갖는 것으로 구성된다. 이를 **절반표본**[189]이라고 하는데, 층이 H개일 때 가능한 절반표본의 수는 2^H개이다. 이 수는 매우 큰 숫자일 수 있다. 예를 들어 층이 10개인 경우 가능한 절반표본의 수는 $2^{10}=1{,}024$이다. 이보다 적은 수의 절반표본으로 분산을 추정하고자 한다. 이 중 **균형조건**을 만족하는 절반표본을 **균형절반표본**[190]이라고 한다.

절반표본에 포함 여부를 나타내는 지시자 α_{rh}를 도입하자.

$$\alpha_r = (\alpha_{r1}, \ldots, \alpha_{rH}), \quad r = 1, \ldots, R$$

여기에서 h층의 첫 번째 단위의 값이 r번째 절반표본에 포함되면 $\alpha_{rh}=1$이고, 두 번째 단위의 값이 포함되면 $\alpha_{rh}=-1$이다. 즉,

$$y_h(\alpha_r) = \begin{cases} y_{h1} & \text{만일 } \alpha_{rh}=1 \\ y_{h2} & \text{만일 } \alpha_{rh}=-1 \end{cases}$$

R개의 절반표본 집합은 다음과 같을 때 **균형**을 이룬다고 한다.

$$\sum_{r=1}^{R} \alpha_{rh}\alpha_{rl} = 0 \ , \ l \neq h = 1, \ldots, H$$

189) 절반표본(half-sample)

190) 균형절반표본(balanced half-sample)

균형조건을 만족하는 절반표본 집합에서는 어느 두 개의 층을 비교하더라도 첫 번째 관측치와 두 번째 관측치가 균형을 이룬다. 예를 들어 층이 $H=3$인 경우 균형조건을 만족하는 지시자는 〈표 5.9〉와 같다. 총 $2^3=8$개의 절반표본 중에서 $R=4$개 표본이 균형조건을 만족한다.

표 5.9 균형절반표본 예제($h=3$)

절반표본 지시자	층		
	1	2	3
α_1	+1	+1	+1
α_2	−1	+1	−1
α_3	−1	−1	+1
α_4	+1	−1	−1

개별 균형절반표본에서 추정치를 계산한다.

$$\hat{\theta}(\alpha_r)=\sum_{h=1}^{H}W_h y_h(\alpha_r),\ \ r=1,\ldots,R$$

그리고 계산된 R개의 절반표본 추정치로 $\hat{\theta}$의 분산 추정치를 만든다.

$$\widehat{Var}_{BRR}(\hat{\theta})=\frac{1}{R}\sum_{r=1}^{R}(\hat{\theta}(\alpha_r)-\hat{\theta})^2 \tag{5.4.25}$$

예제 5.4.5.

3개 층에서 두 개의 관측치가 측정되었다고 하자.

표 5.10 균형반복 복제표본 분산추정 예제

층	W_h	y_{h1}	y_{h2}	균형절반표본			
				α_1	α_2	α_3	α_4
1	0.30	200	170	200	170	170	200
2	0.20	450	470	450	450	470	470
3	0.50	955	850	955	850	955	850

만일 추정하고자 하는 모수가 모평균이라고 하면, 3개 층에서 계산되는 층화평균은

$$\hat{\theta}_{st} = \sum_{h=1}^{3} W_h \left(\frac{y_{h1} + y_{h2}}{2} \right) = 598.75$$

이고, 4개의 균형절반표본에서 만들어지는 추정치는 아래와 같다.

$$\hat{\theta}(\alpha_1) = 0.3 \times 200 + 0.2 \times 450 + 0.5 \times 955 = 627.5$$
$$\hat{\theta}(\alpha_2) = 0.3 \times 170 + 0.2 \times 450 + 0.5 \times 850 = 566.0$$
$$\hat{\theta}(\alpha_3) = 0.3 \times 170 + 0.2 \times 470 + 0.5 \times 955 = 622.5$$
$$\hat{\theta}(\alpha_4) = 0.3 \times 200 + 0.2 \times 470 + 0.5 \times 850 = 579.0$$

따라서 $R = 4$개의 균형반복 복제표본에서 계산되는 분산추정치는

$$\widehat{Var}_{BRR}(\hat{\theta}) = \frac{1}{4} \sum_{r=1}^{4} [\hat{\theta}(\alpha_r) - \hat{\theta}_{st}]^2 = 713.3$$

이다.

위 예제에서 계산된 분산추정치 $\widehat{Var}_{BRR}(\hat{\theta}) = 713.3$은 식 (5.4.24)의 층화평균의 분산추정치와 정확하게 일치한다.

$$\widehat{Var}(\bar{y}_{st}) = \sum_{h=1}^{H} W_h^2 \frac{s_h^2}{n_h} = 713.3$$

식 (5.4.25)의 균형반복 복제 방법의 분산추정치는 일반적인 모수추정에도 적용할 수 있는 분산식이다. 반면 식 (5.4.24)의 분산추정식은 모평균에만 적용되는 분산식이다.

잭나이프 방법은 편향을 줄이는 방법으로 퀘노일리[191](1949, 1956)에 의해 소개되고 튜키[192](1958)에 의해 대중화되어 분산추정과 신뢰구간 추정에 사용되고 있다. 잭나이프 방법에서는 원표본에서 하나의 단위를 제거한 나머지 단위로 복제표본을 구성한다. 이러한 **잭나이프 복제표본**은 표본수 n개만큼 생긴다. 그리고 잭나이프 복제표본의 추정치와 원표본의 추정치의 차이를 이용하여 분산을 추정한다. 복합표본 전체를 이용하여 만든 추정치를 $\hat{\theta}$로 표기하자. 잭나이프 복제표본으로 만든 추정치 $\hat{\theta}_{(j)}$는 단위 j를 제외하고 만든 $\hat{\theta}$와 동일한 형태의 추정치이다. 추정량 $\hat{\theta}$의 잭나이프 분산추정치는 다음으로 주어진다.

191) Quenouille 1949, 1956.
192) Tukey 1958.

$$\widehat{Var}_J(\hat{\theta}) = \frac{n-1}{n}\sum_{j=1}^{n}(\hat{\theta}_{(j)} - \hat{\theta})^2 \qquad (5.4.26)$$

층화표집에서는 각 층에서 기본표집단위를 하나씩 제거하면서 잭나이프 복제추정치를 만든다. 이때 제거되는 기본표집단위의 가중치는 해당 층의 남아 있는 기본표집단위에 균등 배분된다. 즉, 만일 h층에서 j번째 기본표집단위가 제거된다면 h층의 단위에 부여되는 잭나이프 가중치 w_{hj}^{*}는 다음과 같다.

$$w_{hj}^{*} = 0,\;\; w_{hk}^{*} = \frac{n_h}{n_h - 1}w_{hk},\;\; (k \neq j)$$

그리고 h층이 아닌 다른 층에서는 기존의 가중치를 그대로 사용한다. 잭나이프 추정치 $\hat{\theta}_{(hj)}$는 추정치 $\hat{\theta}$와 동일한 형태의 추정치이다. 다만, 표본데이터 y_{hj}는 제거되고, h층의 다른 데이터에는 수정된 잭나이프 가중치 w_{hk}^{*}가 부여된 후 계산된다. 결과적으로 층화표집에서 잭나이프 분산추정량은 다음과 같다.

$$\widehat{Var}_J(\hat{\theta}) = \sum_{h=1}^{H}\frac{n_h - 1}{n_h}\sum_{j=1}^{n_h}(\hat{\theta}_{(hj)} - \hat{\theta})^2 \qquad (5.4.27)$$

예제 5.4.6.

앞의 예제를 다시 가져오자. 층화평균 $\hat{\theta}$은 다음과 같이 바꾸어 쓸 수 있다.

$$\begin{aligned}\hat{\theta} &= \sum_{h=1}^{H} W_h \bar{y}_h = \sum_{h=1}^{H}\sum_{k=1}^{n_h}\frac{W_h}{n_h}y_{hk} = \sum_{h=1}^{H}\sum_{k=1}^{n_h}w_{hk}y_{hk},\;\; w_{hk} = \frac{W_h}{n_h} \\ &= 598.75\end{aligned}$$

그리고 h층의 j번째 기본표집단위가 제거된 층화평균은 다음과 같다.

$$\hat{\theta}_{(hj)} = \sum_{l(\neq h)}^{H}\sum_{k=1}^{n_l}w_{lk}y_{lk} + \sum_{k(\neq j)}^{n_h}\frac{n_h}{n_h - 1}w_{hk}y_{hk}$$

표 5.11 잭나이프 분산추정 예제

층	w_{hk}	y_{hj}	잭나이프 표본 가중치 w_{hj}^{*}					
			(11)	(12)	(21)	(22)	(31)	(32)
1	0.15	200	0	0.30	0.15	0.15	0.15	0.15
	0.15	170	0.30	0	0.15	0.15	0.15	0.15
2	0.10	450	0.10	0.10	0	0.20	0.10	0.10
	0.10	470	0.10	0.10	0.20	0	0.10	0.10
3	0.25	955	0.25	0.25	0.25	0.25	0	0.50
	0.25	850	0.25	0.25	0.25	0.25	0.50	0

〈표 5.11〉에 제시된 잭나이프 가중치를 이용하여 계산한 잭나이프 추정치 $\hat{\theta}_{(hj)}$는 아래와 같다.

$$\hat{\theta}_{(11)} = 0.3 \times 170 + 0.1 \times 450 + \ldots + 0.25 \times 850 = 594.25$$
$$\hat{\theta}_{(12)} = 0.3 \times 200 + 0.1 \times 450 + \ldots + 0.25 \times 850 = 603.25$$
$$\hat{\theta}_{(21)} = 600.75,\quad \hat{\theta}_{(22)} = 596.75,\ \hat{\theta}_{(31)} = 572.5,\ \hat{\theta}_{(32)} = 625.0$$

그리고 잭나이프 추정치를 이용하여 구한 분산추정치는

$$\widehat{Var}_J(\hat{\theta}) = \sum_{h=1}^{3} \frac{2-1}{2} \sum_{j=1}^{2} (\hat{\theta}_{(hj)} - \hat{\theta})^2 = 713.3$$

이다. 분산추정치 $\widehat{Var}_J(\hat{\theta}) = 713.3$은 균형절반표본의 분산추정치와 정확하게 일치한다.

잭나이프 방법은 다양한 복합표집에서 사용할 수 있다. 한 층에서 표본수가 3개 이상인 경우 균형반복 복제법은 사용하기 어렵지만 잭나이프 방법은 사용 가능하다. 모집단 특성치가 평탄함수인 경우에는 잭나이프 방법은 일치 추정량을 제공한다. 반면, 분위수의 잭나이프 분산추정치는 성능이 좋지 않다. 그리고 비복원 불균등 확률표집 설계에서는 일반적인 성능 검토가 필요하다.

붓스트랩 방법은 에프론[193](1979, 1982)에 의해 개발되었다. 붓스트랩 방법에서는 표본을 모집단처럼 간주하여 표본에서 재표집을 하고, 붓스트랩 재표본에서 만들어진 추정치로 재표집 분포를 만든다. 그리고 재표집 분포로 원래표본의 표집분포를 추정한다. 재표집 분포에서 모수추정량의 분산 및 신뢰구간을 추정할 수 있다.

---

193) Efron 1979, 1982.

붓스트랩 방법은 일반적인 표집설계에서 평탄함수뿐만 아니라 비평탄함수에서도 잘 작동한다. 그리고 추정량의 정규근사가 좋지 않은 곳에서도 사용할 수 있는 장점이 있다. 반면, 많은 계산을 필요로 하고, 복합설계에 대해서는 더 많은 작업이 필요하다는 단점이 있다.

연습문제

1 단순확률표집에서 비추정량이 표본평균보다 효율적일 조건이 식 (5.2.9)와 같음을 보여라.

$$\rho(x,y) \geqq \frac{1}{2}\frac{CV(x)}{CV(y)}$$

※ 힌트. Lohr (2010), 133쪽 참조.

2 회귀추정에서 식 (5.2.16)이 성립함을 보여라.

$$S_d^2 = S_y^2(1-\rho^2)$$

3 일반회귀추정에서 식 (5.2.20)이 식 (5.2.19)에서 유도됨을 보여라.

4 분산분석 모형에서 일반회귀추정량이 식 (5.2.27)의 사후층화 추정량으로 유도됨을 보여라.
※ 힌트. Sarndal et al. (1992), 264쪽 참조.

5 분위수의 신뢰구간을 구하는 두 가지 방법을 설명하고, 장단점을 비교하라.

6 식 (5.4.21)이 식 (5.4.19)에서 유도됨을 설명하라.

7 랜덤그룹 분산추정 방법의 장단점을 설명하라.

8 층화평균인 경우 식 (5.4.25)가 식 (5.4.24)와 같아짐을 보여라.
※ 힌트. 예제 5.4.3.

9 잭나이프 분산추정 방법의 장단점을 설명하라.

10 (4장 연습문제 14 계속) $N = 115$개 클러스터로 구성된 모집단에서 $n = 10$개의 클러스터를 단순확률표집하고 클러스터 안의 사람들을 전부 조사하였다. 조사변수는 응답자의 나이, 성별, 주당 근로시간(y_1), 주당 임금(y_2, 단위 천 원)이다. 모집단 구성원은 $M = 478$명이다.

(a) 모집단의 구성이 남성 232명, 여성 246명으로 사후에 알려졌다고 하자. 이 정보를 이용하여 주당 평균 근로시간과 임금을 개인별, 남/여별로 추정하라.

(b) 모집단의 구성이 남성 232명, 여성 246명에 추가하여 연령대별 구성이 사후에 알려졌다고 하자: 19세 미만 47명, 20~4세가 54명, 25~4세가 129명, 35~4세가 236명, 65세 이상이 12명. 이 정보를 이용하여 주당 평균 근로시간과 임금을 개인별, 남/여별, 연령대별로 추정하라.

11 크기 $N = 1{,}000$인 병원 모집단에서 $n = 20$개의 병원을 단순확률표집하여 다음의 표본데이터를 얻었다. 여기에서 x는 병상수이고, y는 퇴원 환자수이다. 그리고 모집단에서 병원의 평균 병상의 수는 $\overline{X} = 200$이라고 하자. 병원의 퇴원 환자수 평균을 추정하려고 한다. 신뢰구간 계산에서 정규분포 분위수 $z_{0.975} = 1.96$을 사용하라.

표본번호	1	2	3	4	5	6	7	8	9	10
x	49	50	64	70	99	100	100	100	128	184
y	173	260	225	209	346	383	318	373	577	481

표본번호	11	12	13	14	15	16	17	18	19	20
x	224	227	231	233	244	260	275	279	303	309
y	590	732	931	684	858	1076	1201	754	715	985

(a) 조사변수 y만 이용하여 퇴원 환자수 평균을 추정하고, 95% 신뢰구간을 구하라.

(b) 보조변수인 병상수(x)를 이용하여 퇴원 환자수 평균을 비추정하고, 95% 신뢰구간을 구하라.

(c) 보조변수인 병상수(x)를 이용하여 퇴원 환자수 평균을 회귀추정하고, 95% 신뢰구간을 구하라.

(d) 비추정치와 회귀추정치에 대한 설계효과를 비교하라.

※ 힌트. Valliant et al. (2000), 5쪽 참조.

12 크기 $N = 234$인 모집단에서 조사변수 Y의 모평균을 추정하기 위하여 $n = 12$개 표본을 단순확률표집하였다. 보조변수의 모평균은 $\overline{X} = 18.2$로 알려져 있다.

표본번호	1	2	3	4	5	6	7	8
x	3.2	4.7	6.0	9.8	10.2	11.3	13.5	17.8
y	5.3	10.2	11.8	20.3	19.7	24.7	30.3	32.6

표본번호	9	10	11	12
x	22.9	28.0	32.5	34.4
y	39.6	66.7	65.4	78.0

(a) 모평균 $\overline{Y}$에 대한 표본평균, 비추정치, 회귀추정치를 구하라.

(b) 위의 세 추정치 중 어느 추정치가 참값 $\overline{Y}$에 근접할 것으로 기대되는가? 그 이유를 설명하라.

※ 힌트. Valliant et al. (2000), 91쪽 참조.

제 6 장

데이터 처리

제6장

데이터 처리

6.1 데이터 편집

6.1.1 데이터 편집

조사는 기획 및 설계, 현장 조사, 데이터 처리, 집계, 추정 및 분석 그리고 데이터 보급의 과정으로 이루어진다. 이 과정에서 다양한 형태의 오류가 발생할 수 있다. **데이터 편집**은 데이터 수집 및 처리 과정에서 논리적으로 일치하지 않는 데이터 오류를 찾고 수정하는 활동을 말한다. 전통적으로 데이터 편집은 결측값이 포함된 원시 데이터를 정비하여 결측값이 없는 **완비데이터**를 만드는 것을 목표로 수행되었다. 여기에 더하여 데이터 수집 및 처리 과정에서 발견되는 데이터 오류의 양을 줄이고, 데이터 품질에 대한 정보를 제공하며, 향후 조사에 대한 개선 정보를 제공하는 역할이 강조되고 있다. 데이터 편집은 데이터의 정확성을 향상시키는 반면 데이터 편집을 수행하기 위한 비용과 노력이 요구된다. 보통 데이터 오류를 수정하면 데이터 품질이 더 높아질 것으로 생각하기 때문에 가능한 많은 데이터 오류를 찾고 수정하는 것을 당연하게 생각할 수 있다. 그러나 지나친 데이터 편집은 통계 결과의 시의성을 감소시키고, 편집으로 인한 새로운 오류를 초래할 수 있으며, 과도한 비용과 시간이 소요될 수 있다. 따라서 데이터 품질 향상과 편집 비용 및 시간을 고려하여 데이터 편집 수준을 결정해야 한다.

데이터 편집에서는 잠재적 오류가 있어 보이는 데이터 레코드를 식별하기 위한 검사를 수행하는데, 결측 항목, 유효하지 않은 항목, 혹은 일관성이 없는 항목을 포함하는 데이터 레코드가 편집 대상이다. 오류가 있어 보이는 데이터 레코드가 식별되면 응답자에 대한 후속 조치, 결측 항목 대체, 레코드 삭제 등의 작업이 이어진다. 이러한 데이터 편집은 인터뷰 과정에서, 또는 데이터 수집 후에 수행한다. 전통적으로 통계기관, 특히 정부기관은 정확한 통계 작성을 위한 중요한 과정이라는 믿음으로 데이터 편집에 상당한 시간과 자원을 투입하였다. 그러나 데이터 편집 도구가 너무 강력해져서 데이터 편집을 너무 많이 하는 것이 아닌지에 대한 질문이 제기되고 있다. 일부 연구자의 새로운 목표는 높은 수준의 데이터 품질을 보장하면서 수행되는 데이터 편집의 양을 최소화하는 것이다.

데이터 편집은 마이크로 편집과 매크로 편집으로 구분된다. **마이크로 편집**은 개별 질문지

수준에서 수행하는 데이터 편집으로, 개별 질문지는 하나씩 확인되고 수정된다. 마이크로 편집은 일반적으로 인터뷰 중에 또는 데이터 캡처 중에 수행되는 활동이다. 반면 **매크로 편집**은 집계치 수준에서 수행하는 데이터 편집이다. 매크로 편집에는 데이터 레코드 파일이 필요하며, 일반적으로 데이터 수집 후, 데이터 입력 후, 그리고 마이크로 편집 후에 수행된다.

데이터 편집은 완비성 오류, 영역 오류, 일관성 오류, 경로 오류를 해결하는 활동이다[194]. 응답 질문지가 조사기관으로 회수되었을 때 가장 먼저 해야 할 일은 응답이 완전하게 채워져 있는지 확인하는 것이다. 공란이 있거나, 읽을 수 없거나, 채워진 것이 거의 없는 응답 질문지는 **완비성 오류**가 있는 질문지이다. 완비되지 않은 질문지는 해당 단위의 중요도에 따라 단위 무응답 처리, 콜백 처리, 표본에서 삭제, 혹은 항목 대체 등의 방법으로 처리될 수 있다.

각 항목의 질문에는 유효한 답변의 영역 또는 범위가 있고, 이 영역 또는 범위를 벗어나는 답변은 **영역 오류**로 정의된다. 숫자를 묻는 항목에서는 영역 오류를 탐색하기가 상대적으로 쉽다. 그러나 때때로 불가능한 값과 가능성이 낮은 값을 구분할 필요가 있을 때도 있다. 예를 들어, 응답자의 연령을 묻는 항목에서 299라는 값은 확실히 허용되지 않는다. 반면 110은 오류 가능성은 있지만 그렇다고 불가능한 값은 아니다. 폐쇄형 질문의 경우 응답은 주어진 범주에서 선택해야 한다. 이 경우 영역 오류는 답변 없음, 허용된 것보다 많은 답변 또는 허용 범위를 벗어난 답변을 선택하는 것이다. 개방형 질문의 경우 영역에 제한이 없다. 모든 텍스트가 답변으로 허용된다.

일관성 오류는 두 개 이상의 질문에서 답변이 서로 모순될 때 발생한다. 각 질문에서는 유효한 영역의 답변이지만, 답변의 조합은 불가능하거나 허용되지 않을 수 있다. 대학생이거나 10세 미만으로 기록된 답변은 각각이라면 가능하지만, 동일인이 대학생이면서 10세 미만이라고 기록된 답변의 조합은 아마도 오류일 수 있다. 일관성 오류는 일반적으로 폐쇄형 질문 및 숫자 질문의 조합에서 발생한다. 일관성 오류가 감지되면 오류의 원인은 항상 명확하지 않다. 하나, 둘 또는 그 이상의 질문에서 수정이 필요할 수 있다. 더욱이, 하나의 불일치를 해결하면 다른 불일치가 생성될 수 있다. 일반적으로 일관성 오류를 해결하는 것보다 일관성 오류 탐색이 더 쉽다.

많은 질문지에는 **경로 지시**가 포함되어 있다. 이 지시는 특정 질문에 답해야 하는 조건을 지정한다. 대부분의 경우 폐쇄형 질문과 숫자형 질문이 이 지시에 사용된다. 종이 질문지에서 경로 지시는 일반적으로 질문에 대한 답변에 첨부된다. 경로 지시는 해당되는 항목은 질문하고, 해당되지 않는 항목의 질문은 생략하도록 한다. **경로 오류**는 경로 지시를 따르지 않고 질문지를 통해 잘못된 경로로 이동하는 경우 발생한다. 경로 오류는 **건너뛰기 패턴**

194) Pierzchala 1990.

오류라고도 한다. 결과적으로 잘못된 질문에 대한 답변이 제공되거나 혹은 답변해야 하는 해당 질문에 대한 응답이 누락된다.

데이터 편집은 주로 편집규칙을 통해서 이루어진다. 편집규칙은 **필수적 편집규칙**195)과 **의문 편집규칙**196)으로 구분된다. 필수적 편집규칙은 확실하게 오류를 찾아내는 편집규칙을 말한다. 필수적 편집규칙을 통하여 반드시 수정해야 하는 잘못된 데이터 항목 값을 찾아낸다. 의문 편집규칙은 의심스러운 값을 탐색하는 편집규칙이다. 의문 편집규칙을 통해서 식별된 값은 잘못된 값일 수도 있지만, 그렇지 않을 수도 있다. 대부분의 경우 추가조사 없이는 명백한 오류임을 확신하기 어렵다.

예제 6.1.1.

필수적 편집규칙이 적용되는 예로는 다음의 경우를 들 수 있다.

- 응답자 식별 번호 오류
- '범위 밖의 연령'과 같은 중요 변수의 타당하지 않은 값
- '자녀의 나이보다 적은 부모의 나이'와 같은 비정상적인 값

그리고 **의문 편집규칙**이 적용되는 예는 다음과 같다.

- 과거 데이터와 비교하여 의심스럽게 낮은 값
- 어느 응답자의 응답이 과장된 것으로 의심되는 값

데이터 편집의 주요 범주에는 유효성 편집, 일관성 편집 및 분포 편집이 있다. **유효성 편집**은 응답 문구를 확인하고 응답이 유효한가를 판단하는 편집이다. 숫자 응답이 필요한 문항에 문자 응답이 있는지 확인하고, 결측값을 확인하며, 코딩된 데이터가 허용된 값 범위 내에 있는지 확인한다. **일관성 편집**은 질문 간의 관계를 확인하는 편집이다. 일관성 편집은 질문 간의 논리적 흐름, 구조적 관계 또는 과거 데이터와의 비교를 기반으로 한다. 예를 들어, 생년을 물어보는 질문과 결혼 상태를 물어보는 질문에서 10세인 사람이 결혼으로 응답이 되어 있으면 일관성 편집에서 걸러져야 한다. 만일 '15세 이하인 사람은 미결혼 이외의 응답을 갖기 어렵다'는 편집규칙을 정하면 10세인데 결혼으로 응답한 사람은 이 편집규칙에서 걸러진다. 유효성 편집과 일관성 편집은 하나의 질문지에 적용되는 편집이다. 이에 반하여 **분포편집**197)은 질문지 응답 간의 비교를 통한 편집으로, 응답 데이터 분포와

195) 필수적 편집규칙(fatal edit 혹은 hard edit)
196) 의문 편집규칙(query edit, soft edit 혹은 statistical edit)
197) 분포 편집은 때때로 통계적 편집이라고도 한다.

관련하여 이상치를 식별하려는 편집이다.

회수된 질문지에서 오류가 발견되면 수정한다. 한 가지 분명한 **오류 수정** 방법은 응답자에게 다시 연락하여 발견된 오류를 수정하는 것이다. 그러나 불행히도 이 방법은 일상적인 조사 관행에서는 좋은 방법이 아니다. 응답자들은 질문지에 응답하는 것을 부담스러워하기 때문에 재질문을 받으면 응답을 거부하는 결과를 낳을 수 있다. 더욱이 이 방법은 많은 시간과 비용이 필요하다. 따라서 조사기관은 발견된 데이터 오류를 처리하기 위해 다른 기법에 의존한다. 모든 오류 응답을 제거한 데이터 파일을 만들고, 오류 항목을 **결측 항목**으로 처리하는 방법이다.

결측 항목이 있는 조사데이터를 분석하는 데 위험이 없는 것은 아니다. 첫째, 데이터 파일의 결측이 랜덤하게 발생하지 않았을 수 있다. 결측이 체계적으로 발생했을 경우 응답 데이터는 목표모집단의 상황을 제대로 반영하지 못할 수 있다. 둘째, 많은 통계 분석 기법이 결측 데이터에 적절히 대처하지 못하여 잘못된 결과를 초래할 수 있다. 대부분의 기법은 완비데이터를 대상으로 하며, 결측값에 입력된 코드를 실제 값으로 해석하기도 한다.

조사데이터 분석에서 결측 데이터를 처리하는 두 가지 접근 방식이 있다. 첫 번째는 **레코드별 삭제**이다. 이 접근 방식에서는 결측 항목이 있는 모든 레코드가 제외되고, 완전히 응답한 레코드만 분석에 사용된다. 이 방식은 **완전 응답 레코드**가 모든 레코드의 랜덤 표본이라고 가정하는 것이다. 즉, 삭제된 레코드와 전체 레코드 사이에는 체계적인 차이가 없다고 간주하는 셈이다. 그러나 실제로는 그렇지 않은 경우가 많다. 더욱이 이 방식에서는 일부 정보가 사용되지 않는다. 단 하나의 질문이라도 답변이 없으면 나머지 응답이 모두 폐기되기 때문이다. 실제 상황에서 자주 적용되는 접근 방식은 **대체 방법**[198]으로, 잘못되었거나 결측된 값을 **합성값**으로 대체하는 방식이다. 이 합성값은 사용 가능한 정보를 사용하여 미지의 참값을 가능한 한 정확하게 예측한 값이다.

영역 오류를 확인하는 과정에서 한 번에 하나의 질문에만 초점을 맞추면, 오류가 탐색된 경우 해당 오류를 일으키는 질문이 명확하므로 수정되어야 하는 답변도 무엇인지 알 수 있다. 그러나 일관성 및 경로 오류에 대한 확인은 상황이 다르다. 이러한 확인에는 일반적으로 몇 가지 질문이 동시에 관련된다. 또한 오류가 탐색되면 오류의 원인이 된 질문이 명확하지 않은 경우가 많다. 하나의 질문에 대한 답변이 틀릴 수 있지만, 더 많은 다른 질문의 답변에 오류가 있을 수도 있다. 이런 경우에 더 많은 정보가 없으면 오류의 원인을 알아내는 것이 종종 불가능하다.

편집규칙을 적용하여 데이터 편집을 수행하면 편집규칙을 위반하는 불일치 레코드를 찾을 수 있다. 다음에는 불일치 레코드 안에서 어느 데이터가 오류 데이터인지 검토하게 된다.

198) 대체 방법(imputation method)

이러한 활동을 '**오류지역화**[199]'라고 한다. 조사에서는 가능한 한 많은 응답 데이터를 보존하는 것이 낫기 때문에 편집에 실패한 모든 데이터를 대체하는 것이 권장되지 않는다. 대신, 레코드에 대한 최소 항목을 대체하는 것이 권장된다. **오류 위치 포착**을 위한 일반 가이드라인 중에서 가장 널리 알려진 것이 **펠레지-홀트 패러다임**[200]이다. 그들의 패러다임에서는 어떤 항목을 대체해야 하는지 결정하기 위해 세 가지 기준이 사용된다.

(i) 레코드 안에 있는 데이터는 가능한 최소 항목을 변경하여 모든 편집규칙을 만족하도록 한다.
(ii) 데이터 파일의 빈도 구조는 가능한 한 유지한다.
(iii) 대체 규칙은 명시적 규칙이 아닌 대응되는 편집규칙에서 유도한다.

펠레지-홀트 방법의 장점은 다음과 같다. 첫째, 관측된 원시 데이터를 가능한 한 많이 보존하는 것을 목표로 한다. 둘째, 모든 편집규칙을 만족하는 일치성 있는 데이터를 유도한다. 셋째, 많은 변수에 동시에 타당하게 적용할 수 있다. 넷째, 결정적 점검규칙보다는 덜 상세한 규칙이 요구되고, 결정적 처리를 하여 발생하는 편향이 나타나지 않는다. 반면 단점은 첫째, 펠레지-홀트 방법은 내부적으로 일치하는 레코드를 구성하도록 할 뿐 특정 분포의 성질을 갖는 데이터를 구축하도록 하지는 않으며, 둘째, 이 방법은 하나의 레코드에 대한 모든 편집규칙을 필수적 편집규칙인 것으로 간주해야 한다는 점이다.

예제 6.1.2.

어떤 조사에서 기혼자이면서 16세 미만인 사람을 식별하기 위한 연령/결혼상태의 편집규칙 1이 있고, 대학교육을 받았고 18세 미만인 사람들을 식별하기 위한 연령/교육수준의 편집규칙 2가 있다고 가정하자. 그리고 조사 레코드 중에 편집규칙 1과 편집규칙 2 모두를 실패한 레코드가 있다고 가정하자. 이 레코드가 두 편집규칙을 모두 통과하기 위해서는 결혼상태 및 교육수준이 변경되거나 혹은 연령이 변경될 수 있다. 펠레지-홀트 패러다임은 후자를 권장한다.

데이터 편집을 수행하는 정도는 모든 레코드를 완벽하게 만드는 것과 데이터 편집에 소비되는 시간과 자원의 양 사이에서 절충된다. 역사적으로 다수의 조사는 오류를 식별하기 위해 많은 시간과 노력을 기울였다. 그러나 데이터를 과도하게 편집하면 자원이 효율적으로 사용되지 않을 뿐만 아니라 편향된 결과를 초래할 수 있다. 일반적으로 데이터는 미리 정의된 모형을 따를 것으로 가정하며 데이터가 모형을 따르지 않으면 편집에 실패했다고 한다.

199) 오류 지역화(error localization)
200) Fellegi and Holt 1976.

편집이 실패할 때마다 데이터가 변경되면 데이터가 모형 쪽으로 치우쳐지고 실제 상황에서 멀어질 수 있다. 또한, 과도한 편집 및 후속 조치는 응답 부담을 높이고 향후 응답자의 협조를 낮출 수 있다.

최종 추정치에 거의 영향을 미치지 않는 데이터를 편집하는 데 과도한 시간과 자원의 소비를 피하는 **선택적 편집**이 권장된다. 선택적 편집 방식은 중요한 편집 오류만 처리하면 된다는 아이디어에 기반한다. 선택적 편집은 일반적으로 양적 데이터에 적용되며, 조사 추정치에 주는 잠재적 영향에 따라 개별 데이터를 수정하는 절차이다. 선택적 편집에 실패하면 레코드 제외, 항목 대체, 응답자에 대한 후속 조치 등이 뒤따른다. 선택적 편집은 비용 절감, 처리 시간을 줄임으로써 적시성을 개선할 수 있고, 영향력이 큰 레코드에 편집 지원을 집중하여 데이터 품질을 개선할 수 있는 장점이 있다. 반면, 개별단위 수준에서 데이터 품질에 주의를 덜 기울이고, 데이터에 불일치가 남아 있어 사용자에게 데이터 품질이 좋지 않다는 인상을 줄 수 있는 단점이 있다.

6.1.2 대체 방법

오류 데이터 문제를 해결하기 위해 종종 일종의 대체 기법이 적용된다. **대체**는 잘못되었거나 결측된 값에 합성값을 할당하는 것을 말한다. 이 합성값은 결측값을 정확하게 예측하려고 시도한 기법의 결과값이다. 대체 기법을 적용하면 데이터 레코드에서 결측이 없어지므로 결측값에 대한 걱정 없이 모든 분석기법을 적용할 수 있다. 그러나 이 접근 방식에도 단점은 있다.

대체 기법이 결측 데이터로 인해 발생할 수 있는 편향을 줄일 것이라는 확실한 보장은 없다. 편향은 결측 데이터 메커니즘의 유형과 적용되는 대체 기법에 따라 다르게 나타난다. **결측데이터 메커니즘**은 세 가지 유형으로 구별할 수 있다. 변수 x는 완전히 관측된 보조변수를 나타내고, 변수 y는 일부 값이 결측된 조사변수라고 하자. 변수 z는 x,y와 무관한 결측의 원인을 나타내는 변수이고, 지시자 R은 y값의 결측 여부를 나타낸다고 하자.

완전랜덤결측[201]의 경우 결측은 x 및 y와 완전히 관련이 없는 현상 z에 의해 발생한다. 변수 y를 포함하는 모수에 대한 추정은 편향되지 않으며, 대체 기법은 조사변수 y의 추정에 대한 편향을 유발하지 않는다. **랜덤결측**[202]의 경우 결측은 부분적으로는 독립 현상 z에 의해, 부분적으로는 보조변수 x에 의해 발생한다. 따라서 y와 R 사이에는 간접적인 관계가 있다. 이는 y에 대한 편향된 추정으로 이어진다. 다행히 y의 결측값과 비결측값 모두에 대해 x의 모든 값을 활용하는 대체 기법을 사용하면 이러한 편향을 수정할 수 있다. **비랜덤결**

201) 완전랜덤결측(missing completely at random, MCAR)
202) 랜덤결측(missing at random, MAR)

측[203]의 경우 z와 R 사이, x와 R 사이에 관계가 있을 수 있지만, x가 설명할 수 없는 y와 R 사이에도 직접적인 관계가 있다. 이러한 상황은 편향으로 이어진다. 불행히도 x를 사용하는 대체 기법은 편향을 제거할 수 없다[204].

사용 가능한 대체 기법은 많이 개발되었다. 이 소절에서는 몇 가지를 설명한다. 이들은 모두 **단일 대체 기법**이다. 단일 대체는 결측값이 하나의 합성값으로 대체됨을 의미한다. 또 다른 접근 방식은 **다중대체**이다. 이 기법에서는 결측값에 여러 개의 합성값을 대체한다. 대체가 아닌 다른 대안은 사용자가 오류 데이터를 직접 처리하도록 하는 것이다. 그러나 이 방안은 권장되지 않는다. 그 이유는 사용자가 편집에 실패한 모든 레코드를 무시하여 삭제하면 많은 레코드의 데이터가 손실될 수 있고, 사용자가 자체적으로 데이터를 대체하여 사용하면 다른 사용자의 추정치가 일관되지 않을 수 있어 조사를 수행한 통계기관의 평판이 훼손될 수 있기 때문이다.

대체 방법은 결정적 대체와 확률적 대체의 두 범주로 나눌 수 있다. **결정적 대체**는 응답 데이터에 가능한 대체 값이 하나만 있음을 가정하고, **랜덤대체**는 랜덤의 요소가 있음을 가정한다. 동일한 데이터 레코드에서 대체가 반복되면 결정적 방법은 매번 동일한 값을 대체하는 반면 랜덤대체 방법은 매번 다른 값으로 대체할 수 있다. 결정적 대체 방법에는 **연역적 대체**, **평균대체**, **비율/회귀대체**, **핫덱 대체**, **콜드덱 대체**, **최근접 이웃 대체** 등이 있고, 연역적 대체를 제외한 나머지 결정적 방법에는 대응하는 확률적 대체가 있다. 양적 데이터를 확률 대체할 때 적절한 분포 또는 적절한 모형의 **랜덤잔차**가 추가된다. 랜덤대체의 장점은 데이터의 빈도 구조를 더 잘 보존할 수 있고 결정적 방법보다 대체된 값의 현실적인 변동성을 더 잘 복원할 수 있는 점이다.

변수 R_k는 응답여부를 나타내는 지시변수라고 하자. 단위 k가 응답하면 $R_k = 1$이고, 그렇지 않으면 $R_k = 0$이다. 보조변수 x는 결측이 없다고 가정한다.

연역적 대체에서는 결측되거나 일치하지 않는 항목의 값을 다른 항목의 값으로부터 논리적인 수학적 추론에 기초하여 대체한다. 대체된 값이 모든 편집규칙을 만족시키는 유일한 값일 때 적용된다. **균형편집규칙**[205]을 이용하면 연역적 대체가 가능하며, 패널조사에서 연도별 상황을 파악하면 연역적 대체를 적용할 수 있다. 일반적으로 다른 대체보다 먼저 수행되고 이상적인 대체의 형태지만, 늘 가능한 것은 아니다.

---

203) 비랜덤결측(not missing at random, NMAR)

204) Bethlehem 2009, 185쪽

205) 균형편집규칙(balanced edit rule)

예제 6.1.3.

질문지에서 3개 항목의 합계가 100으로 알려져 있는데, 2개 항목은 60과 30으로 보고되었고 나머지 항목이 결측으로 보고되었다고 하자. 그러면 결측값은 10으로 추론될 수 있다. 따라서 결측 항목에 10의 값이 연역적으로 대체된다.

예제 6.1.4.

패널조사에서 한 가정의 자녀의 수를 조사하였다. 자녀의 수 응답이 1년 차에 2명, 2년 차에는 무응답, 그리고 3년 차에는 2명이었다. 논리적으로 2년 차 자녀의 수는 2명이므로, 자녀의 수 2명이 연역적 대체된다.

연역적 대체 방법의 장점으로는 첫째, 대체 값이 논리적 추론에 기초하기 때문에 신뢰성이 있다. 둘째, 연역적 대체는 가장 간단하고 저비용인 대체 방법이다. 셋째, 관측치에 균형 편집규칙과 같은 제약조건이 있을 때 유일한 값을 유도할 수 있다. 넷째, 레코드에서 오류 위치가 확실하게 포착되면 연역적 대체는 참값을 유도한다. 반면, 연역적 대체 방법은 일치성 제약조건이 변수에 부여되지 않으면 사용하기 어려운 단점이 있다.

대체는 유사한 레코드를 그룹으로 나눈 후 그룹 내에서 실행하는 것이 좋다. 이러한 그룹을 **대체군**[206]이라고 한다.

평균대체는 각 대체군에서 항목의 결측값을 해당 대체군의 응답 평균 $\bar{y}_c$로 대체하는 것을 말한다. 크기가 n_c인 대체군 c에서 단위 l의 값이 결측되었다면, 대체 값 y^*_{cl}는 대체군의 응답 평균으로 정의된다.

$$y^*_{cl} = \bar{y}_c = \frac{\sum_{k=1}^{n_c} R_{ck} y_{ck}}{\sum_{k=1}^{n_c} R_{ck}}, \quad c = 1, \ldots, C \tag{6.1.1}$$

같은 대체군에서 모든 결측값에는 같은 대체 값이 부여된다. 대체군 평균대체는 결측 항목이 군내에서 완전랜덤결측되었다고 가정한다.

206) 대체군(imputation class)

예제 6.1.5.

주택 조사를 위한 질문지에서 아파트 월세값이 결측되었다고 하자. 그러면 결측값은 월세를 정확하게 응답한 응답자들의 평균 월세로 대체할 수 있다.

평균 대체는 총계, 평균, 비율 등에는 합리적인 점 추정치를 제공한다. 그러나 대체된 모든 값이 응답 평균과 같으므로 표본분포의 평균에서 피크가 나타나며, 결측치의 변동성을 반영하지 못하고, 조사변수의 분포가 왜곡된다. 따라서 기존의 표집분산 공식을 그대로 사용하는 경우 분산은 과소하게 계산된다.

핫덱 대체는 모든 편집을 통과한 레코드를 **기증자**로 하고, 결측되었거나 잘못된 값이 있는 레코드를 **수령자**로 하여 결측 항목의 값을 대체하는 방법이다. 수령자 레코드와 유사한 기증자 레코드를 찾기 위해 대체 변수와 관련된 변수를 식별하여 대체군을 생성한다. 핫덱 대체는 양적 또는 질적 변수를 대체하는 데 사용할 수 있고, 일반적으로 대체군을 생성할 때에는 질적 변수를 사용한다. 핫덱이라는 용어는 동일한 데이터 세트를 사용하여 만들어진 대체를 지칭하는 말이다. 핫덱 대체의 두 가지 주요 유형은 **순차 핫덱 대체**와 **랜덤 핫덱 대체**이다.

순차 핫덱 대체는 대체군 내에서 레코드를 특정 순서로 정렬한 후 레코드를 하나씩 순차적으로 처리하는 방법이다. 대체군 내에서 레코드의 결측 항목의 값은 이전 레코드의 항목 응답값으로 대체된다. 순차 핫덱은 매번 동일한 정렬 방법을 사용하는 경우 결정론적 대체 방법이 된다. 종종 결측이 같은 군에서 발생하는 경향이 있으므로 한 레코드가 여러 번 기증될 수 있다. **랜덤 핫덱 대체**를 사용하면 기증자가 대체군 내에서 랜덤하게 선택된다. 다변량 관계를 유지하기 위해 일반적으로 동일한 기증자의 값이 수령자의 모든 결측 항목에 기증된다. 랜덤 핫덱은 확률적 대체 방법이다. 완비데이터에 대한 변수 값의 분포는 다소 자연스럽게 보일 것이다. 그러나 이 분포가 변수의 실제 분포와 반드시 유사하지는 않다. 그리고 결측값이 랜덤하게 결측되지 않은 경우 두 분포는 다를 수 있다.

예제 6.1.6.

무응답자의 흡연 상태를 대체하는 예를 고려하자. 흡연과 비흡연의 두 가지 가능한 응답이 있고, 기증자 레코드를 찾기 위해 성별 및 연령을 기준으로 대체군을 생성한다. 이러한 변수는 개인의 흡연 상태와 관련이 있기 때문이다. 대체가 필요한 레코드가 21~25세 범주의 남성에 대한 것이라고 가정하자. 기증자 레코드는 흡연 상태를 보고한 21~25세의 모든 응답자 남성이다. 대체군 내에서 레코드를 정렬하고 순차적으로 기증자를 선택하면 순차적 핫덱 방법이고, 랜덤하게 선택하면 랜덤핫덱 방법이다.

기증자 대체 방법의 장점은 유사한 기증자가 유사한 특성을 가지므로 대체 값이 실제 값에 가까울 수 있다는 점이다. 그리고 기증자 대체를 사용하면 데이터의 다변량 분포가 일반적으로 잘 보존될 수 있다. 그러나 몇 가지 단점도 있다. 순차핫덱의 경우 동일한 기증자가 여러 번 사용될 수 있다. 하나의 기증자를 반복적으로 사용하면 데이터 분포가 왜곡되고 추정된 표집분산이 인위적으로 작아질 수 있다. 또 다른 단점은 좋은 보조정보와 최소한 부분 응답에 대체군 생성이 필요한데, 이러한 정보를 항상 사용할 수 있는 것은 아니라는 점이다. 또한, 대체군이 작거나 대체군의 무응답률이 높은 경우 기증자를 찾지 못할 수도 있다.

콜드덱 대체는 핫덱 대체와 거의 유사하지만 기증자를 찾는 방법이 다르다. 핫덱 대체는 동일 조사에서 기증자를 찾는 반면, 콜드덱 대체는 이전 조사 또는 과거 데이터와 같은 다른 출처에서 기증자를 찾는다. 대체의 기증자 역할을 하는 데이터가 현재 컴퓨터를 통해 실행 중인 데이터가 아니기 때문에 덱은 '차가운' 것으로 표현된다. 이 방법에 대한 이론은 거의 존재하지 않는다. 핫덱 대체와 마찬가지로, 콜드덱 대체가 선택편향 제거를 보장하는 것은 아니다.

최근접 이웃대체에서는 결측 항목을 가진 레코드와 '가장 밀접한' 기증자 레코드의 항목값을 결측값에 기증한다. 여기에서 밀접함은 거리 함수를 이용하여 정의된다. 만일 모든 보조변수가 양적변수인 경우 유클리드 거리가 사용될 수 있다. p개의 보조변수가 있다고 가정하자. 단위 k에서 변수 x_j의 값을 x_{kj}로 표기하자$(j=1,\ldots,p)$. 그러면 단위 k와 단위 l의 거리 D_{kl}는 다음과 같이 정의할 수 있다.

$$D_{kl} = \sqrt{\sum_{j=1}^{p}(x_{kj} - x_{lj})^2} \tag{6.1.2}$$

만일 단위 k의 값 y_k가 결측이 되었다면 대체되는 값은 D_{kl}이 가장 작고 사용 가능한 y_l이 있는 레코드의 y_l값이다.

모형기반 대체는 두 개 이상의 변수 사이에 존재하는 관계를 이용하여 모형을 만든 후, 추정된 모형을 이용하여 예측값으로 대체하는 방법이다. 예를 들어 **비대체**[207]는 조사변수 y와 보조변수 x 간의 관계를 가정한다. 이 관계가 대략 $y_k \approx Bx_k$ 형태이면 일부 상수 B에 대해 단위 k에 대한 결측값을 Bx_k로 추정할 수 있다. B의 값을 모르는 경우 사용 가능한 데이터를 사용하여 다음과 같이 추정할 수 있다.

207) 비대체(ratio imputation)

$$\hat{B}=\frac{\sum_{k=1}^{n} R_k y_k}{\sum_{k=1}^{n} R_k x_k} \tag{6.1.3}$$

만일 단위 k의 값 y_k가 결측되었다고 가정하면, 대체 값은 다음으로 정의된다.

$$y_k^* = \hat{B} x_k \tag{6.1.4}$$

비 추정은 종단조사에서 동일한 변수가 두 개의 다른 시간에 측정될 때 자주 사용된다.

예제 6.1.7.

급여 조사에서 어느 회사의 급여 총액 y_k가 결측되었다고 하자. 다행히 그 회사의 급여를 받는 직원 수 x_k가 보고되었고 그 회사의 산업분류와 규모가 알려져 있다고 가정하자. 그러면 해당 산업분류와 규모에서 급여 총액과 급여를 받는 직원 수가 모두 정확하게 보고된 회사의 응답을 이용하여 급여 총액과 직원 수 간의 비율을 추정할 수 있다. 그리고 이 추정된 비율과 y_k가 결측된 레코드의 직원 수 x_k를 식 (6.1.4)에 대입하여 급여 총액의 대체 값 y_k^*을 계산할 수 있다.

대체된 값의 정확도는 대체 변수, 관련된 보조변수의 존재, 수학적 계산에 사용된 정교함의 정도, 대체군 등에 영향을 받는다. 이 방법의 한 가지 장점은 변수 간의 관계를 유지할 수 있다는 점이다. 회귀 추정된 값은 단순 평균보다 더 안정적인 대체 값을 생성할 가능성이 있다. 그러나 회귀모형을 이용한 대체 방식은 데이터 분석 단계에서 인위적으로 관계를 유도할 수 있다. 그리고 연역적 대체를 제외한 대부분의 다른 대체 방법과 마찬가지로 기존 분산 공식을 사용하는 경우 추정된 표집분산은 작게 계산된다. 종단면 조사에서 사용할 수 있는 이전 값을 대체하는 **이월대체**[208] 방법은 회귀대체의 특수한 경우이다.

양적 데이터에 대한 결정적 대체는 랜덤잔차를 추가하여 확률적 대체로 만들 수 있다. 예를 들어, 평균값을 대체하고 랜덤잔차를 추가한다.

$$y_k^* = \bar{y}_r + e_k^* \tag{6.1.5}$$

208) 이월 대체(carry–over imputation)

여기에서 y_k^*는 k번째 레코드에 대한 조사변수 y의 대체 값이고, $\overline{y}_r$는 대체군에서 보고된 y값들의 평균, 그리고 e_k^*는 응답자로부터 선택된 랜덤잔차이다. 랜덤잔차 e_k^*를 선택하는 한 가지 방법은 다음과 같다. 대체군의 응답자 집합에서 잔차를 다음과 같이 구한다.

$$e_k = y_k - \overline{y}_r,\ \ k = 1, \ldots, n_r$$

여기에서 n_r은 응답자 수이다. 그런 다음 대체군의 모든 잔차 중에서 하나를 랜덤하게 선택하여 e_k^*로 한다.

기증자 대체를 사용할 때 고려해야 할 문제는 다음과 같다. 먼저 고려할 사항은 기증자 레코드를 찾는 방법으로, 수령자와 유사한 기증자 레코드를 찾는 것이 목표이다. 이때 기증자 선택변수와 대체군 형성이 중요하다. 기증자 선택변수는 대체가 필요한 변수와 강한 상관관계가 있는 것이 유리하다. 대체군 형성이 필요한 경우, 대체군은 충분한 수의 잠재적 기증자가 있을 만큼 충분히 커야 하지만 기증자들의 데이터가 서로 다를 정도로 너무 크지는 않아야 한다.

데이터를 기증받을 때 단일 기증자로부터 여러 항목을 기증받으면 변수 간의 결합분포가 유지되는 장점이 있다. 그리고 단일 기증자 대체는 기증자가 모든 편집을 통과했기 때문에, 수령자도 편집규칙을 통과하기 쉬운 점 또한 장점이다. 기증자 대체에서 기증자 선택변수를 너무 많이 사용하면 적절한 기증자를 찾을 수 없는 위험이 있을 수 있다. 그리고 한 항목을 대체하는 데 사용된 기증자 선택변수는 다른 항목에 적합하지 않을 수 있다.

동일 기증자가 여러 수령자 레코드에 대체되는 경우 최종 조사 추정치에 미치는 영향이 상당할 수 있다. 기증자 레코드가 사용되는 횟수를 제한하면 특정 기증자의 남용을 방지하는 효과가 있다. 어떤 경우에는 적절한 기증자 레코드를 찾을 수 없는 수령자가 있을 수 있다. 이 경우 일반적으로 핫덱, 콜드덱, 또는 평균대체 등의 방법으로 대신한다.

이제까지 소개된 대체 방법들은 하나의 대체 값을 생성하는 방법들이다. 대체된 값은 원래 분포를 어느 정도 왜곡하고, 결측이 없을 때의 표준적인 분산추정 공식을 사용하면 부적절한 분산추정으로 이어질 수 있다. 이로 인해 신뢰구간의 길이가 좁아지고 추론의 오류로 이어질 수 있다.

다중대체[209]는 대체가 필요한 항목에 여러 번의 대체를 실시하는 방법이다. 전형적으로, 각 대체에서는 동일한 확률모형이 사용된다. 대체된 데이터 세트에서 여러 개의 추정치가 생성된다. 이들로부터 단일 결합 추정치와 대체로 인한 불확실성을 나타내는 대체 분산이 추정되는 장점이 있다. 그러나 다중대체는 추정치의 데이터 처리, 저장 및 계산에 더 많은 작업이 필요하다.

---

209) 다중대체(multiple imputation). Rubin 1987, 1996.

대체는 표준 소프트웨어로 분석할 수 있는 형태의 직사각형 데이터 세트 생성에 도움을 준다. 주어진 공변량에서 랜덤결측이 발생한 경우, 대체는 항목 무응답으로 인한 편향을 실질적으로 감소시킨다. 대체된 데이터 사용의 가장 큰 위험은 미래의 데이터 분석자가 원래 값과 대체 값을 구별하지 않을 것이라는 점이다. 따라서 이상적으로는 대체 값은 대체된 것임이 기록되어야 한다. 대체된 값은 좋은 추측일 수 있지만, 실제 데이터는 아니다. 대체된 값이 포함된 데이터를 사용하여 계산된 분산은 항상 작은데, 그 이유는 부분적으로 표본크기의 인위적인 증가로 인해 부분적으로 대체된 값들이 데이터 수집 과정에서 실제로 획득된 값인 것처럼 취급되기 때문이다. 실제 분산은 표준적인 소프트웨어 패키지에서 추정되는 분산보다 더 크다.

적절한 대체 방법을 사용하면 최종 데이터의 품질을 높일 수 있는 장점이 있다. 반면, 대체 방법이 적절하지 않으면 대체하여 생성된 레코드는 나중에 부정확한 것으로 판명될 수 있는 선입견 모형에 맞는 레코드가 될 위험이 있다. 다음은 대체에 대한 몇 가지 **가이드라인**이다.

(i) 대체된 레코드는 편집에 실패한 레코드와 매우 유사해야 한다. 이는 일반적으로 적은 수의 항목을 대체하고 가능한 한 많은 응답 데이터를 보존함으로써 달성된다. 이러한 생각의 기본 가정은 응답자가 다수의 오류보다 소수의 오류를 범할 가능성이 더 크다는 것이다.
(ii) 대체된 레코드는 모든 편집규칙을 만족해야 한다.
(iii) 대체 방법은 대체할 데이터의 유형을 고려하여 선택한다.
(iv) 대체 방법은 무응답 편향을 줄이고 가능한 한 항목 간의 관계를 보존하는 것을 목표로 한다.
(v) 기증자 대체의 경우, 대체 레코드는 선택한 기증자 레코드와 매우 유사해야 한다.
(vi) 대체된 값에 플래그를 표시하고 대체 방법과 출처를 명확하게 한다. 그리고 대체의 정도와 효과를 평가할 수 있도록 레코드에 대체되지 않은 값과 대체된 값을 보존한다.

6.1.3 이상치 처리

조사데이터에서 **이상치**는 데이터의 나머지 부분과 일치하지 않는 것으로 보이는 관측치로 정의된다[210]. 이상치는 **극단값**일 수도 있고, **영향력 있는 관측치**일 수도 있다. 보고된 값과 조사가중치의 조합이 추정치에 큰 영향을 미치는 경우 관측치는 영향력 있는 관측치가 된다. 그러나 극단값이 반드시 영향을 미칠 필요는 없으며 그 반대의 경우도 마찬가지이다. **이상치의 식별**은 의심스러운 레코드를 식별하는 일종의 데이터 편집으로 볼 수 있다.

관측치가 한 변수에 관해 이상치이면 **일변량 이상치**이고, 둘 이상의 변수와 관련하여 이상치이면 **다변량 이상치**이다. 일반적으로 일변량 이상치와 다변량 이상치는 다를 수 있다.

210) Statistica Canada 2010, 217쪽.

예를 들어 키가 190cm인 사람이나 체중이 45kg인 사람은 일변량 이상치가 아니나, 키가 190cm이면서 동시에 체중이 45kg인 사람은 이변량 이상치가 된다.

이상치는 거의 모든 조사의 변수에서 발견되는데, 이상치가 존재하는 데에는 여러 가지 이유가 있다. 먼저 데이터에 오류가 있는 경우 이상치가 될 수 있다. 오류 데이터가 아닌 경우 이상치는 다른 모형이나 분포에서 발생하는 것으로 생각할 수 있다. 예를 들어 대부분의 데이터는 정규분포에서 발생한 것으로 간주될 수 있지만, 이상치는 지수분포에서 발생한 것으로 간주될 수 있다. 또한 이상치는 데이터의 고유한 변동성 때문일 수 있다. 의심스러운 값으로 보이는 것은 단순히 데이터의 고유한 가변성에서 발생할 수 있다. 즉, 분포에서 정당하게 극단적인 관찰일 수 있다. 이는 기업조사에서 흔히 나타나는 치우친 모집단의 경우에 발생한다. 예를 들어, 회사 규모에 따른 매출 분포는 일반적으로 치우쳐 있는데, 이는 소수의 큰 회사가 전체 매출의 상당히 많은 부분을 차지하고 있기 때문이다.

이상치는 **상대거리**와 **허용구간**을 이용하여 **식별**할 수 있다. 전통적으로 이상치는 데이터 중심에서 상대적인 거리를 측정하여 탐색되었다. 예를 들어 관찰된 데이터, $y_1, \ldots, y_n$에서 **중심측도**가 m이고 **산포측도**가 s인 경우 데이터 중심으로부터 y_k의 **상대거리** d_k는 다음과 같이 정의할 수 있다.

$$d_k = \frac{|y_k - m|}{s}, \ \ k = 1, \ldots, n \tag{6.1.6}$$

만일 상대 거리 d_k가 미리 결정된 임계값을 초과하면 관측치 y_k는 이상치로 간주된다. 이상치를 식별하는 다른 방법으로 **허용구간**[211]을 지정할 수 있다.

$$(m - c_L \times s, \ \ m + c_U \times s) \tag{6.1.7}$$

여기에서 c_L및 c_U는 미리 결정된 하한 및 상한값이다. 치우친 모집단의 경우 c_L 및 c_U는 다른 값이 사용된다. 허용구간을 벗어나는 관측치는 이상치로 간주된다.

데이터 중심위치와 데이터 산포 추정에 자주 사용되는 표준적인 방법은 표본 평균과 표본 분산을 사용하는 것이다. 그러나 표본 평균과 표본 분산은 이상치에 민감하기 때문에 이상치 탐색 목적으로는 적합하지 않다. 예를 들어, 데이터가 한쪽에 몰려 있고 표본분산이 이상치에 의해 크게 부풀려진 경우 표본평균은 이상치 쪽으로 이동한다. 따라서 일부 이상치의 상대 거리가 다소 작게 나타날 수 있으며 이상치 탐색 절차에서 이는 감지되지 않을 수도 있다. 이러한 문제를 **마스킹 효과**라고 한다. 이러한 이유로 이상치 탐색에 널리 사용되는

211) 허용구간(tolerance interval)

대안적인 방법은 **중앙값**으로 중심위치를 추정하고, **사분위수 범위**로 산포를 추정하는 **사분위수 방법**이다. 사분위수는 데이터를 네 부분으로 나누는 경계점을 말하며, 데이터의 25%가 첫 번째 사분위수 $q_{0.25}$보다 작고, 데이터의 50%가 두 번째 사분위수(또는 중위수) $q_{0.50}$보다 작으며, 데이터의 75%가 세 번째 사분위수 $q_{0.75}$보다 작다. 사분위수 범위의 상한 h_U 및 하한 h_L은 다음과 같이 정의된다.

$$h_L = q_{0.5} - q_{0.25}, \quad h_U = q_{0.75} - q_{0.5}$$

그리고 허용오차 구간은 다음과 같다.

$$(q_{0.5} - c_L \times h_L,\ q_{0.5} + c_U \times h_U) \tag{6.1.8}$$

과거 데이터나 과거 경험을 기반으로 c_L 및 c_U를 미리 결정한다. 이 구간을 벗어나는 모든 관측치는 이상치로 간주된다[212].

데이터 편집 단계에서 발견된 이상치는 다양한 방식으로 처리될 수 있다. 수동 편집 시스템에서는 잠재적인 이상값이 실제로 오류인 경우 재검사하거나 추적 조사하여 값을 변경한다. 자동화된 편집 시스템에서 이상치는 종종 대체된다. 이상치가 영향을 미치지 않는다고 생각되는 경우 별다른 처리가 수행되지 않을 수 있다. 또한 편집에서 처리되지 않은 이상치는 추정 시 처리될 수 있다.

처리되지 않은 이상치를 단순히 무시하면 추정치가 편향되고 추정치의 표집분산이 증가할 수 있다. 만일 추정치에 대한 영향을 줄이기 위해 이상치에 1의 가중치를 부여하면 결과가 편향될 수 있다. 따라서 이상치 처리의 목표는 너무 많은 편향을 도입하지 않고 이상치가 추정치의 표집분산에 미치는 영향을 줄이는 것이다.

추정 단계에서 이상치를 처리하기 위해서는 **관측치 변경**, **가중치 변경**, **로버스트 추정법** 등의 접근 방식이 사용될 수 있다. 극단 관측치 처리의 한 예는 **윈저화**이다. 윈저화는 상위 몇 개 값을 다시 코딩하는 것을 말한다. 모집단 크기가 N이고 표본크기가 n인 단순확률표집 모총계 T_y의 추정량은 다음과 같이 주어진다.

$$\widehat{T}_y = \frac{N}{n}\sum_{k=1}^{n} y_k$$

표본 관측값을 크기순으로 정렬한 값을 $y_{(k)}$, $k=1,\ldots,n$로 나타내자.

---

212) 이상치 탐색 방법에 대한 자세한 내용은 Barnett and Lewis (1995) 참조.

$$y_{(1)} \leqq y_{(2)} \leqq \cdots \leqq y_{(n)}$$

만일 l개의 가장 큰 값이 이상치로 간주된다면, 이상치가 아닌 관측값 중 가장 큰 값인 $y_{(n-l)}$을 이상치에 대체한 후 **윈저화 추정량** $\hat{T}_W$을 구한다.

$$\hat{T}_W = \frac{N}{n}\left(\sum_{k=1}^{n-l} y_{(k)} + l \times y_{(n-l)}\right) \tag{6.1.9}$$

윈저화는 일변량 상황에 사용되는 경향이 있다.

또 다른 선택은 이상치의 **가중치를 줄여 영향을 줄이는 것**이다. 예를 들면 이상치의 가중치를 1 또는 0으로 지정하는 것이다. 이 방법은 추정치에 영향을 미치는데, 특히 치우진 모집단의 경우 극적인 영향을 미친다. 이는 보통 심각한 과소추정의 편향으로 이어질 수 있다. 예를 들어, 두 개의 큰 회사가 소매 판매액의 대부분을 차지하는데, 하나가 이상치로 식별되는 경우에 추정치에서 이 회사를 제거하면 총 소매 판매액이 심각하게 과소추정된다. 이상치에 대해 가중치를 감소시키는 여러 추정법이 제안되었다[213].

고전적 추정 이론에서 모수추정은 분포 가정을 기반으로 한다. 일반적으로 추정량은 정규분포를 따른다고 가정되고, 일반적인 표본평균 및 분산추정량은 정규분포에서 최적이다. 그러나 이러한 추정치는 이상치에 매우 민감하다. 로버스트 추정량은 분포 가정에 덜 민감한 추정량이다. 예를 들어, 중앙값은 평균보다 더 로버스트하고, 사분위수 범위는 일반적인 분산 추정량보다 더 로버스트하다. 후버의 **M-추정량**[214]을 포함하여 많은 **로버스트 추정량**이 제안되었다.

213) Hidiroglou and Srinath 1981.

214) Huber 1964.

6.2 무응답 처리

6.2.1 소개

대부분의 조사는 여러 이유로 표본 단위에서 요청한 정보의 전부 또는 일부를 응답받지 못하는 **무응답**으로 인해 어려움을 겪는다. 무응답의 두 가지 주요 유형으로 **단위 무응답**과 **항목 무응답**이 있다. **단위 무응답**은 표집된 단위에서 모든 항목의 데이터가 결측된 경우에 발생한다. 단위 무응답은 표본 단위가 참여를 거부하거나, 연락이 안 되거나, 단위를 찾을 수 없거나, 얻은 정보를 사용할 수 없을 때 발생한다. 반면, **항목 무응답**은 응답자가 질문지 일부 항목만 응답하고 나머지 항목에는 응답하지 않을 때 발생한다. **무응답의 근본 문제**는 연구자가 무응답 표본선택 메커니즘을 더 이상 통제할 수 없고, 이로 인해 모집단 특성의 추정치가 편향될 수 있다는 데 있다. 이 상황은 무응답으로 인해 모집단의 일부 그룹이 표본에서 과대 또는 과소 대표되고, 이러한 그룹이 조사할 특성과 관련하여 다른 행동 패턴을 보일 때 발생한다.

무응답을 처리하는 가장 좋은 방법은 무응답을 사전에 방지하는 것이다. 조사설계 단계에서 무응답을 예측하고 무응답을 줄일 수 있는 설계를 하는 것이 매우 중요하다. 그러나 때때로 이러한 사전 방지는 불가능하다. 다른 방법으로 단위 무응답을 처리하는 가장 손쉬운 방법은 단위 무응답 질문지를 무시하는 것이다. 일부 예외적인 상황에서 **단위 무응답**에 대한 조정이 없어도 추정된 비율 또는 평균은 무응답 조정 후 산출된 비율 또는 평균과 같다. 무응답률을 무시하기 어려운 경우, 응답 값만을 기반으로 한 추론은 심각한 결함이 있을 수 있다. 이 방법은 권장되지 않지만 불행히도 실제로는 널리 사용되는 방법이다.

이미 무응답이 발생한 후에는 결측치를 모형화한 후 무응답을 처리하는 것이 권장된다. 단위 무응답을 처리하는 가장 일반적인 방법은 응답 단위가 표본 단위를 모두 대표한다는 가정하에 **설계가중치**를 조정하는 것이다. 이는 조사에서 측정된 특성에 대해 무응답자가 응답자와 같다는 가정하에서 합리적이다. 그런 다음 무응답자의 설계가중치는 응답자에게 전이된다. 무응답이 보정된 가중치는 기존의 설계가중치에 무응답 조정계수를 곱하여 생성된다. **항목 무응답**은 대체를 통하여 처리하는 것이 일반적이다. **여과 질문**[215]에 의하여 결측값의 특별한 경우가 발생한다. 여과 질문은 질문지에서 해당되는 문항을 선택하도록 하는 질문이다. 따라서 해당되지 않는 문항에서는 응답이 발생하지 않는다. 해당 없는 항목의 값은 반드시 응답해야 하는 값들과 구별하기 위하여 **구조적 결측값**이라고 한다.

데이터에서 결측 항목은 공란으로 남겨 놓거나 일반 응답 값과 구분되는 값, 예를 들어

215) 여과 질문(filter question)

'9999' 등을 입력하고 '9999'는 결측값임을 기록한다. 일반 결측값과 구조적 결측값은 구별되어야 한다. 여과 질문에 의한 구조적 결측인지 단순한 항목 무응답인지 구분하여 표기한다. 양적 변수에서 '0'의 값과 무응답을 구분되어야 한다. 양적 변수의 무응답 항목에 '0'의 값을 표기하는 것은 바람직하지 않다. 무응답 '0'의 값을 응답으로 간주하여 추정치 계산을 하는 경우 추정치에 심각한 편향을 가져온다. 양적 변수의 무응답은 '0'이 아닌 다른 무응답 표기를 한다.

예제 6.2.1.

12명의 응답자로부터 범죄 피해 관련 항목을 조사하였다. 성별에서 'M'은 남성, 'F'는 여성을 나타내고, 범죄 피해 항목에서 '1 = 범죄에 피해를 본 적이 있음', '0 = 없음'을 뜻한다. 무응답은 '?'로 표시하였고, 구조적 결측은 '??'로 표시하였다.

표 6.1 범죄 피해 관련 데이터 예제

응답자	나이	성별	교육 기간	범죄 피해	범죄피해장소
1	47	M	16	0	??
2	45	F	?	1	A
3	19	M	11	0	??
4	21	F	?	1	B
5	24	M	12	1	B
6	41	F	?	0	??
7	36	M	20	1	A
8	?	?	?	?	?
9	?	?	?	?	?
10	17	M	10	1	?
11	53	F	12	0	??
12	21	F	12	0	??

응답자 12명 중 8번과 9번은 전 항목에 대하여 응답을 하지 않았으므로 8번과 9번은 '단위 무응답'이 된다. 반면, 2번, 4번, 6번 응답자는 교육 기간을 응답하지 않았고, 10번 응답자는 범죄 피해 장소를 응답하지 않았다. 이 경우는 '항목 무응답'이 된다. 범죄피해장소 문항에서 범죄 피해를 본 적이 없는 경우는 구조적 결측으로서 '해당 없음'이 된다.

6.2.2 무응답 원인과 응답률

무응답에는 여러 가지 원인이 있을 수 있다. 무응답을 줄이기 위해서는 이러한 원인을 구별하고 파악하는 것이 중요하다. 더욱이 다양한 유형의 무응답은 추정치에 다른 영향을 미칠 수 있으므로 다른 처리가 필요할 수 있다. 조사에서 선정된 표본 단위에 접촉해서 응답을 받을 때까지의 과정이 〈그림 6.1〉에 나타나 있다[216].

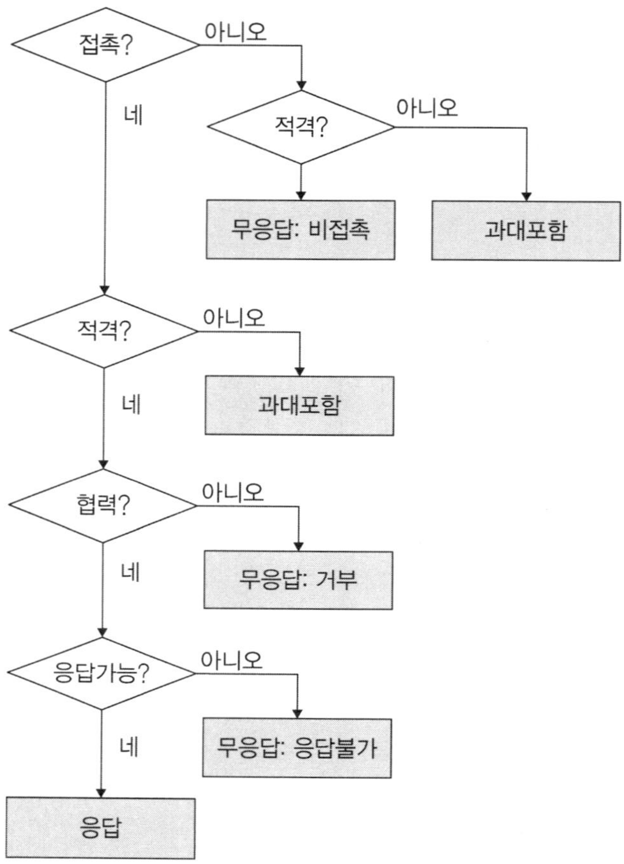

그림 6.1 응답 과정

먼저 선정된 표본 단위와 **접촉**해야 한다. 접촉에 성공하지 못하면 두 가지 가능성이 있다. 하나는 선정된 단위가 목표모집단에 속하는 적격 단위인 경우로, **비접촉**[217]으로 인한 무응답이 된다. 다른 하나는 선정된 요소가 목표모집단에 속하지 않는 경우로, **부적격 단위**이므로

216) Lynn et al. 2002.
217) 비접촉(non-contact)

표본에 포함되지 않아야 한다. 이는 과대포함의 예이므로 조사에서 제외될 수 있다. 실제 상황에서는 비접촉자가 목표모집단에 속하는지 여부를 판단하는 것이 종종 불가능하다. 이로 인해 정확한 응답률을 계산하기가 어렵다. 선정된 표본 단위와 접촉한 다음 단계는 목표모집단에 속하는지 여부를 판단하는 일이다. 적격 단위가 아닌 경우 과대포함으로 처리될 수 있다. 적격 단위와 접촉한 경우 질문에 대한 답변을 얻으려면 해당 단위의 협력이 필요하다. 선정된 단위가 협력을 거부하는 경우 **응답거부**로 인한 무응답이 된다. 적격 단위의 응답자가 협력하는 경우에도 질병이나 언어 문제와 같은 이유로 필요한 정보를 제공할 수 없을 수 있다. 이는 **응답불가**로 인한 무응답이 된다. 마지막으로 적격 단위가 협력하기를 원하고 정보를 제공할 수 있는 경우의 결과가 **응답**이다. 이와 같이 무응답의 세 가지 주요 원인은 비접촉, 거부 및 불가로 볼 수 있다. 무응답을 영구적인 것으로 볼 필요는 없다. 비접촉의 경우 다른 시간대에 여러 번의 접촉을 시도할 수 있다. 거부는 일시적일 수 있으므로, 응답자가 응답하기 편한 다른 시간으로 약속을 잡을 수 있다. 그러나 많은 경우 거부는 영구적인 것으로 나타난다. 질병으로 인해 참여가 어려운 경우에는 환자가 회복된 후 면접할 수 있다.

무응답은 조사의 품질에 부정적인 영향을 미칠 수 있으므로 **응답률**은 설문의 품질을 나타내는 중요한 지표로 간주된다. 응답률은 조사의 품질 비교에 사용되는데, 특히 반복 조사의 품질을 탐색하는 데 자주 사용된다. 초기 표본수 n_I는 아래와 같이 표기될 수 있다.

$$n_I = n_{nc} + n_{oc} + n_{rf} + n_{na} + n_r \tag{6.2.1}$$

여기에서 n_{nc}는 비접촉 단위수, n_{oc}는 부적격 단위수, n_{rf}는 응답거부 단위수, n_{na}는 응답불가 단위수, 그리고 n_r은 응답 단위수이다. **응답률**은 초기 표본의 적격 단위 중에서 질문지가 완성된 응답 단위의 비율로 정의될 수 있다.

$$\text{응답률} = \frac{n_r}{n_e} \tag{6.2.2}$$

분모의 적격 단위수 n_e에는 비접촉 적격 단위수, 응답거부 단위수, 응답불가 단위수, 응답 단위수가 포함된다. 그런데 이 중 비접촉 단위는 적격 단위와 부적격 단위로 구성되므로 현실적으로 비접촉 단위의 적격성 여부를 판단하기 힘들다는 문제가 있다. 이로 인해 개념상의 정확한 응답률을 계산하기 힘들다. 이를 해결하기 위한 두 가지 대안이 있다. 만일 모든 비접촉 단위가 적격이라고 가정하면 응답률은 다음으로 계산된다.

$$응답률1 = \frac{n_r}{n_{nc} + n_{rf} + n_{na} + n_r} \tag{6.2.3}$$

만일 비접촉 단위 중 적격 비율이 접촉 단위 중 적격 비율하고 같을 것이라고 가정하면 응답률은 다음으로 계산된다.

$$응답률2 = \frac{n_r}{n_{nc}\left(\frac{n_{rf} + n_{na} + n_r}{n_{oc} + n_{rf} + n_{na} + n_r}\right) + n_{rf} + n_{na} + n_r} \tag{6.2.4}$$

식 (6.2.3)과 식 (6.2.4)의 응답률 정의는 면접원이 있는 조사에서 사용할 수 있는 정의이다. 면접원이 없는 우편조사나 웹조사 등에서는 무응답 원인을 구별하거나, 적격 여부를 판단하기가 매우 어렵다. 따라서 제공된 질문지를 응답하여 반환된 질문지 수 n_r와 반환되지 않은 질문지 수 n_{nr}를 이용하여 응답률을 단순화할 수 있다.

$$응답률 = \frac{n_r}{n_r + n_{nr}} \tag{6.2.5}$$

예제 6.2.2.

어느 조사에서 집계된 응답 결과이다.

표 6.2 집계된 응답 결과

구분	빈도	비율
과대포함	120	0.3%
응답	24,020	65.6%
비접촉	2,090	5.7%
응답 거부	8,901	24.4%
응답 불가능	1,150	3.1%
기타 무응답	330	0.9%
합계	36,611	100.0%

'응답 불가능' 범주에는 질병, 장애, 언어 문제로 인한 무응답이 포함되고, 추가로 '기타 무응답'에는 작업량 문제로 인해 면접원이 처리하지 않는 사례가 포함된다. 또한 이사 가서 더 이상 찾을 수 없는 사람들도 이 범주에 포함된다.

만일 모든 비접촉이 적격이라고 하면 응답률은 다음으로 계산된다.

$$\text{응답률}1 = \frac{24,020}{24,020 + 2,090 + 8,901 + 1,150 + 330} = 65.82\%$$

만일 접촉 단위와 비접촉 단위의 적격 단위 비율이 같다고 가정하면 응답률은 다음으로 계산된다.

$$\text{응답률}2 = \frac{24,020}{24,020 + 2,090 \times \frac{24,020 + 8,901 + 1,150 + 330}{120 + 24,020 + 8,901 + 1,150 + 330} + 8,901 + 1,150 + 330}$$
$$= 65.84\%$$

응답률 1과 응답률 2의 차이는 매우 작은데, 그 이유는 과대포함 단위의 수가 작았기 때문이다.

응답률의 정의를 어렵게 만 드는 또 다른 측면은 포함확률이 다른 표집설계가 사용되는 것이다. 한편으로 응답률이 조사 결과의 품질을 나타내는 지표로 사용된다면 다양한 공표 범주는 모집단의 구조를 반영해야 한다. 결과적으로 응답률 계산에 설계가중치를 부여하여 **가중응답률**을 계산하여야 한다. 반면에 응답률이 현장조사의 품질, 더 구체적으로 면접원의 성과를 나타내는 지표로 사용된다면 가중치가 적용되지 않은 응답률이 더 적절할 수 있다. 응답률은 조사의 주제, 조사모집단, 기간, 질문의 길이, 면접원의 자질, 현장조사의 조직과 같은 많은 요인에 의해 결정된다. 그리고 현실적으로 응답률은 많은 국가에서 시간이 지남에 따라 감소하는 경향이 나타나고 있다[218].

6.2.3 무응답 편향과 원인

조사에서 무응답을 무시하는 것은 무응답자의 특성이 응답자의 특성과 유사하다고 암묵적으로 가정하는 것이다. 그러나 많은 증거가 실제로는 이것이 사실이 아님을 보여준다. 응답 결과는 단지 잠재적인 응답자 모집단을 추정하는 것으로 간주되어야 한다. 무응답은 잠재적으로 편향된 결과를 초래하여 데이터 품질을 떨어뜨릴 수 있다. 편향은 응답자와 무응답자가 조사 항목에 대하여 각기 다른 특성을 가질 때 발생한다. 이 경우 응답 결과는 무응답자를 대표하기 어렵다.

만일 어떤 모집단에서 잠재적인 응답자 모평균을 $\overline{Y}_R$이라고 하고 잠재적 무응답자의 모평균을 $\overline{Y}_{NR}$이라고 하자. 그리고 모집단의 응답자 비율을 W_R이라고 하고 무응답자 비율

218) Bethelehem 2009, 214쪽.

을 $(1-W_R)$이라고 하자. 그러면 모평균 $\overline{Y}$은 다음으로 표현된다.

$$\overline{Y}= W_R\overline{Y}_R+(1-W_R)\overline{Y}_{NR}$$

이제 응답자 표본평균 $\bar{y}_R$은 응답자 모평균 $\overline{Y}_R$을 비편향 추정하므로 편향은 다음으로 계산된다.

$$\begin{aligned} B(\bar{y}_R) &= E(\bar{y}_R)-\overline{Y} \\ &= \overline{Y}_R-(W_R\overline{Y}_R+(1-W_R)\overline{Y}_{NR}) \\ &= (1-W_R)(\overline{Y}_R-\overline{Y}_{NR}) \end{aligned} \quad (6.2.6)$$

따라서 무응답 편향은 무응답률 $(1-W_R)$이 작거나 혹은 응답자 모평균 $\overline{Y}_R$과 무응답자 모평균 $\overline{Y}_{NR}$의 차이가 작을 때 작아진다. 그러나 현실적으로 응답자와 무응답자의 모평균을 알 수 없으므로 무응답률을 최소화하는 것이 무응답 편향을 통제하는 가장 확실한 방법이다.

연구자는 조사를 시작하기 전에 무응답이 발생하는 원인을 점검하고 가능한 한 사전에 문제를 해결해야 한다. 무응답 원인은 조사 내용, 데이터 수집 방법 그리고 응답자 특성에 따라 다르다[219]. 조사 내용에서 응답이 민감한 항목에는 높은 거절률이 나타난다. 이 경우 주의 깊은 질문 순서나 **확률화 응답기법**을 사용하여 무응답률을 줄일 수 있다. 조사 시기도 무응답률에 영향을 미칠 수 있다. 예를 들어 휴가철에는 무응답률이 높을 수 있다. 면접원에 따라 응답률에 큰 변동성을 보일 수 있는데, 표준적인 품질개선 방법을 적용하면 면접원 변동성을 줄일 수 있다. 데이터 수집 방법에서 컴퓨터 지원 방법을 사용하면 데이터 수집의 정확도를 향상시킬 수 있다. 메일, 팩스, 인터넷 조사 등은 종종 낮은 응답률을 보인다. 질문지 설계에서 질문 표현은 응답률에 큰 영향을 미친다. 응답자 부담도 응답률에 영향을 주는 요소이다. 길이가 짧은 질문지는 응답자 부담을 줄일 수 있다. 응답자 부담은 패널조사에서 특히 관심사이다. 조사에 대한 충분한 사전 소개는 응답률을 증가시킬 수 있다.

조사데이터의 품질은 주로 설계단계에서 결정되므로 조사설계 및 무응답 추적조사를 위해 충분한 자원을 할당해야 한다.

219) Platek 1977.

6.2.4 무응답 메커니즘

무응답 처리의 어려운 점은 무응답이 어떻게 발생했는지를 알 수 없다는 데 있다. 표집설계에서는 표집단위의 선정확률을 알 수 있으나 응답자의 응답확률은 미리 알 수가 없다. **응답모형**은 실제로는 알 수 없는 응답 분포에 대한 가정된 모형이다. 그리고 **응답분포**는 무응답 생성을 설명하는 토대가 되는 확률 메커니즘이다. 응답 지시자 R_k은 단위 k가 응답하면 1의 값을 갖고, 응답하지 않으면 0의 값을 갖는다고 하자. 지시자 R_k가 1의 값을 가질 확률을 ϕ_k로 표기하자.

$$\phi_k = P(R_k = 1) \tag{6.2.7}$$

표본으로 선택된 단위가 응답할 확률 ϕ_k를 **성향점수**[220]라고 하며 미지의 값이다.

결측 데이터 메커니즘은 **완전랜덤결측**(MCAR), **랜덤결측**(MAR) 그리고 **비랜덤결측**(NMAR)으로 구분된다[221]. 먼저 기호를 도입하자. y_k는 관심 있는 조사변수이고 x_k는 알려진 보조변수라고 하자. 먼저 응답확률 ϕ_k가 변수 x_k, y_k나 조사설계에 의존하지 않는 경우의 결측을 **완전랜덤결측**이라고 한다. 결측치가 완전랜덤결측이면 응답자는 선정된 표본을 대표할 수 있다.

예제 6.2.3.

크기 n인 단순확률표본을 가정하자. 완전랜덤결측이 발생하면 응답표본은 크기 n_r인 단순확률 표본의 부차표본이 될 것이다. 응답평균 $\bar{y}_r$은 모평균 $\overline{Y}$에 대략적으로 비편향이 된다.

응답확률 ϕ_k가 공변량 x_k에는 의존하지만 조사변수 y_k에는 의존하지 않는 경우의 결측을 주어진 공변량에서 **랜덤결측**이라고 한다. 또는 주어진 공변량에서 **무시 가능한 결측**이라고도 한다. 무시할 수 있다는 것은 모형이 무응답 메커니즘을 설명할 수 있고, 모형이 이를 설명한 이후에는 무응답은 무시될 수 있음을 의미한다.

220) Rosenbaum and Rubin 1983
221) Rubin 1976; Little and Rubin 2020.

예제 6.2.4.

만일 응답확률 ϕ_k가 성별 및 연령에 따라 다르지만 각 연령×성별 범주에서는 응답확률이 다르지 않다면, 이러한 결측은 주어진 연령×성별에서 랜덤결측이 된다.

응답 확률 ϕ_k가 조사변수 y_k에 의존하고 공변량 x_k에 의해 완전히 설명될 수 없는 경우, 이러한 결측을 **비랜덤결측**이라고 한다.

예제 6.2.5.

범죄로 피해를 본 사람은 연령 및 성별과 같은 알려진 모든 변수의 수준 조합에서 일반인보다 조사에 응답할 가능성이 적다.

6.2.5 무응답 가중치 보정

조사에서 단위 무응답을 처리하기 위해 가장 널리 받아들여지는 접근법은 설계가중치에 무응답 조정계수를 적용하는 것이다. 가중치 조정의 기초는 응답 성향 모형이다. 이 모형은 표본선정 후에 표본 단위가 조사 요청에 협력할 확률모형을 말한다. 관련 방법으로 **가중치 클래스 조정 접근법**, **사후층화 조정 접근법**, 그리고 **성향점수 조정 접근법**이 있다.

가중치 클래스 방법[222]은 응답률을 예측하는 범주형 변수(예: 연령, 성별, 지역, 표본 층)를 기준으로 표본의 모든 적격 단위(표본의 응답자 및 무응답자)를 클래스로 분할한다. 이 방법에서는 주어진 가중치 클래스 내의 단위들은 응답 성향이 동일하다는 간단한 가정을 한다. 즉, 무응답은 주어진 범주형 변수에 대해 랜덤하게 발생한다고 가정한다. 클래스의 단위에 대한 일반적인 응답 성향은 해당 클래스에 할당된 단위에 대한 경험적 응답률로 추정된다. 그런 다음 가중치 클래스 무응답 조정계수 F_{ck}는 개별 클래스($c=1,\ldots,C$)에서 응답률 $\hat{\phi}_c$의 역수로 계산된다.

$$F_{ck}=\frac{1}{\hat{\phi}_c}\ ,\ \ k=1,\ldots,n_{cr}$$

가중치 클래스 응답률 $\hat{\phi}_c$은 다음으로 계산된다.

222) Little and Rubin 2020.

$$\hat{\phi}_c = \frac{n_{cr}}{n_c},\ c = 1, \dots, C \tag{6.2.8}$$

여기에서 n_c은 가중치 클래스 c의 표본수, n_{cr}은 응답수이다.

가중치 클래스 방법이 잠재적 편향을 줄이는 데 효과적이려면 가중치 클래스를 만들기 위해 선택된 변수가 조사 참여율을 예측하는 변수여야 한다.

응답확률 추정에는 전통적으로 가중응답률이 사용된다. 가중치 클래스 c에서 추정된 가중응답률은 다음과 같다.

$$\hat{\phi}_{ck} = \frac{\sum_{k=1}^{n_{cr}} w_{ck}}{\sum_{k=1}^{n_c} w_{ck}},\ k = 1, \dots, n_{cr},\ c = 1, \dots, C \tag{6.2.9}$$

예제 6.2.6.

단순확률표집의 경우 각 가중치 클래스에서 표본의 응답 비율로 응답률이 추정된다. 가중치 클래스가 C개고, 각 클래스의 표본수, 응답수가 각각 n_c, n_{cr}이라고 하면 응답확률은 식 (6.2.8)로 추정된다.

$$\hat{\phi}_c = \frac{n_{cr}}{n_c},\ c = 1, \dots, C$$

그리고 가중치 보정은 다음과 같이 한다.

$$w_{rk} = w_{dk} \times F_{ck} = \frac{N}{n} \times \frac{n_c}{n_{cr}} \tag{6.2.10}$$

그리고 추정된 모평균은 다음과 같다.

$$\hat{\bar{Y}} = \frac{1}{N}\sum_{c=1}^{C}\sum_{k=1}^{n_{cr}} w_{ck} F_{ck} y_{ck} = \frac{1}{N}\sum_{c=1}^{C}\sum_{k=1}^{n_{cr}} \frac{N}{n}\frac{n_c}{n_{cr}} y_{ck} = \sum_{c=1}^{C}\frac{n_c}{n}\bar{y}_{cr} \tag{6.2.11}$$

여기에서 $\bar{y}_{cr}$은 클래스 c의 응답평균이다.

사후층화 접근법은 알려진 모집단 수치가 가중치 클래스를 만드는 데 사용된다는 점을 제외하고는 가중치 클래스 방법과 유사하다. 단순확률표집을 한다고 하자. 그런 다음, 모평균 $\overline{Y}$에 대하여 **사후층화 조정 추정량**은 다음과 같다.

$$\overline{y}_{post} = \sum_{c=1}^{C} \frac{N_c}{N} \overline{y}_{cr} \tag{6.2.12}$$

여기에서 N_c는 알려진 값이고, $\overline{y}_{cr}$는 사후층 c의 응답평균이다.

래킹비 방법은 둘 이상의 보조변수가 있을 때 사용되는 사후층화 방법이다. 여러 개의 보조변수를 이용하여 사후층을 형성하였는데, 모집단 총계는 개별 보조변수의 수준에서만 알려져 있고 보조변수의 수준 조합에서는 알려져 있지 않다. 이런 상황에서 사용할 수 있는 방법이다. 데밍과 스테판에 의해 1940년 센서스에서 처음 사용되었다[223].

성향점수 조정 접근법은 각 응답자의 설계가중치에 무응답 조정계수를 할당하는 방법으로, 조정계수는 조사에 참여할 예상 확률의 역수로 구한다. 개별단위의 응답확률은 로지스틱 회귀모형에서 추정된 응답 성향점수를 기반으로 한다[224].

$$\hat{\phi}_k = \hat{P}(R_k = 1 | x_{k1}, \ldots, x_{kp}) = \frac{e^{\sum_{j=1}^{p} x_{kj}\hat{\beta}_j}}{1 + e^{\sum_{j=1}^{p} x_{kj}\hat{\beta}_j}} \tag{6.2.13}$$

무응답 조정 클래스는 응답 성향점수 분포의 분위수 범위를 기반으로 정의된다. 그런 다음 각 분위수 범위 셀($c = 1, \ldots, C$)에서 응답률의 역수로 무응답 보정계수가 계산된다[225].

주어진 표집설계에서 설계가중치는 포함확률의 역수이다. 표본 지시자를 a_k라고 하고 $P(a_k = 1) = \pi_k$라고 하자. 그러면 설계가중치는 다음과 같다.

$$w_{dk} = \frac{1}{\pi_k}, \ k = 1, \ldots, n$$

만일 표본 지시자 a_k와 응답 지시자 R_k가 서로 독립이라면 단위 k가 표본으로 선정되고, 그 후 응답할 확률은 다음과 같다.

223) Deming and Stephan 1940.
224) Little 1986.
225) Little and Rubin 2020.

$$P(a_k = 1,\ R_k = 1) = \pi_k \phi_k$$

그리고 무응답 조정계수 F_k는 응답확률 추정치 $\hat{\phi}_k$의 역수이다.

$$F_k = \frac{1}{\hat{\phi}_k}$$

여기에서 추정치 $\hat{\phi}_k$는 가중치 클래스 방법이나 성향점수 방법으로 추정한다. 그리고 무응답이 조정된 가중치는 다음과 같다.

$$w_{rk} = w_{dk} \times F_k = \frac{1}{\pi_k} \times \frac{1}{\hat{\phi}_k} \tag{6.2.14}$$

이러한 가중 방법은 다음을 가정하고 있다. 첫째, 응답확률 ϕ_k는 모든 단위에 대해 알려진 공변량으로부터 추정될 수 있다. 둘째, 결측은 주어진 공변량에서 랜덤결측이다.

6.3 비확률표본 활용

6.3.1 배경

확률표집 이론은 20세기 중반 이후 조사에서 주류 방법론으로 자리 잡기 시작했다[226]. 특히 국가기관에서 실시하는 대규모 표본조사는 확률표집 이론을 기초로 하는 경우가 많았는데, 그 이유는 확률표집 이론에 의하여 표본을 선정하면 연구자의 주관적 성향이 표본선정에 개입되지 않아 객관적인 통계를 생산할 수 있기 때문이다. 확률표집 이론은 정비된 조사프레임과 효율적인 표집설계, 그리고 완전 응답을 전제로 한다. 그런데 만일 조사프레임이 미비하거나 완전 응답을 받지 못하면 추정치의 표집분포에 왜곡이 생기고, 표본의 대표성 훼손은 물론 통계 결과의 객관성이 약화되는 결과가 초래된다. 확률표집 이론의 최대 강점인 표본의 대표성과 통계 결과의 객관성에 치명적인 문제가 제기될 수 있는 것이다.

확률표집 패러다임은 조사비용의 증가, 포함범위의 감소, 무응답률의 증가 등으로 인해 큰 도전을 맞고 있다. 또한 웹조사와 같은 조사가 늘어나면서 전통적인 데이터 수집 모드에 대한 대안적 모드가 증가하고, 행정데이터, 빅데이터와 같은 대체 데이터가 급격히 부상하고

226) Baker et al. 2013.

있다. 이러한 상황에서 조사프레임을 보완하고 응답률을 높이기 위한 조사비용이 추가된다면 이는 곧바로 확률표집 이론의 채택을 머뭇거리게 하는 현실적인 요인이 될 수 있다.

조사의 발달과정을 보면 확률표본 조사뿐만 아니라 비확률표본에 기초한 조사도 꾸준히 수행되었다. 예를 들어 웹조사는 비록 비확률표본을 이용하는 조사이지만 인터넷이 보편화되면서 빠른 데이터 수집 속도, 저렴한 조사비용, 잠재 응답자에 대한 쉬운 접근성으로 인해 현실적으로 인기 있는 조사 모드가 되었다. 그러나 과소포함 문제, 자기선정 문제, 그리고 알 수 없는 추출확률 문제 등으로 인해 웹조사에 기초한 추론은 아직 논쟁 중이다[227].

비확률표본을 이용하는 조사는 완비된 조사프레임을 요구하지 않을 뿐만 아니라 표본선정이 간단하고 빠르며 상대적으로 조사비용도 저렴하기에 확률표본 조사보다는 상대적으로 수행하기가 수월한 장점이 있다. 비확률표본에 의한 조사가 매우 유혹적인 이유이다. 이러한 장점과는 달리 비확률표본 조사의 약점은 웹조사와 마찬가지로 주로 통계적 추론에서 나타난다. 확률표집 이론의 관점에서 보면 비확률표본에는 표본의 대표성을 부여하기도 어려울 뿐만 아니라 표집분포가 없으므로 이에 근거한 추정치나 표준오차 같은 평가지표를 계산할 수 없다. 따라서 비확률표본을 조사해서는 통계적 추론을 제대로 할 수 없는 것이다.

표본조사가 아닌 다른 분야, 예를 들면 사례조절 연구, 임상실험 연구, 관측연구 등에서 사용하는 표본은 확률표집 이론의 관점에서 보면 비확률표본인 경우가 대부분이다. 그 이유는 실험이나 연구의 편의성 혹은 불가피성으로 인하여 비확률표본을 사용할 수밖에 없는 상황이 많기 때문이다. 이러한 분야에서는 미지의 연구 모집단에 가상의 분포를 가정하고, 만일 데이터 획득 과정에서 실험자 혹은 연구자의 선택편향이 개입되지 않았다면 획득된 데이터를 타당한 데이터로 간주하고 가정된 분포에 기초한 통계적 추론을 방법론으로 채택한다. 그런데 이러한 방법론이 조사에서 주류 방법론으로 채택되지 못한 이유는 모집단에 부여한 분포가정이 현실적이지 않은 경우가 많기 때문이다.

그러나 비확률표본 조사의 사례가 많아질수록 비확률표본에 근거한 추론방법 개발 필요성이 점점 더 커질 것이다. 역사적으로 조사 분야에서는 이론 개발이 현실의 수요를 선도하기보다는 뒤쫓아 가는 경우가 많았다. 대표적으로 20세기 초에 완전계수에서 표본조사로 이행된 것은 표본조사가 완전계수보다 개념적으로 우월하거나 이론이 더 완벽해서가 아니라 폭증하는 정보 수요에 시간과 비용이 많이 드는 완전계수보다는 미흡하지만 신속한 결과를 제공하는 표본조사가 더 잘 부응했기 때문이다. 그리고 표본조사 이론은 시간이 지나면서 서서히 체계를 갖추어 갔다. 비확률표본 조사도 이와 유사한 과정을 거칠 것으로 보인다. 비확률표본 조사의 수요가 늘어날수록 이에 부응하는 이론 개발이 더 진전될 것이다.

---

227) Bethlehem 2009, 24쪽.

6.3.2 비확률표본에 기초한 통계적 추론

비확률표집은 확률표집이 아닌 표집으로 정의될 수 있다. 이 정의에 의하면 만일 어떤 표본이 확률적으로 선정되지 않거나, 혹은 확률적으로 선정되더라도 조사단위의 포함확률을 계산할 수 없으면 그 방법은 비확률표집으로 간주된다. 또한 모집단의 일부 단위가 표본에 포함될 수 없는 상황에서 추출된 표본은 비확률표본으로 간주된다. 간단하게 비확률표집을 '모집단으로부터 조사단위를 주관적으로 선정하는 표집방법[228]'으로 정의하기도 하는데, 여기에서 주관적이라는 말의 의미는 위에서 설명한 바와 같은 내용을 포함한다.

통계적 추론은 목표모집단 특성에 대한 추정치를 산출하고, 추정치의 신뢰성에 대한 측정치를 제공하는 일련의 절차를 말한다[229]. 통계적 추론에서는 추정의 정확성을 판단하기 위해 이론적 근거와 명확한 가정이 필요하다. 이론적 근거가 없는 데이터 수집과 추정은 통계적 추론에 부적절하다. 비확률표본에 제기된 비판의 내용은 첫째, 비확률표본은 주관적으로 선정되기 때문에 연구자의 선택편향에서 자유롭지 않고 둘째, 확률분포와 연계되지 않아 통계적 추론이 어렵다는 점이다. 따라서 비확률표집 방법론을 정립하려면 이 두 가지 질문에 대한 답을 해야 한다. 먼저 선택편향을 살펴보자. 조사에서 선택편향을 제어하면서 비확률표본을 선정하는 방법에 대해서는 알려진 바가 거의 없다. 대신, 비확률표본에서 선택편향의 존재를 인식하면 이에 대한 두 가지 대응 전략을 생각할 수 있다. 첫 번째 전략은 통계적 추론에 영향을 미치지 않는 표집 메커니즘에 관한 것이다. 이러한 메커니즘에서 비확률표본은 선택편향을 일으키지 않는다[230]. 예를 들어, 자원자 표집에서 표본 구성원의 특성이 비표본 구성원의 특성과 유사하면 선택편향 문제가 발생하지 않는다. 두 번째 전략은 비확률표본을 선택한 후 통계적 추론 과정에서 조정하는 것이다. 이 전략은 **모형기반 프레임워크**와 **의사설계기반 프레임워크**로 분류할 수 있다[231]. 물론 두 프레임워크의 조합도 가능하다.

비확률표본의 정당성은 표본과 나머지 부분의 특성을 설명하는 모형 가정에 기초한다[232]. 그러나 이러한 모형 가정은 일반적으로 검증이 거의 불가능하며, 비확률표본을 정당화하는 일반적인 통계 이론은 없다. 비확률표본에 부여되는 모형 가정의 형태는 **의사랜덤화**[233], **초모집단 모형화**[234] 그리고 **이중강건추정**[235] 등이 있다.

228) Statistics Canada 2010, 87쪽.
229) Baker et al. 2013.
230) Sugden and Smith 1984.
231) Smith 1983.
232) Cornesse et al. 2020.
233) 의사랜덤화(quasi-randomization). Elliott and Valliant 2017.
234) 초모집단 모형화(super-population modeling)
235) 이중강건추정(doubly robust estimation). Yang et al. 2020.

1) 비확률표본의 타당성 조건

조사에서 연구자의 선택편향을 제거해야 하는 본질적인 이유는 선택편향에 의하여 표본의 특성과 비표본의 특성이 달라질 수 있기 때문이다. 조사에서는 표본의 특성이 비표본의 특성을 대신해야 하므로 두 그룹의 특성이 다르면 표본에 근거한 모집단 추론은 그 타당성을 잃게 된다. 반대로 선택편향이 발생해도 문제가 되지 않는 경우는 표집방법이 추론에 영향을 주지 않는 때이다. 추론에서 표집설계의 무시 가능성과 표집설계 무시 가능성의 조건 등에 관해서는 폭넓게 논의되었다[236].

$Y=(Y_1,\ldots,Y_N)'$를 조사변수라 하고, $Z=(Z_1,\ldots,Z_N)'$를 설계변수, $a=(a_1,\ldots,a_N)'$를 표본 지시변수라고 하자. 표본 지시변수 a에 의하여 표본 s와 여집합인 비표본 $\tilde{s}$가 구분되고 조사변수 $Y_s=\{Y_k,\ k\in s\}$와 $Y_{\tilde{s}}=\{Y_k\ k\notin s\}$가 대응된다. 통계적 추론의 근거는 표집된 조사변수 Y_s, 설계변수 Z, 그리고 표본 지시변수 a의 함수 $f(Y_s,Z,a)$이다. 만일 확률표집을 하지 않고 비확률표집을 하면 표본 지시함수 a의 정보를 알 수 없으므로 추론은 표집된 조사변수 Y_s와 설계변수 Z의 함수 $f(Y_s,Z)$에 의해서만 이루어진다. 따라서 만일 $f(Y_s,Z,a)$에 근거한 추론과 $f(Y_s,Z)$에 근거한 추론이 같은 결론에 도달한다면, 즉,

$$f(Y_s,Z,a)=f(Y_s,Z) \tag{6.3.1}$$

이라면 표본 지시변수 a는 무시 가능하다. 즉, 표집과정을 추론에서 무시할 수 있다. 예를 들어 자원자 표본으로 구성된 웹조사에서 자원자의 특성과 표본에 들어오지 않은 사람들의 특성이 유사하다면, 비록 비확률표본이지만 이에 근거한 추론의 오류는 발생하지 않는다. 비슷한 예로 쇼핑몰 앞 조사에서 만일 쇼핑객이 완전히 랜덤하게 움직인다면 편의표본에 의한 추론의 오류는 발생하지 않는다. 물론 현실적으로는 표본의 특성과 비표본의 특성을 비교할 수 없으므로 두 특성이 같은 경우가 언제인가를 살펴보고 추론을 진행해야 하는 어려움이 있다.

2) 표본대응

관측연구나 임상실험에서는 랜덤화에 의한 표본선정이 어려우므로 본질적으로 비확률표본을 이용한 통계적 실험을 하게 되는데, 이로 인해 늘 선택편향의 문제가 제기된다. 관측연구나 임상실험을 통한 비교연구를 할 때 선택편향 문제를 해결하기 위해 사용되는 하나의 방법은 표본대응[237]을 하여 두 그룹의 특성을 비교하는 것이다. 즉, 공변량으로 조절 그룹을 형성한

236) Little 1982; Rubin 1976; Smith 1983; Sugden and Smith 1984; Pfeffermann 1993.
237) 표본대응(sample matching)

후 조절 그룹을 기준으로 처리군의 표본과 조절군의 표본을 나누어 대응시키고 그 차이를 비교하는 것이다. 이때 공변량 변수는 조사변수와 연관성이 있는 변수가 선정되어야 한다. 표본대응 방법을 사용하면 비록 처리군과 조절군의 표본 특성이 다소 다르더라도 표본대응을 하여 비교함으로써 선택편향으로 인한 추정의 편향을 줄일 수 있을 것으로 기대된다.

조사에서 비확률표본의 선택편향을 줄이는 방법으로 **표본대응** 방법을 적용할 수 있다[238]. 목표모집단과 비확률표본의 차이를 비교하기 위하여 목표모집단을 처리 그룹으로 간주하고 비확률표본을 대조 그룹으로 간주하여, 공변량을 기준으로 조절 그룹을 형성한 후 각 그룹에서 목표모집단 특성치와 비확률표본 특성치를 대응하는 것이다. 각 조절 그룹에서 비확률표본을 모집단에 대응시키는 방법으로는 조사 전에 대응시키는 방법과 조사 후에 대응시키는 방법이 있다. 전자의 경우 대표적인 방법이 **할당표집** 방법이고 후자의 대표적인 방법이 **사후층화** 방법이다.

할당표집에서는 인구 통계적 조절변수를 사전에 선정한 후 각 조절 그룹의 모집단 특성치를 계산하고 여기에 대응하는 표본수를 미리 할당한다. 그리고 각 조절 그룹에 할당된 표본수만큼 표본을 조사하는 것이다. 물론 이때 각 조절 그룹에서의 표집은 비확률표집을 포함하므로 할당표집은 비확률표집이다. 사후층화에서는 조사된 표본을 조절변수를 기준으로 사후적으로 조절 그룹으로 분류하고, 각 사후층에서 표본 특성치와 모집단 특성치의 차이를 비교한다. 조절변수를 기준으로 비확률표본을 사후층으로 분류한 후 모집단 특성치와 차이를 비교하면 조절변수로 인하여 선택편향의 크기가 다소 줄어들 것으로 기대된다.

만일 표본대응에 사용된 조절변수가 조사변수와 매우 밀접한 연관이 있어 각 조절 그룹에서 표본의 분포와 목표모집단의 분포가 유사하게 되면 선택편향은 줄어든다[239]. 결국 표본대응을 비확률표본에 적용했을 때 선택편향 제거의 성공 여부는 공변량 조절변수가 조사변수와 얼마만큼 연관성이 있는지에 달려있다. 만일 조사변수와 연관성이 없는 공변량이 조절변수로 사용되면 도리어 선택편향은 증가할 수도 있다[240].

표본대응 방법을 비확률표본 조사에 적용하면 비록 이론적으로는 선택편향을 줄일 가능성이 있다고 하더라도 이 방법은 주로 **인과분석** 분야에서 개발되고 발전된 방법이므로 조사에 적용할 때는 다소의 차이가 있을 수 있다. 먼저, 인과분석에서는 추론의 목적이 분명하고 조사변수나 처리 효과와 관련이 있는 대응변수 식별에 초점이 맞춰진다. 따라서 조사변수 혹은 처리 효과에 연관성이 높은 대응변수가 선택될 가능성이 크다. 반면, 조사에서는 관심 있는 조사변수의 수가 많고, 각 조사변수와 연관성이 높은 대응변수는 다를 수 있으므로 단일 조사변수인 경우보다는 더 많은 대응변수가 필요할 수 있다. 이러한 차이는 곧바로

238) Baker et al. 2013.
239) Rosenbaum and Rubin 1983.
240) Kish 1987.

조사에서 대응변수의 선택을 어렵게 만든다. 두 번째 차이는 추론의 대상 범위에서 나타난다. 비교연구나 임상실험에서는 비교결과의 내적인 타당성을 높이기 위하여 비교 대상을 매우 구체적인 소그룹으로 축소하려는 경향이 있다. 소그룹으로 비교 대상을 축소하는 것은 처리 그룹과 대조 그룹의 분포를 유사하게 하여 선택편향을 줄이게 된다. 반면, 조사에서는 추정의 대상이 모집단 전체이다. 추론의 대상 범위를 모집단 전체로 확대하면 확대된 모집단은 이질적인 소그룹을 다수 포함하게 되어 처리 그룹인 모집단과 대조 그룹인 비확률표본의 분포 유사성은 줄어든다. 소그룹에서 유효했던 선택편향의 상쇄 효과가 모집단 전체에서는 제거될 수 있다. 세 번째, 조사에서는 주로 총계나 평균과 같은 점 추정치가 중요한 반면, 비교연구에서는 처리군이 대조군보다 효과적인가 하는 비교에 더 큰 초점이 맞추어진다[241]. 관측연구 분야에서는 표본대응에 관한 연구가 많이 이루어진 반면, 조사 분야에서는 비록 몇몇 사례가 보고되고 있기는 하지만[242] 아직은 체계적으로 정립되어 있지 않다.

3) 균형표집

통계적 추정은 표본이 생성된 확률분포에 기초하므로 만일 어떤 표본이 그 표본을 생성한 확률분포를 알지 못하면 원천적으로 통계적 추정은 불가능하다. 비확률표본을 이용한 모수 추정에서 발생하는 문제는 비확률표본을 생성한 확률분포를 모른다는 데 있다. 따라서 비확률표본을 이용한 추정 문제를 푸는 접근방법은 비확률표본과 연관된 확률분포를 만들어 내거나 아니면 근사적으로 찾아내는 것이다. 만일 비확률표본을 반복적으로 생성할 수 있다고 가정해 보자. 그러면 반복추출에 의한 확률분포가 만들어지므로 이 경우는 확률표집에서와 마찬가지로 반복추출 확률분포에 의하여 통계적 추정이 가능해진다. 대표적인 사례가 **균형표집**이다. 균형조건, 예를 들면 $\sum_{k=1}^{n} x_{kj}/n = \sum_{k=1}^{N} X_{kj}/N,\ j=1,...,p$을 만족하는 표본이 균형표본이고, 균형표본으로 이루어진 설계가 균형표집설계이므로, 균형표집설계에 의하여 뽑힌 표본은 자연스럽게 균형조건을 만족하는 균형표본이다. 즉, 하나의 균형표본은 비확률표본이지만 균형표집에서는 각 균형표본을 확률적으로 추출할 수 있으므로 이 확률을 근거로 통계적 추정이 가능하다[243].

4) 의사설계기반 추정

의사설계기반 프레임워크에서 비확률표본은 확률표본으로 간주된다. 그러나 비확률표본의 표집 프로세스를 알 수 없기 때문에 설계가중치를 계산할 수 없다. 이 프레임워크에서

241) Baker et al. 2013.
242) Rivers 2007.
243) Tille 2011.

알 수 없거나 정의되지 않은 설계가중치는 **의사설계가중치**라고 하는 **대리가중치**로 대체된다. 의사설계 가중치는 비확률표본과 확률표본을 결합하여 공통변수를 기반으로 비확률표본 단위의 의사 포함확률을 추정한 후 계산된다[244]. 의사가중치가 모든 비확률표본 단위에 부여되면 확률표집된 것으로 간주되어 분석에 사용된다. 포함확률을 추정하는 방법은 예측에 의한 방법과 매칭 및 대체에 의한 방법이 있다. 예측에 의한 방법은 비확률 및 확률 데이터 연결하여 비확률조사 참여 확률을 예측하는 방법인데, **보정방법**[245]이나 **성향점수 방법**[246]으로 구할 수 있다.

보정 가중치는 단위 수준의 참조 데이터를 사용하고, 어떤 특성의 표본 가중합이 동일 특성의 모집단 총계에 일치하도록 가중치를 산출한다. 해당 특성의 모집단 총계는 센서스 데이터, 공식통계 또는 고품질로 간주되는 다른 데이터 출처에서 나온다. 이 방법의 기초 가정은 알려진 변수의 편차의 원인이 조정되면 나머지 오차는 모집단 특정 단위의 조사 참여 여부와 무관하다는 것이다. **성향점수 가중치** 생성은 비확률표본의 개별단위에서 조사데이터 수집 후에 수행된다. 기본 절차로는 먼저 비확률표본 데이터를 참조 데이터, 일반적으로 대규모 확률표본조사 데이터와 병합한다. 다음 두 데이터 세트의 변수를 사용하여 모형(로짓 또는 프로빗)을 적합한 후 개별단위가 비확률표본에 속할 확률을 예측한다. 그리고 추정된 포함확률의 역수로 성향점수 가중치를 구성한다.

매칭 및 대체에 의한 방법은 두 조사데이터를 매칭하여 확률표본 단위의 포함확률을 비확률표본의 가장 가까운 단위에 기부하는 방법이다.

5) 모형기반 방법

비확률표본에 확률분포를 부여하는 다른 방법은 조사변수에 통계적 모형을 가정하는 방법이다. 만일 조사변수 y_k와 설명변수 $(x_1,\ldots,x_p)$ 사이의 관계를 설명하는 통계적 모형이 다음과 같다고 하자.

$$y_k = \beta_0 + \beta_1 x_{k1} + \ldots + \beta_p x_{kp} + \epsilon_k,\ \ \epsilon_k \sim (0, \sigma^2),\ \ k = 1, \ldots, n \qquad (6.3.2)$$

그러면 회귀분석 이론에 의하여 회귀계수 추정량 $\hat{\beta}_0, \ldots, \hat{\beta}_p$을 얻을 수 있고, 모총계 T_y는 다음과 같이 추정된다.

$$\hat{T}_y = \sum_{k \in s} y_k + \sum_{k \notin s} \hat{Y}_k = \sum_{k \in s} y_k + \sum_{k \notin s} \left(\hat{\beta}_0 + \hat{\beta}_1 x_{k1} + \ldots + \hat{\beta}_p x_{kp}\right) \qquad (6.3.3)$$

---

244) Elliott 2009; Elliott and Valliant 2017.

245) 보정 가중(calibration weighting). Chen et al. 2018.

246) 성향점수 가중(Propensity score weighting). Rosenbaum and Rubin 1983.

또한 모총계 추정량의 통계적 성질은 회귀모형의 성질로부터 유도할 수 있다[247]. 이러한 추정방법을 **모형기반 추정법**이라고 한다.

이처럼 균형표집법과 모형기반 추정법은 온전한 확률분포를 가지고 통계적 추정을 할 수 있는 장점이 있다. 반면 균형표집법에서는 **큐브 방법**을 이용하여 방법론 전개가 가능하나 절차가 간단하지 않다는 현실적인 문제가 있고, 모형기반 추정법에서는 가정된 모형이 조사데이터에 잘 부합할 때만 의미가 있다는 단점이 있다.

6.3.3 행정데이터

사회의 많은 분야에서 통계의 요구는 계속 증가하고 있다. 물론 통계 데이터를 얻는 한 가지 방법은 조사를 수행하는 것이다. 그러나 예산 제약과 응답자 부담에 대한 우려로 인해 통계기관은 통계 데이터를 얻는 대체 방법을 검토하게 되었다. 한 가지 대안은 행정데이터를 이용하는 것이다. **행정데이터**는 통계적 목적이 아닌 행정적 목적을 위해 수집된 데이터이다.

행정데이터 활용은 몇 가지 이점이 있다. 첫째, 비용이 저렴하고, 모든 데이터를 사용할 수 있으며, 데이터의 품질이 더 높고 최신 상태일 수 있다[248]. 둘째, 행정데이터는 응답자의 부담을 줄일 수 있다. 셋째, 행정데이터는 가중치 조정, 소지역 추정을 위한 보조자료, 응답 오류 탐지 및 수정 등에 조사데이터와 함께 사용될 수 있다. 그러나 실제로는 상황이 생각처럼 간단하지 않다. 행정데이터 정리는 종종 힘든 작업이며 다른 출처의 행정데이터를 연계해야 하는 경우 복잡해진다. 행정데이터를 조사데이터와 개별적으로 연계할 경우, 기록 연계 오류가 발생할 수 있다[249]. 또한, 조사데이터에 행정데이터를 연계하면서 응답자의 동의를 얻어야 할 때 개인정보 보호 및 기밀성 문제를 해결해야 한다.

행정데이터의 주요 통계적 용도는 다음과 같다. 첫째, 행정데이터는 직접 집계되거나 분석될 수 있다. 이는 행정데이터가 표본 단위의 일부 또는 전부에 대한 주요 데이터 출처임을 의미한다. 일부 경우에는 행정데이터가 데이터의 유일한 실용적인 출처일 수 있다. 예를 들어, 건강보험 비용에 대한 상세한 정보 등이 그렇다. 둘째, 행정데이터는 간접 추정에 이용될 수 있다. 여기에는 회귀추정, 보정 등을 통해 추정 과정에 보조변수 값으로 행정데이터를 사용하는 것이 포함된다. 셋째, 행정데이터는 종종 조사프레임 생성, 보완 또는 갱신하는 데 사용된다. 그리고 마지막으로 행정데이터는 마이크로 또는 집계 수준에서 조사데이터를 평가하는 데 사용될 수 있다.

247) Royall 1970; Valliant, et al. 2000.
248) Hand 2018.
249) Lohr and Raghunathan 2017.

행정데이터의 **유용성**은 개념, 정의 및 적용 범위, 데이터가 보고 및 처리되는 품질, 그리고 가용성 및 적시성에 따라 다르다. 이러한 요소는 행정데이터 출처 및 정보 유형에 따라 크게 달라질 수 있다. 행정데이터 사용을 결정하기 전에 다음 고려사항에 유의하여 철저하게 평가해야 한다.

- **적시성** : 정보의 출처에 따라 행정데이터만 사용하는 조사는 표본조사보다 더 시기적절한 방식으로 결과를 생성할 수 있다. 반대로, 행정 과정은 표본조사보다 데이터를 생성하는 속도가 더 느릴 수 있다.
- **비용** : 데이터 수집의 많은 단계가 제거될 수 있다. 따라서 비용을 절감할 수 있다.
- **응답자 부담** : 질문지 대신 행정데이터를 사용하는 경우 응답 부담이 없다.
- **모집단** : 목표모집단은 행정적 요구사항에 의해 정의되는데, 이는 통계적 요구사항과 일치하지 않을 수 있다.
- **내용** : 행정적 요구사항에 의해 내용이 정의되기 때문에, 관심 있는 모든 주제가 행정데이터로 다루어지는 것은 아니다.
- **개념과 정의** : 다른 목적을 위해 설계된 행정 프로그램은 조사와는 다른 개념이나 정의를 사용할 수 있다. 사실, 행정 출처에서 사용되는 개념은 연구 문제에 적합하지 않을 수 있다.
- **표집오차** : 행정데이터가 전체 모집단을 포괄하는 경우 표집오차는 없다. 그러나 만일 행정데이터가 모집단 표본에 대한 데이터를 대체하는 경우 표집오차는 여전히 존재한다.
- **비표집오차** : 행정데이터에서 비표집오차의 제어는 종종 표본조사보다 더 어렵다. 행정데이터에는 조사데이터보다 더 많은 오류 또는 결측이 포함될 수 있다. 개인 또는 기업이 행정 출처에 제공하는 정보에 따라 이익을 얻거나 손해를 볼 경우, 제공된 정보에 편향이 존재할 수 있다.
- **품질관리** : 데이터 수집, 데이터 캡처 및 코딩의 품질은 행정 프로그램의 통제하에 있으며 통계기관에서 사용하는 것보다 덜 엄격할 수 있다. 따라서 입력 데이터 품질에 대한 지속적 또는 주기적 평가가 필요할 수 있다.
- **행정 출처의 신뢰성** : 행정 출처는 필요할 때 지속적으로 데이터를 제공한다는 측면에서 신뢰할 수 없을 수 있다. 또한, 포괄범위, 내용 및 개념이 시간이 지남에 따라 변경될 수 있다.
- **데이터의 형식** : 행정데이터는 편리한 형식이 아닐 수 있다. 예를 들어, 조사데이터는 집계 형태일 수 있는 반면, 통계기관은 각 단위에 대한 개별 기록을 선호할 수 있다. 데이터는 둘 이상의 출처에서 가져올 수 있는데, 이 경우 서로 다른 형식으로 데이터를 일치시키고 표준화하는 문제가 제기된다. 또한, 데이터 파일은 문서화되어 있지 않았을 수 있다.
- **개인정보 보호 문제** : 행정데이터 사용은 공공 영역에서 정보 보호에 대한 우려가 제기될 수 있는데, 특히 행정데이터가 다른 데이터 출처와 연결되는 경우에 그렇다. 따라서 다른 파일에 연결할 때 개인정보 보호 및 노출 조절 문제를 고려해야 한다.

6.4 통계적 노출조절

6.4.1 배경

통계기관은 조사데이터 파일의 공개 요구에 직면한다. 조사데이터 파일에는 응답자의 응답이 기록되어 있는데, 이러한 공개 요구가 증가하면서 응답자의 **기밀성 노출**과 **보호**에 관한 문제가 제기되고 있다[250].

기본적으로 조사데이터에서 응답자의 **기밀성 노출** 문제는 응답자로부터 데이터가 **행정적 목적**이 아닌 **통계적 목적**으로 수집된다는 사실에 기반한다. 조사데이터의 통계적 사용과 행정적 사용의 차이는 매우 중요하다. 통계적 사용은 지역, 연령대, 사회 계층 등 광범위한 영역으로 구분된 그룹에 대한 특성을 다루는 것이고, 행정적 사용은 지정된 개인에 대한 데이터를 다루는 것이다[251]. 기밀성 노출 문제는 공개된 통계 정보에서 응답자 개인을 식별할 가능성, 그리고 이러한 개인의 민감한 정보가 노출되는 것과 관련이 있다. 기밀성 노출은 2단계 과정이다.

(i) **개인의 식별** : 공개된 조사데이터 파일의 개인 레코드와 특정 개인 간에 일대일 관계가 설정될 수 있다. 예를 들어, 조사데이터 파일에 응답자의 이름과 주소가 포함되어 있으면 식별이 매우 쉽다.

(ii) **민감한 정보의 공개** : 개인이 알려지기를 원하지 않고, 사전에 알려지지 않은 정보로서 식별된 개인의 레코드에 있는 정보, 소위 **민감한 정보**가 공개될 수 있다.

조사데이터의 공개를 통해 특정 개인의 특성을 조사데이터에 접근하지 않은 것보다 더 정확하게 판단할 수 있는 경우 **노출**이 발생한다고 한다[252]. 노출이 바람직하지 않은 이유는 법적 그리고 현실적 관점에서 찾아볼 수 있다. 첫째, 법적인 이유로 통계법에는 응답자의 **성실응답의무** 조항과 **비밀보호** 조항이 명시되어 있다.

- 통계응답자는 통계의 작성에 관한 사무에 종사하는 자로부터 통계의 작성을 목적으로 질문 또는 자료제출 등의 요구를 받은 때에는 신뢰성 있는 통계가 작성될 수 있도록 조사사항에 대하여 성실하게 응답하여야 한다[253].

---

250) Cox et al. 1986; CBS 1987.
251) Begeer et al. 1986.
252) Dalenius 1977.
253) 통계법 32조 통계응답자의 성실응답의무.

마찬가지로 통계정보는 보호되어야 하고 통계적 목적으로만 사용되어야 한다고 명시되어 있다.

- 통계의 작성과정에서 알려진 사항으로서 개인이나 법인 또는 단체 등의 비밀에 속하는 사항은 보호되어야 한다[254].
- 통계의 작성을 위하여 수집된 개인이나 법인 또는 단체 등의 비밀에 속하는 자료는 통계작성 외의 목적으로 사용되어서는 아니 된다[255].

따라서 어떠한 방법으로든 노출을 피해야 하는 법적 의무가 있다. 둘째, 매우 현실적인 이유가 있다. 응답자가 정보 노출을 이유로 통계기관을 신뢰하지 않으면 응답하지 않을 것이기 때문이다. 조사에서 무응답률은 꾸준히 증가하는 추세에 있다. 응답자의 협조 의지가 신뢰할 수 있는 통계 정보를 생산하기 위한 매우 중요한 조건이다.

개인에 관한 정보 노출은 용납될 수 없다고 명시했지만, 이 목표를 달성하기 위해 통계 간행물을 어느 정도까지 보호해야 하는지에 대해서는 의문이 생긴다. 데이터에 대한 과도한 기밀 보호는 정보의 활용이라는 또 다른 권리를 침해할 수 있다. 통계 정보를 수집하고 배포하는 것은 모든 통계기관의 의무이다. 이러한 딜레마, 익명성 대 정보의 활용이 조사데이터의 노출 제어에 대한 고려사항의 핵심이다.

통계적 노출조절의 목적은 개인 식별을 피하는 기법을 개발하는 것이다. 종종 100% 보호는 불가능하다. 따라서 노출 조절 기법은 식별 및 노출이 거의 불가능하도록 조사데이터 세트를 보호하는 것이 목표이며, 실제로는 과도한 노력을 기울인 후에만 이 목표를 달성할 수 있다[256].

6.4.2 유일성의 개념

조사데이터 파일은 조사에서 응답받은 변수의 값으로 구성되어 있다. 기록된 정보는 **식별정보**와 **민감한 정보**로 분리하여 볼 수 있다.

식별정보는 레코드를 식별할 수 있도록 하는 변수, 즉 레코드와 특정 개인 간의 일대일 대응을 설정하는 **식별변수** 혹은 **키변수**와 관련된다. 잘 알려진 주요 변수는 이름과 주소이지만 가구 구성, 연령, 성별, 거주 지역, 직업 등도 개인을 식별하는 데 도움이 될 수 있다. 모든 주요 변수는 질적 변수로 가정한다. **민감한 정보**는 응답자의 사적 영역에 속하는 변수의 값으로, 노출되기를 싫어하는 특성이 있다. 민감한 것으로 간주되는 정보에 대한 정확한 정의를 내리기란 쉽지 않다. 범죄 과거와 같은 변수는 민감한 정보로 쉽게 합의되지만,

---

254) 통계법 33조 1항.
255) 통계법 33조 2항.
256) Hundepool et al. 2007; Willenborg & De waal 1996.

다른 정보의 경우 맥락과 문화적 배경에 따라 달라질 수 있기 때문이다.

식별정보와 민감한 정보의 구분이 설정되면, 노출 조절을 위한 기본 규칙을 작성할 수 있다. 배포되는 조사데이터는 다른 사람이 식별정보를 사용하여 개인과 데이터 레코드를 올바르게 연결할 수 없도록 구성되어야 한다.

중요한 요소는 데이터 사용자에 대한 **사전지식**이다. 누군가 특정 개인에 대한 정보가 없는 경우 식별 및 노출은 불가능하다. 따라서 노출의 위험은 사전에 이용 가능한 지식의 성격과 양에 달려있다. 노출에 대한 보호가 매우 어렵기 때문에 기본 규칙은 많은 조사데이터를 공개하지 않는 것이다. 따라서 실제 유용한 조사데이터의 제공을 계속하기 위해서는 이 규칙이 완화되어야 한다.

노출로부터 조사데이터 세트를 보호하려면 실제로 식별이 어떻게 이루어지는지 알아야 한다. 식별은 **유일성**으로 가능하게 되며, 유일성을 정의할 수 있도록 키변수가 도입된다. **키변수**는 식별을 목적으로 사용할 변수를 말하며, 키변수에 대한 지식은 식별정보를 구성한다. 키변수의 수준 조합이 K개의 다른 실제 값을 갖는 것으로 간주하자. 예를 들어 키변수가 연령의 5개 범주와 성별의 2개 범주로 구성되는 경우 된 경우 10개의 서로 다른 수준 조합이 가능하다. 따라서 $K=10$이다. 키변수 값이 k인 모집단의 단위수를 F_k $(k=1,\ldots,K)$로 표기하고 표본의 단위수를 f_k $(k=1,\ldots,K)$로 표기하자. 모든 F_k는 양수이지만 일부 f_k는 0의 값일 수 있다. K의 값이 반드시 주요 변수의 범주 수의 곱과 같을 필요는 없고, 일부 조합이 불가능한 경우 K는 범주의 곱보다 작아진다.

N을 모집단 크기라고 하자. 그러면 이 모집단에서 랜덤하게 선택된 사람이 키변수 값 k를 가질 확률은 $\pi_k = F_k/N$이다. 키변수의 **해상도**는 다음과 같이 정의된다.

$$R = \frac{1}{\sum_{k=1}^{K} \pi_k^2} \tag{6.4.1}$$

이 해상도는 모집단에서 복원으로 선택한 두 개의 단위가 동일한 키변수 값을 가질 확률의 역수와 같다. 키를 확인하면 식별 위험을 어느 정도 알 수 있다. 키의 해상도가 높으면 두 단위가 우연한 일치할 가능성이 작다. 따라서 키값 집합에 대해 **유일한 값**을 갖는 사람들이 많이 있을 것이다. 따라서 많은 경우 특정 사람과 데이터 세트의 레코드 간에 일대일 관계를 설정할 수 있다. 반면에 키의 해상도가 낮으면 우연한 일치 가능성이 크다. 키변수에 대한 유일한 값 집합을 가진 사람은 많지 않을 것이다. 따라서 특정 사람과 데이터 집합의 레코드 간에 연결이 설정되면 이 레코드에 다른 사람에 대한 데이터가 포함될 가능성이 높다.

노출 위험의 관점에서 **고해상도** 키는 위험하다. 해상도 값이 위험한 키를 나타내는지 확인하기 위해 두 가지 극단적인 경우를 고려하자. $K=1$인 당연한 경우를 무시하고 키가 대규모 모집단에서 동일한 확률로 두 개의 다른 값만 가정하는 경우 노출 위험이 가장 적다. $\pi_k=0.5$이므로 해상도는 $R=2$이며 N보다 훨씬 작다. 반대로 모든 사람이 유일한 경우 노출 위험이 가장 크다. 키가 모집단의 단위 수만큼의 값을 가정하는 경우이다. $\pi_k=1/K$ 및 $N=K$이므로 해상도는 $R=K=N$이다. 따라서 해상도가 모집단 크기와 같은 차수이면 실제 노출 문제가 있다. $\pi_k=1/K$이고 $K<N$이면 해상도는 $R=K$와 같다.

위험이 거의 없는 키변수의 예는 성별 변수로만 구성된 키변수이다. 남성과 여성일 확률이 같다고 가정하면 해상도는 $R=2$와 같으며, 일반적으로 모집단 크기 N보다 훨씬 작다. 키에 더 많은 변수가 포함되면 해상도가 훨씬 높아진다. 예를 들어, 8개 연령 범주 및 10개 지역 범주의 조합은 훨씬 더 높은 해상도를 생성한다.

어떤 개인이 모집단에서 특정 키변수 값을 가진 유일한 사람인 경우, 즉 $F_k=1$인 경우 **모집단에서 유일**하다. 마찬가지로, 표본에서 특정 키변수 값을 가진 유일한 사람인 경우, 즉 $f_k=1$인 경우 **표본에서 유일**하다. 모집단에서 유일한 사람은, 표본으로 선택되는 경우 표본에서도 유일하다. 그러나 표본에서 유일한 사람이 모집단에서 유일한 것은 아니다. 모집단에서 유일하면서 표본에 선정된 사람에 관심 있는 **통계 스파이**가 표본에서 유일한 키값을 갖는 레코드에 집중하는 것은 분명하다.

모집단 유일성은 노출에 매우 중요하다. 일부 데이터 사용자가 특정 사람이 모집단에서 유일함을 알고 있다고 가정하자. 그러면 그 사람은 표본에 선정되거나 혹은 그렇지 않거나 둘 중 하나이다. 그가 표본에 있다면, 그는 확실히 식별되고 노출될 것이다. 만일 표본에 없다면 노출은 발생하지 않는다. 모집단 유일성에 대한 지식을 과소평가해서는 안 된다. 특히 데이터 세트에 소지역에 거주하는 응답자를 감지할 수 있는 변수가 포함된 경우는 더욱 그렇다. 예를 들어, 소규모 지역에서 치과의사, 판사 등의 직업은 유일성이 있다. 그러한 소집단에서는 많은 사람이 단 하나의 식별자로 구성된 키로 유일성이 식별될 수 있다. 따라서 노출의 관점에서 지리적 정보는 매우 위험한 식별정보임이 자명하다.

6.4.3 기밀 유지 및 노출조절

1) 노출조절

통계기관은 응답자 **정보의 기밀성**을 보호해야 한다. 데이터 수집 중이나 전송 중에 질문지를 관리하고, 기밀 정보가 있는 서버에 대한 접속을 제한하며, 노출 제어 방법을 구현하는 등의 조치로 기밀성을 보호한다. 통계기관이 응답자의 기밀을 보호하는 것은 공공의 신뢰를 유지하고, 양질의 데이터와 높은 응답률을 얻는 데 필수적이다. **노출조절**이란 응답자의 기밀이 침해되지 않도록 배포된 데이터를 보호하기 위해 취하는 조치를 말한다. 예를 들면, 특정 응답자에 대한 기밀 정보를 드러낼 수 있는 통계표의 일부 칸을 표시하지 않는 것이다. 경우에 따라 노출 제어를 적용하면 일부 데이터가 표시되지 않거나 수정되어야 하기에 데이터 품질에 부정적인 영향을 미친다. **노출조절의 목표**는 데이터의 유용성을 최대한 유지하면서 응답자의 기밀이 보호되도록 하는 것이다.

노출에는 **신원노출**과 **속성노출**의 두 가지 주요 유형이 있다. 공개된 데이터에서 개인, 가구, 기업 등의 개별 응답자를 식별할 수 있고 기밀 정보가 노출되는 경우 **신원노출**이 발생한다. 이것은 마이크로데이터에서 발생하는 문제로, 응답자의 기록을 식별하면 응답자의 특성을 드러낼 수 있다. **속성노출**은 공개된 데이터에서 응답자에 대한 기밀 정보가 노출될 수 있을 때 발생한다. 표집오차가 없는 센서스나 행정데이터의 경우 속성노출은 더 문제가 될 수 있다.

데이터의 기밀성을 보호하기 위해 사용되는 두 가지 접근 방식은 **접근제한 방식**과 **데이터 제한 방식**이다. 접근제한 방식은 데이터에 대한 접근을 방지하거나 제한하는 방법이다. 예를 들어 사이트 또는 서버에 대한 접근을 승인된 직원으로 제한하고, 암호로 보호된 파일 및 암호화를 사용하고, 라이센스 계약 조건에 따라 데이터를 공유하는 방법 등이다. **데이터 제한 방법**은 데이터 자체를 보호하는 방법으로, **데이터 축소 방식**, 즉, 공개되는 정보를 줄이는 방식과 **데이터 교란 방식**, 즉, 데이터를 수정하는 방식으로 분류된다.

노출을 제어하기 위해 개발된 기술은 조사결과의 형태에 따라 다르다. 가장 일반적인 결과의 형태는 **통계표**와 **공용 마이크로데이터** 파일이다.

2) 통계표 데이터 보호

규모 통계표는 화폐의 평균이나 합계 또는 직원 수와 같은 보통 음이 아닌 숫자 값을 제공한다. 이러한 통계표는 특히 기업조사에서 나온 데이터인 경우 노출 위험이 크다. 이는 기업 데이터의 치우친 특성으로 인해 일부 셀이 하나 또는 두 개의 대기업에 의해 지배될 수 있고, 이러한 셀의 값이 공개되면 대기업의 값을 합리적으로 잘 추정할 수 있기 때문이다. 따라서 첫 번째 단계는 셀 노출 위험이 있는 민감한 셀을 식별하는 것이다. 민감한 셀을 식별하기 위해 많은 규칙이 개발되었다. 다음은 통계표의 셀을 민감한 것으로 정의하는 규칙의 몇 가지 예이다.

- **차단 규칙** : 셀에는 최소 응답자 수(예를 들어 최소 3명의 응답자 등)가 있어야 한다. 이 제한 기준에 의해 민감한 셀이 선언된다.
- **(n,k) 규칙** : 셀 전체의 너무 많은 부분이 너무 적은 수의 응답자에게 집중된 경우 해당 셀은 민감한 것으로 선언된다. 더 정확하게는 가장 큰 n명의 응답자가 전체 셀 값의 k% 이상을 차지하는

경우이다. 예를 들어, (2,90) 규칙은 가장 큰 두 응답자가 전체 셀의 90% 이상을 구성하는 경우 해당 셀이 민감하다는 것을 의미한다.

- **p–퍼센트 규칙** : 셀을 공개했을 때 다른 응답자의 기여도를 해당 값의 p–퍼센트 이내로 추정할 수 있는 경우 민감하다. 가장 큰 위협은 셀에서 두 번째로 큰 응답자가 공개된 합계에서 자신의 값을 빼서 가장 큰 응답자의 기여도를 추정하려고 할 때 발생한다. 셀이 m명의 응답자로 구성되어 있다고 가정하면 노출은

$$x_{(3)} + \dots + x_{(m)} < \frac{p}{100} \times x_{(1)}$$

조건과 동일하다. 여기서 $x_{(1)}$은 가장 큰 기여자의 값이고 $x_{(3)}$는 세 번째로 큰 기여자의 값이다.

(n,k) 규칙과 p–퍼센트 규칙은 하나 또는 두 개의 큰 단위가 전체를 점유하는 경우를 식별하는 데 사용되는 규칙의 예이다.

빈도 통계표 셀은 셀의 특성을 공유하는 단위의 개수 또는 예상 개수를 제공한다. 빈도표는 응답자의 특성을 드러낼 때 노출 위험을 초래할 수 있다. 위에서 언급했듯이 속성 공개의 위험은 센서스 및 행정 데이터에서 가장 크지만 표본 데이터는 표본 단위의 조사구성원이 알려지면 노출 위험을 나타낼 수 있다. 세 가지 잠재적인 문제는 완전 셀, 제로 셀 및 저빈도 셀이다.

완전 셀은 모든 응답자가 단일 응답 범주에 속할 때 발생한다. 즉, 행 또는 열 내에서 하나의 셀만 0이 아닌 경우이다. 완전 셀은 하위 모집단에 대한 기밀 정보를 얻을 수 있도록 허용할 때 노출 위험을 초래할 수 있다. 예를 들어, 통계표가 기관의 모든 직원이 '대학 졸업'의 교육수준을 나타낼 수 있다. 혹은 소득 분포표에서 모든 응답자가 '2,000만~2,999만' 범위에 있으면 소득 정보가 노출된다.

빈도가 없는 **제로 셀**은 완전 셀과 유사한 이유로 노출 위험을 나타내거나 노출을 유발하는 원인이 될 수 있다. 예를 들어, 앞의 표에서 직원이 '고교 졸업'과 '대학 졸업'이라는 두 가지 교육 범주에만 있음을 나타낼 수 있다. 세 가지 소득 범주인 '2,000만~2,999만', '3,000~3,999만' 및 '4,000~4,999'의 직원이 있는 공장의 소득 분포 통계표는 전문 엔지니어의 급여에 대한 좋은 추정치를 제공할 수 있다.

저빈도 셀은 응답자 수가 적은 셀이다. 저빈도 셀은 응답자 식별을 허용하고 특성 중 일부를 공개할 때 노출 위험이 있을 수 있다. 예를 들어, 어느 소지역의 센서스 통계표에서 이혼한 남성이 가장인 편부모 가정이 2 가구였다면, 해당 가구는 그 지역에서 식별될 수도 있다. 셀의 구성원에 대해 노출된 추가 특성은 속성 노출을 유발할 수 있다. 저빈도 셀의 또 다른 문제는 실제 노출이 되지 않은 경우에도 노출이 발생했다는 인상을 줄 수 있다는 점이다.

민감한 셀을 처리하는 방법에는 **데이터 축소 방법**과 **데이터 교란 방법**이 있다.

(a) 데이터 축소 방법

- **셀 병합** : 셀당 단위 수를 늘리기 위해 셀 범주를 그룹화한다. 이 간단한 방법은 데이터의 세부 사항을 억제하여 정보 노출을 줄일 수 있다.
- **셀 억제** : 민감한 셀이 억제되면 일반적으로 민감하지 않은 셀도 억제되어야 민감한 셀 값이 주변 합계에서 파생될 수 없다. 이러한 다른 셀을 **보완 억제 셀**이라고 하며, 억제할 셀을 선택하기 위한 많은 규칙이 존재한다. 특정 경우에 적용할 규칙의 선택은 변수의 특성과 추구하는 보호의 정도에 따라 다르다. 보완 셀 억제는 억제된 셀의 수를 최소화하고, 억제된 셀의 값 합계를 최소화하며, 억제된 응답자 수를 최소화하거나, 이러한 요구 사이의 절충안을 제공하는 방법에 의해 최적화될 수 있다.

(b) 데이터 교란 방법

- **결정적 반올림** : 셀의 데이터는 결정적 규칙(예를 들어 5 미만이면 버리고 5 이상이면 올림 등)에 따라 반올림된다. 그러나 이로 인해 편향이 발생할 수 있으며 반올림된 셀 값의 합계와 주변 합의 반올림된 값이 일치하지 않을 수도 있다.
- **랜덤 반올림** : 반올림 방향은 랜덤하게 결정된다. 이 방법은 원래 값 추정을 더 어렵게 하기에 동일한 기준을 사용하는 결정적 반올림보다 더 많은 보호를 제공한다. 또한 편향이 없다. 그러나 주변 합은 반올림한 셀의 합과 일치하지 않을 수 있다.
- **제어된 랜덤 반올림** : 제어된 랜덤 반올림에서는 미리 정의된 주변 합계가 유지된다. 이 방법을 다차원 통계표에 적용하는 것은 쉬운 문제가 아니다. 해답은 최대 3차원 테이블에 대해 찾을 수 있다.
- **잡음 추가** : 랜덤 잡음을 통계표 결과에 추가하여 불확실성을 높이고 노출 위험을 줄일 수 있다.
- **마이크로데이터에 대한 노출제어** : 마이크로데이터 파일에 노출 제어 방법을 적용하면 이 파일에서 만들어진 모든 통계표는 안전하게 할 수 있다.

3) 공용 마이크로데이터 파일의 보호

공용 마이크로데이터 파일은 응답자 개별 기록이 포함되기 때문에 통계표 형식의 결과로 수행하기 어려운 조사데이터 분석을 가능하게 한다. 공용 마이크로데이터 파일은 매우 민감하며 응답자의 신원을 기밀로 유지하기 위해 배포 전에 특별한 기밀 유지에 대한 고려가 필요하다. 표본 비율에 따라 응답자를 식별할 위험이 증가하기 때문에 공용 파일은 일반적으로 표본 기반 데이터에 대해서만 공개된다. 센서스의 경우 표본 응답자에 대해서 파일이 공개될 수 있다. 일반적으로 조사의 마스터 파일에는 개인을 유일하게 직접 식별할 수 있는 이름, 주소, 식별 번호 등의 개인 식별자가 있다. 이것들은 제거해야 한다. 응답자를 식별하는 데 사용할 수 있는 변수, 예를 들어 지리적 영역, 연령, 직업, 소득 등의 **간접식별자**도 있다.

공용 파일의 간접 식별자를 조사하여 응답자를 식별하는 데 사용할 수 있는지 확인한다. 고유 레코드에 대한 간접 식별자를 확인한다. 예를 들어, 소득이 매우 높은 개인이나 예외적인 가구 규모를 찾는다. 간접 식별자의 2차원 및 3차원 테이블을 분석한다. 예를 들어, 교육별×성별×연령 표를 보고 유일한 조합을 찾는다.

조사의 특성에 따라 다른 검증이 수행될 수 있다. 예를 들어, 설계 정보와 조사가중치는 표본 단위의 지리적 위치에 대한 민감한 정보를 드러내지 않도록 검사한다. 조사데이터가 가구–가구원 같은 계층적 데이터이면 단위 간의 관계가 검사된다. 예를 들어 배우자 연령의 드문 조합 등을 살펴본다. 데이터가 행정 출처에서 나온 경우 공공 파일 기록을 행정 데이터베이스에 성공적으로 연결할 확률 등을 조사한다.

노출 위험을 줄이기 위해 여러 가지 방법을 사용할 수 있다. 모든 방법은 결과 데이터의 유용성 측면에서 비용을 지불해야 한다.

(a) 데이터 축소 방법

- **직접식별자 억제** : 이 방법은 항상 수행해야 한다.
- **간접식별자 억제** : 노출 위험을 증가시키는 간접적인 식별자 변수를 억제한다.
- **데이터 재코딩** : 예를 들어 지리적 세부 정보는 축소한다. 지리적 정보는 노출 위험을 상당히 증가시킬 수 있으며 매우 광범위한 수준에서만 제공되어야 한다. 상위 및 하위 코드 데이터를 재코딩한다. 예를 들어 1억 이상의 소득은 1억으로 상위 코드화한다. 연령이나 소득과 같은 양적 변수는 분류하여 범주형 변수로 재집계한다.
- **마이크로데이터 파일 표집** : 조사단위의 일부 데이터만 제공하고, 대응하는 표집가중치를 부여한다. 이것은 표본에서 고유한 특성을 갖는 단위에 대한 불확실성을 도입하는 데 유용하다. 원본 파일이 센서스인 경우 표집을 수행해야 한다.
- **마이크로 집계 레코드** : 마이크로 집계는 레코드를 그룹화하고, 양적 변수의 값을 그룹의 평균값으로 바꾸는 것을 말한다. 범주형 변수는 유사한 단위 그룹을 정의할 수 있다.

(b) 데이터 교란 방법

- **반올림 또는 잡음 추가**[257] : 예를 들어 데이터에 랜덤 또는 결정적 반올림을 적용하거나 데이터 값에 정규분포 랜덤 잡음을 추가한다. 잡음 추가는 양적 변수에만 잘 작동하고 질적 변수에는 잘 작동하지 않는다. 예를 들어, 변수 성별에 잡음을 추가하면 남성이 여성으로 바뀌고 그 반대의 경우도 마찬가지이다.

257) Spruill 1983; Paass 1985; Kim 1986.

• **데이터 스와핑**[258] : 데이터 스와핑은 변수 값을 교환하여 데이터 세트를 다른 데이터 세트로 변환한다. 따라서 응답자의 기록에 있는 변수의 값은 자신의 값이 아니라 다른 응답자의 값이다. 데이터 스와핑은 데이터의 내부 구조에 영향을 미친다.
• **정보를 삭제하고 대체값 입력** : 예를 들어, 모집단이 작은 경우 보고된 값을 평균값으로 바꾼다.

공공 정보의 필요성과 단위의 개인 정보 보호 필요성 간의 균형은 통계기관이 직면한 과제 중 하나이다. 통계기관은 응답자의 호의, 관대함, 시간 사용에 의존하기 때문에 데이터 제공자와 암묵적인 계약이 이루어진다. 암묵적 계약을 존중하기 위해 통계기관은 조사를 계획하는 동안 다음 네 가지 요소를 고려해야 한다.

• **사생활 침해 보호** : 사회는 과연 이러한 정보를 필요로 하는가? 개인에게 묻지 않고 정보를 찾을 수 있을까? 더 작은 표본크기가 가능할까? 등의 질문을 검토한다.
• **응답자에게 간접 피해 위험 제거** : 질문에 응답할 때 응답자가 잠재적으로 위험한 상황에 처하게 되는가? 예를 들어, 가정 폭력에 대한 조사에서 가해자는 인터뷰를 엿듣고 면접관이 떠난 후 응답자에게 해를 끼칠 수 있다.
• **응답자 기밀 보장** : 개인정보 노출이 방지되는 형식으로 정보가 공개되어야 한다.
• **응답자에게 알릴 사항** : 응답자가 정보에 입각한 동의를 제공할 수 있도록 다음 사항을 알려야 한다.
  – 조사의 목적(조사데이터의 예상 용도 및 사용자 포함)
  – 데이터가 수집되는 권한(법률)
  – 조사의 의무적 또는 자발적 성격
  – 기밀 보호
  – 데이터를 다른 파일에 연결할 계획 등

이러한 조건은 응답자로부터 신뢰할 수 있는 정보를 얻는 데 필수적이다. 응답자가 정보에 입각한 동의를 제공했는지 확인하기 위해 통계기관은 조사의 필요성과 그들의 권리와 책임을 응답자에게 알리는 통일된 정책에 의존해야 한다. 이 정책에서 요구하는 정보는 모든 조사에 대해 서면 형식으로 준비되어야 하며 수집 전이나 수집 시에 응답자가 이용할 수 있어야 한다. 소개 자료가 없는 전화 조사의 경우 정보를 구두로 제공해야 한다.

추가로 기밀 유지 고려사항은 다음과 같다.

258) Dalenius and Reiss 1982.

- 질문지는 데이터를 수집, 전송, 저장 및 검색하는 동안 보호가 필요하다.
- 면접원은 다른 사람이 답변을 엿들을 수 있으므로 공공장소에서 면접해서는 안 된다. 다른 구성원이 엿들을 수 있는 민감한 주제에 대한 인터뷰를 피한다.
- 무선전화, 휴대전화 및 인터넷과 같은 전자 전송 수단은 공용 대역폭에 의존하며 이들에서 전송되는 모든 정보는 관심 있는 사람이라면 누구나 액세스할 수 있다. 결과적으로 기밀 정보는 안전하게 암호화되지 않는 한 두 가지 모드를 통해 전송되어서는 안 된다. 인터넷을 통해 수행된 조사는 암호화되어야 한다.

6.4.4 데이터 보급

데이터 보급은 다양한 매체를 통해 조사결과를 사용자에게 제공하는 것을 말한다. 조사결과는 다양한 매체를 통해 배포될 수 있다. 보도자료, 텔레비전 또는 라디오 인터뷰, 종이 간행물, 인터넷을 포함한 전자 매체 또는 공공 마이크로데이터 파일 등의 형태로 배포된다. 사용자에게 전달되는 조사결과는 정확하고 완전하며 시기적절할 뿐만 아니라 기밀 사항이 보호되고 있는지 확인되어야 한다. 조사데이터에 대한 중립적인 입장 유지를 위해 조사결과 발표 날짜를 미리 공지한다. 그리고 예상치 못한 상황이 발생하면 지연 사유를 설명할 계획이 있어야 한다.

조사결과와 관련하여 **기본 조사보고서**, **데이터 분석보고서**, **데이터 품질보고서** 등의 보고서가 제공될 수 있다. **기본 조사보고서**는 조사의 가장 중요한 결과물 중 하나이다. 사용자에게 조사의 목표와 방법론, 개념과 정의에 대한 설명, 주요 결과 및 통계표에 대한 정보를 제공한다. 기본 조사보고서에는 몇 가지 기본 결과 및 발견 사항이 포함되어 있지만 보다 심층적인 분석은 **데이터 분석보고서**에서 설명된다. 궁극적으로, 데이터 분석 활동은 조사에 던져진 질문에 대한 명확한 답변을 서면 보고서로 제공하는 형태로 나타나야 한다. 데이터 분석보고서에는 분석 방법에 대한 요약, 표집 및 비표집오차의 가능한 영향에 대한 설명, 결과에 대한 가정 및 통계적 중요성 등이 설명되어야 한다.

데이터 품질평가는 모든 조사에서 중요한 단계이며 기본 조사보고서 또는 별도의 데이터 품질보고서에 설명되어야 한다. **데이터 품질평가**는 데이터의 정확성이나 신뢰성 측면에서 조사의 원래 목적에 비추어 최종 제품을 평가하는 과정을 말한다. 이러한 정보를 통해 사용자는 조사결과를 해석하고 사용할 수 있다. 사용자는 데이터의 오류가 데이터 사용을 제한하는 정도를 평가할 수 있어야 하지만 조사에서 생성된 데이터의 정확성을 독립적으로 평가할 수 있는 사용자는 거의 없다. 따라서 통계작성기관은 필요한 데이터 품질평가를 수행하고 이러한 평가 결과를 시기적절하고 사용하기 쉬운 방식으로 사용자에게 배포할 책임이 있다. 데이터 품질평가는 통계기관에도 유용한데, 후속 조사 및 기타 유사한 조사의 품질을 개선하는 데 사용될 수 있다.

연습문제

1 데이터 편집에서 발견되는 완비성 오류, 영역 오류, 일관성 오류, 경로 오류를 설명하라.

2 필수적 편집규칙과 의문 편집규칙의 예를 들고, 차이점을 설명하라.

3 데이터 편집에서 유효성 편집, 일관성 편집, 분포 편집을 설명하고, 예를 들어라.

4 조사데이터 분석에서 결측데이터를 처리하는 방법을 설명하라.

5 펠레지-홀트 패러다임의 세 가지 기준을 설명하고, 예를 들어라.

6 세 종류의 결측 형태인 완전랜덤결측, 랜덤결측, 비랜덤결측을 설명하고, 각각의 예를 들어라.

7 조사데이터의 이상치를 탐색하는 방법을 설명하라.

8 추정단계에서 이상치를 처리하는 방법을 설명하라.

9 단위 무응답과 항목 무응답을 처리하는 방법을 설명하고 비교하라.

10 전화조사에서 응답률을 계산하는 공식을 제시하라.
※ 힌트. 식 (6.2.3), (6.2.4) 참조.

11 혼합모드 조사를 가정하고, 해당 조사에서 활용할 수 있는 응답률 공식을 제시하라.

12 식 (6.2.3)의 단순응답률에서 설계가중치를 고려한 가중응답률 공식을 제시하라.

13 무응답 가중치 보정 방법에서 가중치 클래스 조정법, 사후층화 조정법, 성향점수 조정법을 설명하고 각각의 장단점을 비교하라.

14 통계적 추론에서 비확률표본이 갖는 약점을 설명하라.

15 식 (6.3.1)의 조건이 만족하면 비확률표본을 이용한 추론이 타당할 수 있음을 예를 들어 설명하라.
※ 힌트. 쇼핑몰 앞 조사에서 쇼핑객이 완전히 랜덤하게 움직이는 경우 등.

16 비교연구에서 표본대응을 하면 선택편향을 줄일 수 있는 이유를 설명하라.

17 의사설계기반 추정법에서 의사설계 가중치를 산출하는 방법을 설명하라.

18 행정데이터를 이용한 통계적 추론에서 행정데이터 활용의 장점을 설명하라.

19 행정데이터를 이용한 통계적 추론에서 행정데이터 활용의 단점을 설명하라.

20 만일 확률조사 데이터와 행정데이터를 통합하여 통계적 추론을 하려고 한다. 데이터 통합 전에 고려해야 할 점을 설명하라.

21 응답자의 기밀성 노출의 2단계 과정을 설명하라.

22 통계데이터 보급에서 통계적 노출조절 기법을 도입해야 하는 이유를 설명하라.

23 통계적 노출조절과 유일성의 관계를 설명하라.

24 식 (6.4.1)의 해상도가 가장 높은 경우의 예를 들어라.

25 규모 통계표 데이터 보호에서 차단 규칙, (n,k) 규칙, p-퍼센트 규칙을 설명하고, 예를 들어라.

26 빈도 통계표 데이터 보호에서 완전 셀, 제로 셀, 저빈도 셀의 예를 들어라.

27 데이터 교란 방법 중에 잡음 추가 방법을 설명하고, 예를 들어라.

28 데이터 교란 방법 중에 데이터 스와핑 방법을 설명하고, 예를 들어라.

29 잡음 추가 방법과 사용하여 데이터를 보호했을 경우 통계적 추론에 미치는 영향을 설명하라.

30 데이터 스와핑 방법을 사용하여 데이터를 보호했을 경우 통계적 추론에 미치는 영향을 설명하라.

31 (5장 연습문제 10 계속) $N=115$개 클러스터로 구성된 모집단에서 $n=10$개의 클러스터를 단순확률표집하고 클러스터 안의 사람들을 전부 조사하였는데 무응답이 일부 발생하였다. 조사변수는 응답자의 나이, 성별, 주당 근로시간(y_1), 주당 임금(y_2, 단위 천 원)이다. 모집단의 구성은 남성 232명, 여성 246명, 그리고 연령대별 구성은 19세 미만 47명, 20~24세가 54명, 25~34세가 129명, 35~64세가 236명, 65세 이상이 12명으로 알려졌다고 하자.

(a) 표본의 단위 응답률을 구하라.

(b) 클러스터를 무응답 조정 클래스로 삼아 무응답 보정 가중치를 구하라.

(c) 근로시간 변수(y_1)와 주당 임금 변수(y_2)의 항목 응답률을 구하라.

(d) 근로시간 변수와 임금 변수에서 발생한 항목 무응답을 처리한 후 주당 개인별 평균 근로시간과 임금을 추정하라. 이때 사용한 항목 무응답 처리방법의 타당성을 설명하라.

(e) 주당 평균 근로시간과 임금의 중위수를 추정하고, 추정된 평균과 비교하라.

(f) 임금 변수의 이상치를 탐색하고, 적절한 처리 후 평균 임금을 추정하라. 이상치 처리 이전과 비교하여 최종 결론을 설명하라.

(g) 만일 〈표 6.3〉의 데이터가 통계사용자에게 제공될 경우 통계적 노출조절 기법 적용이 필요한지 검토하라.

표 6.3 노동력 클러스터 데이터(결측 포함)

클러스터 ID	사람 ID	나이	성별	y_1	y_2
10	33	29	m	40	760
	34	25	f	36	414
	35	25	m	59	880
27	95	37	f	40	300
	96	19	f	40	?
	97	34	m	?	?
39	152	50	m	40	420
	153	47	f	40	260
45	174	41	f	12	80
	175	24	m	40	340
	176	24	f	60	510
	177	44	m	35	300
	178	32	f	35	?
47	183	50	f	41	990
	184	48	m	25	312
49	188	?	?	?	?
	189	20	f	8	62
	190	44	m	40	1950
	191	18	f	40	400
	192	?	?	?	?
	193	?	?	?	?
71	284	34	m	40	1200
	285	36	f	40	770
79	324	18	f	40	?
	325	49	f	40	304
	326	?	?	?	?
81	336	26	m	40	900
	337	25	f	40	900
112	467	30	m	50	500
	468	31	f	40	368

주) 무응답은 ?로 표기됨

참고문헌

Andersen, R., Kasper, J.D., Frankel, M.R., (1979). *Total Survey Error*. San Francisco, Jossey-Bass.

Baker, R., Brick, J.M., Bates, N.A., Battaglia, M., Couper, M.P., Dever, J.A., Gile, K.J. and Tourangeau, R. (2013). Summary report of the AAPOR task force on non-probability sampling. *Journal of Survey Statistics and Methodology* **1**, 90-143.

Barnett, V. and Lewis, T. (1995). *Outliers in Statistical Data*. John Wiley and Sons. Chichester.

Begeer, W., De Vries, W.F.M. and Dukker, H.D. (1986). Statistics and administration. Netherlands Official Statistics. *Quarterly Journal of the Central Bureau of Statistics* **1**, 7-17.

Bellhouse, D.R. (1988). A brief history of random sampling methods. In *Handbook of Statistics* vol. **6**, 1-14.

Bethel, J. (1989). Sample allocation in multivariate surveys. *Survey Methodology* **15**, 47-57.

Bethlehem, J. (2009). *Applied Survey Methods : A Statistical Perspective*. Wiley.

Bethlehem, J. (2009). The rise of survey sampling. Statistics Netherlands, Discussion paper #09015.

Bickel, P.J. and Freedman, D.A. (1984). Asymptotic normality and the bootstrap in stratified sampling. *The Annals of Statistics* **12**, 470-482.

Biemer, P.P. (2010). Total survey error: design, implementation, and evaluation. *Public Opinion Quarterly* **74**, 817-848.

Biemer, P.P. and Lyberg, L.E. (2003). *Introduction of Survey Quality*. Wiley.

Biemer, P.P. eds. (2017). *Total Survey Error in Practice*. Wiley.

Bowley, A.L. (1906). Address to the economic section of the British Association. *Journal of the Royal Statistical Society*, 540-558.

Bowley, A.L. (1913). Working-class households in reading. *Journal of the Royal Statistical Society*, 672-701.

Brewer, K.R.W. (1963). A model of systematic sampling with unequal probabilities. *Australian Journal of Statistics* **10**, 5-13.

Brewer, K.R.W. (2013). Three controversies in the history of survey sampling. *Survey Methodology* 39, 249–262.

Brick, J.M. (2011). The future of survey sampling. *Public Opinion Quarterly* 75, 872–888.

Cassel, C., Sarndal, C. E. and Wretman, J. H. (1977). *Foundations of Inference in Survey Sampling*. John Wiley & Sons. New York.

CBS (1987). *Proceedings of the Seminar on Openness and Protection of Privacy in the Information Society.*

Chambers, R.L. and Skinner, C.J. (eds). (2003). *Analysis of Survey Data*. Wiley.

Chen, J.K.T., Valliant, R.L. and Elliott, M.R. (2018). Model–assisted calibration of non–probability sample survey data using adaptive LASSO. *Survey Methodology* 44, 117–144.

Chen, Y, Li, P. and Wu, C. (2020). Doubly robust inference with non–probability survey samples. *Journal of the American Statistical Association* 115, 2011–2021.

Cochran, W.G. (1977). *Sampling Techniques*. John Wiley and Sons, New York.

Cornesse, C., Blom, A.G., Dutwin, D., Krosnick, J.A., De Leeuw, E., Legleye, S., Pasek, J., Pennay, D., Phillips, B., Sakshaug, J.W., Struminskaya, B., and Wenz, A. (2020). A review of conceptual approaches and empirical evidence on probability and nonprobability sample survey research. *Journal of Survey Statistics and Methodology* 8, 4–36..

Cox, L.H., McDonald, S. and Nelson, D. (1986), Confidentiality issues at the United States Bureau of the Census. *Journal of Official Statistics* 2, 135-160.

Dalenius, T. (1977), Towards a methodology for statistical disclosure control. *Statistisk Tidskrift* 5, 429-444.

Dalenius, T. (1985). Relevant official statistics. *Journal of Official Statistics* 1, 21-33.

Dalenius, T. and Hodges, J.L. (1959). Minimum variance stratification. *Journal of the American Statistical Association* 54, 88–101.

Dalenius, T. and Reiss, S.P. (1982), Data–swapping: a technique for disclosure control. *Journal of Statistical Planning and Inference* 6, 73-85.

Deming, W.E. (1944). On errors in surveys. *American Sociological Review* 9, 359–369.

Deming, W.E. (1953). On a probability mechanism to attain an econonic balance between the resultant error of non-response amd the bias of non-response. *Journal of the American Statistical Association* **48**, 743–772.

Deming, W.E. (1986). *Out of the Crisis*. Cambridge.

Deming, W.E. and Stephan, F.F. (1940). On a least squares adjustment of a sampled frequency table when the expected marginal totals are known. *Annals of Mathematical Statistics* **11**, 427–444.

Deming, W.E. and Stephan, F.F. (1941). On the interpretation of census as samples. *Journal of the American Statistical Association* **36**, 45–49.

Deville, J.C. and Sarndal, C.E. (1992). Calibration estimators in survey sampling. *Journal of the American Statistical Association* **87**, 376–382.

Deville, J.C. and Tillé, Y. (2004). Efficient balanced sampling, the cube method. *Biometrika* **91**, 893–912.

Durbin, J. (1959). A note on the application of Quenouille's method of bias reduction to the estimation of ratios. *Biometrika* **46**, 477–480.

Efron, B. (1979). Bootstrap methods: Another look at the jackknife. *The Annals of Statistics* **7**, 1–26.

Efron, B. (1982). *The Jackknife, the Bootstrap and Other Resampling Plans*. SIAM, Philadelphia.

Elliott, M.R. & Valliant, R. (2017). Inference for nonprobability samples. *Statistical Science* **32**, 249–264.

Elliott, M.R. (2009). Combining data from probability and non-probability samples using pseudo-weights. *Survey practice* **2**, 1–7.

Elliott, M.R., and Little, R.J.A. (2000). Model-based alternatives to trimming survey weights. *Journal of Official Statistics* **16**, 191–209.

Eurostat. (2000). Assessment of the quality in statistics. Eurostat General Standard Report. Luxembourg.

Fellegi, I.P., and Holt, D. (1976). A systematic approach to automatic edit and imputation. *Journal of the American Statistical Association* **71**, 17–35.

Felme, S., Lyberg, L., and Olsson, L. (1976). Kvalitetsskydd av data. (*Protecting Data Quality.*) Stockholm: Liber (in Swedish).

Fuller, W.A. (2009). *Sampling Statistics.* Wiley.

Gini, C. and Galvani, L. (1929). Di una applicazione del metodo rappresentativo all' ultimo censimento italiano della popolazione (1 dicembre 1921). *Annali di statistica* VI 4, 1–107.

Godambe, V.P. (1955). A unified theory of sampling from finite populations. *Journal of Royal Statistical Society* Series **B17**, 269–278.

Graunt, J. (1662). *Natural and Political Observations Mentioned in a Following Index, and Made upon the Bills of Mortality.* London.

Groves, R.M. (1989). *Survey Errors and Survey Costs.* Wiley, New York.

Groves, R.M. (2006). Nonresponse rates and nonresponse bias in household surveys. *Public Opinion Quarterly* **70**, 646–675.

Groves, R.M. (2011). Three eras of survey research. *Public Opinion Quarterly* **75**, 861–871.

Groves, R.M., Fowler, Jr. F.J., Couper, M.P., Lepkowski, J.M., Singer, E. and Touranheau, R. (2009). *Survey Methodology.* Wiley.

Groves, R.M. and Lyberg, L. (2010). Total survey error: past, present and future. *Public Opinion Quarterly* **74**, 849–879.

Hajek, J. (1960). Limiting distributions in simple random sampling from a finite population. *Publications of the Mathematical Institute of the Hungarian Academy of Sciences* **5**, 361–371.

Hajek, J. (1964). Asymptotic theory of rejection sampling with varying probabilities from a finite population. *Annals of Mathematical Statistics* **35**, 1491–1523.

Hand, D.J. (2018). Statistical challenges of administrative and transaction data. *Journal of the Royal Statistical Society* Series **A181**, 555–605.

Hansen, M.H. & Hurwitz, W.N. (1943). On the Theory of Sampling from Finite Populations. *Annals of Mathematical Statistics* **14**, 333–362.

Hansen, M.H. and Hurwitz, W.N. (1946) The problem of nonresposne in surveys. *Journal of the American Statistical Association* **41**, 517–529.

Hansen, M.H. and Hurwitz, W.N. and Pritzker, L. (1964). The estimation and interpretation of gross difference and the simple response variance. In C.R. Rao (eds.). *Contributions to Statistics*. Pergamon Press. Calcutta, India 111–136.

Hansen, M.H., Madow, W. G. and Tepping, B. J. (1983). An evaluation of model–dependent and probability–sampling inference in sample surveys (with discussion). *Journal of the American Statistical Association* **78**, 776–807.

Hartley, H.O. and Sielken, R.L. (1975). A 'super–population viewpoint' for finite population sampling. *Biometrics* **31**, 411–422.

Heeringa, S.G., West, B.T. and Berglund, P.A. (2010). *Applied Survey Data Analysis*. CRC Press.

Hidiroglou, M.A. and Srinath, K.P. (1981). Some estimators of a population total from simple random samples containing large units. *Journal of the American Statistical Association* **76**, 690–695.

Horvitz, D.G. and D.J. Thompson. (1952). A Generalization of Sampling Without Replacement from a Finite Universe. *Journal of the American Statistical Association* **47**, 663–685.

Hox, J., and deLeeuw, E. (1994). A comparison of nonresponse in mail, telephone, and face to face surveys: Applying multilevel modeling to meta–analysis. *Quality and Quantity* **28**, 329–344.

Huber, P.J. (1964). Robust estimation of a location parameter. *Annals of Mathematical Statistics* **35**, 73–101.

Hundepool, A., Domnigo–Ferrer, J., Franconi, L., Giessing, S., Lenz, R., Longhurst, J., Schulte Nordholt, E.& DeWolf, P.P. (2007), *Handbook on Statistical Disclosure Control*. Centre of Excellence for Statistical Disclosure Control.

Kalton, G. (1979). Ultimate cluster sampling. *Journal of the Royal Statistical Society*, **A142**, 210–222.

Kalton, G. (1983). Models in the practice of survey sampling. *International Statistical Review* **51**, 175–188.

Kalton, G. (2019). Developments in survey research over the past 60 years: a personal perspective. *International Statistical Review* **87**, S10–S30.

Kalton, G. and Kasprzyk, D. (1986). The treatment of missing survey data. *Survey Methodology* 12, 1–16.

Kalton, G. and Schuman, H. (1982). The effect of the question on survey responses: a review (with discussion). *Journal of the Royal Statistical Society,* Series **A145**, 42–73.

Kiaer, A.N. (1897). The representative method of statistical surveys. Papers from the *Norwegian Academy of Science and Letters*, II The Historical, philosophical Section, 1897 No. 4. [1976 translation of the original Norwegian].

Kim, J. (1986), A method for limiting disclosure in microdata based on random noise and transformation. Proceedings of the Section on Survey Research, American Statistical Association, 370–374.

Kim, J.K., Park, S., Chen, Y. and Wu, C. (2021). Combining non–probability and probability survey samples through mass imputation. *Journal of the Royal Statistical Society Series* **A184**, 1–23.

Kim, K.S. (2022). Methodology of non–probability sampling in survey research. *American Journal of Biomedical Science & Research* **2022–15(6)**, 616–618.

Kish, L. (1965). *Survey Sampling*. John Wiley and Sons, New York.

Kish, L., (1987). *Statistical Design for Research*. Wiley. New York.

Krewski, D., and Rao, J.N.K. (1981). Inference from stratifed samples: Properties of the linearization, jackknife, and balanced repeated replication methods. *Annals of Statistics* **9**, 1010–1019.

Kruskal, W. and Mosteller, F. (1979a). Representative sampling I: Non–scientific literature. *International Statistical Review* **47**, 13–24.

Kruskal, W. and Mosteller, F. (1979b). Representative sampling II: Scientific literature, excluding statistics. *International Statistical Review* **47**, 111–127.

Kruskal, W. and Mosteller, F. (1979c). Representative sampling III: The current statistical literature. *International Statistical Review* **47**, 245–265.

Kruskal, W. and Mosteller, F. (1980). Representative sampling, IV: the history of the concept in statistics, 1895–1939. *International Statistical Review* **48**, 169–196.

Kuusela, V. (2011). *Paradigms in Statistical Inference for Finite Population.*

Laplace, M.D. (1814). *A Philosophical Essay on Probabilities*. (English translation 1951). Dover.

Lenau, S., Marachetti, S., Munnich, R., Pratesi, M., Salvayi, N., Shlomo, N., Spagnolo, F.S. and Zhang, L.C. (2021). Methods for sampling and inference with non-probability samples. Deliverable D11.8, Leuven, InGRID-2 project 730998-H2020.

Lessler, J.T. and Kalsbeek, W.D. (1992). *Nonsampling Errors in Surveys*. John Wiley and Sons, New York.

Lewis, T.H. (2017). *Complex Survey Data Analysis with SAS*. CRC Press.

Little, R.J.A. (1982). Models for nonresponse in sample surveys. *Journal of the American Statistical Association* **77**, 237-250.

Little, R.J.A. (1986). Survey nonresponse adjuctments for estimates of means. *International Statistical Review* **54**, 139-157.

Little, R.J.A. and Rubin, D.B. (1987). *Statistical analysis with missing data*. Wiley, New York.

Little, R.J.A. and Rubin, D.B. (2014). *Statistical analysis with missing data*, 3rd. Wiley, New York.

Lohr, S.L. (2010). *Sampling: Design and Analysis*, 2nd. Duxbury Press.

Lohr, S.L. and Raghunathan, T.E. (2017). Combining survey data with other data sources. *Statistical Science* **32**, 293-312.

Lynn, P. (eds). (2009). *Methodology of Longitudinal Surveys*. Wiley.

Lynn, P., Beerten, R., Laiho, J. & Martin, J. (2002), Towards standardisation of survey outcome categories and response rate calculations. *Research in Official Statistics* **1**, 63-86.

MaCarthy, P.J. (1969). Pseudo-replication: half-samples. *Review of the International Statistical Institute* **37**, 239-264.

Madow, W.G. (1948). On the limiting distribution of estimates based on samples from finite universes. *Annals of Mathematical Statistics* **19**, 535-545.

Madow, W.G. and Madow, L.H. (1944). On the theory of systematic sampling, I. *Annals of Mathematical Statistics* **15**, 1-24.

Mahalanobis, P.C. (1944). On large-scale sample surveys. *Philosophical Transactions of the Royal Society of London* **B231**, 329–451.

Mahalanobis, P.C. (1946). Recent experiments in statistical sampling in the Indian Statistical Institute. *Journal of the Royal Statistical Society* **109**, 325–378.

Mercer, A.W. (2017). Theory and practice in nonprobability surveys. *Public Opinion Quartery* **81**, 250–279.

Miller, P.V. (2017). Is there a future for surveys? *Public Opinion Quarterly* **81**, Special Issue, 205–212.

Neyman, J. (1934). On the two different aspects of the representative method. The method of stratified sampling and the method of purposive selection. *Journal of Royal Statistical Society Series* **A64**, 558–625.

Neyman, J. (1938). Contribution to the theory of sampling human populations. *Journal of the American Statistical Association* **30**, 101–116.

Paass, G. (1985), Disclosure risk and disclosure avoidance for microdata. Working Paper, Institute for Applied Information Technique, Gesellschaft fur Mathematik und Datenverarbeitung, Sankt Augustin, Germany.

Pearson, K. (1902). On the mathematical theory of errors of judgment. *Philosophical Transactions of the Royal Society* Series **A198**, 235-299. London.

Pfeffermann, D. (1993). The role of sampling weights when modeling survey data. *International Statistical Review* **61**, 317–337.

Pierzchala, M. (1990), A review of the state of the art in automated data editing and imputation. *Journal of Official Statistics* **6**, 355-377.

Platek, R. (1977). Some factors affecting non-response. *Survey Methodology* **3**, 191–214.

Quenouille, M.H. (1949). Problems ion plane sampling. *Annals of Mathematical Statistics* **20**, 355–375.

Quenouille, M.H. (1956). Notes on bias in estimation. *Biometrika* **43**, 353–360.

Rao, J. N. K. (2005). Interplay between sample survey theory and practice: An appraisal. *Survey Methodology* **31**, 117–138.

Rao, J.N.K. and Fuller, W. (2017). Sample survey theory and method: Past, present, and future directions. *Survey Methodology* 43, 145–160.

Rao, J.N.K. and Shao, J. (1992). Jackknife variance estimation with survey data under hot–deck imputation. *Biometrika* 79, 811–822.

Rao, J.N.K. and Wu, C.F.J. (1988). Resampling inference with complex survey data. *Journal of the American Statistical Association* 83, 231–241.

Recent experiments in statistical sampling in the Indian Statistical Institute. *Journal of the Royal Statistical Society* 109, 325–378.

Rivers, D. (2007). Sampling for web surveys. In Joint Statistical Meetings (p.4).

Rosenbaum, P.R. and Rubin, D.B. (1983). The centural role of the propensity score in observational studies for casual effects. *Biometrika* 70, 41–55.

Royall, R.M. (1970). On finite population sampling theory under certain linear regression models. *Biometrika* 57, 377–387.

Rubin, D.B. (1976). Inference and missing data. *Biometrika* 63, 581–592.

Rubin, D.B. (1996). Multiple imputation after 18+ years. *Journal of the American Statistical Association* 91, 473–489.

Sampford, M.R. (1967). On sampling without replacement with unequal probabilities of selection. *Biometrika* 54, 499–513.

Särndal, C.E., B. Swensson and J. Wretman. (1992). *Model Assisted Survey Sampling.* Springer–Verlag, New York.

Scott, A. and Wu, C.F. (1981). On the asymptotic distribution of ratio and regression estimators. *Journal of the American Statistical Association* 76, 98–102.

Smith, T.M.F. (1983). On the validity of inferences from non–random samples. *Journal of the Royal Statistical Society Series* A146, 394–403.

Spruill, N. (1983), The confidentiality and analytic usefulness of masked business microdata. *Proceedings of the Section on Survey Research,* American Statistical Association, 602-607.

Statistics Canada (2009). *Statistics Canada Quality Guidelines.* Statistics Canada, Ottawa.

Statistics Canada (2010). *Survey Methods and Practices.* Statistics Canada, Ottawa.

Stigler, S.M. (1986). *The History of Statistics.* Harvard University Press.

Stockemer, D. (2019). *Quantitative Methods for the Social Sciences.* Springer.

Sudman, S. (1966). Probability sampling with quotas. *Journal of the American Statistical Association* **61**, 749–771.

Sudman, S. (1976). *Applied Sampling.* Academic Press. New York.

Sugden, R.A. and Smith, T.M.F. (1984). Ignorable and informative designs in survey sampling. *Biometrika* **71**, 495–506.

Sugden, R.A., Smith, T.M.F., and Jones, R.P. (2000). Cochran's rule for simple random sampling. *Journal of the Royal Statistical Society* Series **B62**, 787–793.

Thompson, M.E. (2019). Combining data from new and traditional sources in population surveys. *International Statistical Review* **87**, **S1**, S79–S98.

Tille, Y. (2011). Ten years of balanced sampling with the cube method: an appraisal. *Survey Methodology* **37**, 215–226.

Tippet, L.C. (1927). Random Sampling Numbers. *Tracts for Computers*, No. 15. Harvard University Press, Cambridge, MA.

Tourangeau, R., Rips, L. J., and Rasinski, K. (2000). *The Psychology of Survey Responses.* Cambridge University Press. Cambridge.

Tukey, J.W. (1958). Bias and confidence in not–quite large samples. *Annals of Mathematical Statistics* **29**, 614. [Abstract].

Valliant, R. (2020). Comparing alternatives for estimation from nonprobability samples. *Journal of Survey Statistics and Methodology* **8**, 231–263.

Valliant, R., A.H. Dorfman, and R.M. Royall. (2000). *Finite population sampling and inference.* Wiley.

Willenborg, L. and De Waal, T. (1996), Statistical Disclosure Control in Practice. *Lecture Notes in Statistics* **11**, Springer–Verlag,

Wisniowski, A. et al. (2020). Integrating probability and nonprobability samples for survey inference. *Journal of Survey Statistics and Methodology* **8**, 120–147.

Wolter, K.M. (2007). *Introduction to Variance Estimation*, 2nd. Springer.

Woodruff, R.S. (1952). Confidence intervals for medians and other position measures. *Journal of the American Statistical Association* 47, 635–646.

Woodruff, R.S. (1971). A simple method for approximating the variance of a complicate estimate. *Journal of the American Statistical Association* 66, 411–414.

Wu, C. and Thompson, M.E. (2020). *Sampling Theory and Practice.* ICSA.

Yang, S., Kim, J.K. and Song, R. (2020). Doubly robust inference when combining probability and non-probability samples with high dimensional data. *Journal of the Royal Statistical Society* Series B82, 445–465.

Yates, F. (1946). A review of recent statistical developments in sampling and sampling surveys. *Journal of the Royal Statistical Society* A109, 12–43.

찾아보기

저자 소개

김규성
서울대학교 계산통계학과 학사
서울대학교 통계학과 석사
서울대학교 통계학과 박사
현: 서울시립대학교 통계학과 교수
e-mail: kskim@uos.ac.kr

조사통계학

저 자	김규성
발 행 인	김지영
발 행 처	자유아카데미
주 소	경기도 파주시 회동길 37-42 파주출판도시
전 화	031-955-1321
팩 스	031-955-1322
홈페이지	www.freeaca.com
전자우편	main@freeaca.com (대표) editor@freeaca.com (편집) crm@freeaca.com (영업)
등 록	제406-2003-017호, 1980. 7. 12
제1판1쇄	2023년 4월 15일 발행

저자와의 협의하에 인지생략

ISBN 979-11-5808-447-9 93310

이 책은 2019년도 서울시립대학교 교내학술연구비에 의하여 지원되었음.